독일 공법상 계약에 관한 연구

독일 공법상 계약에 관한 연구

정의석 지음

경인문화사

머리말

이 책은 독일의 공법상 계약을 분석하여 우리나라에 유의미한 시사점을 도출하는 것을 목적으로 한다. 오늘날 행정의 역할이 다양한 분야로 확대됨에 따라 행정과 사인 간의 협력이 중요해졌고, 협력의 수단으로서 공법상 계약이 부각되고 있다. 공법상 계약은 다른 행정작용과 마찬가지로 법치주의에 따른 엄격한 공법적 규율을 받아야 한다. 이러한 맥락에서 이 책은 공법상 계약의 법적 성격 및 규율체계에 대한 명확한 이해를 제시하고자 한다.

이를 위하여 이 책에서는 먼저 공법상 계약과 사법상 계약의 구별 기준을 명확히 정립하고자 한다. 독일에서는 계약 내용이 공법에 의하여 규율되는지를 주된 기준으로 삼고, 계약 목적은 보충적으로만 고려한다. 그러나 우리나라의 경우 관련 법규정, 이론 및 실무의 차이를 고려할 때, 이러한 기준을 그대로 수용할 수 없다. 따라서 이 책에서는 계약 내용과 목적을 종합적으로 고려하여 계약의 법적 성격을 판단하여야 한다고 주장한다.

이어서 이러한 구별 기준을 바탕으로 공법상 계약으로 피악할 수 있는 구체적 사례를 검토한다. 독일의 사례를 살펴보면, 특히 건설 분야에서 기반시설계약, 후속조치비용계약, 수용계약 등이 공법상 계약으로 인정되고 있다. 경제 분야에서는 민관협력계약, 공공조달계약, 보조금 지원계약의 법적 성격에 대한 논의가 활발하다. 이 책에서는 이를 참고하여 우리나라에서도 건설 분야의 토지보상법상 협의취득계약과 기부채납계약, 경제 분야의 민간투자법상 실시협약과 공공조달계약을 공법상 계약으로 인정해야 한다고 주장한다.

마지막으로 공법상 계약으로 인정된 계약에 대한 적절한 공법적 규율 방안을 모색한다. 독일은 개별법, 행정절차법 및 행정법의 일반원칙을 기본으로 삼되, 법의 공백이 있는 경우에는 민법의 준용규정을 사용한다. 우리나라도 비슷한 구조를 취하고 있으나 독일과 같은 준용 규정은 존재하지 않는다. 이에 이 책에서는 법의 공백 시 무분별하게 사법규정을 유추적용할 수 없고, 먼저 공법규정의 유추적용을 고려하되 적합한 규정이 없는 경우에만 사법규정을 유추적용해야 한다고 주장한다. 또한 이 경우 사법규정을 그대로 유추적용해서는 안 되고 행정법의 일반원칙과 공익성을 중심으로 유추적용의 한계를 명확히 설정해야 한다고 강조한다.

이 책은 필자의 박사학위 논문 '독일 공법상 계약에 관한 연구'를 정리하고 보완한 것이다. 논문을 완성하기까지 수많은 분들의 아낌없는 도움과 따뜻한 지원이 있었다. 먼저 논문의 시작부터 끝까지 세심한 지도를 해주신 최계영 선생님께 깊은 감사를 드린다. 선생님의 끊임없는 격려가 없었다면 절대로 이 논문을 완성하지 못했을 것이다. 또한 심사 과정에서 귀중한 가르침을 베풀어 주신 이원우, 김종보, 김대인, 이은상 선생님께도 진심으로 감사를 드린다. 지면과 대면으로 값진 가르침을 준 존경하는 선·후배, 동료 연구자들에게도 특별한 감사의 마음을 전한다. 그리고 부족한 논문을 출판할 수 있는 기회를 주신 서울대학교 법학연구소와 경인문화사 관계자분들께도 감사드린다. 마지막으로, 이 긴 여정 동안 언제나 변함없는 사랑과 굳건한 지지를 보내준 가족들에게 무한한 고마움을 전한다. 양가 부모님들께서 보내주신 따뜻한 격려와 이해가 큰 힘이 되었다. 특히 곁에서 늘 지원하고 응원해 준 사랑하는 아내와, 아빠의 연구를 이해해주고 힘을 준 소중한 아들에게 깊은 감사를 표한다. 이 모든 분들의 도움이 있었기에 이 책이 세상에 나올 수 있었음을 깊이 새기며, 앞으로도 더욱 정진하여 연구에 전력할 것을 다짐한다.

약어표 (Abkürzungsverzeichnis)

a.a.O.	am angegebenen Ort (전게서·전게논문)
Abs.	Absatz (항)
AöR	Archiv für die civilistische Praxis (법학잡지)
Art.	Artikel (조)
Aufl.	Auflage (판)
BayVBl.	Bayerische Verwaltungsblätter (법학잡지)
BAG	Bundesarbeitsgericht (연방노동법원)
Bd.	Band (권)
BeckRS	Beck-Rechtsprechung (판례집)
BGB	Bürgerliches Gesetzbuch (민법전)
BGH	Bundesgerichtshof (연방통상법원)
BGHZ	Entscheidungen des Bundesgerichtshofes in Zivilsachen (연방통상법원 민사판례집)
BSG	Bundessozialgericht (연방사회법원)
BT-Drs.	Deutscher Bundestag Drucksache (입법자료)
BVerfG	Bundesverfassungsgericht (연방헌법재판소)
BVerfGE	Entscheidungen des Bundesverfassungsgerichts (연방헌법재판소 판례집)
BVerwG	Bundesverwaltungsgericht (연방행정법원)
BVerwGE	Entscheidungen des Bundesverwaltungsgerichts (연방행정법원 판례집)
BWNotZ	Zeitschrift für das Notariat in Baden-Württemberg (법학잡지)
DÖV	Die Öffentliche Verwaltung (법학잡지)

DV	Die Verwaltung (법학잡지)
DVBl	Deutsches Verwaltungsblatt (법학잡지)
DVP	Deutsche Verwaltungspraxis (법학잡지)
EuR	Europarecht (법학잡지)
EurUP	Europäisches Umwelt- und Planungsrecht (법학잡지)
f., ff.	folgende, fortfolgende (다음 면/옆번호, 다음 면/옆번호 이하)
GG	Grundgesetz (연방공화국 기본법)
Hrsg.	Herausgeber (편집자)
JA	Juristische Arbeitsblätter (법학잡지)
JURA	Juristische Ausbildung (법학잡지)
JuS	Juristische Schulung (법학잡지)
JZ	Juristenzeitung (법학잡지)
KommJur	Kommunaljurist (법학잡지)
LKV	Landes- und Kommunalverwaltung (법학잡지)
NJOZ	Neue Juristische Online-Zeitschrift (법학잡지)
NJW	Neue Juristische Wochenschrift (법학잡지)
NordÖR	Zeitschrift für Öffentliches Recht in Norddeutschland (법학잡지)
NuR	Natur und Recht (법학잡지)
NVwZ	Neue Zeitschrift für Verwaltungsrecht (법학잡지)
NVwZ-RR	Rechtsprechungs-Report der Neuen Zeitschrift für Verwaltungsrecht (법학잡지)
NZBau	Neue Zeitschrift für Baurecht und Vergaberecht (법학잡지)
OVG/VGH	Oberverwaltungsgericht/Verwaltungsgerichtshof (고등행정법원)
Rn.	Randnummer (옆번호)
S.	Seite (면, 페이지)
VerwArch	Verwaltungsarchiv (법학잡지)
VerwRspr	Verwaltungsrechtsprechung (판례집)

VG	Verwaltungsgericht (지방행정법원)
Vorb.	Vorbemerkung (서문)
VwGO	Verwaltungsgerichtsordnung (연방행정법원법)
VwVfG	Verwaltungsverfahrensgesetz (연방행정절차법)
ZBR	Zeitschrift für Beamtenrecht (법학잡지)
ZfBR	Zeitschrift für deutsches und internationales Bau (법학잡지)
ZPO	Zivilprozeßordnung (민사소송법)

〈목 차〉

머리말

제1장

서 론

제1절 연구의 목적

행정법은 전통적으로 행정행위를 주된 연구 대상으로 하여 발전해 왔다. 그러나 현대 행정의 규모와 범위가 확장됨에 따라 행정의 작용형식이 다양해지고, 행정과 사인 간의 협력이 공적 목적 달성에 중요한 역할을 하게 되면서, 최근에는 계약 방식의 행정작용으로서 공법상 계약이 널리 활용되고 있다. 공법상 계약은 행정행위 등 여타 행정의 작용과 마찬가지로 행정법의 규율 대상이 되어 법치주의 이념 하에서 행정에 대한 법적 통제를 강화하고 국민의 권익 구제에 기여해야 한다.

그런데 공법상 계약은 '계약'의 형식을 취하고 있어 실무에서 그 공법적 특성이 종종 간과된 채 사법상 계약으로 취급되어 공법적 규율의 적용 영역에서 벗어나는 경우가 있다. 대표적인 예로 공공조달계약이 있다. 공공조달계약은 국가나 지방자치단체와 같은 행정주체가 국민이 이용할 공공재 등의 공급을 위하여 민간으로부터 물품·공사·용역 등을 획득하기 위한 일련의 활동으로서 계약을 체결하는 것을 의미한다. 공공조달계약은 실무상 사법상 계약으로 취급되지만, 행정의 우월적 지위, 계약의 공법적 내용 및 공익적 목적을 고려하면 이를 사법상 계약으로 볼 수 있을지는 의문이다. 이러한 관점은 공공조달계약에 대한 공법적 통제를 배제하여 다양한 사회적 문제점을 발생시키고 궁극적으로는 공익을 훼손하는 결과를 초래할 것이다. 예를 들어, 계약 과정에서 투명성과 공정성이 저하되어 부패와 비리가 발생할 수 있고, 사회적 약자나 환경 보호 등 공익적 가치가 충분히 반영되지 않을 수 있다. 이는 결과적으로 국민의 세금이 비효율적으로 사용되고, 공공 서비스의 질 저하로 인한 국민 불편을 초래하며, 나아가 사회 전반의 신뢰도와 공정성을 저해하는 등 중대한 공익 훼손으로 이어질 수 있다. 이에 더하여 행정에 대한 적법성 통제 관점에서 문제가 되는 점은, 실무상 사법상 계약으로 치부되는 계약들을 공법상 계약의 영역으로 포섭하려 할 때 발생하는 법적 공백과 이로 인한 법리의 불확실성이다.

이 책은 이러한 문제의식을 바탕으로 행정청이 체결하는 다양한 계약 중 어떤 것을 공법상 계약이라고 볼 수 있을지, 그리고 그것을 공법상 계약이라고 본다면 과연 어떠한 법리가 적용될 수 있고, 적용되어야 하는지에 관하여 검토하는 것을 연구의 목적으로 한다. 이를 위해 우선 공법상 계약의 개념과 의미를 파악하여야 하는데, 이는 사법상 계약과의 구별을 통해 더욱 명확하게 확인할 수 있다. 그 이후에는 실무에서 행정청이 체결하는 계약 중 어떤 계약을 공법상 계약으로 포섭할 수 있는지를 분야별로 검토한다. 마지막으로 공법상 계약에 적용되는 법리에는 어떤 것들이 있을지를 분석하고, 특히 공법상 계약에 관한 법조문이 많지 않은 현재 상황에서 법의 공백이 있는 부분에 대하여 사법규정이 유추적용될 수 있는지 여부와 그 한계를 행정법의 일반원칙과 공익성이라는 공법적 관점에서 살펴본다.

제2절 연구의 방법 및 범위

이 책의 목적은 독일의 공법상 계약에 관하여 살펴보고 이를 통하여 우리나라에의 시사점을 찾고자 하는 것이다. 따라서 이에 관한 선행 연구들을 검토할 필요가 있다. 그동안 독일[1]과 한국[2]의 공법

---

[1] 독일의 공법상 계약에 관한 학술문헌으로는(발행연도 순), 이명구, 공법상 계약의 법적 문제, 법학논총(제4집), 1987, 59-72면; 송동수, 독일 행정절차법상의 공법상 계약, 법학논총(제20집 제1호), 1994, 229-261면; 박기병, 공법상의 계약에 관한 이론의 역사적 발달과정, 공법연구(제24집 제4호), 1996, 317-345면; 강현호, 독일 연방건설법상의 토지수용제도에 관하여, 토지공법연구(제5집), 1998, 139-157면; 김병기, 독일 행정법상 위법한 행정계약과 그 법적 효력, 행정법연구(제3호), 1998, 137-157면; 김성수, 도시개발을 위한 민관협력 - 독일건축법전상의 개발계약 등을 중심으로 -, 헌법판례연구(제4권), 2002, 185-227면; 박정훈, 행정법의 구조변화로서의 참여와 협력 - 독일에서의 이론적 논의를 중심으로 -, 공법연구(제30집 제5호), 2002, 1-25면; 김현준, 계약을 통한 도시계획의 법리 - 독일 건설법전의 도시계획계약을 중심으로 -, 토지공법연구(제34집), 2006, 1-22면; 강운산, 공공계약에 대한 사법심사 - 독일의 개정 「위탁발주법」을 중심으로 -, 토지공법연구(제33집), 2006, 237-259면; 백승주, 행정법상 계약의 하자 및 그 유지에 관한 연구 - 독일에서의 논의를 중심으로 -, 토지공법연구(제33집), 2006, 207-235면; 정하중, 법치행정의 원리와 공법상 계약, 서강법학(제11권 제1호), 2009, 173-216면; 김효연, 오토·마이어의 공법상계약 이론에 관한 연구, 서울대학교 법학석사논문, 2012; 임현, 독일연방행정절차법상 공법상 계약, 지방계약연구(제5권 제2호), 2014, 127-136면; 한명진, 독일연방행정절차법의 공법상 계약 법리 적용에 관한 검토, 지방자치법연구(제16권 제1호), 2016, 271-302면; 서보국, 독일 공법상 계약의 주요 쟁점, 행정법학(제16호), 2019, 89-110면; 선지원, 공공조달영역에서의 민관협력 사업에 대한 유럽보조금법과 조달법상의 통제, 공법연구(제47집 제4호), 2019, 239-268면; 김대인, 행정계약이론의 초기형성사에 대한 연구 - 19세기부터 20세기 전반까지 프랑스와 독일을 중심으로 -, 공법연구(제48집 제4호), 2020, 293-322면; 김용민, 공법상 계약의 적법성에 관한 연구, 공법학연구(제21권), 2020,

상 계약에 관하여는 국내에서 상당한 연구가 진행되어 왔다. 위 연

471-512면; 최승필, 공법상계약의 활용을 위한 법적 기반의 검토 - 독일 연방행정절차법상 공법상계약과 그 활용을 중심으로, 외법논집(제47권 제호), 2023, 97-124면.

2) 우리나라의 공법상 계약에 관한 학술문헌으로는(발행연도 순), 김대인, 행정기능의 민영화와 관련된 행정계약 - 민관협력계약과 민간위탁계약을 중심으로 -, 행정법연구(제14호), 2005, 347-376면; 전훈, 공법상 계약화현상과 한국에서의 행정계약, 공법학연구(제7권 제5호), 2006, 249-275면; 김대인, 행정계약에 관한 연구, 서울대학교 법학박사논문, 2006; 문상덕, 참여와 교섭에 의한 행정과정과 행정분쟁의 해결, 행정법연구(제18호), 2007, 337-364면; 이광원, 공법상 계약의 하자에 관한 연구, 전남대학교 법학박사논문, 2008; 정준현, 소위 "공익사업법"상 협의취득의 법적 성질 - 대상판례 : 대법원 2006. 10. 13. 2006두7096 건물철거대집행계고처분취소, 안암법학(제26호), 2008, 319-345면; 조철호, 사회기반시설에 대한 민간투자법상 실시협약의 법적성질과 소송방법, 인권과 정의(제385호), 2008, 6-18면; 김대인, 공공조달계약 관련법제의 개혁에 대한 고찰 - 국가계약법을 중심으로 -, 강원법학(제28권), 2009, 25-59면; 안철상, 계약직공무원에 대한 보수삭감조치의 법적 성질, 행정판례연구(제14권 제2호), 2009, 235-267면; 김대인, 계약의 형식으로 된 부관의 법률관계 - 대법원 2009. 2. 12 선고 2005다65500판결에 대한 판례평석 -, 행정법연구(제26호), 2010, 417-436면; 김해룡, 행정계약의 법리와 그 활용을 위한 법제개선 연구, 토지공법연구(제48집), 2010, 429-456면; 김호정, 공법상 계약의 특수한 법적 규율, 외법논집(제34권 제4호), 2010, 293-309면; 최승필, 민간투자사업에 대한 법·제도적 검토, 외법논집(제34권 제1호), 2010, 1-18면; 김대인, 지방계약과 공법소송, 공법연구(제41집 제1호), 2012, 1-26면; 정해영, 기부채납 부담계약에 대한 쟁송방법, 아주법학(제6권 제1호), 2012, 447 478면; 박재윤, 행정행위의 부관에 관한 분쟁유형별 고찰, 행정법연구(제38호), 2014, 25-47면; 정호경·선지원, 공공조달계약의 법적 성격과 통제에 관한 연구 - 공법상 계약 이론을 중심으로 -, 법제연구(제46호), 2014, 181-208면; 김대인, 민간투자법상 실시협약의 효력 - 변경 및 해지가능성과 보상문제를 중심으로 -, 유럽헌법연구(제17호), 2015, 639-678면; 이문성·이광윤, 「사회기반시설에 대한 민간투자사업법」에 따른 행정계약의 법적 성격에 관한 연구, 유럽헌법연구 제17호, 2015, 679-712면; 정영철, 행정계약으로서의 국가연구개발사업협약의 법리, 강원법학(제46권), 2015, 659-694면; 황창용, 민간투자사업 실시협약의 공법적 특수성, 법학연구(25권 제3호), 2015, 67-93면; 김중권, 공법계약의 해지의 처분성 여부에 관한 소고, 행정판례연구(제21집 제1권), 2016, 57-78면; 김판

기, 행정계약의 공법적 체계에 관한 연구, 고려대학교 법학박사논문, 2016; 박재윤, 공법상 당사자소송 활용론에 대한 비판적 고찰, 법학연구(제27권 제2호), 2016, 91-120면; 이광윤·김철우, 행정조달계약의 성질에 대한 연구 - 「국가를 당사자로 하는 계약에 관한 법률」을 중심으로, 성균관법학(제28권 제2호), 2016, 79-107면; 김대인, 공공조달계약과 공익 - 계약 변경의 한계에 관한 우리나라와 독일법제의 비교를 중심으로 -, 행정판례연구(제22집 제2권), 2017, 155-194면; 김대인, 공법상 계약의 법리에 대한 고찰 - 행정행위와의 구별을 중심으로 -, 유럽헌법연구(제23호), 2017, 209-245면; 송시강, 공법의 발견과 사법의 준용, 법학연구(통권 제51집), 2017, 35-78면; 권주연, 민간투자법상 공법상 계약과 행정처분의 관계에 관한 연구, 서울대학교 법학석사논문, 2018; 김대인, 국가연구개발협약과 공·사법구별, 서울법학(제26권 제2호), 2018, 221-258면; 송시강, 지방계약과 지방자치 - 지방계약의 자치보장적 함의에 관하여 - 홍익법학(제19권 제4호), 2018, 47-93면; 이상덕, 지방계약과 판례법 - 사법상 계약, 공법상 계약, 처분의 구별을 중심으로 -, 홍익법학(제19권 제4호), 2018, 1-45면; 이상훈, 민간투자사업 실시협약 해지와 공익처분의 관계 - 별개설 vs. 일체설 -, 성균관법학(제30권 제4호), 2018, 129-156면; 임성훈, 공공계약에서 계약금액조정을 배제하는 특약의 효력, 행정판례연구(제23집 제2권), 2018, 311-350면; 정남철, 입주(변경)계약 취소의 처분성 인정에 관한 비판적 고찰- 대법원 2017. 6. 15. 선고 2014두46843 판결, 법조, 2018, 711-738면; 황준화·정영철, 부정당업자제재와 계약금액조정제도에 근거한 공공조달계약의 공법적 특수성, 법학논의(제43권 제1호), 2019, 111-144면; 김용욱, 위법한 조달계약의 효력과 강행규정, 경희법학(제55권 제4호), 2020, 121-155면; 김용욱, 국가연구개발사업상 연구협약과 공법상 계약 - 공법상 계약의 실무상 쟁점을 중심으로 -, 과학기술과 법(제11권 제2호), 2020, 29-60면; 박재윤, 행정기본법과 부관의 남용, 행정법연구(제63호), 2020, 119-140면; 이승민, 지방자치단체와 프로스포츠단 간 협약의 공법적 검토 - 경기장 등 시설의 사용·수익 및 관리·운영권과 명칭사용권을 중심으로 -, 공법학연구(제21권 제3호), 2020, 33-64면; 김대인, 채무자회생법의 공법상 계약에의 적용에 대한 고찰 - 대법원 2021. 5. 6. 선고 2017다273441 전원합의체 판결에 대한 평석 -, 법학논집(제26권 제1호), 2021, 227-257면; 윤종민, 국가연구개발 협약의 체결 및 이행에 관한 법적 고찰, 과학기술법연구(제27권 제3호), 2021, 41-72면; 이상훈, 민간투자사업 실시협약의 미이행 쌍무계약 해당 여부에 관한 대법원 2021. 5. 6. 선고 2017다273441 판결의 쟁점과 함의 -, 사법(제57호), 2021, 345-385면; 김대인, 「행정기본법」상 공법상 계약에 대한 고찰, 법조(제71권 제6호), 2022, 190-222

구들에는 공법상 계약의 구조, 기능, 법리 등의 내용이 포함되어 있다. 다만 사법상 계약과의 구별 및 공법상 계약의 적용법리를 중심으로 독일과 우리나라의 논의를 구체적으로 비교·검토한 연구는 많지 않았다.

따라서 이 책에서는 독일의 공법상 계약이 어떠한 구조와 체계 내에서 운용되고 있고 이에 대하여 어떠한 규율이 이루어지고 있는지를 비교법적으로 살펴본다. 독일은 19세기 말부터 공법상 계약에 관한 관심을 갖고 관련 논의를 심화시켜 왔으며, 공법상 계약의 요건, 무효사유 및 효과, 변경 또는 해지에 이르기까지 포괄적인 법체계를 구축하여 왔다. 또한 건설행정, 경제행정 등 다양한 영역에서 공법상 계약에 관하여 상세한 법제도를 마련하고 있어 참고할 만한 점이 많다. 행정과 사인 간 체결되는 계약은 나라마다 역사·정치·사회적 맥락에 따라 다르게 존재하고 그 나라의 실정과 특색에 맞게 상이하게 발달되었기 때문에 외국의 논의를 일직선상에서 단순 비교하거나 무비판적으로 수용하는 태도는 물론 경계하여야 할 것이나, 이러한 점을 충분히 염두에 두면서 독일의 법제를 연구하는 것은 우리 법제에 의미 있는 시사점을 발견하는 데에 기여할 수 있다.

이 책의 연구 대상인 공법상 계약은 '행정계약'이라는 용어로도 지칭되어 왔다. 그러나 오늘날 독일에서 행정계약이라는 용어는 공·사법의 분류와 관계없이 행정청이 일방당사자로서 계약상대방으로 관여하는 모든 계약으로 정의되고 있다.3) 우리나라에서도 행정계약

면: 김경준, 공법상 계약에 관한 당사자소송 연구, 부산대학교 법학박사논문, 2023; 김대인, 공법상 계약과 국가계약법의 관계 및 부당특약에 대한 고찰 – 서울행정법원 2018. 8. 17. 선고 2017구합86125 판결에 대한 평석 –, 사법(제64호), 2023, 716-752면; 김대인, 공법관계에 대한 사법규정의 유추적용 – 공법상 계약을 중심으로 –, 법조(제72권 제5호), 2023, 89-130면; 임선지, 공법상 계약과 쌍방미이행 쌍무계약의 해지권 – 대법원 2021. 5. 6. 선고 2017다273441 전원합의체 판결을 중심으로 –, 법제(제700호), 2023, 95-136면.

은 행정주체 사이 또는 행정주체와 국민 사이에 행정목적을 수행하기 위하여 체결되는 계약을 의미하여 공법상 계약과 사법상 계약을 포괄하는 개념으로 이해된다.[4] 그러나 이 책은 공·사법의 구별을 전제로 하여 공법영역에서의 계약을 독일과 우리나라의 실정법질서에서 파악하는 것을 주된 목적으로 하므로 행정계약이라는 용어는 다소 광범위한 측면이 있다. 따라서 이 책에서는 행정절차법 제54조와 한국 행정기본법 제27조가 공통적으로 사용하고 있고 양국의 판례 및 실무에서 통용되고 있는 '공법상 계약'이라는 용어를 사용한다.

이어서 연구의 범위를 살펴보면, 먼저 제2장에서는 독일의 공법상 계약을 개관한다. 여기에서는 공법상 계약의 개념과 의의를 검토한다(제2절). 특히 공법상 계약의 개념, 사법상 계약과의 구별, 공법상 계약에 관한 논의와 행정절차법의 입법 과정, 공법상 종속계약, 공법상 계약의 양면성을 살펴본다. 다음으로 공법상 계약의 규율 체계를 검토한다(제3절). 공법상 계약에 관한 개별법, 행정절차법, 행정법의 일반원칙, 민법의 보충적 준용이 검토 대상이 된다.

제3장에서는 독일의 공법상 계약을 행정 분야별로 검토한다. 먼저 건설행정에서 공법상 계약의 사례를 검토한다(제2절). 도시계획계약의 하위 유형인 기반시설계약, 후속조치비용계약 및 기반시설 설치부담금의 변제계약과 정비사업시행자계약, 수용계약, 주차장면제계약, 수인계약을 살펴본다. 또한 경제행정에서 공법상 계약에 관하여 어떠한 논의들이 진행되고 있는지를 확인한다(제3절). 민관협력계약, 공공조달계약 및 보조금 지원계약이 검토 대상에 해당한다.

제4장에서는 독일의 공법상 계약의 적용법리를 검토한다. 먼저

---

3) Bauer, in: Schoch/Schneider (Hrsg.), Verwaltungsverfahrensgesetz Kommentar, 4. Aufl., 2024, Vorb. § 54 Rn. 100.
4) 김철용, 행정법, 고시계사, 제12판, 2023, 352면; 홍정선, 행정법특강, 박영사, 제22판, 2023, 295면; 김남철, 행정법강론, 박영사, 제9판, 2023, 373면.

계약의 성립에 관하여 검토한다(제2절). 여기에서는 법률적합성원칙
의 준수, 공법영역의 계약, 서면방식, 제3자 및 행정청의 동의, 계약
의 무효에 관한 법리를 살펴본다. 다음으로 계약의 이행에 관하여
검토한다(제3절). 여기에서는 이행, 채무불이행의 요건 및 효과, 변
경 또는 해지를 살펴본다.

    제5장에서는 독일의 논의에 비추어 우리나라의 공법상 계약에
관하여 살펴본다. 먼저 공법상 계약의 개념과 의의를 검토한다(제1
절). 여기에서는 계약 내용과 목적의 측면에서 공법상 계약의 개념
요소를 식별하고, 공법상 계약의 규율 필요성과 행정기본법의 제정
에 대하여 살펴본다. 다음으로 행정 분야별로 공법상 계약을 파악한
다(제2절). 건설·경제행정에서의 계약을 중심으로 공법상 계약의 인
정가능성을 살펴본다. 마지막으로 공법상 계약의 적용법리를 검토
한다(제3절). 여기에서는 공법상 계약의 규율 체계를 정립하고 행정
법의 일반원칙 및 공익성을 중심으로 계약의 성립 및 이행 단계에
서의 공법적 규율을 검토한다.

제2장

독일 공법상 계약의 개관

제1절 서설

이 장에서는 독일의 공법상 계약의 개념, 역사, 규율 체계 등과 같은 기본적인 내용을 살펴본다. 이는 이후 개별 행정 분야에서의 공법상 계약 인정 사례(제3장)와 적용법리(제4장)에 대한 향후 논의의 기초를 마련하기 위함이다. 먼저 독일 공법상 계약의 개념을 정의하고, 사법상 계약과의 차이점을 살펴본다. 특히 독일에서 공법상 계약과 사법상 계약을 구별하는 기준이 어떤 방식으로 체계화되었는지를 확인하는 것이 중요하다. 다음으로 독일에서 공법상 계약에 관한 논의가 어떻게 전개되었고, 그 결과 행정절차법이 공법상 계약을 어떤 방식으로 규율하고 있는지를 검토한다. 공법상 계약이 행정절차법의 법제화로 일반적으로 허용되었지만 다른 한편으로는 행정청의 우월적 지위로 인하여 사인의 권리가 침해될 가능성을 방지하기 위해 행정절차법에 여러 규정이 도입되었음을 확인할 필요가 있다. 공법상 계약의 장·단점에 대한 검토도 필요하다. 공법상 계약은 행정의 다른 행위형식에 비해 유연성, 법적 안정성 등 다양한 장점이 있지만 행정청과 사인 간에 이루어지는 경우에는 법치주의적 통제가 약화될 수 있고 사인의 기본권을 위협할 수 있는 등 단점이 있을 수 있다. 이러한 측면에서 행정절차법에 규율된 종속계약의 개념과 유형 등에 대하여 살펴볼 필요가 있다. 종속계약이란 행정청이 행정행위를 할 수 있는 영역에서 사인과 체결하는 계약을 의미하는데, 이 경우 행정청이 자신의 권한을 남용할 수 있어 이를 통제하기 위한 규정이 행정절차법에 포함되었다. 마지막으로 독일 공법상 계약의 규율 체계를 살펴본다. 독일에서는 공법상 계약을 체계적으로 규율하기 위해 개별법, 행정절차법, 행정법의 일반원칙을 갖추고 있

고 법의 공백이 있는 경우에 한하여 민법을 보충적으로 준용하고
있다.

제2절 공법상 계약의 개념과 의의

I. 공법상 계약의 개념

이 책의 연구 대상인 독일의 공법상 계약이란 행정절차법 제54조 제1문에 의하여 '공법영역의 법률관계가 발생, 변경, 소멸되는 계약'을 의미한다. 공법상 계약은 계약이라는 점에서 다른 모든 법 영역의 계약과 기본구조가 동일하다. 계약은 계약당사자가 의도하는 특정한 법적 효과를 발생시키기 위해 둘 이상의 법적 주체가 합의하여 선언하는 의사표시의 교부를 통하여 성립한다. 따라서 청약과 승낙에 의한 의사표시의 일치가 필요하고 의사표시에는 법적 구속 의사가 포함되어야 한다.[1] 이와 같이 공법상 계약은 계약이라는 점에서 근본적으로 공법상 다른 행위형식과 구별된다.

공법상 계약은 계약당사자와 범위 측면에서 다른 계약과도 구별된다. 먼저 공법상 계약은 행정청이 계약의 일방당사자인 경우를 전제한다. 행정절차법 제54조에서 이를 명시하고 있지는 않지만, 동법 제1조 제1항, 제4항 및 제9조에 의하면 공법상 계약은 행정청의 행정활동인 행정절차의 과정에서 체결된 것을 의미하기 때문이다. 따라서 사인 간 체결된 계약은 동법 제54조 제1문의 공법상 계약에 해당하지 않는다.

다음으로 공법상 계약은 그 범위를 공법영역 중에서도 행정법의 영역으로 한정한다. 행정절차법 제54조 제1문은 문언상 '공법영역'으로 지칭하고 있고 이 표현은 행정행위에도 동일하게 사용되고 있

---

[1] Bauer, in: Voßkuhle/Eifert/Möllers (Hrsg.), Grundlagen des Verwaltungsrechts, 3. Aufl., 2022, § 35 Rn. 122.

어(동법 제35조 제1항) 개념상 혼동 여지가 있는 것은 사실이다. 그러나 동법의 적용 범위는 공법상 행정활동(동법 제1조 1항) 또는 행정의 임무(동조 제3항)이므로 동법 제54조 제1문에 의한 공법상 계약의 실제 적용 범위는 '행정법영역'이다. 이 점은 행정행위도 마찬가지다.[2] 따라서 공법영역에 속하지 않는 사법상 계약 및 공법영역에 속하지만 행정법영역에는 속하지 않는 교회법, 헌법, 국제법상 계약도 여기에서 제외된다.[3]

II. 사법상 계약과의 구별

1. 구별의 필요성

계약은 행정행위와 달리 모든 법 영역에서 사용될 수 있는 보편적인 의미와 성격을 가진 법제도이고 따라서 모든 곳에서 동일한 기본 구조를 가지고 있다. 모든 계약은 이와 같이 법 영역을 초월한 '구조적 동일성'을 가지고 있기 때문에 이를 다양한 사안에 적용할 때 공·사법 판단의 불확실성은 불가피하다.[4] 이는 독일에서도 가장 논란이 많고 해결되지 않은 문제 영역 중 하나로 남아있다.

계약이 공법영역의 법률관계에 영향을 미치는지, 즉 행정활동 과정에서 체결되었는지 여부는 실질적으로 중요한 의미를 지닌다. 공

---

[2] Maurer/Waldhoff, Allgemeines Verwaltungsrecht, 20, Aufl., 2020, § 14 Rn. 14; Rozek, in: Schoch/Schneider (Hrsg.), Verwaltungsverfahrensgesetz Kommentar, 4, Aufl., 2024, § 54 Rn. 15.

[3] Siegel, in: Stelkens/Bonk/Sachs(Hrsg.), Verwaltungsverfahrensgesetz Kommentar, § 54 Rn. 47.

[4] Schlette, Die Verwaltung als Vertragspartner, 2000, S. 65.

법상 계약은 행정법의 일반원칙을 따르며, 이는 행정절차법 제54조 이하의 조항들을 통해 구체적인 공법상 계약 법리로 발전된다. 이러한 법리는 공법상 계약의 성립 가능성과 제한, 권리와 의무의 구체적 내용, 그리고 법적 요건 등을 규정함으로써 행정의 실질적인 활동 범위를 설정한다.[5]

따라서 사법에 존재하는 광범위한 처분의 자유는 동법 제62조 제2문의 준용규정만으로 인정되거나 허용될 수 없다. 이는 동법 제54조 이하의 규정 및 개별법에 의하여 제한된다. 이와 같이 공법상 계약에 관한 규정은 행정의 다른 행위형식에 관한 법규정과 마찬가지로 행정에 대한 법, 즉 '공법'으로서 행정의 구체적 상황을 고려하고 법치주의에 따라 행정을 적절히 규율하며 동시에 사인을 위한 보호규정을 마련한다.[6]

물론 행정은 행정활동, 특히 행정계획 및 급부행정 등의 영역에서 행정에게 부여된 특별한 공법상의 권한을 반드시 활용할 필요는 없고, 공적 규범이나 행정법의 일반원칙과 충돌하지 않는 범위에서 더 적합하다고 판단되는 경우에는 공적 임무의 수행을 위하여 사법적 수단을 사용할 수 있다.[7] 행정이 사법의 형태로 공적 업무를 수행하는 경우에는 사법규정이 공법규정 및 행정법의 일반원칙, 특히 비례원칙과 평등원칙에 의해 보충 또는 수정된다.[8] 그러나 이러한 법 영역에 대한 공법적 구속은 그 구체적인 범위가 불명확하고 논란의 여지가 있다.[9] 공법상 계약에 관한 행정절차법의 규정은 이 영

---

[5] Siegel, in: Stelkens/Bonk/Sachs (Hrsg.), a.a.O., § 54 Rn. 51.

[6] Egidy, Strukturelle Defizite des Verwaltungsvertragsrechts aus verhaltens-wissenschaftlicher Perspektive, DVBl. 2022, 83 (83).

[7] Rozek, in: Schoch/Schneider (Hrsg.), Verwaltungsverfahrensgesetz Kommentar, 4, Aufl., 2024, § 54 Rn. 38.

[8] Wall, Die Anwendbarkeit privatrechtlicher Vorschriften im Verwaltungsrecht, 1999, S. 52 ff.

역의 행정작용에는 직접적으로 적용되지 않고, 어떠한 규정이 준용될 수 있는지도 명확하지 않다.[10]

2. 공법과 사법의 구별

공법상 계약을 사법상 계약과 구별하기 위해서는 먼저 공·사법의 구별이 전제되어야 한다. 이러한 구별이 구체적 법률관계에 적용할 실체법과 법원칙을 결정할 뿐만 아니라, 절차법적으로도 분쟁 해결을 위한 재판 관할을 결정하기 때문이다[행정법원법(Verwaltungsgerichtsordnung) 제40조 제1항]. 독일에서는 공·사법을 구별하기 위한 수많은 이론이 제창되었으나 현재에는 주로 이익설, 종속설, 주체설, 신주체설의 네 이론이 논의의 대상이 되고 있다.

이익설이란 그 명칭에서 알 수 있듯이 법이 보호하는 이익의 유형에 따라 공·사법을 구별한다. 공익을 목적으로 하는 법은 공법이라 한다. 반면에 법이 사익을 목적으로 하는 법은 사법이라 한다.[11] 그러나 사익 보호도 공익에 부합할 수 있으므로 공익과 사익이 무조건 대립하는 것이 아닌 점, 공익을 충분히 명확하게 정의할 수 없다는 점은 이익설이 설명하지 못하는 부분이다.[12]

종속설에 의하면, 행정주체의 행위를 규율하는 법이 상하관계에 적용되는 것이면 공법이고 대등관계에 적용되는 것이면 사법이다.[13] 그러나 이 이론 역시 난점이 있다. 무엇보다도 상하관계가 무엇인지 명확하지 않다는 점이 지적된다. 이는 오로지 법규정에 의해

9) Schlette, Die Verwaltung als Vertragspartner, 2000, S. 117.
10) Stelkens, Verwaltungsprivatrecht, 2005, S. 949 ff.
11) Maurer/Waldhoff, a.a.O., § 3 Rn. 11.
12) Ehlers/Schneider, in Schoch/Schneider (Hrsg.), Verwaltungsgerichtsordnung Kommentar, 44, Aufl., 2023, § 40 Rn. 219.
13) Maurer/Waldhoff, a.a.O., § 3 Rn. 12.

서만 파악될 수 있는데, 지금 그 규정의 귀속이 문제되고 있다는 점에서 순환론에 빠진다는 것이다. 즉, 상하관계는 공법을 적용한 결과일 뿐 법규정의 공법성을 인정하는 데에는 사용될 수 없다.[14]

주체설에 의하면, 공·사법의 차이는 법질서를 형성하는 법률관계의 주체의 차이에서 발생한다. 사인 사이의 법률관계를 규율하는 규범은 사법에 속한다. 반면, 적어도 일방당사자가 국가인 경우에는 공법에 속한다(예: 세법 또는 경찰법).[15] 그러나 이 설에 대해서는 국가의 국고행위(예: 물품구매)가 사법의 적용을 받는 점, 사인도 경우에 따라서는 공법의 적용을 받는 점(예: 공무수탁사인)이 문제로 지적된다.[16] 주체설은 오늘날 신주체설로 발전되었다.

신주체설에 의하면, 공법이란 공권력의 주체에 대해서만 권리 또는 의무를 부여하는 법을 의미한다.[17] 반대로 모든 권리주체에게 권리를 부여하거나 의무를 부여하는 법은 사법이다. 기존 주체설이 법률관계의 주체에 기준을 두었던 반면, 신주체설은 권리 또는 의무의 귀속주체에 기준을 두었다는 점이 차이점이다. 이로써 신주체설은 행정주체의 행위이지만 사법관계에 속하는 국고행위와 같은 사법형식의 행정작용을 배제할 수 있게 되었다. 그러나 신주체설에 대해서도 특정한 법적 근거가 없는 국가 활동에 대해서는 구별이 어려운 점 등이 문제점으로 지적된다.[18]

독일에서는 이와 같은 여러 이론 중 신주체설이 다수의 지위를 점하고 있으나 통설에 이르지는 못하였다.[19] 이익설도 보조적으로

---

14) Ehlers/Schneider, in Schoch/Schneider (Hrsg.), Verwaltungsgerichtsordnung Kommentar, 44, Aufl., 2023, § 40 Rn. 220.
15) Maurer/Waldhoff, a.a.O., § 3 Rn. 12.
16) Athanasiadou, Der Verwaltungsvertrag im EU-Recht, 2017, S. 49.
17) Maurer/Waldhoff, a.a.O., § 3 Rn. 13.
18) Ehlers/Schneider, in Schoch/Schneider (Hrsg.), Verwaltungsgerichtsordnung Kommentar, 44, Aufl., 2023, § 40 Rn. 223.

사용되고 있고, 여러 이론을 개별 사안에서 모두 고려하여야 한다는 중복기준설도 유력하다.[20]

3. 공법상 계약과 사법상 계약의 구별

(1) 구별 기준

다음으로 공법상 계약과 사법상 계약의 구별 기준이 필요하다. 다만 행정절차법 제54조 이하에는 이에 관한 기준이 마련되어 있지 않다. 따라서 학설과 판례에 의해 기준이 형성되어 왔다.

이에 의하면 계약당사자의 순수한 주관적 의사는 구별 기준이 될 수 없다.[21] 계약의 공법 또는 사법으로의 분류는 객관적인 법적 기준에 따라 결정되어야 하므로, 계약당사자의 합의로 좌우될 수 없기 때문이다.[22] 행정이 공법 또는 사법의 행위형식을 모두 사용할 수 있는 급부행정영역(예: 공공시설의 사용관계)에서는 행정의 결정에 따라 계약이 속하는 법체계가 정해지므로 행정에 간접적인 선택권이 있을 수 있다. 그러나 이는 예외적인 영역에 국한되므로 일반화할 수 없다.[23]

또한 계약당사자 역시 결정적인 기준은 될 수 없다.[24] 계약당사

---

[19] Maurer/Waldhoff, a.a.O., § 3 Rn. 14.

[20] Ehlers/Schneider, in Schoch/Schneider (Hrsg.), Verwaltungsgerichtsordnung Kommentar, 44, Aufl., 2023, § 40 Rn. 229.

[21] Rozek, in: Schoch/Schneider (Hrsg.), Verwaltungsverfahrensgesetz Kommentar, 4, Aufl., 2024, § 54 Rn. 38.

[22] Fehling, in: Fehling/Kastner/Störmer (Hrsg.), Verwaltungsverfahrensgesetz Kommentar, 5, Aufl., 2021, § 54 Rn. 38.

[23] Tegethoff, in: Kopp/Ramsauer (Hrsg.), Verwaltungsverfahrensgesetz Kommentar, 24, Aufl., 2023, § 54 Rn. 27.

[24] Schlette, Die Verwaltung als Vertragspartner, 2000, S. 111.

자 중 한 명이 행정청인 경우를 모두 공법상 계약으로 인정한다면, 계약 내용이 사법에 속하는 경우에도 이를 모두 공법상 계약으로 인정하여야 하기 때문이다. 다만 공법상 계약은 계약당사자 중 일방이 행정청일 것을 요구하므로, 공법상 계약의 판단을 위한 보충적인 기준은 될 수 있다.[25]

따라서 계약의 공·사법적 구별에 관하여는 계약의 대상(내용)이 결정적이라는 것이 통설[26]이자 판례[27]이다(대상설, Gegenstandtheorie). 핵심은 계약을 특징짓는 계약당사자들의 권리 또는 의무가 공법영역에 속하여야 한다는 것이다. 즉, 계약의 내용이 공법에 의하여 규율되는 사안에 관한 것이어야 한다.[28]

---

[25] Rozek, in: Schoch/Schneider (Hrsg.), Verwaltungsverfahrensgesetz Kommentar, 4, Aufl., 2024, § 54 Rn. 38.

[26] Fehling, in: Fehling/Kastner/Störmer (Hrsg.), a.a.O., § 54 Rn. 38; Rozek, in: Schoch/Schneider (Hrsg.), Verwaltungsverfahrensgesetz Kommentar, 4, Aufl., 2024, § 54 Rn. 38; Siegel, in: Stelkens/Bonk/Sachs (Hrsg.), a.a.O., § 54 Rn. 56; Thiele, in: Pautsch/Hoffmann (Hrsg.), Verwaltungsverfahrensgesetz Kommentar, 2, Aufl., 2021, § 54 Rn. 50.

[27] BVerwG NVwZ-RR 2003, 874 [원고가 피고(주 행정부)와 계약직 공무종사자로 일하기로 하는 내용의 고용계약 및 그에 대한 부속계약으로 피고가 원고를 4년 후에 공무원으로 임용할 것과 그 때까지 원고가 피고에게 이에 대한 대가로 월 200 마르크를 지불하기로 약정하였고, 원고가 피고에게 부속계약에 따라 금원을 지불하였는데, 이후 원고가 위 부속계약이 무효라고 주장하며 피고에게 지금까지 지급한 금원의 반환을 구하는 내용의 일반이행소송을 제기하였던 사안이다. 법원은 먼저 이 부속계약이 공법상 계약이라고 판단하였다. 공무원 임용계약 및 그 부속계약이 공무원법의 적용 영역에 있고 또한 이 부속계약은 피고가 원고를 향후 공무원으로 임용할 것과 원고가 이러한 약정에 대한 대가로 금원을 지급할 것을 계약의 내용으로 하므로 근거 규정의 성격 및 계약의 내용에 비추어 공법상 계약에 해당한다는 것이었다. 또한 법원은 이 부속계약이 행정절차법 제56조 제1항이 적어도 준용되는 불완전 교환계약에 해당하는데, 위와 같은 원·피고 쌍방의 의무는 실체적 관련성이 있다고 볼 수 없어 부당결부금지원칙에 위배되므로 무효라고 판단하여 원고의 금원반환청구를 받아들였다.].

따라서 해당 계약이 행정청에게 공법적 권리 또는 의무를 부여하는 경우,[29] 공법규정을 집행하는 규범집행계약(normvollziehender Vertrag, 예: 행정행위를 갈음하는 공법상 계약)인 경우[30]에는 공법상 계약으로 볼 수 있다. 이 경우, 계약상 권리 또는 의무가 그 성질과 내용 면에서 일반적·추상적으로 공법규정의 대상이 되어야 한다.[31]

이와 같이 계약의 내용, 즉 계약당사자들의 권리 또는 의무는 공법에 의하여 규율되어야 한다. 다만 직접적인 규율 관계가 성립하지 않는 경우라도 계약의 내용이 공법적 권리 또는 의무와 밀접한 관련이 있는 경우에는 공법으로 평가할 수 있다.[32] 예를 들어, 불완전

---

[28] Rozek, in: Schoch/Schneider (Hrsg.), Verwaltungsverfahrensgesetz Kommentar, 4. Aufl., 2024, § 54 Rn. 40.

[29] BVerwG NVwZ-RR 2010, 682[원고(아프가니스탄 출신의 독일 국적자)가 연방정보원(Bundesnachrichtendienst)의 정보원으로 일하기로 하는 내용의 계약을 체결하였던 사안이다. 법원은 원고가 연방정보원의 일원으로 활동한 것이 아니라 행정보조자의 역할을 한 것에 불과한 점, 원고에게 이 계약으로 고권적 권한이 부여되지 않았던 점, 원고는 자유로운 협력자(freier Mitarbeiter)로서 연방정보원에 관련 정보를 조달하고 그에 대한 대가로 수당을 받은 것인 점 등에 근거하여 위 계약은 공법상 계약이 아닌 사법상 계약에 해당한다고 판단하여 이 소를 1심 민사법원으로 이송하였다]; Detterbeck, Allgemeines Verwaltungsrecht, 21. Aufl., 2023, Rn. 785.

[30] Tegethoff, in: Kopp/Ramsauer (Hrsg.), a.a.O., § 54 Rn. 30a.

[31] BVerwG NJW 1966, 1936[피고(건축허가 신청인)가 원고(행정주체)에게 건축허가를 발급받기 위하여 건축부지 내에 주차장을 설치하는 대신 원고의 주차장 설치 용도로 비용을 지급하는 내용의 계약이 문제된 사안이다. 이후 피고가 원고에게 계약상 합의된 비용을 지불하지 않자 원고는 피고를 상대로 비용 지급을 구하는 이 사건 소를 제기하였고, 법원은 원고의 청구를 인용하였다. 위 계약은 '주차장면제계약'(Stellplatzdispensvertrag)으로 지칭되고 독일의 공법상 계약의 대표적인 예이다. 독일 주차장면제계약의 자세한 내용은 제3장 제2절 IV.에서 후술한다.

[32] BVerwG NJW 1973, 1895[후속조치비용계약이 공법상 계약에 해당한다고 판단한 사안이다.]. 독일 후속조치비용계약의 자세한 내용은 제3장 제2절 I.에서 후술한다.

교환계약(hinkende Austauschvertrag)의 경우 역시 공법으로 볼 수
있다. 불완전 교환계약이란 사인의 급부는 계약에 명시되었지만 행
정청의 급부는 계약에 명시되어 있지 않고 다만 계약의 기초가 되
어 양자 간에 불가분의 관계가 있는 것으로 해석되는 계약을 의미
한다.33) 이때 중요한 점은 행정청의 급부와 사인의 반대급부가 상호
불가분의 관계에 있는지 여부이다.34)

계약의 내용과 공법규정 간의 직접적인 규율 관계가 없거나 밀접
한 관련성이 없는 경우에는 계약의 목적과 전체적인 성격을 보충적
으로 살펴보아야 한다.35) 그러나 이는 그 자체만으로는 충분한 기준
이 되지 못한다. 왜냐하면 공적 임무는 사법적 수단에 의해서도 수
행될 수 있기 때문이다.36)

따라서 계약의 목적이 공적 임무의 수행과 밀접하고 불가분적으
로 관련되어야 한다.37) 또한 행정청이 순수하게 경제적인 측면에서
재산 관리 또는 자산 활용의 맥락에서 체결하는 계약은 사법의 성

---

33) 제2장 제2절 Ⅳ. 3. (2).
34) Lenski, Vergangenheitsbewältigung durch Vertrag, JZ 2014, 888 (889).
35) StellhornWeßling, Schulsponsoringverträge im Lichte des Schul-und
    Verwaltungsvertragsrechts, NVwZ 2014, 1488 (1492).
36) BGH NJW 1999, 2378[프랑크푸르트-마인 공항 주식회사(Flughafen Frankfurt
    -Main Aktiengesellschaft)는 공항회사(Flughafengesellschaft)로서 독일 형법
    제11조 제1항 제2호에 의한 "기타 기관"(sonstige Stelle)이 아니므로 공공기
    관으로 볼 수 없고, 따라서 위 회사의 건설부서 직원 역시 공공기관의 공무
    원으로 볼 수 없다고 판단한 사안이다.]; Ziekow/Siegel, Entwicklung und
    Perspektiven des Rechts des öffentlich-rechtlichen Vertrages - Teil 1 -,
    VerwArch 2003, 593 (597 f.).
37) BVerwG NVwZ 2018, 993[피고(행정주체)가 제3자에게 지급한 보조금의 반환
    청구권에 대해 원고(사인)가 보증계약을 체결한 사안이다. 법원은 보증계약
    이 피고와 제3자 간의 공법적 성격을 갖는 보조금 지원관계와 밀접하고 불
    가분의 관계에 있다고 볼 수 없고, 오히려 주채무자의 책임과는 별도로 보증
    인의 책임을 설정하는 것이므로 사법상 계약에 해당한다고 판단하였다];
    Siegel, in: Stelkens/ Bonk/Sachs, a.a.O., § 54 Rn. 58.

격을 갖는다. 이 영역에서는 행정청에게 특별한 권리 또는 의무가 존재하지 않기 때문이다.38)

(2) 공·사법적 요소가 혼재할 경우의 구별

한편 공법상 계약은 구체적인 급부와 그에 대한 반대급부를 형성하는 단일한 법률관계로 구성되는 것이 보통이다.39) 그러나 계약당사자의 의사에 따라 서로 다른 법 영역의 여러 계약이 함께 속하여 있고 이 계약들이 내부적으로 밀접한 관련성을 가지고 하나의 통일적인 전체를 형성하여 분할될 수 없는 경우가 있을 수 있다.40) 이와 같이 특정한 계약에 공·사법적 요소가 모두 포함되어 있고 이를 각각의 의무별로 분할할 수 없는 경우, 전체 계약은 하나의 법 영역에 속하는 것으로 보아야 한다. 이를 '혼합계약'(Mischvertrag)이라 한다.41)

이는 여러 급부들이 하나의 계약에 결합되어 있지만 서로 관련성이 없어 분할이 가능한 '복합계약'(zusammengesetzter Vertrag)과는 구별된다.42) 서로 다른 법률관계가 단지 외관으로만 하나의 계약 내용을 창출할 뿐인 경우에는 복합계약으로서 공법상 급부와 사법상 급부로 나눌 수 있다.43) 특히 다자간 계약이나 삼각관계의 경우 공·사법적 급부관계의 분할가능성이 인정되는 경우가 많다.44)

---

38) Stelkens, Verwaltungsprivatrecht, 2005, 683 f.
39) Siegel, in: Stelkens/Bonk/Sachs (Hrsg.), a.a.O., § 54 Rn. 60.
40) Höfling/Krings, Der verwaltungsrechtliche Vertrag: Begriff, Typologie, Fehlerlehre, JuS 2000, 625 (627).
41) BVerwG NJW 1973, 1895; Rozek, in: Schoch/Schneider (Hrsg.), Verwaltungsverfahrensgesetz Kommentar, 4, Aufl, 2024, § 54 Rn. 43.
42) Siegel, in: Stelkens/Bonk/Sachs (Hrsg.), a.a.O., § 54 Rn. 60.
43) Tegethoff, in: Kopp/Ramsauer (Hrsg.), a.a.O., § 54 Rn. 33.
44) Rozek, in: Schoch/Schneider (Hrsg.), Verwaltungsverfahrensgesetz Kommentar, 4, Aufl, 2024, § 54 Rn. 45.

혼합계약은 복합계약과 달리 원칙적으로 통일적으로 처리되어야한다. 이처럼 여러 법 영역에 걸친 다양한 합의와 의무가 불가분적인 관계에 있는 경우에는 계약의 중점이 어디에 있는지, 즉 계약의 어느 특정 부분이 계약의 전체 내용에 결정적인 성격을 부여하는지, 나아가 계약의 중점이 되는 내용이 공·사법 중 어디에 속하는지가 기준이 된다(중점이론, Schwerpunkttheorie).[45] 따라서 단일한 계약 내에서 각각의 권리 또는 의무를 공·사법에 별도로 귀속시키는 방식의 법률관계는 존재할 수 없다.[46]

계약에서 공법적 권리 또는 의무를 규율하고 있다고 하여 계약 전체가 곧바로 공법영역에 귀속되는 것은 아니다.[47] 계약상 본질적인 또는 주된 급부가 공법규정에 의하여 규율되는 경우에는 계약의 공법적 성격을 인정할 수 있다.[48] 반대로 행정청의 의무에서 공법적 비중이 미미하거나 다른 공법적 의무와 밀접한 관련이 없는 경우에는 계약의 공법적 성격을 인정하기 어려울 것이다.[49]

---

[45] BVerwG NJW 1973, 1895; Detterbeck, Allgemeines Verwaltungsrecht, 21, Aufl, 2023, Rn. 786; Fehling, in: Fehling/Kastner/Störmer (Hrsg.), a.a.O., § 54 Rn. 40; Siegel, in: Stelkens/Bonk/Sachs (Hrsg.), a.a.O., § 54 Rn. 61.

[46] Maurer/Waldhoff, a.a.O., § 14 Rn. 13; Siegel, in: Stelkens/Bonk/Sachs (Hrsg.), a.a.O., § 54 Rn. 61.

[47] Siegel, in: Stelkens/Bonk/Sachs (Hrsg.), a.a.O., § 54 Rn. 61.

[48] BVerwG NJW 2006, 2568 [원고 저축은행(Sparkasse)이 피고에게 지급한 보조금의 반환을 구하였던 사안이다. 법원은 원고는 공법에 의하여 권한을 부여받거나 또는 위임받은 기관이 아니므로 원고와 피고 간의 보조금 지원계약은 사법상 계약이라고 판단하여 이 사건을 관할 민사법원으로 이송하였다].

[49] BVerwG NVwZ 2000, 1285.

III. 공법상 계약에 관한 논의와 행정절차법의 제정

위에서 살펴본 바와 같이, 독일에서는 공법상 계약을 사법상 계약과 구별하고 있다. 그러나 독일에서도 공법상 계약이 선험적으로 존재하였던 법 제도는 아니다. 이하에서는 독일에서 공법상 계약을 독자적인 법 제도로 바라보게 된 역사적 과정과 행정절차법에 규정하게 된 경위를 살펴본다.

1. 초기의 부정적 시각

계약은 법적 주체 간의 합의를 통해 법적으로 구속력 있는 권리와 의무를 설정하는 것을 목표로 한다. 따라서 관련 법적 주체들의 법적 구속 의사와 그 합치가 계약의 핵심이다. 이러한 계약의 형식은 특정 법 영역에 국한되지 않는다. 계약은 일반적인 법제도이고 그 형식 또한 원칙적으로 모든 법 영역에 동일하다.50) 이에 일부 학설은 계약을 '법의 원형'(Archetyp des Rechts)으로 보기도 한다.51) 이와 같이 계약은 모든 법 영역의 중심이자 또한 행정법의 중요한 행위형식이기도 하다.

행정절차법이 제정되기 이전에도 공법의 일부 영역에는 이미 실질적인 계약의 형태가 존재하였다. 그럼에도 공법의 행위형식으로서의 공법상 계약에 관하여는 수십 년간 논쟁이 있었다. 즉, 국가가 공법상 행정활동을 수행함에 있어 사인과 계약을 체결할 수 있는지에 관하여 문제 제기가 있었다.52)

---

50) Schlette, Die Verwaltung als Vertragspartner, 2000, S. 393.
51) Behrends/Starck, Gesetz und Vertrag I, 2004, S. 7.
52) Maurer, Der Verwaltungsvertrag – Probleme und Möglichkeiten, DVBl 1989, 798 (799 ff.).

　　19세기 말 독일의 행정법 학자들은 대부분 국가와 사인 간의 계약 가능성을 부정하였다.[53] 오토 마이어가 대표적인데, 그에 의하면 "공법영역에서 국가와 사인 사이의 진정한 계약은 전혀 생각할 수 없는 것"(„sind wahre Verträge des Staates auf dem Gebiete des öffentlichen Rechtes überhaupt nicht denkbar")이었다.[54]

　　이러한 부정적 입장은 특히 두 가지를 염려한 것이었다. 먼저 행정법을 민법으로부터 독립적인 법규범으로 발전시키려는 와중에 민법의 전형적인 제도인 계약을 행정법의 중심적인 위치에 놓고 싶지 않았던 것이다.[55] 또 다른 이유는 그 당시의 지배적 이론에 기인하는데, 공법은 일방적으로 구속력 있는 국가 의지에 의하여 지배되므로, 이와 같이 법적 주체(국가와 사인) 간의 비대등성을 특징으로 하는 공법에서 대등한 당사자를 전제로 하는 계약은 배제된다는 것이었다.[56]

　　이에 따라 행정행위가 독일 행정법학의 핵심 개념이 되었고 국가와 사인 간의 관계는 '명령'(Befehl)을 기반으로 형성되었다.[57] 물론 당시에도 공법상 계약을 행정의 행위형식으로 인정하는 일련의 학자들이 있었다. 아펠트(Apelt)는 공법상 계약의 적용 범위와 요건을

---

53) Schlette, Die Verwaltung als Vertragspartner, 2000, S. 28. ff.
54) Mayer, Zur Lehre vom öffentlich-rechtlichen Vertrage, AöR 1888, S. 42. Bauer, in: Schoch/Schneider (Hrsg.), Verwaltungsverfahrensgesetz Kommentar, 4, Aufl, 2024, Vorb. § 54 Rn. 14에서 재인용.
55) Mayer, a.a.O., AöR 1888, S. 3. Bauer, in: Schoch/Schneider (Hrsg.), Verwaltungsverfahrensgesetz Kommentar, 4, Aufl, 2024, Vorb. § 54 Rn. 14에서 재인용.
56) Mayer, a.a.O., AöR 1888, S. 30, 41, 53, 81. Bauer, in: Schoch/Schneider (Hrsg.), Verwaltungsverfahrensgesetz Kommentar, 4, Aufl, 2024, Vorb. § 54 Rn. 14에서 재인용.
57) Mayer, a.a.O., AöR 1888, S. 4. Bauer, in: Schoch/Schneider (Hrsg.), Verwaltungsverfahrensgesetz Kommentar, 4, Aufl, 2024, Vorb. § 54 Rn. 14에서 재인용.

체계적으로 연구하였고,[58] 코르만(Kormann)은 행정행위와 비교하여 '비정상적인 것'(Abnormität)으로 분류되던 공법상 계약을 법규범에 의한 것으로 포섭하면서 공법상 계약의 유형을 '대등계약'과 '비대등계약'으로 구분하였다.[59] 그러나 공법상 계약은 전반적으로 행정행위에 가려져 일종의 '주변적 존재'(Schattendasein)로 여겨졌다.[60] 공법상 계약의 장점이 발휘될 수 있는 영역에서도 계약으로 처리하는 것을 주저하는 경향이 지배적이었다. "국가는 사인과 계약하지 않는다"(„Der Staat paktiert nicht!")는 오토 마이어의 선언은 당시 독일의 분위기를 대변하는 것이었다.[61]

2. 법제도와 실무의 변화

이와 같은 경향에도 불구하고 당시 공법상 계약이 전무하였던 것은 아니다. 독일의 행정 실무에서는 계약 형식이 다양하게 사용되었다.[62] 1931년 독일 뷔르템베르크(Württemberg)[63] 지역의 행정법 초안은 이러한 추세를 받아들여 일반 행정법을 마련하면서 공법상 계

---

58) Apelt, Der verwaltungsrechtliche Vertrag, 1920, S. 105. 김대인, 행정계약이론의 초기형성사에 대한 연구 – 19세기부터 20세기 전반까지 프랑스와 독일을 중심으로 –, 공법연구(제48집 제4호), 2020, 311면에서 재인용.

59) Karl Kormann, System der rechtsgeschäftlichen Staatsakte, 1910, S. 30. 김대인, 행정계약이론의 초기형성사에 대한 연구 – 19세기부터 20세기 전반까지 프랑스와 독일을 중심으로 –, 공법연구(제48집 제4호), 2020, 310면에서 재인용.

60) Schlette, Die Verwaltung als Vertragspartner, 2000, S. 30.

61) Mayer, a.a.O., AöR 1888, S. 41. Bauer, in: Schoch/Schneider (Hrsg.), Verwaltungsverfahrensgesetz Kommentar, 4, Aufl, 2024, Vorb. § 54 Rn. 14에서 재인용.

62) Schlette, Die Verwaltung als Vertragspartner, 2000, S. 31.

63) 독일 서남부 슈바벤(Schwaben)에 있었던 지역의 이름이다. 현재에는 바덴(Baden)과 뷔르템베르크가 통합하여 바덴뷔르템부르크주가 되었다.

약의 체결에 관한 규정을 명문화하였다.

이 초안은 법으로 제정되지는 않았으나 독일 바이마르시대 말기의 공법상 계약에 관한 논의 상황을 체계적으로 요약하였고 공법상 계약에 대해 긍정적인 시각을 취하고 있어서 주목할 가치가 있다. 이 초안의 내용 중 중요한 부분만을 간략하게 소개하면 아래와 같다.[64]

첫째, 계약을 '일반적 법형식'(allgemeine Rechtsform)으로 지칭하였다. 계약은 공법의 제도이자 또한 행정법의 제도라는 것이다. 따라서 민법을 통해 우회할 필요가 없다는 입장을 밝혔다.

둘째, 공법상 계약에 참여할 수 있는 당사자들을 명시하였다. 공법상 법인 및 사인이다. 이 초안은 계약당사자에 따라 공법상 계약을 ① 공법상 법인 간의 계약, ② 사인 간의 계약, ③ 공법상 법인과 사인 간의 계약으로 구분하였다.

셋째, 국가와 사인 간의 공법상 계약 체결 시 국가의 의사표시를 사인의 의사표시와 대등한 법적 지위에 놓는다고 명시하였다. 따라서 계약을 체결할 때에는 당사자의 법적 평등이 전제된다.

넷째, 법규정에 위배되지 않는 한 계약을 통해 법률관계를 성립하거나 변경할 수 있다. 이에 따라 공법상 계약은 법률의 수권 없이도 원칙적으로 가능하다. 이는 법률에 의한 개별적 수권이 있어야만 계약이 가능하다고 보는 기존의 이론을 변경한 것이었다.

공법상 계약은 제2차 세계대전 종전 후 독일에서 본격적으로 주목받기 시작하였다. 여기에는 임보덴(Imboden),[65] 잘츠베델(Salzwedel)[66]

[64] Verwaltungsrechtsordnung für Württemberg, Entwurf eines Gesetzes mit Begründung, 1931. Bauer, in: Schoch/Schneider (Hrsg.), Verwaltungsverfahrensgesetz Kommentar, 4, Aufl, 2024, Vorb. § 54 Rn. 17-18에서 재인용.

[65] Imboden, Der veraltungsrechtliche Vertrag, 1958.

[66] Salzwedel, Die Grenzen der Zulässigkeit des öffentlich-rechtlichen Vertrags, 1958. Tegethoff, in: Kopp/Ramsauer (Hrsg.), a.a.O., § 54 Rn. 13에서 재인용.

등의 연구가 중요한 역할을 하였다. 이들은 행정과 사인의 관계에서 공법상 계약을 일반적으로 인정하였고, 이에 따라 공법상 계약의 근본적인 가능성에 관한 논쟁은 대부분 정리되었다.

　이후의 논의는 공법상 계약이 특별한 법률상의 수권에 의해서만 가능한지, 아니면 법률상의 수권 없이도 제한 없이 가능한지에 관한 부분으로 옮겨갔다. 다만 당시에는 이미 공법상 계약의 가능성을 명시적으로 인정하는 개별 규정이 다수 존재하였으므로 이러한 견해들에 의하더라도 그 제한은 상대적으로 크지 않은 편이었다.[67]

　독일의 행정 실무도 지속적으로 바뀌었다. 행정은 이제 일상적으로 수많은 공법상 계약을 체결하였다. 예를 들어 독일 슐레스비히-홀슈타인(Schleswig-Holstein) 주에서는 국가사회주의 시절 강제노역을 당한 노동자들이 제기한 손해배상 사건이 상당수 공법상 계약에 의하여 해결되었다.[68] 연방행정법원도 1966. 2. 4. 공법상 계약의 가능성을 인정하는 내용의 판결을 선고하였다.[69] 연방행정법원은 이 판결에서 현대의 행정작용이 더 이상 행정행위에 의한 일방적인 방식에만 국한될 수 없고, 합의적 방식에 의한 보완이 필요하다고 언급하였다. 그리고 이러한 측면에서 공법상 계약이 기존 행정조치에 비해 개별 사안에 보다 유연하고 탄력적으로 접근할 수 있도록 할 것이라고 평가하였다. 이와 같이 판례가 행정의 행위형식으로서 공법상 계약을 인정한 것은 사인이 과거 권위주의 국가에서는 행정의 객체로만 간주되었으나 근대 입헌 국가의 성립으로 그 법적 지위가 격상되었다는 것을 의미하는 것이었다.[70]

---

67) Schlette, Die Verwaltung als Vertragspartner, 2000, S. 33.
68) BT-Drs. 7/910, S. 77.
69) BVerwG NJW 1966, 1936.
70) Bauer, in: Schoch/Schneider (Hrsg.), Verwaltungsverfahrensgesetz Kommentar, 4. Aufl, 2024, Vorb. § 54 Rn. 24.

3. 행정절차법에 의한 공법상 계약의 법제화, 그 허용과 통제

1963년 행정절차법의 초안이 마련되었고, 여기에 공법상 계약에 관한 규정들이 포함되었다. 독일 연방-주-위원회(Bund-Länder-Ausschuss)는 행정절차법에 행정 실무에서 지속적으로 중요성이 커지고 있는 법적 제도인 공법상 계약을 수용하여야 한다는 학설과 실무의 입장을 받아들였다.[71]

이 초안의 공법상 계약 규정은 이후 거의 그대로 행정절차법에 채택되었다. 다만 행정절차법은 공법상 계약의 행정 실무에 필요한 일부 조항을 수록하는 것에 그쳤다. 즉, 공법상 계약의 법률관계를 포괄적으로 규율하는 계약법을 마련하지는 못하였다.

그럼에도 불구하고 행정절차법은 크게 두 가지 측면에서 의의가 있다. 첫째, 공법상 계약이 행정절차법에 의하여 일반적으로 허용되었고, 이로써 기존의 법질서에서는 행정의 객체에 불과하던 사인이 능동적인 주체가 되었다는 점이다(행정절차법 제54조 제1문). 이로써 특별한 법률상 수권 없이 행정과 사인 간의 공법상 계약을 체결하여 온 기존의 실무가 그대로 받아들여졌고, 행정과 사인은 법규정에 위배되지 않는 범위 내에서 공법상 계약을 체결할 수 있게 되었다.[72]

둘째, 행정절차법은 행정과 사인 간의 종속관계를 강조하며 공법상 계약을 통제하고 있다는 점이다. 행정은 법률에 의해 부여된 고권적 권한을 가지고 있고 이로 인하여 사인에 비해 우월적 지위를 가지고 있다. 행정의 우월적 지위는 공법상 계약의 체결 과정에서 사인에게 불리하게 작용할 수 있다. 따라서 사인의 권리를 보호하고 공정한 계약이 이루어지도록 공법상 계약을 통제할 필요성이 대두

---

[71] Voßkuhle/Kaiser, Grundwissen – Öffentliches Recht: Der öffentlich-rechtliche Vertrag, JuS 2013, 687 (687).

[72] Siegel, in: Stelkens/Bonk/Sachs (Hrsg.), a.a.O., § 54 Rn. 92.

되었다.[73] 이에 따라 행정절차법은 공법상 계약의 가능성을 규정한 조문 바로 다음에 행정과 사인 간의 종속계약에 관한 조문(행정절차법 제54조 제2문)을 배치하였다. 또한 종속계약을 엄격하게 규율하기 위해 종속계약의 하위 유형과 그 요건(행정절차법 제55조, 제56조)을 규정하고, 종속계약에만 적용되는 독자적인 무효사유를 추가하였다(행정절차법 제59조 제2항). 요컨대, 행정절차법은 공법상 계약을 일반적으로 허용하면서도, 계약당사자 간의 종속관계, 즉 고권적 상하관계가 인정되는 경우에는 공법상 계약을 철저히 통제하려고 노력하였다는 점에서 큰 특징이 있다.

IV. 공법상 계약의 양면성

공법상 계약은 행정의 다른 행위형식, 특히 행정행위와 비교할 때 다양한 유용성을 지닌다. 그러나 동시에 계약을 통해 형성되는 행정과 사인 간의 법적 관계에는 상당한 위험성이 내포되어 있다. 이러한 공법상 계약의 양면성에 관하여 아래와 같이 검토가 필요하다.

1. 유용성

공법상 계약의 유용성은 크게 세 가지 측면에서 인정될 수 있다. 첫째, 공법상 계약은 정형적이지 않은 사안을 유연하게 해결할 수 있도록 한다.[74] 예를 들어 건축주는 건축법상의 요건에 따라 주차장

---

73) Bauer, in: Schoch/Schneider (Hrsg.), Verwaltungsverfahrensgesetz Kommentar, 4. Aufl. 2024, Vorb. § 54 Rn. 26.
74) Leisner-Egensberger, in: Kahl/Ludwigs (Hrsg.), Handbuch des Verwaltungs-rechts, Band V, 2021, § 149 Rn. 8 ff.

을 설치하여야 하나 건축 부지에는 여유 공간이 없을 수 있다. 건축
주는 이 경우 주차장을 설치하는 대신 행정청과 대체주차장 건설
비용을 지불하기로 하는 공법상 계약을 체결할 수 있다. 행정청은
그 반대급부로 건축주의 주차장설치의무를 면제한다.75) 이는 건축
주의 이익과 건축법상 기준을 모두 충족하는 해결책이다. 이처럼 공
법상 계약은 개별 사안에 맞추어 상대적으로 큰 유연성을 제공하여
원래는 법적 규율이 필요한 분쟁 상황을 효과적으로 해결할 수 있
도록 한다.

둘째, 공법상 계약의 또 다른 유용성은 사인이 계약을 받아들이
는 태도에서 찾을 수 있다. 행정이 일방적 수단을 포기하고 사인과
계약적 방식으로 합의할 준비가 되면, 사인은 계약의 당사자로서 행
정의 수동적 객체가 아닌 능동적 주체가 되어 계약 협상에 적극적
으로 참여하고 협력한다.76) 계약 체결은 양 당사자의 진지한 협상
및 동의 없이는 불가능하므로, 계약에 대한 사인의 수용도와 책임감
은 일방적으로 부과된 행정조치에 비해 상대적으로 높다.77) 협력적
상호작용에 의한 행정 결정은 장기적으로는 행정에 이로운 방향으
로 행정 환경을 개선하고, 동시에 사인이 행정에 참여하고자 하는
의지를 북돋을 수 있다.78) 또한 행정은 공법상 계약을 활용함으로써
사인과의 간극을 줄이고, 보다 대등한 위치에서 소통할 수 있게 된
다. 이를 통해 행정과 사인 간의 평등한 관계를 구축할 수 있다.79)

75) Egidy, Strukturelle Defizite des Verwaltungsvertragsrechts aus verhaltens-wissenschaftlicher Perspektive, DVBl. 2022, 83 (88).
76) Fontana, Umweltschutz durch öffentlich-rechtlichen Vertrag EurUP 2017, 310 (313).
77) Egidy, Strukturelle Defizite des Verwaltungsvertragsrechts aus verhaltens-wissenschaftlicher Perspektive, DVBl. 2022, 83 (87).
78) Schlette, Die Verwaltung als Vertragspartner, 2000, S. 339.
79) Leisner-Egensberger, in: Kahl/Ludwigs (Hrsg.), Handbuch des Verwaltungs-rechts, Band V, 2021, § 149 Rn. 8 ff.

셋째, 공법상 계약은 높은 수준의 법적 안정성을 갖는다.[80] 공법상 계약은 서면으로 체결되어야 하므로(행정절차법 제57조) 법적 형식이 없는 다른 행정작용과 비교할 때 더 명확하고 안정적인 법적 기반을 제공한다. 또한 공법상 계약은 동법 제59조가 명시한 무효사유에 해당하지 않는 단순한 법 위반만으로는 무효가 되지 않는다(동법 제59조). 공법상 계약의 변경 또는 해지는 예외적이고 엄격한 요건에서만 가능하다(동법 제60조).

따라서 공법상 계약은 부주의한 법적 하자 또는 후속 사실적 또는 법적 상황의 변화로 인하여 변경 또는 소멸될 수 있는 위험이 다른 행정작용과 비교하여 낮다.[81] 공법상 계약의 높은 법적 안정성은 계약당사자 모두에게 이익이 된다. 또한 공법상 계약은 계약당사자들이 갖는 권리 또는 의무를 명시하고 계약 위반 시 어떠한 제재가 내려질 것인지를 사전에 규정하므로 계약상 의무를 적절히 이행할 것을 권고하는 효과가 있다. 공법상 계약은 이로써 법적 분쟁을 미리 회피 또는 해소하여 계약당사자 간의 법적 평화에 기여한다.[82]

2. 위험성

현대 행정에서 공법상 계약이 가지는 위와 같은 유용성에도 불구하고 공법상 계약에 대한 우려의 목소리도 적지 않다. 공법상 계약에서 행정과 사인 간의 종속관계로 인해 행정이 우월한 지위를 남용하여 여러 법적 문제가 발생할 수 있다는 것이다. 이에 따라 독일에서도 공법상 계약의 위험성에 대한 지적이 계속되어 왔다. 이러한

---

80) Schlette, Die Verwaltung als Vertragspartner, 2000, S. 352.
81) Brüning/Bosesky, in: Mann/Sennekamp/Uechtritz (Hrsg.), a.a.O., § 54 Rn. 41.
82) Christmann, Der öffentlich-rechtliche Vertrag mit privaten Dritten im Lichte der Schuldrechtsreform, 2010, S. 19.

지적은 아래와 같이 크게 세 가지로 나눌 수 있다.[83]

첫째, 공법상 계약은 행정작용에 대한 법치주의적 통제를 약화시킬 수 있다. 즉, 행정이 계약이라는 형식을 통해 행정작용의 발동과 행사에 법률의 근거가 필요하다는 법치행정의 통제를 회피하려는 시도가 증가할 수 있다는 것이다. 공법상 계약은 행정행위 또는 입법과 달리 그 적법성을 심사하고 통제하기 어려워, 행정이 공법상 계약을 악용할 여지가 있다. 예를 들어, 행정이 자신에게 유리한 방향으로 계약 조건을 임의로 정하는 등의 문제가 발생할 수 있다.[84]

둘째, 공법상 계약은 국민의 기본권을 위협할 소지가 있다. 즉, 행정이 계약이라는 합의적 형식을 가장하여 실제로는 국민을 더욱 강하게 구속함으로써 계약자유 등의 기본권을 침해할 수 있다. 이러한 예로 '표준계약서'(standardisierter Vertrag)가 제시된다. 공법상 계약이 보급되어 행정의 일상적인 수단으로 사용될수록 점차 정형화된 형식이 확대되고 있고, 이에 따라 계약당사자인 사인은 계약 체결 여부에만 결정 권한이 있고 계약 내용에 관하여는 별다른 영향을 발휘하기 어려운 경우가 발생하고 있다.[85]

셋째, 공법상 계약은 행정으로 하여금 행정의 목적, 즉 공익성을 망각하게 하고 국가행정을 상업화할 우려가 있다. 행정이 영리적 목적으로 공법상 계약을 체결할 경우, 공공정책은 특정 기업이나 사인의 영리를 보호하기 위한 도구로 전락하게 된다. 이로 인해 공적 자원이 비효율적으로 사용되어 결과적으로 국민의 세금이 낭비되고, 공공서비스의 질과 접근성이 저하되어 사회적 불평등이 심화될 수

---

[83] 장태주, 독일 공법상 계약의 적용범위 - 독일 행정절차법상의 공법상 계약을 중심으로 -, 공법연구(제29집 제2호), 2001. 305-306면.
[84] Schlette, Die Verwaltung als Vertragspartner, 2000. S. 52-53.
[85] Leisner-Egensberger, in: Kahl/Ludwigs (Hrsg.), Handbuch des Verwaltungs-rechts, Band V, 2021, § 149 Rn. 8 ff.

있다.86)

V. 공법상 종속계약

행정절차법은 한편으로는 공법상 계약을 원칙적으로 허용하면서
도, 행정과 사인 간의 종속관계와 그에 따른 행정권한의 남용을 경
계하여 공법상 종속계약에 대하여 규율하고 있다. 따라서 행정절차
법에 따른 공법상 종속계약의 개념과 그 하위 유형에 관하여 검토
가 필요하다.

1. 종속계약의 개념

독일에서는 행정과 사인 간의 종속관계가 성립하는 경우의 공법
상 계약을 종속계약(subordinationsrechtlicher Vertrag)이라고 지칭
한다.87)   이와   반대되는   개념은   대등계약이다.   대등계약
(koordinationsrechtlicher Vertrag)이란 계약당사자들이 계약 대상에
관하여 대등한 관계에 있는 계약을 의미한다.88) 대등관계는 일반적
으로 행정청 간에 인정된다.89)

종속계약이라는 개념에는 불명확성이 있다. 동법 제54조 제2문
에 의하면, 종속계약은 행정청이 행정행위의 발부에 갈음하여 계약
을 체결한 경우를 지칭한다. 그러나 종속계약을 이 경우에만 한정하

---

86) Tegethoff, in: Kopp/Ramsauer (Hrsg.), a.a.O., § 54 Rn. 11c.

87) Lenski, Vergangenheitsbewältigung durch Vertrag, JZ 2014, 888 (890).

88) Voßkuhle/Kaiser, Grundwissen - Öffentliches Recht: Der öffentlich-rechtliche
    Vertrag, JuS 2013, 687 (688).

89) BT-Drs. 7/910, S. 79 ff.

면 행정청과 사인 간의 실질적인 상하관계를 충분히 반영하지 못한
다는 문제점이 있다.[90] 이에 학설과 판례에서는 종속계약의 범위를
어디까지 확장하여 인정할 것인지에 대해 견해가 대립하고 있다. 이
는 종속관계에 대한 해석론과 밀접한 관련이 있다.

첫 번째 견해[91]는 종속관계는 행정과 사인 간의 관계에서만 인정
될 수 있다고 본다. 이 견해는 종속관계를 행정과 사인 간의 관계로
제한하는 한편 이러한 관계에 있는 모든 계약을 종속계약으로 해석
한다. 그러나 이 견해는 행정과 사인 간에도 종속관계가 존재하지
않을 수 있다는 현실을 회피한다는 비판을 받는다.[92]

두 번째 견해[93]에 의하면, 공법상 계약의 내용이 (필요한 경우에
는 부관을 사용하여) 행정행위의 내용이 될 수 있는 경우에만 종속
관계가 인정된다고 본다. 이 견해는 행정절차법 제59조 제2항 제1호
의 해석에 근거한다. 이에 의하면 동법 제54조 제2문에 의한 공법상
종속계약은 상응하는 내용의 행정행위에 대한 무효사유와 연결되어
있으므로, 계약 체결 시 행정청이 계약의 내용에 포함되는 상응하는
내용의 행정행위를 발급할 권한이 있었는지 여부를 고려하지 않을
수 없다는 것이다.

세 번째 견해(통설[94] 및 판례[95])에 의하면, 행정청이 공법상 계약

---

[90] Egidy, Strukturelle Defizite des Verwaltungsvertragsrechts aus verhaltens-
wissenschaftlicher Perspektive, DVBl. 2022, 83 (83).

[91] Brüning/Bosesky, in: Mann/Sennekamp/Uechtritz (Hrsg.), Verwaltungsver-
fahrensgesetz Kommentar, 2, Aufl, 2019, § 54 Rn. 110.

[92] Tegethoff, in: Kopp/Ramsauer (Hrsg.), a.a.O., § 54 Rn. 49.

[93] Obermayer/Funke-Kaiser (Hrsg.), Verwaltungsverfahrensgesetz Kommentar,
6, Aufl, 2021, § 54 Rn. 46.

[94] Fehling, in: Fehling/Kastner/Störmer (Hrsg.), a.a.O., § 54 Rn. 58; Kämmerer,
in: Bader/Ronellenfitsch (Hrsg.), BeckOK Verwaltungsverfahrensgesetz
Kommentar, 62, Aufl, 2024, § 54 Rn. 84; Tegethoff, in: Kopp/Ramsauer
(Hrsg.), a.a.O., § 54 Rn. 48.

[95] BVerwG NVwZ 2000, 1285.

ad...

에 의해 행위하는 법 영역에서 일반적으로 행정행위를 할 수 있는 권한이 있으면 종속관계가 있다고 본다. 따라서 두 번째 견해와 같이 계약을 체결한 행정청이 그와 동일한 내용의 행정행위를 발급할 수 있는 권한이 있어야 하는 것은 아니다. 계약 내용이 행정청이 행정행위를 발급할 수 있는 법 영역에 속해 있으면 충분하다.[96] 즉, 행정청이 계약상대방에게 계약 내용과 관련하여 행정행위를 할 수 있는 권한이 있는 경우뿐만 아니라, 계약이 체결된 해당 법 영역에서 일반적으로 고권적 상하관계가 존재하는 경우에도 종속관계가 인정된다고 본다.[97]

2. 종속계약의 구별

종속계약은 계약의 효과에 따라 의무부담계약과 처분계약으로 구별된다. 행정청의 계약상 의무가 행정행위의 발급인 경우, 의무부담계약은 후속 행정행위를 준비하는 역할을 하는 계약인 반면, 처분계약은 그 자체로 행정행위를 갈음하여 별도의 행정행위 없이 계약만으로 행정의 목적을 달성한다는 점에 차이가 있다. 이와 같이 이들 계약은 후속 이행행위가 존재하는지와 계약이 그 이행행위의 법적 근거가 되는지 여부 등에서 다른 점이 있으므로 구별할 필요가 있다.

의무부담계약은 일방당사자가 아직 이행되지 않은 급부의 이행을 약정하고 상대방은 그에 상응하는 이행청구권을 얻는 계약을 의미한다.[98] 의무부담계약은 의무의 대상에 따라 행위의무, 수인의무,

---

96) Tegethoff, in: Kopp/Ramsauer (Hrsg.), a.a.O., § 54 Rn. 48a.
97) BVerwG NVwZ-RR 2003, 874.
98) Höfling/Krings: Der verwaltungsrechtliche Vertrag: Begriff, Typologie, Fehlerlehre, JuS 2000, 625 (629 f.).

부작위의무에 관한 것으로 구별할 수 있다.[99] 행위의무에는 행정행위의 발급뿐만 아니라 토지소유권 이전, 금전 지급 또는 기타 행정작용 등이 포함된다.[100]

종속계약은 원칙적으로 유인계약(有因契約)이므로 의무부담계약은 이행행위(예: 행정행위 또는 사실행위)의 법적 근거가 된다. 의무부담계약이 무효이거나(행정절차법 제59조) 사후에 해지되어 효력을 상실하는 경우(동법 제60조), 이행행위에는 법적 근거가 존재하지 않아 위법하다. 따라서 사인은 이 경우 이행행위의 효력을 다툴 수 있고 공법상 부당이득반환을 청구할 수 있다.[101]

반면, 처분계약은 법률관계의 발생, 변경, 소멸에 직접적으로 영향을 미치는 법률행위이다.[102] 형성적 효력을 갖는 행정행위(예: 허가 또는 특별 사용권 부여)를 갈음하는 경우가 대표적이다. 수용계약(연방도시계획법전 제110조 제1항)에 의한 토지의 소유권 이전도 처분계약에 해당한다.[103] 수용계약이 행정행위인 수용재결을 대체하기 때문이다(동조 제3항 제1문).[104]

처분계약은 무인계약(無因契約)이 아닌 한 유효한 의무부담계약을 전제로 한다. 그러나 의무부담계약과 처분계약(또는 이행행위)는 예를 들어 행정행위의 발급과 같이 이행행위가 계약상대방에게 도

---

99) Brüning/Bosesky, in: Mann/Sennekamp/Uechtritz (Hrsg.), a.a.O., § 54 Rn. 102.

100) BVerwG NVwZ 1986, 554 [원고가 피고(행정주체)에게 공법상 계약의 불이행으로 인한 지연이자의 지급을 구한 사안이다.].

101) Rozek, in: Schoch/Schneider (Hrsg.), Verwaltungsverfahrensgesetz Kommentar, 4, Aufl, 2024, § 54 Rn. 83.

102) Höfling/Krings: Der verwaltungsrechtliche Vertrag: Begriff, Typologie, Fehlerlehre, JuS 2000, 625 (629 f.).

103) Battis, in: Battis/Krautzberger/Löhr (Hrsg.), Baugesetzbuch Kommentar, 15, Aufl, 2022, § 110 Rn. 2.

104) 독일 수용계약의 자세한 내용은 제3장 제2절 III.에서 후술한다.

달하는 것 자체로 이행이 완료되는 경우에는 법률상 또는 사실상 일치할 수 있다.105) 의무와 이행이 일치하는지 또는 별도로 보아야 하는지는 개별 사안에서 계약의 구체적인 합의 내용에 따라 달라질 것이다.106)

양자를 구별하는 실익은 먼저 계약의 적용 영역의 차이를 강조한 다는 점에 있다. 대부분의 공법상 계약은 장래를 향하여 효력을 발하는 의무를 설정하는 경우가 많기 때문에 의무부담계약인 반면, 행정행위를 갈음하는 공법상 계약은 그 자체로 법적 상황의 직접적인 발생, 변경, 소멸을 목적으로 하기 때문에 처분계약의 성격을 갖는 다.107) 이는 채무불이행 법리의 적용에 있어서도 의미가 있다. 처분계약은 직접적인 형성효를 가지므로 채무불이행 법리는 의무부담계약에만 적용된다.108)

3. 종속계약의 하위 유형

계약당사자들은 법규정에 위배되지 않는 범위 내에서 계약의 내용을 형성할 수 있다. 다만 행정절차법은 종속계약의 유형으로서 화해계약(동법 제55조)과 교환계약(동법 제56조)를 명시하여 이에 대해서는 엄격한 요건을 설정하고 이를 위반할 경우 계약이 무효가 됨을 선언하고 있다(동법 제59조 제2항 제3호, 제4호).

---

105) Tegethoff, in: Kopp/Ramsauer (Hrsg.), a.a.O., § 54 Rn. 50.
106) Siegel, in: Stelkens/Bonk/Sachs (Hrsg.), a.a.O., § 54 Rn. 118.
107) Tegethoff, in: Kopp/Ramsauer (Hrsg.), a.a.O., § 54 Rn. 50.
108) Schlette, Die Verwaltung als Vertragspartner, 2000, S. 25.

(1) 화해계약

1) 개념

화해계약은 '사실적 상황 또는 법적 상황을 합리적으로 평가할 때 존재하는 불확실성을 상호 양보(화해)에 의하여 제거하는 행정절차법 제54조 제2문상의 공법상 계약'으로 정의된다(동법 제55조). 이는 행정절차법에서 명시한 공법상 종속계약의 두 유형 중 하나이다.

공법상 행정활동(행정절차법 제9조)에서도 사실적 또는 법적 상황에 대한 불확실성이 매우 커서 과도한 비용과 시간을 들여야만 해결될 수 있는 경우가 생길 수 있다.[109] 독일의 입법자는 이러한 경우 당사자들이 불확실한 결과를 초래할 수 있는 재판에 의존하는 대신 상호 양보를 통하여 합의에 도달하는 것이 합목적적이라고 판단하여 화해계약을 공법상 계약의 유형으로 명시하였다.[110]

2) 요건

먼저 계약당사자 사이에 사실적 또는 법적 상황에 대한 '불확실성'이 존재하여야 한다. 불확실성은 모든 계약당사자 사이에 존재하여야 하고, 일방당사자에게만 존재하는 것으로는 충분하지 않다.[111] 불확실성의 대상은 대부분 사실적 상황이지만, 법규정의 적용 및 해석이 의심스럽고 이에 대한 명확한 최종심의 판례가 없거나 하급심의 판단이 상반된 경우와 같이 법적 상황이 될 수도 있다.[112]

다음으로 화해계약으로 '상호 양보'를 도모하여 불확실성을 제거하여야 한다. 화해계약은 반드시 상호 양보를 필요로 하고 일방의

---

[109] Rozek, in: Schoch/Schneider (Hrsg.), Verwaltungsverfahrensgesetz Kommentar, 4, Aufl, 2024, § 55 Rn. 3.
[110] BT-Drs. 7/910, S. 80.
[111] BVerwG NJW 1975, 1751.
[112] VGH BeckRS 2015, 48874.

양보만으로는 성립하지 않는다. 따라서 한쪽만 이득을 얻거나 일방
이 상대방의 주장에 완전히 굴복하는 경우에는 화해계약이 성립하
지 않는다.113) 그러나 양보의 가치가 동일할 필요는 없다.114) 각 계
약당사자가 자신에게 가장 유리한 입장에서 경미한 정도의 희생을
감수하는 것만으로도 충분하다.115)

양보와 불확실성은 '동일한 측면에서 관련'되어 있어야 한다.116)
즉, 양보는 불확실성의 제거를 위한 것이어야 하고, 양자는 내적으
로 긴밀한 관련성을 가져야 한다. 따라서 양보와 불확실성 간에는
견련성(Konnexität)의 원칙이 적용된다.117) 견련성은 양보의 대상이
불확실성과 무관하거나 또는 불확실성이 그와는 무관한 대상에 관
한 양보의 계기가 된 것에 불과한 경우에는 존재하지 않는다.118)

또한 불확실성은 상호 양보를 통하여 '제거'되어야 한다. 다만 불
확실성이 화해계약으로 '실제로' 제거되는 것은 아니다. 실질적으로
는 존재하나 법적으로 제거된 것으로 간주될 뿐이다.119) 이러한 측
면에서 화해계약은 형성적 효력을 가지고 계약으로 새로운 권리 또
는 의무를 창출한다. 당사자들은 화해계약 이전의 분쟁지점으로 돌
아갈 수 없고(소극적 효력), 당사자들의 법률관계는 화해계약으로
대체된다(적극적 효력).120)

---

113) OVG Berlin-Brandenburg BeckRS 2015, 47516.
114) Ziekow, Verwaltungsverfahrensgesetz Kommentar, 4, Aufl, 2019, § 55 Rn. 12.
115) Ziekow/Siegel, Entwicklung und Perspektiven des Rechts des öffentlich-rechtlichen Vertrages – Teil 2 –, VerwArch 2004, 133 (143).
116) BVerwG NJW 1976, 686.
117) Kluth, Das Vertragsdurchführungsermessen, NJW 2021, 3167 (3170).
118) Ziekow/Siegel, Entwicklung und Perspektiven des Rechts des öffentlich-rechtlichen Vertrages – Teil 2 –, VerwArch 2004, 133 (142).
119) Rozek, in: Schoch/Schneider (Hrsg.), Verwaltungsverfahrensgesetz Kommentar, 4, Aufl, 2024, § 55 Rn. 38.
120) BSG NJW 1989, 2565.

(2) 교환계약

1) 개념

교환계약은 행정절차법에 명시된 공법상 종속계약의 두 번째 유형이다(동법 제56조). 동법 제56조는 일정 요건이 충족되면 행정청과 사인 간 급부의 교환을 허용한다. 급부의 유형, 내용 및 대상은 동법 제56조에서 지정되거나 제한되지 않는다.

행정절차법상 교환계약은 불완전 교환계약(hinkende Austauschvertrag)을 포함한다.[121] 불완전 교환계약이란 사인이 제공할 급부는 계약상 명시되었으나 행정청이 제공할 급부는 계약에 명시되어 있지 않고 다만 계약의 기초로 전제되어 있어 양자 간에 불가분의 관계가 있는 것으로 해석되는 계약이다.[122] 계약의 기초는 계약서에 명시될 필요는 없고 계약체결과 관련된 사정과 관련하여 행정청의 급부와 그 목적을 해석상 결정할 수 있는 단서를 인식할 수 있는 정도면 충분하다[(암시이론(Andeutungstheorie)].[123]

독일의 입법자는 행정절차법 제56조에서 이미 판례에서 공법상 계약의 무효사유로 발전하여 온 부당결부금지원칙(Koppelungsverbot)을 채택하였다.[124] 계약상 행정청의 급부와 사인의 반대급부는 동법

---

[121] BVerwG NVwZ 2000, 1285[원고(건축허가 신청인)는 피고(지방자치단체)와 사이에 피고가 원고에게 도시관리계획의 변경을 약정하고 원고는 피고에게 그 대가로 시립 놀이터의 유지보수금을 지급하기로 약정하였는데 원고가 이후 피고에게 지급한 금원의 반환을 구한 사안이다. 법원은 피고의 원고에 대한 도시관리계획의 변경 약정이 이 계약의 기초가 되었다는 전제에서 이 계약이 공법상 계약인 불완전 교환계약에 해당한다고 판단하였고, 또한 원·피고 쌍방 의무 간의 실체적 관련성이 없어 부당결부금지원칙에 위배된다는 이유로 이 계약이 무효라고 판단하여 원고의 청구를 받아들였다].
[122] Stelkens, Hinkende Verwaltungsverträge. Wirkungen und Rechtsnatur, DÖV 2009, 850 (850).
[123] BVerwG NJW 1995, 1104.
[124] BVerwG NJW 1973, 1895.

제56조의 법 문언에 따라 실체적 관련성을 가져야 한다는 것이다.125) 이는 행정이 자신의 우월적 지위를 악용하여 사인에게 법률에 부합하지 않거나 과도한 반대급부를 요구하지 않도록 하고, 동시에 행정이 고권적 권한을 매매하거나 부당한 경제적 이득을 획득하는 것을 방지하기 위한 것이다.126)

2) 요건

먼저 행정청의 급부가 법률상 가능하고 행정청의 권한 내에 있어야 한다. 행정청의 급부는 행정행위의 발부가 될 수 있고, 계약당사자에게 물질적 또는 비물질적으로 가치가 있거나 그 외의 이익이 될 수 있는 행정청의 작위, 수인, 부작위가 될 수도 있다.127) 행정청의 급부는 법률적합성원칙에 기초하여 법률상 가능하고 행정청의 권한 내에 있는 것만 계약상 합의될 수 있다.128)

다음으로 사인에게 행정청의 급부에 대한 청구권이 없다면,129) 사인의 반대급부는 다음의 네 가지 요건을 충족하여야 한다(행정절차법 제56조 제1항). 반대급부는 ① 특정 목적을 위하여 합의되어야 하고, ② 행정청의 공적 임무 수행을 위하여 기여하여야 하며, ③ 전반적인 사정에 비추어 상당하여야 하고, ④ 행정청의 급부와 실체적 관련성이 있어야 한다. 동 규정은 강행규정이므로 계약당사자는 '자발적 위험부담의 법리'(volenti non fit iniuria)에 근거하여 이 요건을

---

125) Zepf, Vertragsdenkmalschutz, DÖV 2015, 518 (522).
126) BVerwG NJW 1973, 1895; Siegel, in: Stelkens/Bonk/Sachs (Hrsg.), a.a.O., § 56 Rn. 3.
127) Butzer, Brauchen wir das Koppelungsverbot nach § 56 VwVfG?, DÖV 2002, 881 (883).
128) Siegel, in: Stelkens/Bonk/Sachs (Hrsg.), a.a.O., § 56 Rn. 17.
129) 행정청에 교환계약 체결 여부에 대한 재량권이 부여된 경우를 의미한다. 이에 관하여는 Fehling, in: Fehling/Kastner/Störmer (Hrsg.), a.a.O., § 56 Rn. 17.

포기할 수 없다.[130)]

　마지막으로 사인에게 행정청의 급부에 대한 청구권이 있는 경우,[131)] 사인의 반대급부에 대한 요건도 살펴보아야 한다. 여기서의 사인의 청구권이란 동법 제56조 제2항에 의하면 사인이 행정청의 급부에 대하여 청구권을 가지고 있는 경우에는, 행정행위의 발급에 있어서 행정절차법 제36조에 의한 부관의 내용이 될 수 있는 반대급부만이 합의될 수 있다. 즉, 행정청이 사인에게 급부를 이행할 법적 의무가 있는 경우, 그 급부를 반대급부에 일방적으로 종속케 하는 내용의 교환계약을 체결할 수 없다. 또한 사인의 반대급부는 동법 제36조 제1항 및 제3항에 의한 부관의 요건을 충족하여야 한다.[132)]

---

130) Bleckmann, Verfassungsrechtliche Probleme des Verwaltungsvertrages, NVwZ 1990, 601 (603).

131) 행정청의 사인에 대한 급부 제공이 법규정으로 강제되어 있고, 이러한 법규정이 사인에게 주관적 공권을 부여하는 경우를 의미한다. 이에 관하여는 Ziekow/Siegel, Entwicklung und Perspektiven des Rechts des öffentlich-rechtlichen Vertrages - Teil 2 -, VerwArch 2004, 133 (149).

132) BT-Drs. 7/910, S. 81.

제3절 공법상 계약의 규율 체계

위에서 살펴본 바와 같이 공법상 계약은 다른 행위형식과 비교하여 다양한 유용성을 가지고 있지만, 다른 한편으로는 행정과 사인 간 체결되는 경우가 많아 행정이 계약 과정에서 자신의 지위를 남용할 위험성을 내포하고 있다. 따라서 공법상 계약의 통제를 위한 규율 체계를 살펴볼 필요가 있다.

Ⅰ. 개별법

행정절차법은 공법상 계약의 요건, 무효사유 및 효과, 변경 또는 해지 등에 관하여 포괄적인 법체계를 구축하고 있다. 다만 행정 분야에 따라 개별법으로 공법상 계약에 관하여 규율하는 경우가 있다. 이 경우에는 해당 개별법이 우선 적용된다.

대표적인 예로는 건설행정에 관한 법률인 연방도시계획법전 제11조에 의한 도시계획계약(städtebaulicher Vertrag)이 있다. 도시계획계약은 지방자치단체의 도시계획과 관련한 행정과 사인 간의 계약으로서, 계약의 내용이 지방자치단체의 고권적 권한 영역에 속하는 경우 공법상 계약으로 평가할 수 있다. 공법상 계약에 해당하는 도시계획계약의 세부 유형으로는 도시계획조치의 준비 및 실시를 위한 기반시설계약(Erschließungvertrag, 연방도시계획법전 제11조 제1항 제2문 제1호), 도시계획조치로 인한 비용 부담을 위한 후속조치비용계약(Folgekostenvertrag, 연방도시계획법 제11조 제1항 제2문 제3호) 등이 있다.[1]

연방도시계획법전 제11조 제2항에 의하면, 도시계획계약에서 합의된 급부는 모든 상황에서 상당하여야 한다. 그리고 계약상대방이 이미 반대급부를 받을 권리를 가지고 있는 경우, 계약상대방으로 하여금 급부를 제공하도록 하는 합의는 허용되지 않는다. 또한 동법 제11조 제3항에 의하면, 도시계획계약은 법규정에 다른 형식이 규정되어 있지 않는 한 서면방식을 갖추어야 한다. 이와 같이 도시계획계약에는 연방도시계획법전에 의한 개별법상 규율이 적용되므로, 위 개별법과 유사한 내용을 규정하고 있는 행정절차법 제56조 및 제57조는 적용되지 않는다.

환경행정에 관한 법률에서도 공법상 계약을 규율하고 있다. 예를 들어 연방자연보호법(Bundesnaturschutzgesetz) 제3조 제3항에 의하면 자연보호조치의 경우 계약상 합의에 의하여 그 목적을 달성할 수 있는지 여부가 우선적으로 검토되어야 한다.[2] 연방토양보호법(Bundes-Bodenschutzgesetz)에서도 오염토양의 정화에 있어서 계약적 해결방식을 규정하고 있다(동법 제13조 제4항). 이러한 계약들은 환경행정에서의 협력원칙(Kooperationsprinzips)을 구체화하여 기존의 규제적 수단을 보완하기 위한 것이다.[3]

---

[1] Brohm, Städtebauliche Verträge zwischen Privat- und Öffentlichem Recht, JZ 2000, 321 (327). 독일 도시계획계약의 자세한 내용은 제3장 제2절 I.에서 후술한다.

[2] Frenz, Vertragsnaturschutz in neuem Gewand, NuR 2011, 257 (258) 참조.

[3] Heß/Wulff in: Landmann/Rohmer, Umweltrecht Kommentar, 102, Auflage, 2023, BNatSchG § 3 Rn. 30, 37; Dombert in: Landmann/Rohmer, a.a.O., BBodSchG § 13 Rn. 40 참조.

II. 행정절차법

위와 같이 개별법에 특별한 규정이 존재하는 경우, 해당 규정이 우선적으로 적용된다. 그러나 이러한 특별 규정이 없는 경우에는 행정절차법에 명시된 공법상 계약 관련 조항들이 적용된다. 행정절차법의 공법상 계약 규율 체계는 크게 두 가지로 구분할 수 있다. 하나는 모든 공법상 계약에 일반적으로 적용되는 규정이고, 다른 하나는 종속계약에만 한정하여 적용되는 규정이다.

일반 규정에는 법률적합성원칙(제54조 제1문), 형식 및 절차 요건(제57조, 제58조), 변경 또는 해지 규정(제60조)이 있다. 법률적합성원칙은 계약의 형식과 내용이 실정법에 위배되지 않을 것을 요구한다. 형식 및 절차 요건으로는 서면방식과 제3자 또는 다른 행정청의 동의가 필요하다. 변경 또는 해지 규정은 사정변경이나 공익을 이유로 한 계약의 조정 또는 해지 가능성을 규정한다.

종속계약에만 적용되는 규정으로는 화해계약(제55조), 교환계약(제56조)에 관한 규정, 그리고 무효사유(제59조 제2항)가 있다. 화해계약은 불확실성 제거를 위한 상호 양보를, 교환계약은 반대급부의 요건 및 제한을 다룬다. 무효사유는 모든 종속계약에 적용되는 것(동법 제59조 제2항 제1호, 제2호)과 특정 유형의 종속계약에만 적용되는 것으로 구분된다(동법 제59조 제2항 제3호, 제4호).

III. 행정법의 일반원칙

공법상 계약에 있어 행정법의 일반원칙은 핵심적인 규율 요소로 작용한다. 따라서 법률적합성원칙, 비례원칙, 부당결부금지원칙, 평등원칙을 중심으로 각 원칙의 의의와 공법상 계약에 대한 구체적인 적용 양상을 살펴볼 필요가 있다.

1. 법률적합성원칙

법치주의 원칙에 기초한 법률적합성원칙(기본법 제20조 제1항 및 제3항)은 공법상 계약의 핵심적인 규율 요소로 작용한다.[4] 법률적합성원칙은 법률우위원칙과 법률유보원칙으로 구성된다.

(1) 법률우위원칙

먼저 법률우위원칙에 의하면 행정은 법률에 엄격하게 구속된다. 이러한 구속은 공법상 계약 체결에도 적용된다.[5] 행정절차법 제54조 제1문은 법규정에 위배되지 않는 범위 내에서의 공법상 계약의 가능성 및 한계를 규율하여 법률우위원칙을 명시하고 있다.[6] 법률우위원칙은 계약 내용에 관하여도 적용된다. 특히 행정청은 계약당사자라 하더라도 사적자치의 자유가 없고[7] 관련 실체법에 구속된다.[8] 또한 계약당사자들은 모두 실정법을 위반하는 내용의 권리 또는 의무를 설정할 수 없다.[9]

법률우위원칙은 공법상 계약의 개별 법리와도 실질적 관련이 있

---

[4] Fuks/Alpha, Steuerliche Massenverwaltung durch Vertrag, DÖV 2020, 226 (231).

[5] Dombert, Der öffentlich-rechtliche Vertrag und die Bestimmung der Kreisumlage, KommJur 2020, 361 (363).

[6] Ziekow/Siegel, Entwicklung und Perspektiven des Rechts des öffentlich-rechtlichen Vertrages - Teil 1 -, VerwArch 2003, 593 (604).

[7] Thiele, in: Pautsch/Hoffmann (Hrsg.), a.a.O., § 54 Rn. 12.

[8] BVerwG NJW 1976, 686.

[9] Rozek, in: Schoch/Schneider (Hrsg.), Verwaltungsverfahrensgesetz Kommentar, 4. Aufl. 2024, § 54 Rn. 5.

다. 예를 들어 화해계약은 계약당사자 간에 불확실하거나 분쟁이 있는 상황을 상호 양보를 통해 극복하여 합의를 도출하는 공법상 종속계약의 하위 유형으로서, 화해의 내용이 실제 법적 상황과 일치하지 않을 수 있다는 점에서 법률우위원칙과 긴장관계에 있다.[10] 따라서 행정절차법 제55조는 화해계약의 가능성을 인정하되 화해계약의 당사자에게 엄격한 요건 하에 제한적인 처분권만을 부여하고 있다.[11]

　법률우위원칙은 공법상 계약의 무효(행정절차법 제59조)와도 관련이 있다. 연방행정법원은 행정절차법이 제정되기 이전에는 위법한 공법상 계약은 무효라고 판단하였다.[12] 이에 독일에서는 위법한 공법상 계약의 법적 효력을 어디까지 제한할 것인지에 대한 논의가 계속되었다.[13] 이후 행정절차법이 제정되어 공법상 계약의 위법성과 효력을 원칙적으로 분리하였다. 이에 대하여 법률우위원칙을 근거로 비판하는 견해가 일부 있었다.[14] 그러나 현재 통설[15]과 판례[16]는 행정절차법 제59조의 합헌성을 인정하고 있다. 이는 법률우위원칙이 계약충실의 원칙, 법적 안정성의 원칙 및 신뢰보호원칙과 균형을 이루고 있다는 판단에 근거한다. 동법 제59조의 무효사유는 거의 모든 중대한 법 위반을 포함하고 있다고 판단되므로 위법한 계약의 효력이 유지되어 발생할 수 있는 문제들은 사실상 존재하지 않

---

[10] Schlette, Die Verwaltung als Vertragspartner, 2000, S. 85.

[11] Rozek, in: Schoch/Schneider (Hrsg.), Verwaltungsverfahrensgesetz Kommentar, 4, Aufl, 2024, § 54 Rn. 6.

[12] BVerwG NJW 1957, 555.

[13] Schenke, Der rechtswidrige Verwaltungsvertrag nach dem VwVfG, JuS 1977, 281.

[14] Brosius-Gersdorf, in: Schoch/Schneider (Hrsg.), Verwaltungsverfahrensgesetz Kommentar, 4, Aufl, 2024, § 59 Rn. 50 ff.

[15] Schliesky, in: Knack/Henneke (Hrsg.), Verwaltungsverfahrensgesetz Kommentar, 11, Aufl, 2019, § 59 Rn. 4 ff.; Siegel, in: Stelkens/ Bonk/Sachs (Hrsg.), a.a.O., § 59 Rn. 5; Tegethoff, in: Kopp/Ramsauer (Hrsg.), a.a.O., § 59 Rn. 2.

[16] BVerwG NVwZ 2000, 1285.

는다.[17]

(2) 법률유보원칙

법률유보원칙은 고권적 조치가 법률에 의해서만 또는 그에 근거하여서만 이루어져야 함을 의미한다.[18] 행정절차법이 제정되기 전에는 공법상 계약의 체결에 관하여 법률유보원칙에 따라 법률상 수권이 필요한지에 대한 논쟁이 있었다.[19] 침해적 성격의 계약이 있을 수 있고, 그렇지 않더라도 종속관계에서 계약상대방의 보호 필요성이 있는 경우도 있기 때문이다.[20]

다만 이 문제는 공법상 계약에 대한 일반적인 수권 규정(행정절차법 제54조 제1문)의 제정으로 해결되었다고 보는 것이 통설[21] 및 판례[22]이다. 따라서 공법상 체결에 관하여 개별법에서의 특별한 수권은 필요하지 않다.[23]

---

17) Siegel, in: Stelkens/Bonk/Sachs (Hrsg.), a.a.O., § 59 Rn. 5.
18) Fuks/Alpha, Steuerliche Massenverwaltung durch Vertrag, DÖV 2020, 226 (231).
19) BVerwG NJW 1973, 1895; Schliesky, in: Knack/Henneke (Hrsg.), a.a.O., § 54 Rn. 10; Siegel, in: Stelkens/Bonk/Sachs (Hrsg.), a.a.O., § 54 Rn. 4.
20) Maurer, Der Verwaltungsvertrag – Probleme und Möglichkeiten, DVBl. 1989, 798 (805).
21) Brüning/Bosesky, in: Mann/Sennekamp/Uechtritz (Hrsg.), a.a.O., § 54 Rn. 76; Fehling, in: Fehling/Kastner/Störmer (Hrsg.), a.a.O., § 54 Rn. 3; Gurlit, in: Ehlers/Pünder (Hrsg.), Allgemeines Verwaltungsrecht, 16, Aufl, 2022, § 31 Rn. 4; Siegel, in: Stelkens/Bonk/Sachs (Hrsg.), a.a.O., § 54 Rn. 4; Tegethoff, in: Kopp/Ramsauer (Hrsg.), a.a.O., § 54 Rn. 1a; Thiele, in: Pautsch/ Hoffmann (Hrsg.), a.a.O., § 54 Rn. 14.
22) BVerwG NJW 1973, 1895.
23) Maurer, Der Verwaltungsvertrag – Probleme und Möglichkeiten, DVBl 1989, 798. (805).

2. 비례원칙

비례원칙도 공법상 계약을 규율하는 중요한 원칙이다. 비례원칙
이란 국가의 사인에 대한 조치가 정당한 이유와 적절한 목적에 따
라 이루어져야 한다는 원칙을 의미한다.[24] 따라서 행정의 사인에 대
한 모든 조치는 비례원칙을 준수하여야 하고 이러한 비례원칙의 심
사는 조치의 적합성, 필요성, 협의의 비례성(상당성)으로 이루어진
다. 특히 공법상 계약의 세부 유형에 해당하는 교환계약(행정절차법
제56조)은 급부와 반대급부와 사이에 경제적 동등성(상당성)을 요구
한다. 이는 법치주의에 기초한 비례원칙을 구체화한 것이다.[25]

공법상 계약의 해지에 관한 규정(행정절차법 제60조)도 비례원칙
과 관련이 있다. 동법 제60조 제1항에 의한 계약 해지는 사정변경원
칙에 근거한 것으로 계약상대방의 기본권(기본법 제12조 제1항, 제
14조 제1항, 제2조 제1항)을 제한하지만 비례원칙을 충족한 것으로
여겨지므로 별도의 보상의무가 발생하지 않는다고 본다.[26] 그러나
동법 제60조 제2항에 의한 행정청의 공익상 해지는 계약상대방의
특별한 희생을 강요하고 재산권 및 계약자유에 중대한 영향을 미치
므로 비례원칙에 부합하도록 보상의무를 발생시킨다.[27] 통설[28]은
이 경우 행정청의 사인에 대한 보상의무에 관하여 행정행위의 철회

[24] BVerfGE 6, 439.
[25] BVerwG NJW 1980, 1294.
[26] Moench/Rutloff, Die Auswirkungen der Verfassungswidrigkeit von Gesetzen auf öffentlich-rechtliche Verträge, DVBl 2014, 1223 (1229).
[27] Ziekow/Siegel, Entwicklung und Perspektiven des Rechts des öffentlich-rechtlichen Vertrages - Teil 4 -, VerwArch 2004, 573 (578 f.).
[28] Fehling, in: Fehling/Kastner/Störmer (Hrsg.), a.a.O., § 60 Rn. 28; Mann, in: Mann/Sennekamp/Uechtritz (Hrsg.), a.a.O., § 60 Rn. 41; Maurer/Waldhoff, a.a.O., § 14 Rn. 64; Siegel, in: Stelkens/Bonk/Sachs (Hrsg.), a.a.O., § 60 Rn. 43.

에 관한 보상규정(동법 제49조 제6항)29)이 준용된다고 해석한다.

3. 부당결부금지원칙

부당결부금지원칙은 두 가지 핵심 요소로 구성된다. 첫째, 이 원칙은 공법상 계약에서 서로 실질적인 관련이 있는 사항들만을 연결할 수 있다는 것을 의미한다. 예를 들어 건축허가와 도로 정비는 도시계획상 관련이 있을 수 있지만, 건축허가와 전혀 관련이 없는 공원 조성을 연계하는 것은 이 원칙에 위배된다. 둘째, 이 원칙은 국가가 공권력을 행사할 때 법적 근거 없이 경제적 이익과 교환해서는 안 된다는 것을 의미한다. 예를 들어 행정이 사인에게 법적 근거 없이 건축허가의 대가로 금원을 요구하는 것은 허용되지 않는다. 다만 이 경우 예외적으로 사인의 반대급부가 행정 결정의 법적 장애물을 해소하는 경우에는 허용된다. 건축허가 시 소방안전시설 설치를 요구하는 것이 그 예이다. 이는 건축물의 안전이라는 법적 요건을 충족시키는 것이기 때문이다.30)

부당결부금지원칙은 특히 공법상 교환계약(행정절차법 제56조)에서 고권적 권한의 매매와 행정의 부당한 경제적 이득 획득을 방지하고,31) 동시에 행정이 자신의 우월적 지위를 악용하여 사인에게

---

29) 행정절차법 제49조 적법한 행정행위의 철회(Widerruf eines rechtmäßigen Verwaltungsaktes) ⑥ 제2항 제3호부터 제5호의 경우에 수익적 행정행위가 철회되는 경우에, 행정청은 관계인이 행정행위의 존속을 신뢰하여 입은 재산상 불이익에 대하여 그의 신뢰가 공익과 비교해서 보호가치가 있으면, 신청에 기하여 보상하여야 한다. 여기에는 제48조 제3항 제3문부터 제5문까지의 규정이 준용된다. 손실보상에 관한 소송에 대해서는 통상의 권리구제 절차가 적용된다.
30) BVerwG NJW 1973, 1895.
31) BT-Drs. 7/910 S. 80; Brüning/Bosesky, in: Mann/Sennekamp/Uechtritz (Hrsg.), a.a.O., § 56 Rn. 7.

법률에 부합하지 않거나 부적절한 반대급부를 요구하지 않도록 하기 위한 규율 요소로서 기능한다.[32] 이에 따라 교환계약에서 반대급부는 행정청의 급부와 실체적 관련성이 있어야 한다(행정절차법 제56조 제1항 제2문). 여기서의 실체적 관련성이란 일반적·추상적인 기준으로 판단될 수는 없고, 각 개별법령에서 정한 목적과 계약의 내용 및 경위 등을 구체적이고 종합적으로 고려하여 판단해야 한다.[33] 사인의 반대급부가 행정청의 급부와 관련된 개별법령의 목적과 취지에 부합하는 경우에는 실체적 관련성을 인정할 수 있다.[34]

부당결부금지원칙은 행정법의 일반원칙이므로 교환계약 이외의 공법상 계약에도 일반적으로 적용된다. 이 경우에는 행정절차법 제56조 제1항 제2문에 의한 실체적 관련성보다는 유연하게 해석하여 급부와 반대급부 간의 현저한 불균형만을 제재하는 것으로 해석된다.[35] 부당결부금지원칙은 사인이 행정청에게 행정청의 급부가 목적으로 하는 공익과는 다른 공익을 목적으로 하는 반대급부를 제공하는 것을 금지한다. 즉, 사인의 반대급부는 행정청의 급부가 추구하는 그 공익을 위한 것이어야 한다.[36]

4. 평등원칙

공법상 계약도 행정작용(행정절차법 제9조)이므로 평등원칙(기본

[32] BVerwG NJW 1973, 1895; Siegel, in: Stelkens/Bonk/Sachs (Hrsg.), a.a.O., § 56 Rn. 3.
[33] BVerwG NVwZ 2000, 1285; Fehling, in: Fehling/Kastner/Störmer (Hrsg.), a.a.O., § 56 Rn. 32.
[34] Rozek, in: Schoch/Schneider (Hrsg.), Verwaltungsverfahrensgesetz Kommentar, 4, Aufl, 2024, § 56 Rn. 45.
[35] Tegethoff, in: Kopp/Ramsauer (Hrsg.), a.a.O., § 56 Rn. 3a.
[36] Siegel, in: Stelkens/Bonk/Sachs (Hrsg.), a.a.O., § 56 Rn. 32.

법 제3조)의 적용을 받는다. 여기서는 두 가지 문제상황이 존재할
수 있다. 첫째는 공법상 계약의 체결이 계약을 체결하지 않은 제3자
에게 불이익을 초래하는 경우(예: 보조금 지원계약), 둘째는 공법상
계약의 체결이 계약상대방에게 불이익을 초래하는 경우이다.

첫째 상황은 복효적 행정행위에 대해 제3자가 다투는 상황과 근
본적으로 다르지 않다. 따라서 차별 대우에 실체적인 이유가 없어
평등원칙을 위반한다면, 해당 공법상 계약은 상응하는 행정행위와
마찬가지로 위법하고, 위법성이 중대하면 계약이 무효가 될 수 있
다. 다만 행정청이 행정의 자기구속원칙에 따라 제3자에게 관련한
이익을 부여할 의무가 있는 경우에는 계약은 적법하다.[37]

둘째 상황에서는 계약상대방(사인)이 해당 공법상 계약 체결이
자신에게 불이익을 준다는 사실을 알면서도 자발적으로 계약을 체
결하였다는 점이 문제가 된다. 이 경우에는 평등원칙 위반이 인정될
수 없다. 왜냐하면 계약 체결에 대한 사인의 동의가 결과적으로 차
별 대우를 합리화하는 객관적인 근거가 되기 때문이다.[38]

IV. 민법의 보충적 준용

민법은 개별법, 행정절차법상 공법상 계약 규정, 행정법의 일반
원칙이 정하고 있지 않은 경우에만 그에 모순되지 않는 범위 내에
서 보충적으로 준용된다(독일 행정절차법 제62조 제2문). 즉, 민법은
공법상 계약에 아무런 변경 없이 그대로, 그리고 포괄적으로 적용될
수는 없다. 따라서 법규정이 규율하지 못하고 있는 법의 공백이 있
는지, 그리고 해당 민법규정이 그 공법상 계약에 적합하게 적용될

[37] Schlette, Die Verwaltung als Vertragspartner, 2000, S. 73-74.
[38] Schlette, Die Verwaltung als Vertragspartner, 2000, S. 74.

수 있는지 검토되어야 한다.[39]

　이에 따라 공법상 계약에서 민법이 준용되는 범위는 크게 둘로 구분된다. 민법은 먼저 공법상 계약 일반에 적용되는 무효사유로서 기능한다.[40] 법률상 금지(민법 제134조)를 포함하여 의사표시 및 법률행위에 관한 무효규정들이 전반적으로 준용된다.[41]

　또한 민법은 후술하는 바와 같이 공법상 계약의 이행 단계를 규율하는 데 사용된다.[42] 행정절차법은 공법상 계약의 성립 이후의 이행 단계에 대해서는 별도의 규정을 마련하지 않고 있기 때문이다. 이에 따라 일반적인 이행, 채무불이행의 유형 및 효과에 관한 민법 규정들이 공법상 계약에 전반적으로 준용된다. 다만 이 경우에도 공법상 계약을 직접 규율하는 실정법과 법원칙이 우선이므로, 민법은 실정법과 법원칙에 위배되지 않는 범위 내에서만 보충적으로 준용된다.

[39] Geis, Die Schuldrechtsreform und das Verwaltungsrecht, NVwZ 2002, 385 (386).
[40] Siegel, in: Stelkens/Bonk/Sachs (Hrsg.), a.a.O., § 59 Rn. 8.
[41] 제4장 제2절 Ⅵ. 2.
[42] 제4장 제3절.

제4절 소결

이 장에서는 독일의 공법상 계약에 관한 여러 측면을 조망하여 이의 적용 원리에 대한 후속 논의의 기반을 구축하고자 하였다. 먼저 공법상 계약의 개념을 살펴보았다. 공법상 계약은 공법영역의 법률관계를 규정하는 계약으로, 그 내용이 공법의 규제를 받는다는 점에서 사법상 계약과 구별된다. 공법상 계약을 판별하는 주된 기준은 계약 내용의 공법적 성질에 있고, 부차적으로 계약의 목적이 고려된다.

공법상 계약의 개념이 처음부터 당연히 받아들여진 것은 아니었다. 초기 독일 행정법학에서는 부정적 견해가 존재하였으나, 실무와 제도의 변화로 점진적으로 인정되었다. 1976년 독일 행정절차법 제정은 공법상 계약의 법적 토대를 확립하였고, 이로써 행정과 사인 간의 공정한 계약 체결과 사인의 권리 보호를 위한 법적 틀이 구축되었다.

공법상 계약은 행정의 다른 행위형식과 비교하여 유연성, 참여성, 법적 안정성 등의 장점을 가진다. 반면 법치주의적 통제의 약화, 기본권 침해 가능성, 행정의 상업화 우려 등의 단점도 있다.

독일 행정절차법에서 주목할 만한 점은 공법상 종속계약에 대한 엄격한 규제이다. 종속계약이란 행정과 사인 간에 종속관계가 형성되는 공법상 계약을 의미한다. 독일 행정절차법은 행정과 사인 간의 공정한 계약 체결과 사인의 권리 보호를 위하여 종속계약의 세부 유형과 요건, 무효사유 등을 엄격하게 규정하고 있다.

마지막으로, 공법상 계약에 대한 규율 체계는 개별법, 독일 행정절차법, 행정법의 일반원칙, 그리고 민법의 보충적 준용으로 구성된다. 이러한 다층적 규율 체계를 통해 공법상 계약의 합법성과 공정성이 동시에 담보되고 있다.

제3장

독일 공법상 계약의
분야별 검토

제1절 서설

현대 사회에서 행정의 복잡성과 다양성은 지속적으로 증가하고 있고, 행정의 효율성과 공공성을 높이기 위한 다양한 법적 수단이 발전하여 왔다. 특히 공법상 계약은 공공부문과 민간부문의 협력과 상호작용을 규율하는 중요한 역할을 하고 있다. 이에 독일에서도 공법상 계약은 다양한 행정 분야에서 논의되고 있는데, 건설행정, 환경행정, 조세행정, 교육행정, 경제행정, 공무원법 분야를 대표적인 예로 들 수 있다.

이 장에서는 그 중에서도 독일의 건설·경제행정 분야를 중심으로 개별 계약의 개념, 내용 및 법적 성격을 살펴볼 것이다. 이 분야들을 선택한 이유는 현재 우리나라의 행정 실무상 활용빈도가 높은 계약들이 주로 여기에 속하기 때문이다. 따라서 독일과 우리나라의 논의를 체계적으로 비교·검토하기 위해서는 이들 분야를 집중적으로 분석할 필요가 있다.

독일의 건설행정(제2절)에서는 공법상 계약으로 인정되는 사례가 많다. 여기에는 기반시설계약, 후속조치비용계약, 기반시설 설치부담금의 변제계약, 정비사업시행자계약, 개발사업시행자계약, 수용계약, 주차장면제계약 및 수인계약이 포함된다. 독일의 경제행정(제3절)에서는 공공조달계약, 민관협력계약 및 보조금 지원계약을 살펴볼 필요가 있다. 이들 계약이 계약 내용 및 관계 법령 등에 비추어 어떤 법 영역에 속하는지에 관한 논의가 지속되고 있기 때문이다.

<h1 style="text-align:center">제2절 건설행정</h1>

건설행정에서 행정과 사인 간의 협력은 매우 중요하다. 이에 따라 도시계획법(Bauplanungsrecht)과 건축경찰법(Bauordnungsrecht)[1]에서 다양한 공법상 계약 유형들이 인정되어 왔다. 이하에서는 대표적인 예로 도시계획계약(Ⅰ.), 정비사업시행자계약 및 개발사업시행자계약(Ⅱ.), 수용·계약(Ⅲ.), 주차장면제계약(Ⅳ.), 수인계약(Ⅴ.)에 관하여 살펴본다.

Ⅰ. 도시계획계약

1. 개념 및 범위

독일 건설행정에서의 공법상 계약은 연방도시계획법전의 각 개별 주항에 근거를 두고 있는 경우가 많다. 대표적으로 연방도시계획법전 제11조가 규정하고 있는 도시계획계약(städtebaulicher Vertrag)[2]은

---

[1] Bauplanungsrecht이란 도시의 계획에 관한 법규범을 의미하는 것으로 '도시계획법'으로 번역으로 할 수 있다. 이는 연방도시계획법전에 의하여 규율된다. 반면 Bauordnungsrecht이란 건축물의 신축·변경·철거 등과 관련한 허가절차 및 관련 법령 위반 시 제재 등을 규율하는 법규범으로 '건축경찰법' 또는 '건축법'으로 번역할 수 있다. 이는 각 주에서 개별법령으로 규율한다[예: 바이에른주 건축법(Bayerische Bauordnung)]. 이에 관하여는 김종보, 건축법과 도시계획법의 관계, 공법연구(제26집 제2호), 1998, 336-340, 347-348면; 김현준, 계약을 통한 도시계획의 법리 – 독일 건설법전의 도시계획계약을 중심으로 –, 토지공법연구(제34집), 2006, 515면.

연방도시계획법전의 주된 내용을 이루는 도시계획법에서 지방자치
단체와 사인 간의 효과적인 협력 수단으로 발전하여 왔다.[3] 과거에
는 지방자치단체가 자기의 자본과 인력으로만 도시계획을 추진하여
비용과 시간 면에서 난점이 많았으나, 도시계획계약으로 계획구역
내 토지소유자, 건축허가 신청인(Bauwillige), 건축회사 등 다수의 이
해관계인들을 도시계획에 참여하게 하여 이러한 어려움을 극복할
수 있게 되었다.[4]

연방도시계획법전 제11조는 도시계획계약의 대상을 열거하고 있
는데, 먼저 계약상대방이 자기 비용으로 행하는 도시계획조치의 준
비 및 실시가 있다. 여기에는 토지구획의 재정리, 토양 정화 기타 준
비 조치, 기반시설 설치, 연방법 및 주법에 의한 도시계획 및 그 밖
의 환경보고서의 작성 등이 포함된다(연방도시계획법전 제11조 제1
항 제2문 제1호).

다음으로 건설기준계획(Bauleitplanung)[5]으로 추진하고자 하는

---

2) 독일의 도시계획계약에 비교되는 우리나라의 제도로는 건축법상 '건축협정'
이 있다(동법 제77조의4 내지 제77조의14). 이 제도는 토지 및 건축물의 소
유자 등이 행정청과 지구단위계획구역 등에서 건축물의 건축·대수선 또는
리모델링에 대하여 협정을 체결하는 것으로(동법 제77조의4), 건축물의 편
리성을 증진하여 이용을 촉진하고 토지의 환경을 개선하는 것을 목적으로
한다. 이에 관하여는 김창조, 환경보전수단으로서 건축협정, 환경법연구(제
29권 제3호), 172면; 최춘식, 건축협정제도의 효율적 운영을 위한 입법적 개
선방안, 저스티스(제153호), 2016, 146-147면.

3) 독일 도시계획계약의 개념, 내용 등에 관하여는 김성수, 도시개발을 위한 민
관협력 – 독일건축법전상의 개발계약 등을 중심으로 –, 헌법판례연구(제4
권), 2002, 189면; 김현준, 계약을 통한 도시계획의 법리 – 독일 건설법전의
도시계획계약을 중심으로 –, 토지공법연구(제34집), 2006, 3-5, 7-8면.

4) Egidy, Strukturelle Defizite des Verwaltungsvertragsrechts aus verhaltens-
wissenschaftlicher Perspektive, DVBl. 2022, 83 (87).

5) Bauleitplanung란 독일 지방자치단체가 연방도시계획법전에 따라 토지의 건축
또는 기타 사용을 준비하고 지도하는 것으로서(연방도시계획법전 제1조 제1항)
'건설기준계획'으로 번역할 수 있다. 이는 용지이용계획(Flächennutzungsplan)

목표의 촉진 및 보전도 도시계획계약의 대상이 된다. 여기에는 토지
이용, 건축문화적 사항의 고려, 특별한 주거공급문제를 가진 주민들
의 주택수요, 지역주민 중 소득이 낮고 재산이 적은 사람들의 적절
한 주거공간의 취득 등이 포함된다(연방도시계획법전 제11조 제1항
제2문 제2호).

지방자치단체가 도시계획조치를 함에 있어 발생하였거나 발생하
는 비용, 계획된 사업에 필요하거나 그로 인해 발생하는 비용의 부
담도 도시계획계약의 대상이 될 수 있다. 이러한 비용을 통틀어 후
속조치비용(Folgekosten)이라 한다(연방도시계획법전 제11조 제1항
제2문 제3호).

마지막으로 재생가능에너지와 열병합발전 시설을 이용한 전기,
열, 냉방 에너지의 생산, 분배, 사용, 저장을 위한 시설의 건설과 이
용은 도시계획계약의 대상이 될 수 있다. 또한 건물의 에너지 효율
성 향상도 도시계획계약의 대상이 될 수 있다(연방도시계획법전 제
11조 제1항 제2문 제4호).

연방도시계획법전 제11조는 도시계획계약이 공법 또는 사법에
속하는지에 관하여 명시적으로 규정하지 않고 있다. 따라서 공법상
계약과 사법상 계약의 구별 기준인 대상설이 적용되어 계약의 내용
에 따라 구별되며 특정 법 영역에 일률적으로 속한다고 보지는 않
는다.[6] 다만 도시계획계약은 도시계획, 기반시설과 같이 지방자치
단체의 고권적 권한 영역에 속한 내용이 계약의 중점을 이루는 경

과 도시관리계획(Bebauungsplan)으로 나뉜다(동법 제1조 제2항). 지방자치단
체는 그의 관할지역의 건축관계에 대한 규제와 형성에 관하여 자기 책임하
에 건설기준계획을 수립할 수 있는 권한을 갖는다(동법 제2조 제1항). 이에
관하여는 김종보, 행정절차로서의 계획절차와 도시계획수립절차, 행정법연
구(제1호), 1997, 175면.

[6] Fuks/Alpha, Steuerliche Massenverwaltung durch Vertrag, DÖV 2020, 226
(230).

우가 많으므로 공법상 계약에 해당하는 경우가 대부분이다.[7] 이하
에서는 도시계획계약에서 공법상 계약으로 인정되는 개별 사례들을
살펴본다.

2. 기반시설계약

기반시설계약(Erschließungvertrag, 연방도시계획법전 제11조 제1
항 제2문 제1호)[8]은 독일의 건설행정 실무상 중요성이 큰 도시계획
계약이다. 이 계약은 계약상대방이 특정 계획구역에 기반시설을 설
치하고 이를 지방자치단체에게 양도하는 것을 계약 내용으로 한
다.[9] 기반시설의 범위는 매우 폭넓게 인정된다. 예를 들어 병원, 학
교, 스포츠 시설, 유치원, 지역 대중교통, 도서관, 묘지 등과 같이 공
익을 위한 시설 및 설비의 신설, 확장 등이 모두 포함된다.[10]

기반시설 설치에 필요한 재원조달의무는 기반시설계약에 의하여
계약상대방에게 이전된다(연방도시계획법전 제11조 제2항 제3문).
특히 기반시설계약에 대해서는 지방자치단체가 기반시설 설치비용
의 10%를 부담하여야 하는 규정(동법 제129조 제1항 제3문)이 적용
되지 않으므로(동법 제11조 제2항 제3문), 그 비용 전부가 계약상대
방에게 이전될 수 있다. 계약상대방은 기반시설 설치가 예정되거나
완료된 토지의 가치 상승으로 수익을 얻는다. 따라서 계약상대방은
계획구역 내의 토지소유자인 경우가 일반적이다.[11]

---

[7] Brohm, Städtebauliche Verträge zwischen Privat- und Öffentlichem Recht, JZ 2000, 321 (327).
[8] 이에 관하여는 김성수, 도시개발을 위한 민관협력 - 독일건축법전상의 개발계약 등을 중심으로 -, 헌법판례연구(제4권), 2002, 202-204면.
[9] Reidt, in: Battis/Krautzberger/Löhr (Hrsg.), Baugesetzbuch Kommentar, 15, Aufl, 2022, § 11 Rn. 19.
[10] Schliesky, in: Knack/Henneke (Hrsg.), a.a.O., § 56 Rn. 39.

다만 사인은 건설기준계획 및 도시관리계획의 수립에 관하여 법적 청구권이 없고, 이는 계약으로도 유효하게 합의될 수 없다(연방도시계획법전 제1조 제3항). 따라서 기반시설계약이 실질적인 효력을 갖기 위해서는 도시관리계획 수립 이후에 체결되어야 한다.[12] 지방자치단체가 도시관리계획을 공식적으로 채택한 후, 제3자가 계획에 명시된 기반시설 설치를 제안할 경우 지방자치단체는 원칙적으로 이를 거부할 수 없고, 사실적 또는 법적 이유로 이를 수용할 수 없는 예외적인 경우에만 거부할 수 있다.[13] 기반시설계약에 기반시설 부지의 소유권이전의무가 포함된 경우, 서면 작성과 함께 민법 제311조의b 제1항에 따른 공증이 필요하다.[14]

기반시설계약은 본래 독일 구 연방도시계획법전 제124조 제1항에 규정되어 있었으나 2013년 연방도시계획법전이 개정되면서 동법 제11조에 통합되었다. 이러한 법 개정은 도시계획계약들을 체계화하고 통일성을 부여하기 위한 목적으로 이루어졌으며, 기반시설계약의 법적 성격과 중요성을 재확인하는 계기가 되었다. 이러한 기반시설계약은 지방자치단체의 공법적 의무인 기반시설 설치를 사인에게 이전하여 도시계획이라는 공공의 목표를 실현하려는 것이므로 공법상 계약에 해당한다.[15]

3. 후속조치비용계약

후속조치비용계약(Folgekostenvertrag, 연방도시계획법전 제11조

---

[11] Schlette, Die Verwaltung als Vertragspartner, 2000, S. 278 f.

[12] BVerwGE 101, 12.

[13] BVerwG NJW 1977, 405.

[14] BVerwGE 70, 247.

[15] Rozek, in: Schoch/Schneider (Hrsg.), Verwaltungsverfahrensgesetz Kommentar, 4, Aufl, 2024, § 54 Rn. 90.

제1항 제2문 제2호)16)도 독일에서 주로 논의되는 공법상 계약 유형
이다.17) 지방자치단체가 도시계획조치를 통하여 새롭게 계획구역을
지정하게 되면 지역 내에 인구가 증가하게 되고 기반시설을 확충하
여야 하므로 많은 비용이 소요된다. 이러한 비용을 후속조치비용이
라고 하고, 이를 계획구역 내 건축허가 신청인에게 부담시키는 계약
을 후속조치비용계약이라 한다.18)

이 계약은 도시계획조치의 결과로 지방자치단체가 직접 기반시
설을 신설 및 확장하는 과정에서 발생하는 비용의 이전에 관한 것
이라는 점에서, 사인이 직접 기반시설을 설치하고 양도할 것을 내용
으로 하는 기반시설계약과 차이가 있다.19)

건축허가 신청인이 후속조치비용계약을 체결하는 이유는 지방자
치단체가 해당 토지에 도시관리계획(Bebauungsplan)20)을 수립하도
록 하여 지가 상승, 도시계획 실현 등의 이득을 얻기 위해서이다. 다
만 지방자치단체는 도시관리계획의 수립을 약정할 수는 없으므로
(연방도시계획법전 제1조 제3항) 이는 계약의 기초가 된다.21)

---

16) 부대비용계약, 피해비용계약 등의 번역이 있으나 지방자치단체의 도시계획
조치로 인한 후속비용을 사인이 부담하는 것이 계약의 주된 내용이므로 후
속조치비용계약이라는 용어를 선택하였다.

17) 이에 관하여는 김성수, 도시개발을 위한 민관협력 – 독일건축법전상의 개발
계약 등을 중심으로 –, 헌법판례연구(제4권), 2002, 210-212면; 김현준, 계
약을 통한 도시계획의 법리 – 독일 건설법전의 도시계획계약을 중심으로 –,
토지공법연구(제34집), 2006, 15-17면.

18) Reidt, in: Battis/Krautzberger/Löhr (Hrsg.), Baugesetzbuch Kommentar, 15,
Aufl, 2022, § 11 Rn. 54.

19) Schlette, Die Verwaltung als Vertragspartner, 2000, S. 286 f.

20) 독일의 Bebauungsplan은 한국의 용도지역제 도시계획제도에 상응하는 제도
로 '도시관리계획'으로 번역할 수 있다. 이는 일정한 도시계획구역을 건축물
의 종류에 따라 구획하고 그에 따라 건축물의 형태(건폐율, 용적율) 등을 제
한하는 것을 내용으로 한다. 이에 관하여는 김종보, 행정절차로서의 계획절
차와 도시계획수립절차, 행정법연구(제1호), 1997, 172면; 김종보, 건설법의
이해, 북포레, 2018, 제6판, 299면.

따라서 후속조치비용계약은 행정청의 의무를 전제로 하지만 그 의무가 계약에 명시되지 않는다는 점에서 불완전 교환계약에 해당한다.[22] 교환계약에 관한 행정절차법 제56조는 불완전 교환계약인 후속조치비용계약에도 적용된다.[23]

이에 따라 교환계약의 요건이 충족되어야 한다. 예를 들어 반대급부의 목적이 특정되어야 한다. 목적을 포괄적으로 서술하는 것만으로는 불충분하고,[24] 급부와 반대급부 간의 실체적 관련성을 확인할 수 있도록 구체적인 용어을 사용해야 한다.[25] 예를 들어 '후속조치비용'이라는 포괄적인 표현 대신,[26] '학교건축조치'와 같이 후속조치비용의 구체적인 용도를 명시해야 한다. 다만 건축 예정인 특정 건물이나 건물의 일부분까지 상세히 명시할 필요는 없다.[27]

반대급부가 여러 목적을 동시에 달성하기 위한 것일 경우, 계약서에 이를 처리하는 방법이 명확히 기술되어야 한다.[28] 우선, 반대급부를 각 목적별로 분리할 수 있는지 여부를 명시해야 한다. 분리가 가능한 경우, 구체적인 분리 방식을 상세히 설명해야 한다. 이는 각 목적에 할당되는 반대급부의 비율이나 구체적인 금액을 명시하

---

[21] Egidy, Strukturelle Defizite des Verwaltungsvertragsrechts aus verhaltenswissenschaftlicher Perspektive, DVBl. 2022, 83 (83).

[22] Stelkens, Hinkende Verwaltungsverträge. Wirkungen und Rechtsnatur, DÖV 2009, 850 (851). 불완전 교환계약에 대해서는 제2장 제2절 IV. 3. (2).

[23] Lenski, Vergangenheitsbewältigung durch Vertrag, JZ 2014, 888 (890).

[24] BVerwG NJW 1973, 1895.

[25] Marnitz, Die Gestaltung des öffentlich-rechtlichen Vertrags, NVwZ 2018, 1513 (1516).

[26] Brüning/Bosesky, in: Mann/Sennekamp/Uechtritz (Hrsg.), a.a.O., § 56 Rn. 44.

[27] BVerwG NJW 1973, 1895; Fehling in: Fehling/Kastner/Störmer (Hrsg.), a.a.O., § 56 Rn. 22.

[28] Rozek, in: Schoch/Schneider (Hrsg.), Verwaltungsverfahrensgesetz Kommentar, 4. Aufl. 2024, § 56 Rn. 33.

는 것을 포함할 수 있다. 예를 들어, 하나의 기반시설 설치가 여러 공적 목적을 동시에 충족시킨다면, 각 목적에 대한 비용 분담이나 책임 할당 방식을 명확히 해야 한다. 이때, 반대급부가 특정 목적에 귀속되는 구체적인 비율도 함께 제시해야 한다.[29]

급부와 반대급부 간의 실체적 관련성 요건도 충족되어야 한다. 후속조치비용계약은 도시계획조치로 인해 지방자치단체가 부담하여야 할 기반시설 설치비용을 계획구역 내 건축허가 신청인 등에게 이전하는 것을 내용으로 한다. 이러한 후속조치비용계약은 일반적으로 실체적 관련성이 인정된다. 행정청의 (사실상의) 급부인 도시관리계획 수립과 수익자의 비용부담 간에 직접적인 인과관계가 있어 동일한 공익에 기여하고 따라서 내적인 관련성을 인정할 수 있기 때문이다.[30]

이상과 같이, 후속조치비용계약은 사인이 본래 지방자치단체가 책임져야 할 기반시설 설치비용을 대신 부담하여 도시계획이라는 공적 목표를 추구한다. 그리고 사인의 비용부담의무는 행정청의 도시관리계획 수립이라는 공법적 의무와 밀접한 관련을 이룬다. 따라서 후속조치비용계약도 공법상 계약에 해당한다.[31]

4. 기반시설 설치부담금의 변제계약

기반시설 설치부담금(Erschließungsbeitrag)의 변제계약[32](Ablösung-

---

29) BVerwG NJW 1973, 1895; Siegel in: Stelkens/Bonk/Sachs (Hrsg.), a.a.O., § 56 Rn. 27.

30) BVerwG NJW 1993, 1810.

31) Rozek, in: Schoch/Schneider (Hrsg.), Verwaltungsverfahrensgesetz Kommentar, 4, Aufl, 2024, § 54 Rn. 90.

32) 상환계약, 납입계약, 대체계약 등의 다양한 번역이 존재하나, 이 계약으로 기반시설 설치부담금의 납입의무가 미리 변제된다는 점에서 변제계약이라

vertrag)33)은 지방자치단체가 기반시설 설치를 직접 수행하는 경우 필요한 재원을 미리 확보하는 역할을 한다. 지방자치단체는 토지소유자의 기반시설 설치부담금 납부의무가 발생하기 전에, 부담금 전체의 변제에 관한 규정을 미리 마련한다는 전제 하에 토지소유자와 변제계약을 체결할 수 있다(연방도시계획법전 제133조 제3항 제5문).34)

이 계약은 주로 기반시설 설치조치가 개시되기 전에 체결된다. 토지소유자는 이 계약에 따라 지방자치단체가 예상 개발비용을 미리 산정하면 기반시설 설치조치가 완료되기 전 정해진 날짜까지 지방자치단체에게 변제금액을 납입한다.35) 이는 장래의 기반시설 설치부담금을 대체한다. 즉, 변제계약에 의한 변제금액 납입은 기반시설 설치부담금의 선납에 해당한다.36) 따라서 지방자치단체는 기반시설을 설치한 이후 토지소유자에게 별도로 부담금을 징수할 필요가 없고, 향후 부담금 산정·부과절차에서 발생할 행정비용을 절감할 수 있다.37)

지방자치단체는 계약의 공정성과 평등성을 보장하기 위하여 사전에 기반시설 설치부담금 변제에 관한 규정을 마련하여야 한다. 이 규정에는 변제금액을 산정하는 근거가 명시되어야 한다. 여기에는 금액 산정 방법뿐만 아니라 그 금원을 어떠한 기반시설 설치에 할당할 것인지도 포함되어야 한다. 이 규정에서 벗어나거나 규정이 마

는 용어를 선택하였다.

33) 이에 관하여는 김성수, 도시개발을 위한 민관협력 – 독일건축법전상의 개발계약 등을 중심으로 –, 헌법판례연구(제4권), 2002, 207-209면.

34) BVerwG BeckRS 1982, 30429271(변제계약 체결 전에 변제금액 부과 근거와 기준에 대한 충분한 규정이 작성되지 않았다면 해당 변제계약은 무효라고 판단한 사안이다.).

35) Schlette, Die Verwaltung als Vertragspartner, 2000, S. 282.

36) Reidt, in: Battis/Krautzberger/Löhr (Hrsg.), Baugesetzbuch Kommentar, 15, Aufl, 2022, § 133 Rn. 50.

37) Schlette, Die Verwaltung als Vertragspartner, 2000, S. 282.

련되지 않은 상태에서 체결된 변제계약은 무효이다.[38]

변제계약도 기반시설 설치부담금을 선납하는 성격을 가지므로 공법상 계약에 해당한다. 변제계약은 실제 기반시설 설치비용이 예상보다 높거나 낮다는 이유만으로 영향을 받지 않는다. 이는 계약 체결 당시 계약당사자들이 이미 향후 기반시설 설치비용의 불확실성을 인지하고 있었기 때문이다. 다만 변제금액의 편차가 일반적인 위험을 넘어 계약의 근간을 흔들 정도로 심각한 경우에는 행정절차법 제60조 제1항에 의하여 계약의 변경 또는 해지를 주장할 수 있다.[39]

II. 정비사업시행자계약 및 개발사업시행자계약

연방도시계획법전은 도시 주거환경 정비와 도시개발을 통한 지역발전을 위해 정비사업시행자계약(Sanierungsträgervertrag, 연방도시계획법전 제157조 이하) 및 개발사업시행자계약(Entwicklungsträgervertrag, 연방도시계획법전 제167조 이하)[40]를 규정하고 있다. 연방도시계획법전은 이러한 계약을 규율하기 위하여 매우 상세한 규정을 두고 있다.

먼저 정비사업시행자계약의 경우, 지방자치단체는 정비의 준비 및 이행에 관한 임무를 수행하기 위해 적합한 수임인(Beauftragter)을 둘 수 있다(연방도시계획법전 제157조 제1항 제1문). 다만 연방

---

38) Eiding, in: Spannowsky/Uechtritz (Hrsg.), BeckOK Baugesetzbuch Kommentar, 61, Aufl, 2024, § 133 Rn. 91.

39) Schlette, Die Verwaltung als Vertragspartner, 2000, S. 283.

40) 이에 관하여는 김성수, 도시개발을 위한 민관협력 – 독일건축법전상의 개발계약 등을 중심으로 –, 헌법판례연구(제4권), 2002, 212-213면; 김현준, 계약을 통한 도시계획의 법리 – 독일 건설법전의 도시계획계약을 중심으로 –, 토지공법연구(제34집), 2006, 6면.

도시계획법전 제157조 제1항 각호에서 정한 행위, 즉 동법 제146조 내지 제148조에 의하여 지방자치단체에게 의무가 있는 도시계획정비조치의 이행(1호), 지방자치단체의 위임에 따라 정비를 준비하거나 이행하기 위해 토지 또는 그에 관한 권리를 취득하는 행위(2호), 정비에 사용되는 재산의 관리(3호)는 동법 제158조에 의하여 정비주체로서 요건을 충족한 사업자만이 이를 수행할 수 있다(동법 제157조 제1항 제2문). 동법 제158조는 정비주체의 인적 요건을 규율하고 있다. 특히 회사 대표와 주요 임직원의 사업상 신뢰성까지 요구하고 있어(동법 제158조 제4호), 인적 요건을 요구하지 않는 동법 제11조의 도시계획계약과 비교하면 상당히 엄격한 규율을 두고 있는 것으로 보인다. 지방자치단체와 정비주체는 정비주체가 수행해야 할 업무, 정비주체가 그 업무를 수행할 때의 법적 지위, 지방자치단체가 이에 대해 지불해야 할 적절한 보수 및 지방자치단체의 지시 권한을 서면으로 확정한다(동법 제159조 제2항).

또한 지방자치단체는 도시계획개발조치의 준비나 실행 과정에서 자신에게 부과된 임무를 수행하기 위해 적합한 수임인, 특히 개발사업시행자를 활용할 수 있다(동법 제167조 제1항). 이를 개발사업시행자계약이라고 한다. 개발사업시행자계약에 관하여는 정비사업시행자계약에 관한 규정들이 대부분 준용되고 계약의 내용과 절차도 거의 동일하다. 두 계약도 도시 주거환경 정비 및 도시개발이라는 계약 내용과 목적의 공법적 성격에 근거하여 공법상 계약에 해당한다.[41]

---

41) Mitschang, in: Battis/Krautzberger/Löhr (Hrsg.), Baugesetzbuch Kommentar, 15, Aufl, 2022, § 157 Rn. 9.

III. 수용계약

사업시행자와 토지소유자는 수용절차에서 수용대상토지에 관한 합의를 할 수 있다. 수용청(Enteignungsbehörde)은 수용재결(연방도시계획법전 제112조)에 앞서 이들 간의 합의를 위하여 노력하여야 한다(동법 제110조 제1항). 합의의 내용에는 수용대상토지의 양도방식과 시기 및 보상액수 등이 포함된다.[42] 이 계약을 통상 수용계약(Enteigunungsvertrag)[43]이라 한다.

수용계약은 공법상 계약에 해당한다. 계약의 내용, 즉 수용대상토지에 대한 권리 이전의 방식과 절차가 공법규정에 의해 정해진다. 예를 들어, 수용계약은 고권적 규율인 수용재결을 대체하며(연방도시계획법전 제110조 제3항 제1문), 소유권 이전은 사법상 계약에서의 등기(민법 제873조)가 아닌 행정행위인 수용재결의 시행명령(Ausführungsanordnung des Enteignungsbeschlusses, 연방도시계획법전 제117조 제1항)을 통해 이루어진다. 보상의 방식 및 금액 역시 공법적 기준에 따라 결정된다. 보상액은 수용 시점의 시장 가치를 기준으로 산정한다(연방도시계획법전 제95조 제1항). 시장가치는 토지의 법적 상황, 실제 특성, 기타 성질 및 위치를 고려하여, 특수하거나 개인적인 상황을 배제한 채 통상적인 거래 과정에서 실현될 수 있는 가격으로 결정된다(연방도시계획법전 제194조). 보상 방식은 원칙적으로 금전보상이지만(연방도시계획법전 제99조), 특정 조건 하에서는 대체 토지를 보상으로 제공할 수 있다(연방도시계획법

---

[42] Battis, in: Battis/Krautzberger/Löhr (Hrsg.), Baugesetzbuch Kommentar, 15, Aufl, 2022, § 110 Rn. 2.

[43] 이에 관하여는 강현호, 독일 연방건설법상의 토지수용제도에 관하여, 토지공법연구(제5집), 1998, 149-151면; 김성수, 도시개발을 위한 민관협력 - 독일건축법전상의 개발계약 등을 중심으로 -, 헌법판례연구(제4권), 2002, 216-217면.

전 제100조).[44]

수용계약이 체결되면 수용청과 토지소유자는 유효하게 성립된 계약에 구속되고 행정절차법과 민법의 무효사유가 없는 한 계약의 구속력에서 벗어날 수 없다. 특히 기존의 법적 상태가 수용계약에 따른 시행명령으로 지정한 날부터 수용재결에서 규정된 새로운 법적 상태로 대체된다는 점(연방도시계획법전 제117조 제5항 제1문)을 유념할 필요가 있다. 수용청이 시행명령을 철회(행정절차법 제48조)하는 경우를 제외하고는 시행재결에 의한 법적 상태가 그대로 유지된다.[45]

IV. 주차장면제계약

독일의 모든 주는 자동차 출입이 예상되는 건물에 필요한 주차장의 수를 규정하고 있다.[46] 그러나 도심의 비좁은 환경 등의 사정으로 건축주가 필요한 주차장의 수를 확보할 수 없는 경우가 발생할 수 있다. 이러한 상황에서 행정청과 사인은 주차장면제계약(Stellplatzdispensvertrag)[47]을 체결할 수 있다. 독일 각 주는 건축법으로 이를 규율하고 있다.

사인은 행정청에 자신의 부동산에 주거용 또는 상업용 건물을 짓

---

44) Stelkens, Verwaltungsprivatrecht, 2005, S. 683 f.; Wünschmann, in: Spannowsky/Uechtritz (Hrsg.), BeckOK Baugesetzbuch Kommentar, 61. Aufl, 2024, § 110 Rn. 13.

45) Battis, in: Battis/Krautzberger/Löhr (Hrsg.), Baugesetzbuch Kommentar, 15. Aufl, 2022, § 117 Rn. 10.

46) Beck/Mampel, Die Verjährung von Forderungen der öffentlichen Hand aus Stellplatzablöseverträgen, LKV 2007, 391 (391).

47) 이에 관하여는 김성수, 도시개발을 위한 민관협력 – 독일건축법전상의 개발계약 등을 중심으로 –, 헌법판례연구(제4권), 2002, 218-219면.

기 위한 건축허가를 신청한다. 행정청은 건축법상의 요건에 따라 사
인에게 주차장 설치를 요구한다. 그 과정에서 행정청은 사인의 주차
장설치의무를 면제하여 건축허가를 발급하기로 하고, 사인은 행정
청에게 대체주차장 설치를 위한 비용납부의무를 부담하기로 하여
계약을 체결한다. 이후 행정청은 이 계약에 근거해 사인에게 비용
지급을 청구하고, 받은 비용으로 건축부지 인근에 대체주차장을 설
치한다.[48]

　과거에는 비용지급의무에 관한 법적 근거가 없었으나, 현재에는
대부분의 주 건축법에 위 내용에 관한 법규정이 포함되어 있다[예:
라인란트팔츠(Rheinland-Pfalz) 주 건축법 제47조 제4항 제1문[49]].
주차장면제계약은 건축법상 주차장설치의무라는 공법적 의무와 그
면제를 계약의 내용으로 하므로 공법상 계약에 해당한다.[50]

　또한 주차장면제계약은 사인과 행정청 간의 급부의 교환이 이루
어지므로 행정절차법상 교환계약(동법 제56조)에 해당한다. 따라서
교환계약의 요건을 충족하여야 한다. 특히 실체적 관련성(부당결부
금지) 요건이 중요하다. 행정청은 사인으로부터 지급받은 비용으로
대체주차장을 설치하여야 한다. 이 경우 원칙적으로 실체적 관련성
요건이 인정된다.[51] 반면, 주차장설치의무의 면제를 대체주차장 설
치를 위한 비용이 아니라 소득세 납부,[52] 또는 주택임대의무[53]와

---

48) BVerwG NJW 1966, 1936.
49) 독일 라인란트팔트 주 건축법 제47조 ④ 필요한 주차장 또는 차고의 설치가
　　불가능하거나 큰 어려움이 따르는 경우, 또는 제88조 제3항에 따른 조례에
　　의해 설치가 금지되거나 제한된 경우, 건축주는 지방자치단체의 동의를 얻
　　어 제1항 내지 제3항에 의한 의무(주차장설치의무)를 지방자치단체에 대한
　　비용의 지급으로 이행할 수 있다.
50) BVerwG JuS 2005, 478.
51) BVerwG NJW 1980, 1294.
52) BVerwG NJW 1980, 1294.
53) Breuer, Das rechtsstaatliche Koppelungsverbot, NVwZ 2017, 112 (115).

결합하는 경우는 급부와 반대급부가 전혀 다른 목적을 수행하기 위한 것이므로 실체적 관련성 요건이 인정되지 않는다.

V. 수인계약

독일에서는 건축법을 위반한 건축물은 대집행 등 강제수단을 통하여 철거하는 것이 원칙이다. 그러나 이는 건축비용 및 행정비용을 무익하게 소모할 수 있다. 따라서 행정이 곧바로 강제수단을 동원하기보다는 위법한 건축물의 소유자가 스스로 이를 철거할 수 있도록 유인하는 것이 바람직하다.[54] 이러한 측면에서 독일에서는 건축법에 위배되는 상태를 일정 기간 수인하는 내용의 수인계약(Duldungvertrag)[55]이 사용되고 있다. 이 계약도 건축법 위반이라는 공법적 사안을 다루는 것인 점, 행정청이 법률로 부여받은 권한(철거명령)의 행사를 유예하는 것으로 공권력 행사와 직접적인 관련이 있는 점 등을 고려할 때, 공법상 계약에 해당한다고 볼 수 있다.

이 계약에서 행정청은 위법한 건축물의 존속 및 사용이라는 건축법 위반 상황을 일시적으로 수인하고, 사인은 수인 기간이 만료되기 전에 위법한 건축물을 철거하거나 구조 변경을 통해 위법 상태를 제거할 것을 상호 약정한다.[56] 따라서 수인계약의 목적은 위법한 상태를 영속화하기 위한 것이 아니라, 일정 유예기간이 만료되면 다시 사인이 자발적으로 합법적인 상태로 복귀할 수 있도록 유인하기 위

---

[54] Egidy, Strukturelle Defizite des Verwaltungsvertragsrechts aus verhaltens-wissenschaftlicher Perspektive, DVBl. 2022, 83 (87).

[55] 수인계약의 개념 및 내용에 관하여는 김성수, 도시개발을 위한 민관협력 – 독일건축법전상의 개발계약 등을 중심으로 –, 헌법판례연구(제4권), 2002, 219면.

[56] Schlette, Die Verwaltung als Vertragspartner, 2000, S. 297.

한 것이다. 실례로 독일 슈투트가르트(Stuttgart)시에서는 지방의회가 건축법을 위반한 정원을 강제로 철거하는 대신 사인이 특정 날짜까지 정원을 철거할 것을 약정하고, 지방의회는 반대급부로 불법상태를 일시적으로 용인할 것을 약정하는 내용의 공법상 계약을 체결한 사례가 있다.57)

---

57) Arnold, Die Arbeit mit öffentlich-rechtlichen Verträgen im Umweltschutz beim Regierungspräsidium Stuttgart, VerwArch 1989, 125 (125 ff.).

제3절 경제행정

경제행정 영역에서는 다양한 계약 유형이 활용되고 있다. 경제행정은 공익 추구와 사익 보장이 동시에 요구되는 영역으로, 이러한 복합적 특성으로 인해 개별 계약 유형이 공법상 계약인지 사법상 계약인지에 대해 의견이 나뉘고 있다. 따라서 이 문제를 개별 분야별로 자세히 살펴볼 필요가 있다. 이하에서는 경제행정의 대표적인 예로 민관협력계약, 공공조달계약, 보조금 지원계약을 제시하고, 각각의 계약이 어떠한 법적 성격을 가지는지에 대하여 차례로 검토한다.

I. 민관협력계약

1. 개념

독일의 행정 실무에서 국가와 사인 간의 협력계약은 '민관협력계약'(ÖPP, Öffentlich-Private Partnerschaft)이라고 불리며 중요한 역할을 하고 있다. 이는 영미법계의 용어인 'Public Private Partnership'에서 유래한 것이다. 민관협력계약은 1940년대 미국과 영국에서 유행했다. 제2차 세계대전 중 재정적 이유로 국가가 사인과 협력하여 공통의 경제적 목표를 달성하고자 했기 때문이다.[1]

민관협력계약의 발전은 특히 민영화의 흐름과 밀접하게 연관되어 있다. 독일에서 민영화 개념은 행정 영역에서 규제 완화와 관련

---

[1] Fabio, Ausstiegsordnung durch Vertrag, NVwZ 2020, 1324 (1324).

하여 도입되었다. 이는 통상 '공적 임무나 그 수행을 사인에게 전부 또는 일부 이전하는 것'으로 정의된다.2) 민영화는 일반적으로 형식적 민영화, 실질적 민영화, 그리고 그 중간단계인 기능적 민영화로 구분되는데, 민관협력계약은 기능적 민영화와 유사한 특성을 보인다. 공적 임무의 수행 및 책임이 여전히 행정청에 있고 다만 행정이 투자한 사법적 형식의 조직에 임무 수행을 대행시키는 방식(형식적 민영화) 또는 공적 임무의 수행 및 책임을 완전히 사인에게 이전하는 방식(실질적 민영화)이 아니라, 행정과 사인이 함께 공적 임무를 수행하면서 그에 따른 최종적인 보장책임은 여전히 행정이 부담하는 방식이기 때문이다.3)

민관협력계약에 관한 명확한 법적 정의는 존재하지 않지만, 대체로 공적 임무의 입안, 계획, 재정 조달, 관리, 운영 및 이용에 관하여 행정과 사인이 협력하는 형태4) 또는 공적 임무를 함께 수행하기 위하여 행정과 사인이 협력하는 형태5)를 의미한다고 이해된다. 민관협력계약의 중요한 개념 요소로는 사인이 공적 임무에 다양한 방식(예: 자본투자)으로 기여한다는 점, 그 과정에서 사인의 이익이 일정 정도 보장된다는 점, 행정청과 사인이 협력적 관계에서 공적 임무의 수행 및 경제적 위험을 분담한다는 점, 그러나 공적 임무에서의 공익 보장을 위하여 임무 수행에 대한 최종적인 책임은 행정청이 부담한다는 점이 꼽힌다.6)

---

2) Ziekow, Öffentliches Wirtschaftsrecht, 2013, § 8 Rn. 1.
3) 이원우, 정부기능의 민영화를 위한 법적 수단에 대한 연구, 행정법연구(제3호), 1998, 111-112면.
4) https://www.bmz.de/de/service/lexikon/public-private-partnership-ppp-14780, (독일 연방경제협력개발부 홈페이지, 최종확인일 : 2024. 7. 10.).
5) https://www.verwaltung-innovativ.de/DE/Organisation/Partnerschaften/partnerschaft, en_node.html (독일 연방내각 홈페이지, 최종확인일 : 2024. 7. 10.).
6) 선지원, 공공조달영역에서의 민관협력 사업에 대한 유럽 보조금법과 조달법

2. 계약 방식

민관협력계약은 여러 가지 형태로 구현되며, 주로 세 가지 모델로 분류된다.[7] 첫째, 민간경영자 모델(Betreibermodell)에서는 사인(민간경영자)이 소요 재원을 조달하여 시설을 건설하고 경영한다. 따라서 사인이 투자 및 경영상의 위험을 부담한다. 사인은 자신이 제공한 서비스에 대한 대가를 사용자가 아닌 행정청으로부터 받는다. 이로 인해 사인은 행정청과만 법률관계를 가지며, 사용자와는 직접적인 법률관계나 권한이 없다. 이러한 특성 때문에 이 모델을 '행정보조자에 의한 기술적 이행보조'라고 부르기도 한다.[8] 이 모델은 오·폐수 처리 시설의 설치 등과 같이 장기적인 협력이 필요한 사업에서 사용된다. 행정청은 구체적인 임무 수행이 사인에 의하여 이루어짐에도 당해 임무에 대한 보장책임(예: 폐기물 처리, 에너지 공급)을 계속 부담한다. 이는 기능적 민영화의 특징이다.[9]

둘째, 독립적 행정보조자 모델(Konzessionsmodell)은 사인이 행정청으로부터 독립하여 사무를 수행하는 계약 방식이다. 사인은 설계, 건설, 재정조달, 운영 등의 업무를 직접 담당한다. 그러나 행정청으로부터 직접 사용 대가를 받지 않고, 대신 사용자로부터 사용료를 받을 수 있는 권한을 부여받는다.[10] 이에 따라 독립적 행정보조자는 공공시설의 사용자와 직접 법률관계를 형성한다. 이 모델에서는 공

상의 통제, 공법연구(제47집 제4호), 2019, 242-243면.

[7] Reuter/Polley, ÖPP und das „Neue Kommunale Finanzmanagement", NVwZ 2007, 1345.

[8] Schoch, Privatisierung von Verwaltungsaufgaben, DVBI 1994, 962 ff.

[9] Bauer, Privatisierungsimpulse und Privatisierungspraxis in der Abwasserentsorgung, Verwarch 1999, 561 (567 ff.).

[10] Bauer, in: Schoch/Schneider (Hrsg.), Verwaltungsverfahrensgesetz Kommentar, 4, Aufl., 2024, Vorb. § 54 Rn. 75.

공시설의 활용 수요에 따라 취득할 수 있는 사용료가 달라지므로,
다른 모델에 비해 높은 수준의 경제적 위험을 부담하게 된다. 그러
나 이 모델도 기능적 민영화의 일환으로, 행정청이 사용자에게 최종
적인 보장책임을 부담한다. 특히 개별법의 해석으로 사용자의 주관
적 공권이 도출될 수 있는 경우, 사용자는 행정청에 대하여 서비스나
급부의 제공을 요구할 수 있는 공급청구권(Verschaffungsanspruch)을
갖는다. 이 경우 행정보조자가 사용자에게 급부 제공이나 시설 이용
등을 거부한다면, 사용자는 행정청에게 이를 보장할 것을 청구할 수
있다.11)

셋째, 참가 모델(Beteiligungsmodell)12)은 이른바 공사혼합기업
(Gemischtwirtschaftliche Unternehmen)에 의한 계약 방식을 의미한
다. 공사혼합기업은 행정청과 사인이 공적 임무 수행을 위해 합작하
여 설립한 법인이다. 행정청과 사인이 모두 이 기업의 주주로 참여
한다. 이를 통해 행정청과 사인은 동등한 자격으로 협력적 법률관계
를 형성하고, 공동으로 공적 임무를 수행한다.13) 공사혼합기업의 법
적 형식은 주로 유한회사(Gesellschaft mit beschrankter Haftung)가
선택된다. 각 주의 지방자치법에는 이러한 계약 방식 및 행정청이
공사혼합기업에 대한 영향력을 보장하기 위한 조치들에 관한 규정
들이 포함되어 있는 경우가 많다.14) 독일에서는 상수도, 전기 공급
과 같은 생존배려 영역에서 이 모델이 주로 사용되고 있다.15)

---

11) 이원우, 정부기능의 민영화를 위한 법적 수단에 대한 연구, 행정법연구(제3
호), 1998, 132면.
12) 이는 민관협동모델(Public-Privte-Partnerships) 또는 협력모델(Kooperations-
modell)로 지칭되기도 한다.
13) Stelkens, Verwaltungsprivatrecht, 2005, S. 940.
14) Siegel, in: Stelkens/Bonk/Sachs (Hrsg.), a.a.O., § 54 Rn. 79.
15) 이원우, 정부기능의 민영화를 위한 법적 수단에 대한 연구, 행정법연구(제3
호), 1998, 134면.

3. 법적 성격

(1) 판례

독일 판례는 민관협력계약의 법적 성격을 획일적으로 판단하지 않고, 계약 내용과 관련 법령을 고려해 개별적으로 그 법적 성격을 판단하고 있다. 예를 들어 연방통상법원(Bundesgerichtshof)은 독일 바이에른(Bayern) 주와 구조용역회사 간에 비상구조 및 환자이송을 위하여 체결된 민관협력계약이 공법상 계약에 해당한다고 판단하였다. 그 이유는 이 계약의 근거 규정인 바이에른주 구조용역법 (Bayerisches Rettungsdienstgesetz) 제13조 제5항이 계약당사자 간의 법률관계가 공법상 계약에 의하여 규율된다고 명시하고 있기 때문이었다.[16]

또한 독일 카를스루에(Karlsruhe) 주 고등법원(Oberlandesgericht) 은 민간사업자가 고속도로 부대시설인 휴게소 및 주유소를 건설하고 운영하는 것을 내용으로 하는 민관협력계약이 공법상 계약의 방식 으로 수행된다고 판단하였다.[17] 이는 1997. 10. 23.자 연방고속도로 부대시설의 건설 및 운영과 특허 부여에 관한 지침[18]에서 연방도로 법(Bundesfernstraßengesetz) 제15조 제2항에 의한 고속도로 부대시 설의 건설 및 운영에 관한 계약이 공법상 계약의 방식으로 이루어 지도록 권고한 것에 따른 것이었다.[19]

반면, 연방행정법원은 지방자치단체와 상수도사업자 간의 연방

---

16) BGH NZBau 2012, 248.
17) OLG Karlsruhe, Beschluss vom 06.02.2013 - 15 Verg 11/12 -.
18) Richtlinien für Bau und Betrieb von Nebenbetrieben an Bundesau- tobahnen sowie für die Erteilung einer Konzession.
19) Müller, in: Müller/Schulz (Hrsg.), Bundesfernstraßengesetz Kommentar, 2, Aufl., 2013, § 15 Rn. 8.

도로에서의 수도관이설계약이 사법상 계약이라고 판단하였다.[20] 이 계약은 공공시설에 속하는 상수도와 관련한 행정청의 의무를 민간사업자에게 이전하는 내용이므로 민관협력계약으로 볼 수 있다. 그런데 법원은 상수도사업자가 수도관 이설 과정에서 도로를 사용하는 것이 공공시설을 일상적이고 통상적인 방식으로 이용하는 범위를 넘어서 허가가 필요한 특별 사용으로 간주된다면 이는 연방도로법 제8조 제1항에 근거하여 공법적으로 규율되어야 할 것이라고 보았다. 그러나 법원은 문제가 된 사용관계는 그와 같은 특별 사용에 해당하지 않으므로 민법의 적용을 받는다고 판단했다. 이는 연방도로법 제8조 제10항[21]에 근거한 것이다. 이러한 판단 하에 법원은 이 계약이 사법상 계약이라고 결론 내렸다.

연방행정법원은 지방자치단체와 에너지공급회사 간의 에너지 공급을 위한 계약을 사법상 계약으로 판단하였다.[22] 특정 계약을 공법상 계약으로 판단하기 위해서는 관계 법령이 행정청에게 공법적 권리 또는 의무를 부여해야 한다. 그러나 이 계약의 근거 규정인 에너지경제법(Gesetz über die Elektrizitäts- und Gasversorgung) 제46조는 계약당사자인 지방자치단체를 행정청으로 지칭하지 않고 있다. 이 조항은 지방자치단체를 단지 도로의 소유자로 취급하고 있다. 이에 따르면 지방자치단체는 에너지공급회사와 계약을 체결하여 자신이 소유한 도로의 사용권을 제공하고, 그 대가로 경제적 이익을 얻는 주체로 간주된다. 즉, 지방자치단체는 공법적 권한을 행사하는 행정청이 아니라, 사법상의 계약을 통해 도로라는 재산을 경제적으

---

[20] BVerwGE 29, 251.

[21] 연방도로법 제8조 ⑩ 연방도로의 사용권 부여는, 그것이 공용의 범위 내에 있는 경우 민법의 규정에 따라 규율된다. 다만 공공 서비스 제공을 위한 일시적인 사용은 예외이다.

[22] BVerwG NVwZ 2017, 329.

로 활용하는 소유자로 해석되고 있는 것이다. 연방행정법원은 지방
자치단체가 이 계약을 통해 에너지공급회사에 도로 사용권을 부여
하고 주민들에게 에너지를 공급하도록 하여 해당 지역의 기본적 생
활 보장이라는 공적 임무를 수행하는 것은 인정하였다. 그러나 이러
한 사실만으로는 해당 계약을 공법상 계약으로 볼 수 없다고 판단
하였다.

(2) 학설

통설[23]도 판례와 같다. 민관협력계약의 대상과 유형이 매우 다양
하고 지금도 계속 변화하고 있어 일률적으로 어느 한 법 영역에 귀
속시키는 것은 어렵다는 이유에서다. 이 견해에 의하면 공법상 계약
과 사법상 계약의 일반적인 판단 기준인 대상설에 의하여 개별 사
안에서 계약의 내용과 관계 법령을 살펴보아야 하고, 또한 중점이론
에 의하여 공·사법적 요소가 혼재되어 있는 혼합계약의 경우에는
계약의 중점이 어디에 있는지를 검토하여야 한다. 특히 계약 내용과
관계 법령이 행정청의 권한에 영향을 미치는지 여부, 즉 행정청의
권한이 사인에게 부분적으로 이전되거나 사인이 행정청의 권한 행
사에 참여할 의무가 있는지 여부가 중요하다.[24] 행정청의 권한이 공
무수탁의 방식으로 사인에게 이전되는 경우에는 공법상 계약으로
간주되어야 한다고 본다.[25]

---

[23] Kämmerer, in: Bader/Ronellenfitsch (Hrsg.), a.a.O., § 54 Rn. 62; Schliesky, in: Knack/Henneke (Hrsg.), Vorb. § 54 VwVfG Rn. 74; Siegel, in: Stelkens/ Bonk/Sachs (Hrsg.), a.a.O., § 54 Rn. 80; Tegethoff, in: Kopp/Ramsauer (Hrsg.), a.a.O., § 54 Rn. 40b, 40d.

[24] Huck, in: Huck/Müller (Hrsg.), Verwaltungsverfahrensgesetz Kommentar, 3, Aufl., 2020, § 54 Rn. 42.

[25] Athanasiadou, Der Verwaltungsvertrag im EU-Recht, 2017, S. 49.

반면, 민관협력계약이 공법상 계약에 속한다는 견해26)도 유력하
다. 행정 임무의 전부 또는 핵심적인 부분이 계약을 통해 사인에게
이전되면서 행정청의 권한이 사인에게 위임되고 행정청의 의무도
직접 수행에 의한 일차적 의무에서 감독 방식의 이차적 의무로 전
환되므로 이러한 공법영역에서의 법률관계를 사법상 계약으로 해석
하기는 어렵다는 것이다.

더불어 이 견해는 적용법령의 공법적 성격을 지적한다. 민관협력
계약의 근거가 되는 규정들은 행정청이 독점적인 권한을 가지고 담
당하던 공적 임무의 수행을 사인에게 이전하는 내용을 담고 있으므
로 공법에 속한다는 것이다. 따라서 공법규정에 의해 규율되는 계약
은 공법상 계약에 속한다고 본다.27)

이러한 시각은 행정절차법에 협력계약을 도입하자는 논의로 발
전되었으나 개정에 이르지는 못하였다. 독일 연방내무부는 원래 행
정청이 체결하는 모든 계약을 포괄하는 계약법을 제정하고 여기에
기존의 계약 유형 외에 협력계약을 도입하여 그 요건을 규정하고자
하였으나 견해가 일치하지 않아 그 대신 행정절차법 내에 협력계약
에 관한 규정을 도입하는 개정안을 마련하기로 하였다.28)

독일 연방내무부가 2004년 전문가들의 의견을 수렴하여 마련한
이 개정안에 의하면, 협력계약이란 행정청이 사인을 공적 임무의 수
행에 참여시키기 위한 형태의 공법상 계약을 의미한다(초안 제54조
제3항). 동 규정의 목적은 계약 형식을 통해 이루어지는 모든 유형
의 민관협력계약을 행정절차법 내에 포섭하기 위한 것이다. 이처럼
협력계약에 관한 행정절차법 개정안은 종래 학설상으로만 논의되던

---

26) Schlette, Die Verwaltung als Vertragspartner, 2000, S. 160 f.
27) Schlette, Die Verwaltung als Vertragspartner, 2000, S. 161 f.
28) Schmitz, Die Verträge sollen sicherer werden – Zur Novellierung der Vorschriften über den öffentlich-rechtlichen Vertrag, DVBl 2005, 17 (18).

민관협력계약의 개념을 공법규정으로 구체화하였고, 민관협력계약을 공법상 계약으로 파악하여야 한다는 논의를 반영하였다. 다만 이 개정안은 충분한 합의를 얻지 못하여 현재 입법에 이르지는 못하였다.[29]

II. 공공조달계약

1. 개념

공공조달계약(Vergabe öffentlicher Aufträge)이란 국가나 지방자치단체와 같은 행정청(발주기관)이 필요로 하는 물품, 공사, 용역을 조달하기 위해서 사인(민간사업자)과 체결하는 계약을 말한다. 독일의 공공조달계약을 이해하기 위해서는 이를 규율하는 조달법(Vergaberecht)의 구체적인 내용과 의미를 살펴볼 필요가 있다.

행정의 전통적 행위수단으로 자리 잡아 온 공공조달계약의 역사에 비하여 조달법의 역사는 그리 길지 않다. 독일에는 1993년 이전까지는 이를 다루는 법규정이 존재하지 않았고 행정규칙인 '발주규칙'(Verdingungsordnung)만 존재하였다. 독일에서는 공공조달계약을 사법상 계약으로 파악하여 왔으므로 민법규정이 그대로 적용되었다.[30]

그러나 EU 차원의 조달법이 등장하면서 이를 국내법으로 전환하기 위하여 1999년 경쟁제한방지법(Gesetz gegen Wettbewerbs-beschränkungen, 이하 '경쟁법'이라 한다) 내에 공공조달계약에 관

---

[29] Schliesky, in: Knack/Henneke (Hrsg.), Vorb. § 54 VwVfG Rn. 82.
[30] Siegel, in: Stelkens/Bonk/Sachs (Hrsg.), a.a.O., § 54 Rn. 156.

한 제4부가 신설되었다. 경쟁법 제4부 및 그 하위 법령은 이후 2019
년까지 여러 차례에 걸쳐 개정되었다.

다만 경쟁법 제4부 및 하위 법규명령31)과 시행규칙32)은 유럽연
합법이 적용되는 기준금액(Schwellenwert) 이상의 공공조달계약에만
적용된다(경쟁법 제106조). 이는 기준금액 이상 조달영역과 기준금
액 미만 조달영역의 적용법령을 구분하는 방식을 채택한 것이다. 따
라서 기준금액 미만 조달영역에 대해서는 종전대로 민법, 예산법과
행정규칙인 기준금액미만발주규칙(Unterschwellenvergabeordung) 등
이 적용된다.

경쟁법에 의하면, 공공조달계약이란 발주기관이 민간사업자와
체결하는 물품구매, 공사, 용역과 관련한 유상계약을 의미한다(동법
제103조 제1항). 동법은 공공조달계약의 적용 대상이 되지 않는 사
항을 열거하고 있는데, 예를 들어 중재 및 조정, 토지 및 건물의 구
입, 임대차 등이 여기에 해당한다(동법 제107조). 물품구매계약이란
구매, 임대차, 리스 등의 방법으로 물품을 조달하는 계약이다(동법
제103조 제2항). 물품이란 가스, 전기 등 시장에서 거래 가능한 동산
을 의미한다. 공사계약이란 건축물의 설치, 해체 등의 실행, 계획 등
의 공사에 관한 계약을 의미한다(동법 제103조 제3항). 용역계약이
란 물품구매 및 공사에 해당하지 않는 모든 계약을 의미한다(동법
제103조 제4항).

---

31) 일반공공발주명령(Vergabeverordnung), 공익산업발주명령(Sektorenverordnung),
   국방및안보발주명령(Vergabeverordnung Verteidigung und Sicherheit)이 있다.
   이하 독일 조달법령 관련 용어의 번역은 강지웅, 독일 공공조달법의 역사와
   체계, 행정법연구(제52호), 2018, 105-129면을 참조하였다.
32) 건축공사발주규칙(Vergabe- und Vertragsordnung für Bauleistungen Teil A)
   등이 있다.

2. 권리구제절차

현재 독일의 공공조달계약 제도는 기준금액에 따라 적용되는 법령이 구분되어 있다. 이러한 구조로 인해 권리구제절차 역시 이원화되어 운영되고 있다. 따라서 기준금액에 따른 적용 법령, 그리고 권리구제절차의 차이점에 대해 자세히 살펴볼 필요가 있다.

(1) 기준금액 이상 조달영역

먼저 기준금액 이상 조달영역에 관하여는 경쟁법상의 제도가 적용된다. 입찰자는 발주기관에 대하여 조달규정 준수를 청구할 수 있는 권리를 갖는다(경쟁법 제97조 제6항). 조달규정에는 공공조달계약에 관한 모든 규정, 즉 경쟁법 제4부 및 하위 법규명령이 모두 포함된다. 따라서 이러한 규정들은 모두 대외적 구속력을 가지고 이에 위반한 조달절차는 위법하다.[33]

사업자는 위법한 조달절차에 대하여 발주심판소에 심판을 신청할 수 있다(동법 제156조 제2항, 제160조 제2항). 연방에 귀속되는 공공조달계약에 대해서는 연방 발주심판소(Vergabekammer)가, 주에 귀속되는 공공조달계약에 대해서는 주 발주심판소가 담당기관이 된다(동법 제156조 제1항). 공공조달계약에 이해관계가 있고 조달규정 미준수로 인하여 동법 제97조 제6항에 의한 권리 침해를 주장하는 모든 입찰자는 신청권이 있다(동법 제160조 제2항).

발주심판소가 발주기관에게 심사가 신청된 사실을 서면으로 통보하면 발주기관은 발주심판소의 결정이 내려지기 전까지 낙찰자 결정을 내려서는 안 된다(동법 제169조 제1항). 이를 실무상 정지효

---

33) Dörr, in: Burgi/Dreher/Opitz (Hrsg.), Vergaberechtskommentar, 4, Aufl., 2022, § 97 Abs. 6 Rn. 22.

(Suspensiveffekt)라고 한다. 정지효가 발생하였음에도 발주기관이 낙찰자 결정을 행한 경우, 그 낙찰자 결정의 효과에 대한 명시적 규정은 없다. 그러나 민법 제134조에 의한 법률상 금지 위반으로 무효라는 것이 다수설[34]이자 판례[35]이다.

발주심판소는 신청인의 권리 침해 여부를 결정하고, 관련 이익의 손해 방지를 위한 적절한 조치를 하여야 한다. 다만 발주심판소는 신청인의 신청 내용에 구속되지 않고 독립적으로 조달절차의 적법성을 심판할 수 있다(동법 제168조 제1항). 발주심판소의 결정은 행정행위에 해당하며, 연방행정집행법에 따라 이행강제금을 부과하는 방식으로 집행된다.

심판 절차에 관여한 당사자들은 발주심판소의 결정에 대하여 불복이 있는 경우 항고법원(독일 고등법원 발주재판부)에 결정 통지 2주 이내에 즉시항고할 수 있다(동법 제171조 제2항). 항고법원은 항고가 이유 있다고 판단하면 발주심판소의 결정을 취소한다. 이 경우 항고법원은 발주심판소가 사안의 당부에 관하여 스스로 결정하거나 항고법원의 법적 견해에 따라 재결정할 것을 명령한다(동법 제178조).

권리구제절차는 기본적으로 민사절차이다. 따라서 신청인은 신청을 인용하는 발주심판소의 또는 항고법원의 결정이 확정되면 이를 근거로 민사법원에 손해배상을 청구하게 된다. 해당 법원은 위 결정 및 판결에 구속된다(동법 제179조 제1항).

---

34) Antweiler, in: Burgi/Dreher/Opitz (Hrsg.), Vergaberechtskommentar, 4. Aufl., 2022, § 169 Rn. 26.
35) BGH NJW 2001, 1492.

(2) 기준금액 미만 조달영역

반면, 기준금액 미만 조달영역의 경우에는 별도의 권리구제절차를 거쳐야 한다. 이 경우 입찰자에게 경쟁법 제97조 제6항과 같은 조달규정준수청구권은 인정되지 않는다. 따라서 위법한 낙찰자 결정 자체를 차단하기 위한 권리구제절차는 존재하지 않는다.[36]

공공조달계약은 사법상 계약으로서 민법과 예산법에 의하여 규율되고 시행규칙인 기준금액미만발주규칙도 대외적 구속력을 갖지 않으므로 사법상의 무효사유가 있을 경우에만 계약이 무효가 된다. 이에 관한 분쟁은 모두 민사소송의 대상이 된다.[37] 낙찰받지 못한 입찰자는 타인의 낙찰을 무효화시킬 수 없고, 발주기관을 상대로 계약체결상의 과실책임을 물어 신뢰이익의 배상을 구할 수 있을 뿐이다.[38]

3. 법적 성격

(1) 판례

독일의 공공조달계약은 전통적으로 사법상 계약으로 여겨져 왔는데, 이는 공공조달계약이 국고적 보조행위에 해당한다는 판단 때문이었다.[39] '국고'란 국가가 공법상의 고권적 권한을 행사하는 것이 아니라, 사인과 대등한 지위에서 사법상 거래에 참여하는 경우를 의미한다.[40] 즉, 국가행위에 상하관계 또는 권력성이 있는지 여부가

---

36) 강지웅, 독일 공공조달법의 역사와 체계, 행정법연구(제52호), 2018, 124면.
37) BVerwG NVwZ 2007, 820.
38) 박정훈, 공법과 사법의 구별 – 행정조달계약의 법적 성격, 행정법의 체계와 방법론, 박영사, 2005, 183면.
39) Siegel, in: Stelkens/Bonk/Sachs (Hrsg.), a.a.O., § 54 Rn. 156.
40) Weber, Rechtswörterbuch, 24, Aufl., 2023.

핵심 기준이 되고 대등한 관계에서 이루어진 국고행위는 사법의 영
역에 속한다는 것이다. 한편 국가는 공공조달계약을 통하여 실제
행정 임무 수행에 필요한 물품, 공사, 용역을 지원받는다. 이는 행
정의 수요를 충족하는 역할을 하며 이러한 측면에서 '보조행위'에
해당한다.[41)

이와 같이 공공조달계약은 국가의 활동이지만 권력성이 없는 간
접적인 행정준비행위인 국고적 보조행위로서 사법상 계약에 속한다
는 것이 판례이다. 따라서 공공조달계약에 대해서는 공법상 계약에
관한 행정절차법의 규정이 적용되지 않는다는 입장이다.[42)

(2) 학설

통설[43)도 판례와 같다. 기준금액 이상 조달영역에서 입찰자의 조
달규정준수청구권이 인정되어 조달절차의 위법성을 다툴 수 있는
권리구제절차가 추가되었음에도 불구하고, 통설의 입장에는 변하지
않았다. 이는 이 절차가 발주기관의 낙찰자 결정 전까지만 가능한
제한적인 수단에 불과하기 때문이다. 낙찰받지 못한 입찰자는 낙찰
자 결정이 내려지면 계약을 무효로 만들 수 없고, 종전과 같이 손해
배상청구만을 할 수 있을 뿐이다. 또한 이 절차의 법적 성격도 민사
절차에 해당한다.[44) 따라서 통설은 공공조달계약을 사법상 계약으

---

41) Maurer/Waldhoff, a.a.O., § 3 Rn. 20, 21.
42) BVerwGE 74, 368.
43) Brüning/Bosesky, in: Mann/Sennekamp/Uechtritz (Hrsg.), a.a.O., § 54 Rn.
    191; Dreher, Perspektiven eines europa- und verfassungsrechtskonformen
    Vergaberechtsschutzes - Konsequenzen des EuGH-Urteils vom 11. 8. 1995
    für das deutsche vergaberechtliche Nachprüfungsverfahren, NVwZ 1996,
    345 (346); Pietzcker, Die deutsche Umsetzung der Vergabe- und
    Nachprüfungsrichtlinien im Lichte der neuen Rechtsprechung, NVwZ 1996,
    313 (316); Tegethoff, in: Kopp/Ramsauer (Hrsg.), a.a.O., § 54 Rn. 39.

로 보고 있다.

반면, 공공조달계약의 목적과 적용법령을 근거로 공법상 계약에 해당한다는 반대 견해[45]도 존재한다. 이 견해는 먼저 공공조달계약의 목적이 단순히 행정의 수요 충족에만 있지 않다는 점을 지적한다. 공공조달계약은 국내총생산의 큰 지분을 차지하는 거대한 경제적 요인으로, 연방, 주, 지방자치단체 등 다양한 행정주체가 주요 발주기관이 된다. 또한 많은 민간사업자들에게 공공조달계약을 체결하는 것은 필수적인 사업 목표에 해당한다. 이는 공공조달계약이 안정적인 수익을 제공할 뿐만 아니라 기업의 신뢰성과 평판을 높이는 데에 크게 기여하기 때문이다. 따라서 공공조달계약은 경제·사회·정치적 목표를 달성하기 위한 수단으로 자주 활용된다는 것이다.[46]

이 견해는 조달법이 조달방식, 조달심사, 계약 변경 등과 관련하여 다양한 공법적 규율을 포함하고 있으므로 공법규정에 해당한다는 점도 지적한다. 조달법은 계약상대방 선정, 계약 체결 절차, 계약 내용 결정, 계약의 변경 또는 해지, 권리구제절차 등 조달절차에 관하여 사법상 계약과는 다른 방식으로 규율하고 있고, 이러한 규율들이 공익의 실현에 기여하고 있다는 것이다.[47]

---

44) 강지웅, 독일 공공조달법의 역사와 체계, 행정법연구(제52호), 2018, 111면.
45) Schlette, Die Verwaltung als Vertragspartner, 2000, S. 148 ff.
46) Schlette, Die Verwaltung als Vertragspartner, 2000, S. 150 f.
47) Schlette, Die Verwaltung als Vertragspartner, 2000, S. 151-155.

Ⅲ. 보조금 지원계약

1. 개념

독일에서 보조금(Subvention)이란 법적으로 명확히 정의되지는 않았지만 일반적으로 행정이 공익적 목적을 증진하기 위해 사인에게 상당한 대가 없이 지원하는, 자산적 가치가 있는 금전적 혜택을 의미한다.[48] 보조금의 목적은 공익의 증진에 있다. 보조금은 단지 수익자의 이익을 위한 것이 아니라 공익을 위하여 수익자에게 지급된다. 예를 들어 보조금은 수익자가 특정 방식(예: 능력의 확대, 특정 지역의 정착)으로 행동하도록 유도함으로써 경제·사회·정치적 목표(예: 일자리 확보, 수출 촉진, 취약지역 지원)에 기여한다. 따라서 수익자 개인에 대한 지원 그 자체가 목적이라고 할 수 없고 더 큰 공익적 목적을 위한 수단에 해당한다. 이러한 점에서 보조금은 경제를 조정하고 사회를 형성하는 국가 수단이라고 볼 수 있다. 수익자는 법령, 행정행위, 부담 또는 계약상 구속 등 다양한 방식으로 보조금을 목적에 맞게 사용하도록 강제되고, 목적을 준수하지 않을 경우 보조금이 환수될 수 있다.[49]

독일의 행정 실무상 논의되는 보조금의 유형은 다양하다. 행정이 기업 등 경제주체에게 경제활동에 필요한 비용의 일부 또는 전부를 지원하는 형태의 소비적 보조금(verlorener Zuschuss), 장기 저리 등 일반시장보다 유리한 조건(예: 이자, 상환기간)으로 융자하는 대출(Darlehen), 제3자(예: 시중은행)로부터 받았거나 받으려는 대출에 대한 보증(Bürgschaft)이 대표적인 예에 해당한다. 이하에서는 이들

---

48) Maurer/Waldhoff, a.a.O., § 17 Rn. 5.
49) Maurer/Waldhoff, a.a.O., § 17 Rn. 9.

유형을 중심으로 보조금의 법적 성격을 살펴본다.

2. 소비적 보조금의 법적 성격

먼저 소비적 보조금은 국가, 지방자치단체 등의 보조금 지원자가 금융기관을 거치지 않고 수익자에게 직접 보조금을 지급하는 방식이다. 이는 별도의 반환 조건 없이 제공되는 비상환적 성격의 재정지원이다.[50] 소비적 보조금의 예로는 학생을 위한 장학금,[51] 독일 연방정부가 경제협력의 일환으로 개발도상국이나 비영리단체에 제공하는 재정기여금(Finanzierungsbeitrag)[52] 등이 있다.

연방행정법원은 소비적 보조금이 '한 단계'로, 즉 보조금 지원결정이라는 단일 행정행위를 통해 이루어진다고 본다.[53] 신청인은 보조금 지원자에게 보조금 지원을 신청하고, 보조금 지원자는 지원 여부 및 내용을 행정행위의 방식으로 결정한다. 따라서 소비적 보조금에는 보조금 승인(Bewilligung)과 그 이후 지원(Auszahlung)의 '두 단계'로 구분하는 방식이 적용되지 않는다. 보조금을 지급하는 금융기관은 독립적으로 행동하는 것이 아니라, 단지 보조금 지원자인 행정청을 대신하여 행위할 뿐이다. 따라서 신청인과 보조금 지원자 사이에 직접적인 공법적 관계가 형성된다. 즉, 금융기관의 보조금 지급은 독립적인 법적 의미를 가지지 않는다.[54]

---

50) Stelkens, in: Stelkens/Bonk/Sachs (Hrsg.), a.a.O., § 35 Rn. 113.
51) OVG Bautzen, Urteil vom 14.12.2015 – 1 A 581/14.
52) Neumeier, Der Finanzierungsbeitrag mit Lenkungszweck, EuR 2022, 190.
53) BVerwG NJW 1969, 809.
54) Kramer/Bayer/Fiebig/Freudenreich, Die Zweistufentheorie im Verwaltungsrecht oder: Die immer noch bedeutsame Frage nach dem Ob und Wie, JA 2011, 810 (811).

3. 대출 또는 보증의 법적 성격

(1) 판례

다음으로 대출 또는 보증은 금융기관이 개입하지 않는 경우와 개입하는 경우로 구분할 수 있다. 먼저 금융기관이 개입하지 않는 경우는 보조금 지원자가 금융기관보다 더 유리한 조건으로 대출이나 보증 방식을 통해 수익자에게 직접 보조금을 지급하는 것을 말한다. 이는 앞서 설명한 소비적 보조금의 지급방식과도 다르지 않다.

그러나 연방행정법원은 여기서는 소비적 보조금과는 달리 보조금 지원자가 행정행위로 이루어지는 보조금 승인 여부에 관한 결정(이하 '1단계 결정'이라 한다)을 내리고 이후 보조금 지원자와 수익자가 사법상 형식의 보조금 지원계약(이하 '2단계 계약'이라 한다)을 체결하는 두 단계 구조로 해석한다. 즉 1단계 결정은 2단계 계약을 목적으로 하는 것이다.[55]

연방행정법원은 또한 2단계 계약의 존속이 1단계 결정의 존속과 무관하다고 본다.[56] 1단계 결정이 취소되더라도 그것이 2단계 계약에 영향을 미쳐 그 자체로 보조금 지원자에게 수익자에 대한 공법상 부당이득반환청구권 내지 이자지급청구권이 발생하지는 않는다는 것이다. 따라서 지원된 보조금은 사법상 기준에 따라 2단계 계약이 유효하게 해지된 경우에만 회수되거나 2단계 계약에서 1단계 결정의 취소를 계약 해지 요건으로 합의한 경우에만 회수될 수 있다.[57]

다음으로 금융기관이 개입하는 경우란 금융기관이 보조금 지원자를 대신한 보조금 중개자로서 수익자와 대출, 보증계약을 체결하

---

55) BVerwG NJW 1962, 170; BVerwG BeckRS 1968, 30441956.
56) BVerwG NJW 2006, 536.
57) Stelkens, Verwaltungsprivatrecht, 2005, S. 1005 ff.

는 경우를 말한다. 금융기관은 수익자의 보조금 신청서를 접수하고
보조금을 지원하는 일련의 절차를 대신하는 창구 역할을 수행한다.
연방행정법원은 여기서도 먼저 보조금 지원자가 1단계 결정을 내리
고 1단계 결정이 금융기관을 통하여 수익자에게 전달된다고 본다.[58]
1단계 결정을 통해 행정청은 수익자가 은행과 2단계 계약을 체결할
수 있도록 보장할 의무를 지게 된다.[59] 이후 수익자는 금융기관과 2
단계 계약을 체결하는데, 연방통상법원은 이 역시 사법상 계약으로
본다.[60] 금융기관이 행정청으로부터 공법상 권한을 수탁받은 바 없
으므로 이는 사법상 주체 간의 분쟁에 해당한다는 이유에서다. 나아
가 연방행정법원은 금융기관이 공법상 기관인 경우에도 고권적 권
한을 행사하지 않고 민법에 따라 보조금을 지원한다는 이유로 사법
상 계약이라고 본다.[61]

(2) 학설

그러나 학설은 판례가 대출 또는 보증에 대하여 채택한 두 단계
기준에 부정적이다. 먼저 1단계 결정과 2단계 계약을 구분하는 기준
이 가정적이라고 비판한다.[62] 실제로는 1단계 결정에서 보조금 지
원과 관련한 대부분의 조건(예: 지급유형, 상환기간, 이자 등) 등이
결정되므로 양자를 구별하기 어려울 뿐만 아니라, 하나의 사실관계
를 서로 다른 법 영역으로 분리하는 것은 현실과 괴리가 있다는 것

---

58) BVerwG NJW 1958, 2128.
59) Stelkens, in: Stelkens/Bonk/Sachs (Hrsg.), a.a.O., § 35 Rn. 115.
60) BGH NJW 2000, 104.
61) BVerwG NJW 2006, 2568.
62) Kramer/Bayer/Fiebig/Freudenreich, Die Zweistufentheorie im Verwaltungsrecht
    oder: Die immer noch bedeutsame Frage nach dem Ob und Wie, JA 2011,
    810 (815).

이다

또한 1단계 결정과 2단계 계약의 관계에 대해서도 비판한다.[63] 예를 들어, 연방통상법원은 1단계 결정은 2단계 계약 체결로 소멸한다고 본다. 따라서 2단계 계약에는 1단계 결정이 개입할 여지가 없고 2단계 계약의 내용은 오로지 민법규정에 의해서 평가된다.[64] 그러나 연방행정법원은 1단계 결정이 2단계 계약 체결과 무관하게 계속 존속하며 2단계 계약에 영향을 미칠 수 있다고 본다. 이러한 인위적인 단계 구분으로 인해 관할 법원에 따라 상충되는 결과가 발생할 수 있다는 지적이다.[65]

1단계 결정이 취소 또는 무효로 확인된 경우, 2단계 계약에 어떠한 영향을 미치는지도 분명하지 않다. 즉, 1단계 결정이 실효된 후 이를 근거로 보조금 지원자가 수익자로부터 즉시 보조금을 환수할 수 있는지, 가능하다면 어떤 방식(행정행위 또는 민사소송)으로 해야 하는지가 문제가 된다.[66]

연방행정법원은 1단계 결정의 무효가 곧바로 2단계 계약의 무효로 이어지지는 않는다는 전제에서, 2단계 계약이 보조금의 직접적인 근거가 되므로 행정절차법 제49조의a에 따른 행정행위의 방식으로 보조금의 상환을 구할 수 없고 사법상 계약인 2단계 계약에 대한 민사상 이행소송의 방식으로 환수를 구하여야 한다고 판단하고 있다.[67] 그러나 이러한 판례의 입장에 반대하는 학설도 있다.[68]

---

[63] Maurer/Waldhoff, a.a.O., § 17 Rn. 19.
[64] BGH NJW 1964, 196.
[65] BVerwG BeckRS 1970, 30434608 [피고(보조금 지원자)가 원고의 남편(수익자)에게 보조금(대출)을 지급하고 원고가 이를 보증하였는데, 남편이 사망하고 피고가 원고에게 보조금 환수를 결정하자 원고가 취소소송을 제기한 사안이다.].
[66] Maurer/Waldhoff, a.a.O., § 17 Rn. 21.
[67] BVerwG NJW 2006, 536.
[68] Ehlers/Schneider, in: Schoch/Schneider (Hrsg.), Verwaltungsgerichtsordnung

두 단계 구조는 분쟁 해결을 어렵게 만드는 측면도 있다. 1단계 결정이 거부된 경우 신청자가 이에 대한 의무이행소송을 제기할 수 있음은 분명하다. 그러나 1단계 결정이 내려졌음에도 상대방이 2단계 계약 체결을 거부한다면 신청자가 무엇을 할 수 있을지가 불분명하다는 것이다. 논리적 일관성을 유지하기 위해서는 신청자에게 행정행위에 기반하여 계약의 체결을 청구할 수 있는 권리를 인정하고 상대방에게는 이에 응할 의무를 부과하여야 한다. 그러나 상대방이 계약 체결 자체에는 동의하지만 특정 조건(예: 이자율)에 대해 합의하지 못하는 경우를 상정할 수 있다. 이 경우 계약 체결을 일괄적으로 강제하기는 어렵다는 것이다.[69]

학설은 이러한 난점들을 고려하여 대출 또는 보증 방식의 보조금에 관한 판례의 두 단계 기준을 거부하고 한 단계의 법적 구성을 선호한다. 특히 현재에는 공법상 행위형식인 공법상 계약으로 통일적으로 규율되어야 한다는 견해[70]가 우세한 것으로 보인다. 보조금의 목적이 사인에 대한 경제·사회·문화적 활동 촉진이라는 공익을 추구하는 데 있고, 보조금이 행정청의 공적 임무 수행에 직접적으로

Kommentar, 44, Aufl., 2023, § 40 Rn. 262. 특히 실체법적 쟁점에 관하여는 ① 1단계 결정이 2단계 계약의 적법 요건이므로 2단계 계약이 무효가 된다는 견해, ② 1단계 결정과 2단계 계약은 원인과 결과의 관계이므로 2단계 계약이 취소될 수 있다는 견해, ③ 1단계 결정이 2단계 계약의 기초가 되므로 계약 기초의 소멸로 인하여 2단계 계약을 해지할 수 있다는 견해, ④ 1단계 결정은 2단계 계약의 체결로 소멸되므로 2단계 계약에 영향을 미칠 수 없다는 다양한 견해가 가능하다. 이에 관하여는 Maurer/Waldhoff, a.a.O., § 17 Rn. 19.

69) Maurer/Waldhoff, a.a.O., § 17 Rn. 20.
70) Maurer/Waldhoff, a.a.O., § 17 Rn. 24; Schimpf, Der verwaltungsrechtliche Vertrag unter besonderer Berücksichtigung seiner Rechtswidrichkeit, 1982, S. 106; Schlette, Die Verwaltung als Vertragspartner, 2000, S. 147 f.; Siegel/Eisentraut, Der Vertrag im Öffentlichen Wirtschaftsrecht, VerwArch 2018, 454 (468).

기여하기 때문이다. 금융기관이 중간에 개입하더라도, 이는 행정청의 이행보조자 역할에 불과하여 지원자와 수익자 간 관계의 공법적 성격에 영향을 미치지 않는다는 것이다. 이 견해에 의하면 신청자의 보조금 신청은 공법상 계약의 청약, 행정청의 동의는 승낙에 해당한다. 행정청의 승낙은 행정행위가 아닌 계약상 의사표시에 해당하고, 의사표시의 내용에는 보조금 승인 및 지원에 관한 전반적인 사항이 포함된다.71)

---

71) Tanneberg, Die Zweistufentheorie, 2011, S. 33 f.

제4절 소결

이 장에서는 독일의 건설·경제행정 분야의 다양한 계약 유형과 그 법적 성격을 심도 있게 검토하였다. 이를 통해 공법상 계약의 범위와 중요성이 점차 확대되고 있음을 확인할 수 있었다.

건설행정 분야에서 살펴본 여러 계약 유형들은 도시계획 및 건축과 관련된 공적 사업 추진이라는 공통점을 갖고 있으며, 행정청 또는 사인에게 공법적 권리와 의무를 부여한다는 특징이 있다. 이러한 특성으로 인해 이들 계약은 공법상 계약으로 분류되고 있으며, 이는 행정의 공익 실현 기능을 강화하는 데 기여하고 있다고 평가된다.

경제행정 분야의 계약들에 대해서는 그 법적 성격에 대한 논의가 지속되고 있다. 민관협력계약의 경우, 계약 내용과 관계 법령에 따라 공법상 계약 또는 사법상 계약으로 해석하는 것이 주류적 입장이나, 일관되게 공법상 계약으로 해석해야 한다는 견해도 상당히 제기되고 있다. 이는 민관협력계약의 공익적 성격을 더욱 강조하려는 경향을 반영한 것으로 보인다. 공공조달계약은 주로 사법상 계약으로 간주되어 왔으나, 최근에는 그 공법적 내용과 규율에 대한 관심이 높아지고 있다. 이는 공공조달계약의 투명성과 공정성을 제고하려는 노력의 일환으로 해석될 수 있다. 보조금 지원계약, 특히 대출 및 보증에 의한 보조금 지원에 대해서는 판례와 학설 간의 견해 차이가 존재한다. 판례는 이를 행정행위와 사법상 계약의 복합적 구조로 보고 있으나, 다수의 학설은 일관되게 공법상 계약으로 규율해야 한다고 주장한다. 이러한 견해 차이는 보조금 지원의 법적 성격에 대한 이해와 행정작용의 범위에 관한 해석의 차이에서 비롯된 것으로 보인다.

전반적으로, 독일의 건설·경제행정 분야에서는 공법상 계약의 적용 범위가 넓어지고 있으며, 이는 행정의 공익 실현 기능을 강화하고 법적 안정성을 높이는 데 기여하고 있다고 평가할 수 있다. 다만, 일부 영역에서는 여전히 계약의 법적 성격에 대한 논의가 지속되고 있어, 향후 이에 대한 더 깊이 있는 연구와 논의가 필요할 것으로 보인다.

제4장

독일 공법상 계약의
적용법리

제1절 서설

앞서 제2장에서는 독일 공법상 계약의 개념, 역사적 발전, 유용성과 위험성, 규율 체계 등 공법상 계약을 전반적으로 개관하였다. 제3장에서는 이러한 개관을 바탕으로 실제 독일 행정 분야에서의 공법상 계약의 인정 여부를 검토하였다. 이제 이 장에서는 이러한 논의를 더욱 심화하여 독일 공법상 계약의 적용법리를 검토하고자 한다. 제2장에서 다룬 이론적 토대와 제3장에서 살펴본 실제 적용 사례를 바탕으로 공법상 계약이 실제로 어떻게 운용되고 있는지를 계약의 전반적인 진행 순서에 따라 살펴볼 것이다. 이 과정에서 사법상 계약과 대비되는 공법상 계약의 적용법리의 독자성이 명확히 드러날 것이다.

먼저 공법상 계약의 성립 단계(제2절)에서는 공법상 계약의 가능성과 한계, 요건 및 계약의 무효에 대해 검토한다. 여기에는 법률적 합성원칙의 준수, 행정청이 일방당사자인 공법영역의 계약, 계약의 무효에 관한 법리가 포함된다. 다음으로 공법상 계약의 이행 단계(제3절)에서는 적법하게 성립된 공법상 계약의 이행과 관련된 법리를 검토한다. 먼저 계약이 정상적으로 이행된 경우 어떻게 진행되는지 간략히 살펴본다. 다음으로 계약이 불이행된 경우를 상세히 논의한다. 불이행의 유형으로 이행불능, 불완전이행, 이행지체, 계약체결상의 과실책임 및 부수의무위반, 불이행의 효과로서 손해배상, 비용상환 및 해제에 관하여 살펴본다. 마지막으로 계약의 변경 또는 해지에 관하여는 사정변경과 공익에 따른 요건 및 절차를 검토한다.

제2절 계약의 성립 단계

I. 개설

이 절에서는 공법상 계약의 성립 시 적용되는 규율들을 검토할 것이다. 먼저 법률적합성원칙의 준수에 관하여는 행정절차법 제54조 제1문이 규율하고 있으므로 그 의미를 살펴볼 필요가 있다(II.). 동 규정은 공법상 계약을 정의하는 동시에 공법상 계약의 가능성과 한계를 규율한다.

공법상 계약의 요건도 검토할 필요가 있다. 공법상 계약은 행정청이 일방당사자인 공법영역의 계약을 의미한다(III.). 따라서 공법영역, 계약, 계약당사자에 관한 요건을 상세히 검토할 필요가 있다. 서면방식(IV.)과 제3자 및 행정청의 동의(V.)는 공법상 계약의 독자적인 요건으로서, 이들 요건 결여 시 계약의 효력에 관하여 주의 깊게 살펴볼 필요가 있다.

마지막으로 공법상 계약의 무효에 관하여 살펴볼 필요가 있다 (VI.). 행정절차법과 민법이 규정하는 공법상 계약의 무효사유는 상당히 광범위하므로 체계적인 분석이 필요하다. 공법상 계약의 일부 무효, 무효의 효과, 무효인 계약의 효력 유지에 관하여도 상세히 검토할 필요가 있다.

II. 법률적합성원칙의 준수

1. 법규정을 위배하지 않을 것

행정청은 법규정에 위배되지 않는 경우에만 공법상 계약을 체결할 수 있다(행정절차법 제54조 제1문). 이와 같이 동 규정은 법률적합성원칙을 법률에 구체화하여 행정청이 법적으로 활동할 수 있는 여지가 있는 범위에서만 공법상 계약을 체결할 수 있도록 권한을 부여한다.[1] 따라서 동 규정은 공법상 계약의 가능성과 한계를 규정한다. 법규정이 특정 대상에 대한 계약상 합의를 명시적으로 배제하거나 금지하는 경우, 또는 그 의미와 목적상 불가능한 경우에는 공법상 계약을 체결할 수 없다.[2]

계약당사자들이 공법상 계약 체결 시 위배하지 말아야 할 법규정에는 EU법, 기본법 및 이로부터 파생되는 행정법의 일반원칙, 연방 및 주의 법률, 그리고 법률의 수권이 있는 경우 법규명령이 포함된다.[3] 지방자치단체 조례의 경우, 자치사무에 대한 조례는 법규정에 포함되나 위임사무에 관한 조례는 포함되지 않는다.[4] 법률 및 법규명령 보다 하위의 규정은 포함되지 않으므로, 행정규칙은 여기서의 법규정에 포함되지 않는다.[5] 다만 행정규칙이 개별 사안에서 공법상 계약 체결을 금지하거나 제한하는 경우, 이는 행정의 자기구속 의무를 발생시킬 수 있다. 행정청이 이를 준수하지 않으면 평등원칙(기본법 제3조 제1항)의 위반으로 재량 하자가 발생하여 계약의 적

---

[1] BVerwGE 84, 236.
[2] Fabio, Ausstiegsordnung durch Vertrag, NVwZ 2020, 1324 (1325).
[3] Schliesky, in: Knack/Henneke (Hrsg.), a.a.O., § 54 Rn. 16.
[4] Tegethoff, in: Kopp/Ramsauer (Hrsg.), a.a.O., § 54 Rn. 41.
[5] Rozek, in: Schoch/Schneider (Hrsg.), Verwaltungsverfahrensgesetz Kommentar, 4, Aufl., 2024, § 54 Rn. 63.

법성에 영향을 미칠 수 있다.[6]

2. 계약 형식을 금지하는 법규정을 위배하지 않을 것

법규정을 위배하였는지 여부를 판단할 때 계약의 형식을 우선적으로 고려해야 한다.[7] 그러나 법규정에서 특정 계약 형식을 명시적으로 금지하지 않았다고 해서 그 형식이 항상 허용되는 것은 아니다. 법규정의 의미와 목적을 해석했을 때 특정 계약 형식이 허용될 수 없다는 결론에 이르면 그것으로 충분하다.[8] 다만, 법률이 특정 계약 형식에 대해 언급하지 않았다는 사실만으로 그 형식이 금지된다고 단정 짓기는 어렵다.[9]

계약 형식의 가능성은 각 법 영역에서 계약을 통한 행정작용이 가능한지에 관한 문제이다. 공법영역에서 특정 법 분야의 계약이 그 내용을 불문하고 전면적으로 허용되지 않는 상황을 계약 형식 금지(Verbot der Vertragsform)라고 한다.[10] 여기서 쟁점은 계약의 특정 내용이 효력이 있는지가 아니라, 해당 법 영역에서 계약 체결이 가능한지 여부이다.[11]

계약 형식을 금지하기 위해서는 법률상 충분한 근거가 필요하다. 따라서 통설[12]에 의하면, 법규정이 단지 일방적 행정형식, 특히 행

---

6) Kluth, Das Vertragsdurchführungsermessen, NJW 2021, 3167 (3170).

7) BVerwG NVwZ 1993, 1193 (1194); Kämmerer, in: Bader/Ronellenfitsch (Hrsg.), a.a.O., § 54 Rn. 64.

8) Tegethoff, in: Kopp/Ramsauer (Hrsg.), a.a.O., § 54 Rn. 42.

9) Rozek, in: Schoch/Schneider (Hrsg.), Verwaltungsverfahrensgesetz Kommentar, 4, Aufl., 2024, § 54 Rn. 64.

10) Fabio, Ausstiegsordnung durch Vertrag, NVwZ 2020, 1324 (1325).

11) Scheske, Der öffentlich-rechtliche Vertrag – Eine Herausforderung für den Rechtsanwender in der Verwaltungspraxis, DVP 2015, 448 (452).

12) Kämmerer, in: Bader/Ronellenfitsch (Hrsg.), a.a.O., § 54 Rn. 66; Rozek, in:

정행위를 규정하는 것만으로는 충분하지 않다. 즉, 법규정에서 '결정'(Bescheid), '처분'(Verfügung)과 같은 용어를 사용하였다는 사실만으로는 계약 형식이 금지된다고 단정할 수 없다.[13] 독일에서는 행정행위를 갈음하는 공법상 계약 체결이 원칙적으로 가능하기 때문이다(행정절차법 제54조 2문). 또한 실제 법규정의 문언을 자세히 살펴보면 계약 자체가 아니라 계약의 특정 내용을 금지하고 있는 경우가 대부분이다.[14] 그러나 법규정상 불가능한 내용이 계약 전체에서 차지하는 비중이 클수록 계약 내용 금지는 형식 금지에 가까워진다고 볼 수 있다.[15]

특히 능력시험, 적성시험 및 이와 유사한 시험에서의 행정청의 활동에 대해서는 공법상 계약의 적용이 배제된다(행정절차법 제2조 제3항 제2호). 따라서 이 영역은 원칙적으로 계약의 대상이 될 수 없다. 조세통칙법(Abgabenordnung)에 의한 연방 또는 주의 세무행정청의 절차(동법 제2조 제2항 제1호), 형사소추, 질서위반의 소추와 처벌 등의 절차(동법 제2조 제2항 제2호), 특허청과 특허청에 설치된 중재부서에서의 절차(동법 제2조 제2항 제3호), 사회법전(Sozialgesetzbuch)에 따른 절차(동법 제2조 제2항 제4호)에서도 계약 형식이 금지된다. 계약 형식을 금지하는 법규정을 위반한 계약은 계약 내용과 관계없이 행정절차법 제59조 제1항과 민법 제134조에 따

Schoch/Schneider (Hrsg.), Verwaltungsverfahrensgesetz Kommentar, 4, Aufl., 2024, § 54 Rn. 65; Siegel, in: Stelkens/Bonk/Sachs (Hrsg.), a.a.O., § 54 Rn. 100; Tegethoff, in: Kopp/Ramsauer (Hrsg.), a.a.O., § 54 Rn. 42.

13) 다만 행정절차법 발효 이후 제정된 개별법령에서 이러한 용어를 명시한 경우에는 계약 형식 금지의 징표로 해석될 수 있다는 견해로는 Fehling, in: Fehling/ Kastner/Störmer (Hrsg.), § 54 a.a.O., Rn. 47.

14) Ziekow/Siegel, Entwicklung und Perspektiven des Rechts des öffentlich-rechtlichen Vertrages - Teil 1 -, VerwArch 2003, 593 (605).

15) Siegel/Eisentraut, Der Vertrag im Öffentlichen Wirtschaftsrecht, VerwArch 2018, 454 (478).

라 무효가 된다(통설).16)

3. 계약 내용을 금지하는 법규정을 위배하지 않을 것

계약 형식이 가능한 상황에서도 계약 내용은 법률에 위배될 수 있다. 이 경우, 공법영역에서는 법률우위원칙에 근거하여 법률에 위반되는 계약 내용을 허용하지 않는다.17) 이 점에서는 사법상 사적자치에 기초한 계약 형성의 자유가 존재하지 않는다. 계약 형식의 원칙적 가능성을 규정한 행정절차법 제54조 제1문은 법률을 위배한 계약 내용에 대한 근거 규정이 되지 않는다.18)

그러나 모든 계약 내용에 법률상 근거를 요구하는 것은 공법상 계약의 본질에 반한다.19) 행정청은 공법상 계약을 통해 사인에게 법률상 근거가 없는 급부를 약정하거나 약정하도록 할 수 있다. 다만 법률은 특정 계약 내용을 금지할 수 있다. 금지 여부는 해석을 통하여 결정해야 한다. 특히 법률이 강행적 요소와 확정적인 규정을 포함하고 있는지, 아니면 개별 사안에 따라 재량의 여지를 두고 있는지를 검토해야 한다.20) 예를 들어 행정절차법은 화해계약(행정절차

---

16) 통설은 행정절차법 제54조 제1문을 공법상 계약의 가능성 및 한계 규정으로 보고, 공법상 계약의 무효는 동법 제59조, 민법 제134조에 의하여 규율되는 것으로 본다. 이에 관하여는 Rozek, in: Schoch/Schneider (Hrsg.), Verwaltungsverfahrensgesetz Kommentar, 4, Aufl., 2024, § 54 Rn. 72; Schliesky, in: Knack/Henneke (Hrsg.), a.a.O., § 54 Rn. 36; Siegel, in: Stelkens/Bonk/Sachs (Hrsg.), a.a.O., § 54 Rn. 105; Tegethoff, in: Kopp/Ramsauer (Hrsg.), a.a.O., § 54 Rn. 41a; Voßkuhle/Kaiser, Grundwissen – Öffentliches Recht: Der öffentlich-rechtliche Vertrag, JuS 2013, 687 (687).
17) Kämmerer, in: Bader/Ronellenfitsch (Hrsg.), a.a.O., § 54 Rn. 74
18) Tegethoff, in: Kopp/Ramsauer (Hrsg.), a.a.O., § 54 Rn. 44.
19) Siegel, in: Stelkens/Bonk/Sachs (Hrsg.), a.a.O., § 54 Rn. 104.
20) Fehling, in: Fehling/Kastner/Störmer (Hrsg.), a.a.O., § 54 Rn. 54.

법 제55조), 교환계약(동법 제56조)에 대해 내용에 관한 일정한 요건
을 두고 있고, 이 요건들은 반드시 준수되어야 한다.

계약 내용이 법규정을 위반하면, 계약 형식이 금지 시와 동일하
게 행정절차법 제59조 제1항과 민법 제134조에 근거하여 그 계약은
무효로 처리된다. 다만 계약 내용의 위배가 문제된 경우에는 계약의
해석으로 법률우위원칙의 위반을 제거할 수 있는지 여부를 먼저 검
토하여야 한다(행정절차법 제62조 제2문, 민법 제157조).[21]

III. 행정청이 일방당사자인 공법영역의 계약일 것

1. 계약당사자

행정절차법 제54조 이하의 규정은 동법 제9조에 따른 행정청의
행정활동 과정에서 체결되는 공법상 계약을 적용 대상으로 한다. 이
는 행정청이 계약의 일방당사자인 경우를 의미한다. 다만, 한 가지
예외가 있는데, 바로 사인이 공무수탁사인이 되는 경우이다. 이는
동법 제1조 제4항에 따라 공무수탁사인이 행정청으로 간주되기 때
문이다. 따라서 공무수탁사인이 체결하는 계약도 동법의 적용 대상
이 될 수 있다.[22]

사인 간 체결된 공법상 계약은 행정절차법의 적용 대상에서 제외
된다.[23] 이러한 계약에 행정절차법 제54조 이하를 유추적용하는 것

---

[21] OVG Bautzen Urt. v. 26. 1. 2017 – 3 A 616/15.

[22] Rozek, in: Schoch/Schneider (Hrsg.), Verwaltungsverfahrensgesetz Kommentar, 4, Aufl., 2024, § 54 Rn. 24.

[23] Bauer, in: Voßkuhle/Eifert/Möllers (Hrsg.), Grundlagen des Verwaltungsrechts, § 35 Rn. 122.

도 허용되지 않는다.[24] 이는 해당 규정의 입법 취지와 관련이 있다. 동 규정은 주로 두 가지 목적을 가지고 있다. 첫째, 행정의 권한 남용으로부터 사인을 보호하는 것이다. 둘째, 행정의 고권적 권한이 부당하게 매각되는 것을 방지하는 것이다. 사인 간의 계약에는 이러한 보호 및 규제의 필요성이 존재하지 않으므로, 이들 규정의 유추 적용은 그 입법 취지에 맞지 않는다.[25]

2. 공법영역

행정절차법 제54조 이하의 규정은 공법영역의(auf dem Gebiet des öffentlichen Rechts) 계약에 적용된다(동법 제54조 제1문). 다만 행정절차법은 그 적용 범위를 행정청의 공법상 행정활동(동법 제1조 제1항)과 행정 임무 수행(동법 제1조 제3항 및 제4항)으로 제한한다. 따라서 교회법, 헌법 및 국제법 등의 영역에 속하는 계약은 동법 제54조 이하의 적용 범위에서 제외된다(동법 제1조). 행정청이 체결한 사법상 계약 역시 공법영역의 법률관계에 해당하지 않는다.[26]

공법상 단체인 종교공동체가 공법상 행정활동을 수행하기 위해 계약을 체결하는 경우에도, 그 계약이 공동체 내부 사안에 관한 것이라면 행정절차법의 적용 범위에 속하는 공법상 계약에 해당하지 않는다(행정절차법 제2조 제1항).[27] 다만 종교공동체가 국가로부터 부여받은 권한을 행사하거나 공동체 내부 사안을 넘어 국가적 영역에 영향을 미치는 범위에서는 동법이 적용된다. 따라서 이러한 계약

---

24) Fehling, in: Fehling/Kastner/Störmer (Hrsg.), a.a.O., § 54 Rn. 18.
25) Tegethoff, in: Kopp/Ramsauer (Hrsg.), a.a.O., § 54 Rn. 7.
26) Kämmerer, in: Bader/Ronellenfitsch (Hrsg.), a.a.O., § 54 Rn. 8.
27) Rozek, in: Schoch/Schneider (Hrsg.), Verwaltungsverfahrensgesetz Kommentar, 4, Aufl., 2024, § 54 Rn. 19.

은 예외적으로 동법 제54조 이하의 공법상 계약이 될 수 있다.[28]

헌법 및 국제법상 계약도 행정절차법의 적용 범위 규정(행정절차법 제1조 제1항)에 의하여 제54조 이하의 공법상 계약에 해당하지 않는다. 국제법상 계약이란 독일 연방공화국과 타국 및 기타 국제법상 주체 간의 국제 관계를 규율하는 국제법상의 계약을 의미한다.[29] 여기에는 정치적 국가계약(기본법 제59조 제2항 제1문 제1단), 연방법에 부속하는 국가계약(동법 제59조 제2항 제1문 제2단), 국제법상 행정협정(동법 제59조 제2항 제2문)이 속한다.[30] 헌법상 계약이란 헌법적 삶(Verfassungsleben)에 직접 관여하는 법적 주체 간에 체결되고 그 규율 대상이 헌법에 근거를 두고 있는 계약을 의미한다.[31] 여기에는 예를 들어 독일연방공화국과 구 동독 간의 통합계약, 주 통합계약 등이 포함된다.[32]

3. 계약

(1) 의사표시

1) 의사표시의 법적 성격

행정청의 의사표시는 공법상 계약 체결을 목적으로 하는 행위로서, 공법원칙에 근거하여 공법적 내용과 효과를 가진다.[33] 다만 이는 일방적인 고권적 규율이 아닌, 계약상 합의에 기초한 것이다. 따

---

28) BVerwG BeckRS 2014, 54562.
29) Siegel, in: Stelkens/Bonk/Sachs (Hrsg.), a.a.O., § 54 Rn. 49.
30) Detterbeck, Allgemeines Verwaltungsrecht, 21, Aufl., 2023, Rn. 777.
31) BVerfGE 42, 103.
32) Detterbeck, Allgemeines Verwaltungsrecht, 21, Aufl., 2023, Rn. 778.
33) Kluth, Rechtsfragen der verwaltungsrechtlichen Willenserklärung Auslegung, Bindung, Widerruf, Anfechtung, NVwZ 1990, 608 (608 ff.).

라서 공법상 계약에 관한 의사표시는 행정행위가 아니다.34) 이는 계약의 취소, 해지 등 계약 체결 이후의 권리 행사에도 마찬가지로 적용된다.35)

계약 체결을 목적으로 하는 사인의 의사표시는 이중적인 법적 성격을 가진다. 한편으로는 공법적 효력을 갖는 행정절차적 행위로서 공법원칙에 근거하여 규율되고,36) 다른 한편으로는 계약 성립을 목적으로 하는 공법상 의사표시로서 민법상 의사표시 규정(행정절차법 제62조 제2문, 민법 제116조 이하)의 적용을 받는다.37)

2) 의사표시의 일치

공법상 계약도 사법상 계약과 마찬가지로, 의도된 법적 효과를 발생시키려면 복수의 독립된 법 주체 간 일치하는 의사표시가 요구된다. 이는 단독으로 또는 다른 요소들과 결합하여 법적 효과를 발생시킨다.38) 그리고 이러한 의사표시에는 법적 구속 의사가 포함되어야 한다.39) 법적 구속 의사를 판단할 때, 법률행위의 외형적 명칭인 '계약'(Vertrag) 또는 '합의'(Vereinbarung) 자체가 결정적인 것은 아니다. 이러한 합의적 행위에 법적 구속 의사가 있는지 여부는 개별 사안에서 해석을 통해 판단하여야 한다.40)

이와 같이 공법상 계약은 계약당사자 간 의사표시의 일치에 의하

---

34) VGH München NJW 1978, 2410; Schliesky, in: Knack/Henneke § 54 Rn. 78.

35) Kluth, Rechtsfragen der verwaltungsrechtlichen Willenserklärung Auslegung, Bindung, Widerruf, Anfechtung, NVwZ 1990, 608 (608 ff.).

36) Gurlit, in: Ehlers/Pünder (Hrsg.), a.a.O., § 31 Rn. 2.

37) Schlette, Die Verwaltung als Vertragspartner, 2000, S. 441.

38) Fontana, Umweltschutz durch öffentlich-rechtlichen Vertrag EurUP 2017, 310 (313).

39) Maurer/Waldhoff, a.a.O., § 14 Rn. 7.

40) BVerwG NJW 1990, 1926.

여 성립한다. 이러한 의사표시를 각각 청약과 승낙이라고 한다. 의
사표시에 관한 민법규정은 공법상 계약에도 원칙적으로 준용된다
(행정절차법 제62조 제2문).[41] 청약과 승낙은 상대방에게 도달하여
야 하여야 한다(민법 제130조). 또한 계약당사자들은 계약 체결을
위하여 필요한 모든 요소에 대하여 의사표시의 일치를 이루어야 한
다. 여기에는 공연한 또는 숨겨진 의사표시의 불일치가 없어야 한다
(민법 제154조, 제155조). 의사표시의 일치가 없는 경우, 계약은 처
음부터 성립하지 않는다.

한편, 계약당사자들의 일치하는 의사표시가 계약상 합의에 따른
법적 효과를 목적으로 하더라도, 이는 모든 계약당사자가 의무를 부
담한다는 의미는 아니다. 일방에게만 권리를 부여하거나 의무를 부
담하는 계약[예: 면제계약(Erlassvertrag)]도 가능하다. 또한 일방당사자
의 급부만 계약에 규정되고 상대방의 반대급부는 규정되지 않은 채
계약의 전제나 기초가 되는, 이른바 불완전 교환계약도 가능하다.[42]

3) 의사표시의 해석

계약의 내용은 해석상 특정되어 있거나 충분히 특정 가능해야 한
다. 계약의 해석은 계약서의 문언과 당사자가 객관적으로 표시한 의
사에 근거해야 한다.[43] 계약서의 문언이 불분명하거나 모호하더라
도, 해석을 통해 의문이 해소되고 계약의 전반적인 사정에서 도출
가능하다면 문제가 되지 않는다. 그러나 계약서 문언 자체로 해석을
위한 충분한 단서가 제공되어야 한다.[44] 계약상 권리나 의무, 그리

---

41) Fehling, in Fehling/Kastner/Störmer (Hrsg.), a.a.O., § 54 Rn. 29.
42) Stelkens, Hinkende Verwaltungsverträge: Wirkungen und Rechtsnatur, DÖV 2009, 850 (850).
43) BGH NJW 1993, 721.
44) Siegel, in: Stelkens/Bonk/Sachs (Hrsg.), a.a.O., § 54 Rn. 28.

고 계약의 목적은 오로지 계약서 외부의 상황만을 근거로 결정되어 서는 안 된다.45)

민법 제133조(의사표시의 해석), 제157조(계약의 해석)에 따른 의 사표시 해석의 일반원칙은 공법상 계약에도 준용된다(행정절차법 제62조 제2문).46) 계약의 해석은 모든 주변 상황, 계약 경위, 이전 관행 및 계약 체결 이후의 행위 등 계약의 전반적인 사정을 고려하 여야 한다.47) 예를 들어, 서면방식에 반하는 행정청의 의사표시는 계약 불성립의 간접증거가 될 수 있다.48) 의사표시에 대하여 여러 해석이 가능한 경우에는 당사자의 객관적 의사에 명시적으로 반하 지 않고 동시에 계약의 무효로 이어지지 않는 해석을 선택하여야 한다.49)

민법과 마찬가지로 보충적 해석도 가능하다. 계약의 보충적 해석 은 계약으로 규율할 필요가 있는 사항에 대해 당사자 간 합의가 없 고, 그러한 공백이 중요하지 않은 경우에 한하여 가능하다.50) 또한 계약당사자들이 해당 사항에 대한 합의가 없음에도 불구하고 계약 체결 의사를 가지고 있는 경우여야 한다.51)

---

45) BVerwG NVwZ 1990, 665; BGH NJW 1989, 1484.
46) BVerwG NJW 1990, 1926. 한편, 민법의 해석원칙과 더불어 행정 임무 수행 의 효율성, 공익적 고려, 법률적합성원칙 등이 강조되어야 한다는 견해로는 Schlette, Die Verwaltung als Vertragspartner, 2000, S. 443.
47) BVerwG BeckRS 2020, 33177.
48) OVG Bremen BeckRS 2020, 1721 (계약당사자들이 서면방식을 갖추지 않고 이메일을 통한 서면교환으로만 계약 체결 의사를 밝힌 경우, 이는 서면방식 의 요건 중 하나인 동일서면성을 충족하지 못하여 계약당사자들에게 계약 체결에 관한 진정한 의사가 없었음을 의미한다고 판단한 사안이다.).
49) BVerwG NVwZ 1990, 665.
50) BGH NJW 1982, 2184.
51) BVerwG NVwZ-RR 1998, 302 [원고와 피고(행정청) 간에 체결된 동물사체처 리계약상에는 피고의 원고에 대한 보조금지급의무가 명시되지 않았지만 이 계약의 보충적 해석상 위 의무를 인정할 수 있다고 판단한 사안이다.].

보충적 해석은 성실한 계약당사자가 신의성실원칙에 따라 상호 이해관계를 적절히 고려하여 합의하였을 내용을 기준으로 한다.[52] 다만 보충적 해석으로 법률 위반을 시정할 수는 없다. 예를 들어, 행정절차법 제56조에 의한 상당성이 결여된 반대급부를 계약의 보충적 해석을 통하여 상당한 반대급부로 대체하는 것은 불가능하다.[53]

4) 의사표시의 자발성과 그 예외

계약당사자들의 의사표시는 일반적으로 자발적으로 이루어진다. 다만 전기나 가스 공급과 같은 생존배려(Daseinsvorsorge) 영역에서는 법률로 규정된 체약강제(Kontrahierungszwang)가 존재할 수 있다.[54] 비자발적 공법상 계약(unfreiwilliger öffentlich-rechtlicher Vertrag)의 개념도 논의되고 있다. 이는 행정청의 청약 압박(Angebotsdruck)이 너무 강해 상대방이 계약을 체결하는 것 외에는 사실상 다른 대안이 없는 계약을 의미한다.[55] 이는 특히 행정청이 계약자 간 동등한 대우를 위하여 표준계약서를 마련한 경우에서 나타난다.[56]

이러한 경우, 행정청이 부당한 압력을 행사하였다면 계약은 무효가 될 수 있다. 계약의 무효 근거로는 행정절차법 제62조 제2문에 따라 준용되는 민법의 의사표시 하자 규정(민법 제116조 이하), 그

---

52) BVerwG NVwZ-RR 1998, 302.
53) Ziekow, Verwaltungsverfahrensgesetz Kommentar, 4, Aufl., 2019, § 54 Rn. 19.
54) Egidy, Strukturelle Defizite des Verwaltungsvertragsrechts aus verhaltens-wissenschaftlicher Perspektive, DVBl. 2022, 83 (86).
55) Schilling, Der unfreiwillige Vertrag mit der öffentlichen Hand, VerwArch 1996, 191 (191 ff.).
56) 표준계약서는 행정청이 동일 사안에서 다수의 잠재적 계약상대방들과 다른 계약 내용을 협상 및 체결하는 것이 헌법상 평등원칙에 위배될 우려가 있는 경우에 자주 사용된다. 이에 관하여는 BGH NVwZ 2003, 371.

리고 행정절차법 제59조 제1항에 따라 준용되는 민법 제138조(공서
양속 위반)가 논의된다.[57]

5) 계약 형식을 선택하기로 한 결정과의 구별

계약 형식 선택은 공법상 계약 체결의 선결문제로, 공법영역에
속한다.[58] 이는 논리적으로 계약 체결에 선행하지만, 실제로는 계약
체결과 함께 이루어져 별도로 고지되지 않는다. 계약 체결 절차는
단일 과정으로 진행되며, 계약 형식 선택이 독립적으로 이루어지지
않아 별도의 행정행위로 구분되지 않는다.[59]

한편, 행정청의 계약 형식 선택 결정은 계약 체결 전에 이루어져
계약상 의사표시와 구별된다. 행정청은 원칙적으로 행위형식 선택
에 대한 재량권을 가진다. 행정청은 원칙적으로 행위형식에 대한 선
택재량이 있다.[60] 이 결정은 절차적 성격을 띠어 실체법적 효력이
있는 체약강제와는 다르다.[61] 또한, 계약의 청약과도 구별되는데,
청약은 계약 형식 선택을 전제로 하기 때문이다.[62] 다만, 행정청의
계약 체결 재량은 법규정에 위배되는 계약 체결을 금지하는 (소극
적) 계약 형식 선택 금지(행정절차법 제54조 제1문 제2단)에 의하여
제한된다.[63]

계약 형식을 선택할지 여부에 관한 결정재량은 개별법 내지 일반
원칙에 의하여도 제한될 수 있다. 예를 들어, 연방자연보호법 제3조

---

57) Gurlit, Verwaltungsvertrag und Gesetz, 2000, S. 389 ff.

58) Siegel, in: Stelkens/Bonk/Sachs (Hrsg.), a.a.O., § 54 Rn. 23.

59) Gurlit, in: Ehlers/Pünder (Hrsg.), a.a.O., § 32 Rn. 2.

60) Egidy, Strukturelle Defizite des Verwaltungsvertragsrechts aus verhaltens-
wissenschaftlicher Perspektive, DVBl. 2022, 83 (87).

61) Gurlit, in: Ehlers/Pünder (Hrsg.), a.a.O., § 32 Rn. 6.

62) BGH NJW 1969, 269; BGH NJW 1964, 33.

63) Siegel, in: Stelkens/Bonk/Sachs (Hrsg.), a.a.O., § 54 Rn. 21.

제3항은 계약상 합의가 일방적 형식보다 원칙적으로 우선함을 규정하고 있다.[64] 행정의 자기구속원칙(기본법 제3조 제1항)도 이전 유사사례에서 공법상 계약을 체결했고 객관적인 예외사유가 없는 경우, 공법상 계약 선택의 의무를 뒷받침할 수 있다.[65] 행정절차가 간단하고 신속하며 합목적적이어야 한다는 절차원칙(행정절차법 제10조 제2문)도 이러한 재량에 영향을 줄 수 있다. 즉, 임무 수행의 효율성 기준도 특정 상황에서는 공법상 계약 선택을 지지할 수 있다.[66]

(2) 법률관계의 발생, 변경, 소멸

1) 법률관계

행정절차법 제54조 제1문에 의한 '법률관계'의 개념은 공법규정에 기초하여 발생하는 법적 주체와 다른 법적 주체 간의 법률관계를 의미한다.[67] 계약당사자들 또는 제3자의 권리 또는 의무는 법률관계를 통하여 발생, 변경, 소멸된다. 법률관계는 구체적인 개별 사안에 대한 규율을 의미하는 것으로 추상적인 법적 문제만을 다루어서는 안 된다.[68]

그러나 법률관계라는 용어는 공법상 계약이 행정 협력의 목적을 가지고 있으므로 폭넓게 해석될 수 있다. 즉, 일회적인 권리 또는 의무뿐만 아니라, 일정 기간 동안의 계속적 협력계약도 법률관계에 해

---

64) Proelß/Blanke-Kießling, Der Verwaltungsvertrag als Handlungsform der Naturschutzverwaltung, NVwZ, 2010, 985 (985 ff.). 독일 환경행정에서는 오염토양 정화계약 등 다양한 공법상 계약들이 인정되고 있다. 이에 관하여는 Heß/Wulff, in: Landmann/Rohmer (Hrsg.), Umweltrecht Kommentar, 102, Aufl., 2023, BNatSchG § 3 Rn. 30, 37.

65) Kluth, Das Vertragsdurchführungsermessen, NJW 2021, 3167 (3170).

66) Fehling, in Fehling/Kastner/Störmer (Hrsg.), a.a.O., § 54 Rn. 9.

67) Barczak, Verwaltungsschuldrecht, VerwArch 2018, 363 (376 ff.).

68) BVerwG NJW 1996, 2046.

당한다.69) 다만 권리나 의무의 유형과 종류가 불명확하고 불특정 다수를 대상으로 하는 행정작용은 법률관계로 볼 수 없다.70)

공법상 계약에 의해 성립하는 법률관계는 실체법적 관계인 경우가 대부분이지만 절차법적 또는 소송법적 관계일 수도 있다. 특히 소송법적 관계로는 소취하계약,71) 행정심판취하계약72) 등을 예로 들 수 있다. 실체법적 성격과 소송법적 성격을 동시에 지닌 소송상 화해도 가능하다.73)

현재의 법률관계가 원칙적으로 계약의 대상이 된다. 이는 현재 또는 현재에 대하여 중요한 의미를 갖는 예측 가능한 미래를 포함한다. 그러나 과거의 사실에서 비롯된 권리나 의무가 현재에도 영향을 미친다면, 이러한 법률관계도 계약의 대상이 될 수 있다. 미래에 발생할 가능성이 있는 사실적 또는 법적 상황도 현재의 구체적인 법률관계에 포함될 수 있다.74) 그러나 계약상 권리 또는 의무는 구체적인 사실관계에서 발생하여야 하고, 순전히 이론적 내지 추상적으로 구상된 법적 문제나 순수한 가설만을 포함하여서는 안 된다.75)

---

69) Siegel, in: Stelkens/Bonk/Sachs (Hrsg.), a.a.O., § 54 Rn. 68.

70) Maurer, Der Verwaltungsvertrag – Probleme und Möglichkeiten, DVBl. 1989, 798 (802 f.).

71) OVG Hamburg NJW 1989, 604.

72) BGH NJW 1981, 811 [대가 지급을 조건으로 한 행정심판취하계약은 법률상 금지(민법 제134조), 공서양속 위반(동법 제138조)으로 무효가 될 수 있다고 판단한 사안이다.].

73) Sandner/Wittmann, Unstreitige Beendigung des verwaltungsgerichtlichen Verfahrens, JuS 2020, 225 (226).

74) Kämmerer, in: Bader/Ronellenfitsch (Hrsg.), a.a.O., § 54 Rn. 40.

75) Rozek, in: Schoch/Schneider (Hrsg.), Verwaltungsverfahrensgesetz Kommentar, 4. Aufl., 2024, § 54 Rn. 58.

2) 발생, 변경, 소멸

행정절차법 제54조 제1문은 공법영역에서의 법률관계를 '발생, 변경, 소멸'하는 내용의 계약을 인정한다. 발생은 법률관계의 창설을, 변경은 내용상의 변동을, 소멸은 법률관계의 제거를 의미한다.[76] 이 모든 개념은 절차법적, 실체법적 및 소송법적 법률관계를 모두 포함하여 폭넓게 해석되어야 한다.[77] 법률관계의 추인(Bestätigung), 포기도 적용 대상이 된다.[78] 계약당사자들은 법규정에 위배되지 않는 범위에서 공법상 계약을 통하여 법률상 성립된 공법상 채권관계를 변경할 수도 있다.[79]

계약상 법률관계의 변경은 채무 원인 그 자체뿐만 아니라 의무의 범위와 방식 및 그 이행에 관한 사항에 관한 것일 수도 있다.[80] 다만 일단 계약이 체결되면, 원칙적으로 더 이상 계약을 변경하거나 해지할 수 없다. 단, 계약 자체에 해제 또는 해지권이 합의되어 있거나 법률상 해지권(행정절차법 제60조 제1항)이 존재하는 경우는 예외이다. 이는 계약의 구속력이 갖는 본질적인 결과로, 일방적 행정작용과 구별되는 특성이다.[81]

---

76) Scheske, Der öffentlich-rechtliche Vertrag – Eine Herausforderung für den Rechtsanwender in der Verwaltungspraxis, DVP 2015, 448 (450).
77) OVG Hamburg NJW 1989, 604.
78) BVerwG BeckRS 2014, 54562.
79) BVerwG BeckRS 2014, 54562 [원고(지방자치단체)가 피고(교회)에게 행정절차법 제60조 제1항에 의거하여 피고가 관련 교회법상 부담하는 교회탑, 시계, 종 등에 대한 유지비용에 대한 분담 비율 변경의 동의를 구하였던 사안이다.].
80) BVerwG NJW 1990, 1926.
81) OVG Münster NWVBl 1995, 391.

(3) 대외적 효력

공법상 법률관계의 발생, 변경, 소멸을 목적으로 하는 공법상 계약은 대외적 효력을 갖는 행정활동이어야 한다. 즉, 행정 외부의 법적 주체에 대한 권리나 의무를 성립시키는 계약에 한정된다.[82] 반면 행정기관 사이의 내부적 합의는 행정절차의 요소이기도 한 대외적 효력(행정절차법 제9조 제1문)이 없다. 대외적 효력이 없고 행정기관 간의 내부적 효력만 있으므로 계약의 전형적인 요소인 두 법적 주체 간의 법적 구속 의사도 존재하지 않는다. 따라서 이러한 내부적 합의는 공법상 계약이 될 수 없다.[83]

이 요건은 행정의 목표 달성을 위해 도입된 일종의 관리 수단인 성과목표합의(Zielvereinbarung)의 법적 평가와 관련하여 문제가 된다.[84] 성과목표합의는 다른 법적 주체의 행정청 사이, 동일 법적 주체의 상·하급 행정청 사이, 행정청 내의 행정청의 장과 부서 사이, 부서 내의 상급자와 하급자 사이에 다양하게 성립할 수 있다.[85]

성과목표합의는 행정 계층 내의 관계 규율, 공적 임무 수행을 위한 자금지원, 특정 행정 목표의 설정 및 감독 등 다양한 상황과 용도에서 사용된다.[86] 성과목표합의의 구속력은 개별 사안에 따라 다양한 형태로 나타날 수 있다. 이는 법적 구속력 없는 의사표시, 단순한 노력 약속, 사실상의 약속(예: 목표 미달성 시 불이익 발생), 또는 법적 약속(예: 합의된 의무의 법적 강제) 등을 포함한다.[87]

---

82) Barczak, Verwaltungsschuldrecht, VerwArch 2018, 363 (376 ff.).

83) Rozek, in: Schoch/Schneider (Hrsg.), Verwaltungsverfahrensgesetz Kommentar, 4, Aufl., 2024, § 54 Rn. 59.

84) Athanasiadou, Der Verwaltungsvertrag im EU-Recht, 2017, S. 27.

85) Hill, Zur Rechtsdogmatik von Zielvereinbarungen in Verwaltungen, NVwZ 2002, 1059 (1059 ff.).

86) Thiele, in: Pautsch/Hoffmann (Hrsg.), a.a.O., § 54 Rn. 55.

87) Schmidt, Zielvereinbarungen als Herausforderung des Allgemeinen

따라서 성과목표합의의 법적 성격은 일률적으로 판단하기 어렵다. 다만 대부분의 성과목표합의는 사실상의 약속을 발생시킬 뿐, 법적으로 집행할 수 있는 권리 또는 의무를 발생시키려는 의도가 포함되지 않는다. 이와 같이 법적 구속력이 없는 성과목표합의는 공법상 계약이 아니므로 행정절차법 제54조 이하의 규정이 적용되지 않는다.[88]

IV. 서면방식

1. 개념

공법상 계약의 서면방식(Schriftform)은 행정절차의 무형식성원칙(행정절차법 제10조 제1문)에 대한 법률상의 예외이다(행정절차법 제57조). 여기서의 서면이란 구체적으로는 계약서를 의미한다.

행정절차법 제정 전에는 구두로 체결된 공법상 계약도 다른 형식적 요건에 위배되지 않는 한 유효하다는 견해가 지배적이었다. 그로 인하여 계약주체, 계약 내용, 제3자의 참여 여부 등에 관하여 분쟁이 발생하는 경우가 적지 않았다.[89]

행정절차법 제57조는 서면방식을 요구하여 이러한 분쟁을 방지하며, 이 규정은 강행규정이다. 따라서 서면방식 요건을 충족하지 않은 계약은 무효이다(동법 제59조 제1항, 민법 제125조 제1항). 계약당사자 간 합의로 이를 변경할 수도 없다.[90]

Verwaltungsrechts, DÖV 2008, 760 (764).
[88] Athanasiadou, Der Verwaltungsvertrag im EU-Recht, 2017, S. 27.
[89] Mann, in: Mann/Sennekamp/Uechtritz (Hrsg.), a.a.O., § 57 Rn. 1.
[90] Siegel, in: Stelkens/Bonk/Sachs (Hrsg.), a.a.O., § 57 Rn. 1.

서면방식은 여러 목적을 수행한다. 이는 계약 협상과 체결을 구별하고, 당사자의 개별적인 권리와 의무를 기록하여 계약 내용을 구체화한다(명확성기능). 계약당사자의 법적 구속 의사를 계약서에 명시하여 계약당사자가 졸속으로 계약을 체결하지 않도록 보호한다(경고기능). 계약 체결 여부 및 내용을 계약서에 영구적으로 기록하고 이를 검증할 수 있도록 하여 증거를 보존한다(증명기능). 법적 분쟁의 발생을 예방하여 계약당사자를 보호한다(예방 및 보호기능).[91]

다만 서면방식을 모든 경우에 적용해야 하는지, 아니면 서면방식을 예외적요건으로 제한할 수 있는지에 대해서는 논란이 있다.[92] 서면방식은 일상적으로 빈번하게 일어나는 행정영역(예: 공공시설의 사용관계)에서 공법상 계약이 행정행위와 대등한 행정작용으로 자리매김하지 못하는 주된 장애사유로 지적된다.[93] 이에 서면방식은 점차 전자방식으로 대체되고 있다(행정절차법 제3조의a).[94] 2004년 행정절차법 개정안에서는 계약당사자들이 이미 이행한 계약은 서면방식을 준수하지 않았더라도 유효하다는 내용으로 서면방식을 완화하고자 하였다. 다만 이 개정안은 충분한 합의를 얻지 못하여 현재 입법에 이르지 못하였다.[95]

---

91) Prell, Das E-Government-Gesetz des Bundes, NVwZ 2013, 1514 (1515).
92) Ziekow/Siegel, Entwicklung und Perspektiven des Rechts des öffentlich-rechtlichen Vertrages - Teil 2 -, VerwArch 2004, 133 (136 f.).
93) Schliesky, in: Knack/Henneke (Hrsg.), a.a.O., § 57 Rn. 40.
94) Siegel, Elektronisches Verwaltungshandeln - Zu den Auswirkungen der Digitalisierung auf das Verwaltungsrecht, JURA 2020, 920 (925 f.).
95) Fortentwicklung der Vorschriften über den öffentlich-rechtlichen Vertrag (§§ 54 - 62 VwVfG), NVwZ 2002, 834.

2. 적용 범위

행정절차법 제57조는 법규정에 위배되지 않는 범위 내에 있는 동법 제54조에 의한 모든 공법상 계약에 적용된다. 계약의 성격(종속계약, 대등계약), 계약의 종류(화해계약, 교환계약 등)는 중요하지 않다.[96]

다만 행정절차법 제57조는 동법의 실체적 적용 범위 내에 있는 계약에만 적용된다(동법 제1조, 제2조). 따라서 동법의 적용 범위에서 제외되는 개별법에 의한 공법상 계약에는 동법 제57조가 적용되지 않으므로 개별법에서 서면방식을 규정하고 있는지를 확인할 필요가 있다(예: 사회법전 제56조).

공·사법상 급부들이 하나의 계약에 혼재하나 분리할 수 있는 경우(복합계약), 동법 제57조는 공법 부분에만 적용된다. 반대로 하나의 법 영역에서 일률적으로 규율해야 할 경우(혼합계약)에는 계약 전체에 적용된다.[97] 또한 동법 제57조는 계약 체결 이후의 일방적 형성권 행사(예: 철회, 취소)에 대하여도 적용된다는 것이 다수설[98]이자 판례[99]이다.

행정절차법 제57조는 사법상 계약에는 적용되지 않는다.[100] 사법

---

96) Fehling, in: Fehling/Kastner/Störmer (Hrsg.), a.a.O., § 57 Rn. 4.

97) Mann, in: Mann/Sennekamp/Uechtritz (Hrsg.), a.a.O., § 57 Rn. 10.

98) Fehling, in: Fehling/Kastner/Störmer (Hrsg.), a.a.O., § 57 Rn. 4; Huck, in: Huck/Müller (Hrsg.), a.a.O., § 57 Rn. 8; Siegel, in: Stelkens/Bonk/Sachs (Hrsg.), a.a.O., § 57 Rn. 11; Thiele, in: Pautsch/Hoffmann (Hrsg.), a.a.O., § 57 Rn. 6. 이와 달리 행정절차법 제57조의 의미와 목적, 그리고 경고 및 증명 기능을 고려하면 공법상 계약의 취소에 관하여는 동 규정이 적용되지 않고 오히려 민법 제143조가 준용되어 구두 의사표시로 충분하다는 반대 견해로는 Hettich/Beichel-Benedetti, in: Obermayer/Funke-Kaiser (Hrsg.), a.a.O., § 57 Rn. 6; Schliesky, in: Knack/Henneke (Hrsg.), a.a.O., § 57 Rn. 4.

99) BVerwG NJW 1996, 608.

에는 형식 자유의 원칙이 적용되므로 유추적용도 배제된다. 마찬가지로 행정청의 사법상 계약에도 적용 또는 유추적용되지 않는다.[101]

반면, 공법상 계약에서 당사자들의 의사표시에는 항상 행정절차법 제57조가 적용된다. 그러나 계약 체결에 참여한 제3자에 대해서는 동법 제57조가 적용되지 않는다는 것이 다수설[102]이다. 이는 동법 제58조에서 이미 독립적인 형식 요건을 규정하고 있기 때문이다. 제3자의 경우 '서면에 의한 동의'(제58조 제1항), 다른 행정청의 경우 '법규정에 규정된 방식'(제58조 제2항)을 요구한다. 또한 제57조 위반과 제58조 위반 시 법적 효과가 다르다. 제57조 위반은 계약의 확정적 무효로 이어지는 반면(제59조 제1항, 민법 제125조), 제58조 위반은 계약의 유동적 무효를 초래한다.

3. 요건

(1) 계약상 모든 의사표시가 서면에 포함될 것

계약당사자들은 서면(계약서)을 작성하여야 한다. 서면의 작성자

---

100) BVerwG NJW 1992, 2908; 사인 간의 공법상 계약도 제한적으로는 행정절차법 제54조 제1문이 적용된다는 전제에서 동법 제57조의 적용을 긍정한 반대 견해로는 Lange, Die Abgrenzung des öffentlichrechtlichen Vertrages vom privatrechtlichen Vertrag, NVwZ 1983, 313 (321f.).

101) Fehling, in: Fehling/Kastner/Störmer (Hrsg.), a.a.O., § 57 VwVfG Rn. 5.

102) Mann, in: Mann/Sennekamp/Uechtritz (Hrsg.), a.a.O., § 57 Rn. 9; Schliesky, in: Knack/Henneke (Hrsg.), a.a.O., § 57 Rn. 3; Siegel, in: Stelkens/Bonk/Sachs (Hrsg.), a.a.O., Rn. 12. 이와 달리 서면방식은 공법상 계약의 효력을 위해 필요한 모든 의사표시에 적용되어야 한다는 반대 견해로는 Tegethoff, in Kopp/Ramsauer (Hrsg.), a.a.O., § 57 Rn. 2; Ziekow/Siegel, Entwicklung und Perspektiven des Rechts des öffentlich-rechtlichen Vertrages, 133 (135).

나 작성 방식(예: 자필, 인쇄 등)은 중요하지 않다.[103] 행정청이 계약 내용을 서면에 기록하거나,[104] 소송상 화해 과정에서 법원의 조서에 기재되는 것으로도 충분하다.[105] 서면방식은 공정증서의 작성으로 갈음할 수 있다(행정절차법 제62조 제2문, 민법 제126조 제4항). 소송상 화해의 경우, 공정증서의 작성은 독일 민사소송법의 규정에 따라 작성된 조서에 의사표시를 기재함으로써 다시 갈음할 수 있다(행정절차법 제62조 제2문, 민법 제127조의a).

서면에는 계약당사자들의 계약상 모든 의사표시가 포함되어야 한다. 즉, 계약의 본질적 요소, 즉 계약 대상 및 본질적 의무뿐만 아니라, 기타 합의 내용도 포함되어야 한다.[106] 또한 서면에는 모든 계약당사자가 명시되어야 한다. 즉, 청약 및 승낙의 당사자가 특정되어야 한다.[107] 행정청 측에서는 계약을 체결한 행정청이 명시되어야 한다.[108] 행정청의 당사자능력이 인정되므로(행정절차법 제11조 제3항), 행정청이 속한 행정주체를 명시할 필요는 없다.[109] 계약 체결 장소 및 시간은 서면에 반드시 기재하여야 하는 내용은 아니다.[110] 다만 계약의 이행을 위한 기간 또는 기한의 계산을 위하여 표기하는 것이 합리적이다.[111]

계약당사자와 계약의 핵심사항(예: 급부 및 반대급부의 내용)은

---

[103] Rozek, in: Schoch/Schneider (Hrsg.), Verwaltungsverfahrensgesetz Kommentar, 4, Aufl., 2024, § 57 Rn. 12.

[104] Tegethoff, in: Kopp/Ramsauer (Hrsg.), a.a.O., § 57 Rn. 11.

[105] BVerwG NJW 1995, 1977.

[106] BVerwG NVwZ 1990, 665.

[107] Rozek, in: Schoch/Schneider (Hrsg.), Verwaltungsverfahrensgesetz Kommentar, 4, Aufl., 2024, § 57 Rn. 13.

[108] Mann, in: Mann/Sennekamp/Uechtritz (Hrsg.), a.a.O., § 57 Rn. 15.

[109] Schliesky, in: Knack/Henneke (Hrsg.), a.a.O., § 57 Rn. 33.

[110] Fehling, in: Fehling/Kastner/Störmer (Hrsg.), a.a.O., § 57 Rn. 19.

[111] Siegel, in: Stelkens/Bonk/Sachs (Hrsg.), a.a.O., § 57 Rn. 14.

원칙적으로 서면 자체에서 명확히 파악할 수 있어야 한다. 서면 외부의 상황으로 이를 가늠할 수 있는 것만으로는 충분하지 않다.[112) 다만 서면방식은 공법상 계약의 형식 요건일 뿐, 내용의 구체성이나 명확성까지 요구하지는 않는다.[113) 따라서 내용의 불명확성이나 모호한 표현은 계약의 보충적 해석을 통하여 해결되어야 한다.[114) 이 점에서 서면요건이 요구되는 사법상 의사표시(민법 제126조)와 동일하게 암시이론(Andeutungstheorie)이 적용된다.[115) 이 이론에 의하면, 구두합의는 서면에 근거한 보충적 해석을 통하여 서면합의의 일부로 간주될 수 있는 경우에만 계약 내용의 일부가 된다.[116)

(2) 계약당사자들이 서명할 것

계약당사자는 서면에 자필로 성명을 기재하여 서명해야 한다(행정절차법 제62조 제2문, 민법 제126조 제1항). 자필서명은 서면이 단순한 초안이 아니라 서명자가 인식과 의도를 가지고 의사표시를 하였고 계약 내용에 대하여 책임을 지고 있음을 보장하기 위한 것이다. 즉, 자필서명은 계약당사자의 법적 구속 의사를 증명하는 역할을 한다.[117)

자필서명에는 서명자를 식별할 수 있는 개별적인 필적(Schriftzug)

---

112) Ziekow/Siegel, Entwicklung und Perspektiven des Rechts des öffentlich-rechtlichen Vertrages, 133 (135).
113) Rozek, in: Schoch/Schneider (Hrsg.), Verwaltungsverfahrensgesetz Kommentar, 4, Aufl., 2024, § 57 Rn. 14.
114) Siegel, in: Stelkens/Bonk/Sachs (Hrsg.), a.a.O., § 57 Rn. 15.
115) BVerwG NVwZ 2000, 1285.
116) Ibagón-Ibagón, Rechtsstaatliche Anforderungen an den Verwaltungsvertrag am Beispiel der Schriftlichkeit des Vertrages, 2011, S. 162 ff.
117) BVerwG NJW 1962, 555; Ibagón-Ibagón, Rechtsstaatliche Anforderungen an den Verwaltungsvertrag am Beispiel der Schriftlichkeit des Vertrages, 2011, S. 148 ff.

이 있으면 충분하고, 독해의 용이성을 위한 문자가 필요한 것은 아
니다.118) 다만 팩스, 타자기, 도장 또는 기타 기계적으로 복제된 서
명으로는 충분하지 않다.119)

한편, 행정청 대표자의 자필서명 생략 가능 여부에 대해서는 견
해가 대립한다. 긍정설120)은 서면에 의한 행정행위의 경우에 준하여
자필서명 없이 팩스, 타자기에 의한 성명표기(Namenswiedergabe)에
의하거나(행정절차법 제37조 제3항 제1문의 유추적용), 자동장치에
의한 서면 행정행위와 같이 성명을 표기하지 않는 방식으로(행정절
차법 제37조 제5항 제1문의 유추적용) 자필서명을 생략할 수 있다고
본다. 이러한 방식으로도 서면방식의 기능(예: 경고, 증명 등)을 수
행할 수 있다고 보기 때문이다.

부정설121)은 자필서명이 계약당사자의 확인 및 계약서 원본의
초안 또는 사본과의 구별을 위하여 필수적인 점, 행정절차법 제37조
는 행정행위를 대상으로 하므로 공법상 계약에 직접 적용될 수 없고,
행정절차법 제62조 제2문에 의하여 민법 제126조 제1문이 준용되므
로 행정절차법 제37조를 유추적용하여야 할 법의 공백도 존재하지
않는다는 점 등을 이유로 자필서명을 생략할 수 없다고 본다.

연방행정법원은 이 문제에 대해 명확한 결론을 내리지 않았다.
그러나 공증표시(Beglaubigungsvermerk)가 있는 성명표기의 타자 인
쇄본으로 자필서명을 대체할 수 있다고 판단하고 있어, 긍정설에 가
까운 입장을 취한 것으로 보인다.122)

---

118) BVerwGE 43, 114.
119) Siegel, in: Stelkens/Bonk/Sachs (Hrsg.), a.a.O., § 57 Rn. 17.
120) Mann, in: Mann/Sennekamp/Uechtritz (Hrsg.), a.a.O., § 57 Rn. 18; Schliesky, in: Knack/Henneke (Hrsg.), a.a.O., § 57 Rn. 18.
121) Hettich/Beichel-Benedetti, in: Obermayer/Funke-Kaiser (Hrsg.), a.a.O., § 57 Rn. 13; Schlette, Verwaltung als Vertragspartner, 2000, S. 455 f.
122) BVerwG NJW 1980, 172.

(3) 계약당사자들의 서명이 동일한 서면에 있어야 하는지 여부

민법 제126조 제2항 제1문에 따르면, 사법상 계약에서 각 당사자는 동일한 서면에 서명해야 한다. 이에 공법상 계약의 서면방식에 동일서면성(Urkundeneinheit) 원칙이 적용되는지에 대하여 견해의 대립이 있었다. 쟁점은 서면 교환(Schriftwechsel)을 통한 의사표시도 행정절차법 제57조의 요건을 충족하는지 여부이다.[123]

과거에는 판례에서 인정된 예외적인 경우를 제외하고는 동일서면성을 유지하여야 한다는 견해가 통설[124]이었다. 그러나 현재는 동일서면성이 실정법상 불필요하다는 견해가 통설[125]이다. 행정절차법 제57조의 서면방식은 주로 계약당사자에 대한 경고 및 증거 보존 기능을 수행하는데, 계약 체결 사실과 내용이 담긴 동일한 계약서가 존재하고 각 계약당사자가 다른 당사자를 위한 계약서에 자필서명하여 이를 교환하는 경우에도 이러한 기능이 충족된다는 것이다.

연방행정법원은 개별 사안에 따라 다르게 판단하고 있다. 먼저, 일방당사자만이 명시적으로 의무를 부담하는 불완전 교환계약인 공법상 계약에는 동일서면성원칙을 적용하지 않았다.[126] 또한 두 주(州) 간 체결된 대등계약에서, 계약당사자 간 의사표시의 동질성

---

[123] Schlemminger: Schriftformrisiken beim Abschluss öffentlich-rechtlicher Verträge, NVwZ 2009, 223 (223).

[124] Hettich/Beichel-Bendetti, in Obermayer/Funke-Kaiser (Hrsg.), a.a.O., § 57 Rn. 17; Schlette, Die Verwaltung als Vertragspartner, 2000, S. 456 ff.; Ziekow, Verwaltungsverfahrensgesetz Kommentar, 4, Aufl., 2019, § 57 Rn. 4.

[125] Fehling, in: Fehling/Kastner/Störmer (Hrsg.), a.a.O., § 57 Rn. 16; Gurlit, in: Ehlers/Pünder (Hrsg.) a.a.O., § 32 Rn. 14; Huck, in: Huck/Müller (Hrsg.), a.a.O., § 57 Rn. 11; Mann, in: Mann/Sennekamp/Uechtritz (Hrsg.), a.a.O., § 57 Rn. 21; Schliesky, in: Knack/Henneke (Hrsg.), a.a.O., § 57 Rn. 22; Tegethoff, in: Kopp/Ramsauer (Hrsg.), a.a.O., § 57 Rn. 9a; Thiele, in: Pautsch/Hoffmann (Hrsg.), a.a.O., § 57 Rn. 18.

[126] BVerwG NJW 1995, 1104.

(Zusammengehörigkeit)이 상황상 명백한 경우, 서면방식 충족을 위해 동일한 서면이 아닌 서면 교환으로도 충분하다고 판단하였다.127) 이 외에도 개별 사안에 따라 동일서면성원칙을 부정한 하급심 판례들이 있다.128) 그러나 앞서 언급한 연방행정법원 판결과 유사한 사실관계를 제외하면, 여전히 동일서면성을 요구하는 경향이 우세하다.

4. 서면방식의 예외

행정절차법에서는 서면방식이 전자방식으로 대체될 수 있음을 명시하고 있다(행정절차법 제3조의a). 전자방식은 공법상 계약에도 적용된다(동법 제62조 제1문). 전자방식은 서면방식과 구별되는 독립적인 방식이므로 민법 제126조(서면방식)가 준용되지 않는다. 또한 행정절차법상에 전자방식에 관한 별도의 위 규정이 마련되어 있으므로, 계약당사자가 동일한 서면에 전자서명을 하도록 하는 민법 제126조의a(전자방식)도 준용되지 않는다. 따라서 행정절차법 제3조의a는 전자방식이 서면방식 및 동일서면성원칙의 적용을 받지 않음을 명확히 하고 있다.129)

따라서 행정절차법 제57조는 다른 법규정에 의해 다른 방식이 정해져 있지 않은 경우에만 적용된다. 다만 동법에는 전자방식(제3조의a) 외에 다른 방식에 관한 법규정은 없다. 따라서 여기서 말하는 법규정은 동법 제3조의a를 제외한 개별법률, 법규명령 및 자치법규를 의미한다. 행정규칙은 대외적 법적 효력이 없으므로, 여기서 말

---

127) BVerwG NVwZ 2005, 1083 (치료감호로 인한 비용상환계약에 관한 사안이다.)
128) OVG BeckRS 2015, 47516(시간제공무원 임용계약에 관한 사안이다.), VGH München BeckRS 2020, 6712(종일제 학교 프로그램에서의 추가교육계약에 관한 사안이다.).
129) Siegel, Elektronisches Verwaltungshandeln, JURA 2020, 920 (930).

하는 법규정에 해당하지 않는다.[130]

V. 제3자 및 행정청의 동의

1. 개념

행정절차법 제58조는 제3자의 권리를 침해하거나(동법 제58조 제1항), 다른 행정청의 권한에 영향을 미치는 경우(동조 제2항)에 대한 특별한 절차적 요건에 관한 규정이다. 제3자의 권리를 침해하거나 다른 행정청의 권한에 영향을 미치는 공법상 계약은 제3자의 동의(동조 제1항) 또는 다른 행정청의 협력(동조 제2항)이 있어야 비로소 효력이 발생하며, 그 전까지는 계약이 유동적으로 무효이다.[131] 제3자의 동의는 반드시 서면으로 이루어져야 한다(동조 제1항). 그러나 행정청의 협력은 법규정에 정해진 방식으로 이루어지므로(동조 제2항), 반드시 서면을 요하지 않으며 개별법상의 요건에 따라 달라진다.

행정절차법 제58조 제1항과 제2항은 목적이 다르다. 동조 제1항은 제3자의 주관적 공권을 보호하기 위한 것이다.[132] 반면, 동조 제2항은 행정청 간의 객관적인 권한질서(Kompetenzordnung)를 보존하기 위한 것이다.[133] 동조 제2항에 의하면, 상응하는 내용의 행정

---

130) Maurer/Waldhoff a.a.O., § 14 Rn. 36; Hettich/Beichel-Bendetti, in Obermayer/ Funke-Kaiser (Hrsg.), a.a.O., § 57 Rn. 17.
131) Siegel, Der öffentlich-rechtliche Vertrag im Regulierungsrecht, JZ 2022, 899 (899).
132) Grziwotz, Städtebauliche Verträge zu Lasten Dritter? Probleme und Risiken kooperativer Entwicklung von Baugebieten, NJW 1995, 1927 ff.
133) Hettich/Beichel-Bendetti, in Obermayer/Funke-Kaiser (Hrsg.), a.a.O., § 58

행위를 발급할 때 다른 행정청의 협력이 필요한 경우, 공법상 계약을 체결할 때도 해당 행정청의 협력이 요구된다.

다만 행정절차법 제58조 제1항이 행정청과 사인의 관계만을 규율하는 것은 아니다. 행정청도 주관적 공권을 보유할 수 있기 때문이다.134) 예를 들어, 지방자치단체는 자치행정 보장의 측면에서 주관적 공권을 갖는다. 따라서 계약당사자가 아닌 행정청이 주관적 공권을 주장할 수 있는 경우, 이는 동법 제58조 제2항이 아닌 동조 제1항에 의해 규율된다.135)

2. 적용 범위

행정절차법 제58조는 법규정에 위배되지 않는 범위 내에서(제54조 제1문), 동법의 실질적 적용 범위에 속하는 모든 유형의 공법상 계약에 적용된다(동법제1조, 제2조). 이에 근거하여 행정절차법 제58조는 계약이 제3자에게 직접 법적 효력을 미치거나 제3자적 효력을 가지는 행정행위를 갈음하는 처분계약에 적용된다.136)

반면, 행정청이 제3자에게 침익적인 행정행위를 발급할 것을 약정하는 의무부담계약의 경우, 제3자 권리 '침해'의 존재 여부에 대해 논란이 있다. 이에 따라 의무부담계약에 대한 동법 제58조 제1항의 적용 여부에 대해 견해가 대립하고 있다.

Rn. 1.
134) Ziekow/Siegel, Entwicklung und Perspektiven des Rechts des öffentlich-rechtlichen Vertrages - Teil 2 -, VerwArch 2004, 133 (137 f.).
135) Rozek, in: Schoch/Schneider (Hrsg.), Verwaltungsverfahrensgesetz Kommentar, 4, Aufl., 2024, § 58 Rn. 4; 발터 루돌프(이원우 역), 독일의 국가행정과 자치행정, 행정법연구(제7호), 2001, 40-43면.
136) Hellriegel, Wirksamkeit drittbelastender öffentlich-rechtlicher Verträge ohne Zustimmung des Dritten (§ 58 Abs. 1 VwVfG), DVBl 2007, 1211 (1212).

다수설137) 및 판례138)는 의무부담계약에 대한 동법 제58조 제1항의 적용을 긍정한다. 계약의 이행이 제3자의 권리 침해를 필연적으로 초래한다는 사정만으로도 충분하다고 본다. 이 견해는 특히 제3자의 주관적 공권 보호라는 동법 제58조 제1항의 입법 목적을 고려한다. 이에 따르면, 행정청은 제3자의 주관적 공권과 충돌하여 이행할 수 없는 계약을 체결할 수 없으므로, 이러한 계약은 원칙적으로 배제되어야 한다. 만약 의무부담계약을 동법 제58조 제1항의 적용 범위에서 제외한다면, 이에 근거한 행정행위가 발급되어 효력을 가질 수 있어 제3자 보호가 불가능해질 수 있다.139) 더욱이, 행정청이 제3자에게 법적으로 불가능한 조치를 내용으로 하는 의무부담계약을 체결할 경우, 이는 법률적합성원칙에 위배될 뿐만 아니라 향후 행정청이 계약상대방에게 손해배상책임을 질 수 있다(동법 제62조 제2문, 민법 제280조).140)

그러나 행정절차법 제58조 제1항의 법 문언에 따르면 제3자의 권리를 침해하는 것은 의무부담계약이 아니라 그 이후의 이행행위라는 점, 의무부담계약에 대한 동법 제58조 제1항의 확대 적용이 삼각관계가 자주 등장하는 건설행정, 환경행정 등의 영역에서 공법상 계약의 활용가능성을 제한할 수 있다는 점을 근거로 동법 제58조의

---

137) Detterbeck, Allgemeines Verwaltungsrecht, 21, Aufl., 2023, Rn. 809; Fehling, in: Fehling/Kastner/Störmer (Hrsg.), a.a.O., § 58 Rn. 19; Gurlit, Verwaltungsvertrag und Gesetz, 2000, S. 321 f.; Schlette, Die Verwaltung als Vertragspartner, 2000, S. 432; Ehlers/Pünder (Hrsg.), a.a.O., § 32 Rn. 1; Schliesky, in: Knack/Henneke (Hrsg.), a.a.O., § 58 Rn. 16; Tegethoff, in: Kopp/Ramsauer (Hrsg.), a.a.O., § 58 Rn. 7; Thiele, in: Pautsch/Hoffmann (Hrsg.), a.a.O., § 58 Rn. 13.
138) BVerwG NJW 1988, 662.
139) Tegethoff, in: Kopp/Ramsauer (Hrsg.), a.a.O., § 58 Rn. 7.
140) Rozek, in: Schoch/Schneider (Hrsg.), Verwaltungsverfahrensgesetz Kommentar, 4, Aufl., 2024, § 58 Rn. 27.

적용을 부정하는 반대 견해[141]도 유력하다.

3. 제3자의 동의

(1) 제3자의 권리가 존재할 것

행정절차법 제58조 제1항에서 '제3자'란 공법상 계약의 당사자가 아니면서 계약 절차에 참여할 수 있는 모든 사법상의 주체를 의미한다.[142] 따라서 공법상 법인도 제3자가 될 수 있다.[143]

제3자의 '권리'는 주관적 공권을 의미한다.[144] 보호규범이론에 의하면, 법규정이 공중의 이익뿐만 아니라 제3자의 이익을 위한 경우에는 주관적 공권을 성립시킨다. 여기서 법규정은 법률, 법규명령, 자치법규를 포함한다.[145]

주관적 공권이 실체법 외에 절차법에서도 발생하는지에 대해 견해가 대립하나, 통설[146]은 이를 긍정한다. 행정절차법 제58조 제1항

---

141) Huck, in: Huck/Müller (Hrsg.), a.a.O., § 58 Rn. 6; Mann, in: Mann/ Sennekamp/ Uechtritz (Hrsg.), a.a.O., § 58 Rn. 23; Siegel, in: Stelkens/ Bonk/Sachs (Hrsg.), a.a.O., § 58 Rn. 15; Spieth, in: Bader/Ronellenfitsch (Hrsg.), a.a.O., § 58 Rn. 8; Ziekow, Verwaltungsverfahrensgesetz Kommentar, 4, Aufl., 2019, § 58 Rn. 6; Ziekow/Siegel Entwicklung und Perspektiven des Rechts des öffentlich-rechtlichen Vertrages - Teil 2 -, 2004, 133 (138 f.).

142) Fontana, Umweltschutz durch öffentlich-rechtlichen Vertrag EurUP 2017, 310 (315).

143) OLG Dresden BeckRS 2019, 52141 (지방자치단체가 사기업에게 상수도의 관리·운영 등을 이전하는 내용의 계약은 공법상 계약에 해당한다는 점을 전제로 공법상 법인인 수도협회는 관계 법령상 이 계약에 관여할 주관적 공권을 가지므로 행정절차법 제58조 제1항에 의한 제3자에 해당한다고 판단한 사안이다.).

144) Tegethoff, in: Kopp/Ramsauer (Hrsg.), a.a.O., § 58 Rn. 5a.

145) Hufen, Verwaltungsprozessrecht, 13, Aufl., 2024, § 14 Rn. 71.

146) Mann, in: Mann/Sennekamp/Uechtritz (Hrsg.), a.a.O., § 58 Rn. 13; Rozek,

의 입법 취지(제3자에게 불리한 계약의 금지)를 고려할 때, 절차적 권리를 배제할 이유가 없기 때문이다.

따라서 주관적 공권은 실체법뿐만 아니라 행정절차를 구성하고 기본권을 보호하는 역할을 하는 절차법 규범으로부터도 발생할 수 있다.147) 예를 들어, 연방자연보호법 제63조148)에 의해 인정되는 자연보호단체의 참여권(Mitwirkungsrechte)은 여기서 말하는 제3자의 권리에 해당한다.149) 그러나 단순한 반사적 이익이나 사실상의 이익은 제3자의 권리에 해당하지 않는다.150)

공법상 행정활동에 대한 행정청의 협력은 원칙적으로 행정절차법 제58조 제2항의 적용 대상이다. 따라서 공법상 협력 권한은 제3자의 '권리'가 아니다.151) 그러나 행정청이 주관적 공권의 주체로서 권한을 행사하는 경우(예: 지방자치단체의 자치사무)에는 동법 제58조 제1항이 적용된다.152)

---

in: Schoch/Schneider (Hrsg.), Verwaltungsverfahrensgesetz Kommentar, 4, Aufl., 2024, § 58 Rn. 23; Siegel, in: Stelkens/Bonk/Sachs (Hrsg.), a.a.O., § 58 Rn. 12. 이와 달리 사실적 또는 간접적 불이익과 마찬가지로 단순히 절차에 참여할 수 있는 권리만으로는 제58조 제1항의 주관적 공권이 성립하지 않는다는 반대 견해로는 Fehling, in: Fehling/Kastner/Störmer (Hrsg.), a.a.O., § 58 Rn. 18.

147) BVerfG NVwZ 2009, 1489.

148) 연방자연보호법 제63조 ① 독일 연방정부가 환경권리구제법(Umwelt-Rechtsbehelfsgesetz) 제3조에 의하여 인정한 단체로서 정관에 명시된 주요 임무가 자연보호와 경관관리인 자연보호협회에게는 관련 행정절차에서 감정의견서를 열람하고 의견을 표명할 권리가 있다.

149) Rozek, in: Schoch/Schneider (Hrsg.), Verwaltungsverfahrensgesetz Kommentar, 4, Aufl., 2024, § 58 Rn. 23.

150) Hufen, Verwaltungsprozessrecht, 13, Aufl., 2024, § 14 Rn. 61, 71 ff.

151) BVerwG NJW 1988, 662.

152) Ziekow/Siegel, Entwicklung und Perspektiven des Rechts des öffentlich-rechtlichen Vertrages - Teil 2 -, VerwArch 2004, 133 (137 f.).

(2) 계약이 제3자의 권리를 침해할 것

제3자의 권리에 대한 '침해'란, 해당 공법상 계약 또는 그 이행으로 인해 제3자의 법적 지위가 직접적으로 불리하게 변경되는 경우, 즉 현 상태가 악화되는 경우를 의미한다.[153] 예를 들어, 건축감독청(Bauaufsichtsbehörde)이 건축주에게 이웃보호규정(예: 소음방지규정)에 대한 면제를 약정하는 계약의 경우, 제3자인 그 이웃의 권리가 침해된다.[154] 이와 같이 권리의 침해는 원칙적으로 적극적인 조치에 의한 것이어야 한다. 행정청의 부작위는 이러한 적극적 조치와 동일한 효과를 가져야 권리 침해로 인정된다.[155]

침해의 기준시점은 계약 체결 시점이다.[156] 이후 발생하는 침해는 원칙적으로 행정절차법 제58조 제1항의 침해에 해당하지 않는다. 따라서 제3자의 동의의무를 유발하거나 계약의 유동적 무효를 야기하지 않는다.[157]

계약 체결 시점을 기준으로 계약상 합의가 제3자의 권리를 침해하는지 인식하기 어려운 경우, 원칙적으로 권리 침해가 발생하지 않는다고 보아야 한다.[158] 다만 이와 같이 불확실성이 있는 계약의 경우, 계약 체결 전 침해 가능성이 있는 제3자 집단을 가능한 한 포괄적으로 설정하여 계약 체결 사실을 알리고 동의를 구하는 것이 바람직하다.[159]

---

[153] BVerwG NJW 1983, 2044.
[154] Scheske, Der öffentlich-rechtliche Vertrag - Eine Herausforderung für den Rechtsanwender in der Verwaltungspraxis, DVP 2015, 448 (450).
[155] OVG Münster NVwZ 1988, 370.
[156] BVerwG NVwZ 2013, 209.
[157] BVerwG NVwZ 2013, 209; Mann, in: Mann/Sennekamp/Uechtritz (Hrsg.), a.a.O., § 58 Rn. 10.
[158] BVerwG NVwZ 2013, 209; Tegethoff, in: Kopp/Ramsauer (Hrsg.), a.a.O., § 58 Rn. 5b.

공법상 계약이 행정행위를 갈음하거나 계약에서 행정행위를 발급하기로 약정한 경우, 제3자에게 행정법원법 제42조 제2항에 의한 원고적격이 있다면 권리의 침해가 인정된다는 견해가 있다.160) 그러나 통설161) 및 판례162)는 부정적이다. 행정법원법 제42조 제2항에 따른 원고적격은 '권리침해가능성'만으로 인정되는 반면, 행정절차법 제58조 제1항은 '실제의 권리 침해'를 요구하기 때문이다. 즉, 중요한 것은 상응하는 내용의 행정행위에 대해 단순히 취소소송을 제기할 수 있는지(행정법원법 제42조 제2항에 따른 원고적격)가 아니라, 그 소송에서 승소할 수 있는지(행정법원법 제113조 제1항 제1문) 여부이다.163) 예를 들어, 건축허가를 갈음하거나 건축허가의 발급을 약정하는 계약의 경우, 그 건축허가가 건축법상 이격규정(건물과 대지경계선 사이의 최소 거리를 정한 규정) 또는 기타 제3자를 보호하는 성격의 이웃보호규정을 실제로 위반하는 경우에만 행정절차법 제58조 제1항에 의한 제3자의 권리에 대한 침해가 존재한다.164)

(3) 제3자가 그 계약에 서면으로 동의할 것

제3자의 동의는 서면으로 이루어져야 한다(행정절차법 제58조 제1항). 이는 동의에 대해 특정 방식을 요구하지 않는 사법상 계약

---

159) Schliesky, in: Knack/Henneke (Hrsg.), a.a.O., § 58 Rn. 9.
160) Schlette, Die Verwaltung als Vertragspartner, 2000, S. 436.
161) Fehling, in: Fehling/Kastner/Störmer (Hrsg.), a.a.O., § 58 Rn. 16; Mann, in: Mann/Sennekamp/Uechtritz (Hrsg.), a.a.O., § 58 Rn. 20; Siegel, in: Stelkens/Bonk/Sachs (Hrsg.), a.a.O., § 58 Rn. 14; Spieth, in: Bader/Ronellenfitsch (Hrsg.), a.a.O., § 58 Rn. 5.
162) BGH BeckRS 2019, 22578; OVG Berlin-Brandenburg NVwZ-RR 2016, 325.
163) OVG Lüneburg NJOZ 2013, 1223; Siegel, in: Stelkens/Bonk/Sachs (Hrsg.), a.a.O., § 58 Rn. 14.
164) Maurer/Waldhoff, a.a.O., § 14 Rn. 37.

(민법 제182조 제2항)과 달리, 공법상 계약에 적용되는 특별한 요건이다.

제3자는 원칙적으로 동의서에 자필로 성명을 기재하여 서명하여야 한다(행정절차법 제62조 제2문, 민법 제126조 제1항). 따라서 제3자의 구두 의사표시 또는 묵시적 행위만으로는 충분하지 않다.[165]

다만 제3자가 계약서에 동의의사를 기재할 필요 없이, 일방당사자에게 개별적으로 서면 동의하는 것으로 충분하다. 이러한 점에서 계약서와 동의서 간의 동일서면성원칙은 적용되지 않는다.[166]

서면 동의는 제3자의 졸속 동의를 방지하여 주관적 공권을 보호하고 증거보존기능을 수행한다. 따라서 서면 동의는 행정청의 기록 또는 법원의 조서로도 대체될 수 있고(행정절차법 제62조 제2문, 민법 제127조의a), 전자방식으로도 대체될 수 있다(행정절차법 제62조 제1문, 동법 제3조의a).

다만 개별법에 더 엄격한 방식이 규정되어 있는 경우, 행정절차법 제58조 제1항의 서면요건이 여전히 유지되는지에 대해서는 견해가 대립한다. 일부 견해[167]는 동법 제57조와 마찬가지로 개별법의 엄격한 규정을 적용해야 한다고 주장한다. 그러나 다수설[168]는 제3자가 개별법의 보호범위에 속하는지를 개별적으로 검토하여 그 적용 여부를 판단한다. 예를 들어, 계약당사자들이 제3자의 부동산을 양도하는 경우에는 제3자의 동의 의사표시에 대하여 공정증서 작성

---

165) Scheske, Der öffentlich-rechtliche Vertrag - Eine Herausforderung für den Rechtsanwender in der Verwaltungspraxis, DVP 2015, 448 (450).

166) Thiele, in: Pautsch/Hoffmann (Hrsg.), a.a.O., § 58 Rn. 17.

167) Siegel, in: Stelkens/Bonk/Sachs (Hrsg.), a.a.O., § 58 Rn. 18; Tegethoff, in: Kopp/Ramsauer (Hrsg.), a.a.O., § 58 Rn. 10.

168) Fehling, in: HK-VerwR, § 58 VwVfG Rn. 25; Mann, in: Mann/Sennekamp/Uechtritz (Hrsg.), a.a.O., Rn. 28; Rozek, in: Schoch/Schneider (Hrsg.), Verwaltungsverfahrensgesetz Kommentar, 4, Aufl., 2024, § 58 Rn. 32; Schliesky, in: Knack/Henneke (Hrsg.), Rn. 19.

이 필요하다(행정절차법 제62조 제2문, 민법 제311조의b). 그러나 계약당사자 간의 부동산 매각에 불과하고 제3자의 권리를 다른 방식으로 침해하는 것에 그친다면 공정증서 작성이 필요하지 않다.169) 따라서 건축법상 이웃보호규정 적용 면제를 대가로 사인이 행정청에 토지를 양도하기로 약정한 경우, 제3자 동의에 대한 공정증서 작성은 불필요하며 행정절차법 제58조 제1항의 서면요건만 충족하면 된다.170)

(4) 동의 시점

행정절차법 제58조 제1항은 제3자의 동의나 거부가 이루어져야 할 구체적인 시점을 규정하지 않고 있다. 따라서 제3자는 계약 체결 이후에도 동의할 수 있다. 특히 계약당사자들이 계약 체결 시 제3자의 법적 지위 침해를 예측할 수 없었거나, 이러한 침해가 나중에야 명확해진 경우가 이에 해당한다.171)

통설172)에 따르면, 계약당사자들은 제3자에게 동의 여부를 표시할 '상당한 기간'을 부여할 수 있다. 이 기간의 적절성은 개별 사안의 특성, 계약의 긴급성과 범위 등을 고려하여 결정된다. 제3자가 이 기간 내에 응답하지 않을 경우, 원칙적으로 동의 거부로 간주된다. 이때 계약당사자들은 제3자에게 동의 의사표시를 최고할 수 있으며, 173) 제3자가 최고 후 2주 이내에 응답하지 않으면 동의가 거

---

169) Fehling, in: Fehling/Kastner/Störmer (Hrsg.), a.a.O., § 58 Rn. 25.

170) Mann, in: Mann/Sennekamp/Uechtritz (Hrsg.), a.a.O., § 58 Rn. 28.

171) Gurlit, in: Ehlers/Pünder (Hrsg.), a.a.O., § 32 Rn. 1.

172) Fehling, in: Fehling/Kastner/Störmer (Hrsg.), a.a.O., § 58 Rn. 23; Rozek, in: Schoch/Schneider (Hrsg.), Verwaltungsverfahrensgesetz Kommentar, 4, Aufl., 2024, § 58 Rn. 34; Schliesky, in: Knack/Henneke (Hrsg.), a.a.O., § 58 Rn. 22; Siegel, in: Stelkens/Bonk/Sachs (Hrsg.), a.a.O., § 58 Rn. 19.

173) Ziekow/Siegel, Entwicklung und Perspektiven des Rechts des öffentlich-

부된 것으로 본다(행정절차법 제62조 제2문, 민법 제108조 제2항, 동법 제177조 제2항). 최고가 없더라도, 사안의 전반적인 사정상 계약당사자가 제3자의 동의를 기대할 수 없는 경우, 제3자의 침묵은 신의성실원칙상 종국적인 동의 거부로 인정될 수 있다.174)

4. 다른 행정청의 협력

행정절차법 제58조 제2항은 다른 행정청의 협력을 요건으로 하고 있다. 동 규정은 행정청 간의 객관적인 권한질서를 보호하기 위한 것으로, 제3자의 주관적 공권을 보호하기 위하여 제3자의 동의를 요구하는 동법 제58조 제1항과는 입법 목적에 차이가 있다.175) 동법 제58조 제2항이 보호하는 권한질서는 계약당사자들이 임의로 처분할 수 없고, 공법상 계약으로 변경할 수도 없다.176) 동 규정에 의한 행정청에는 행정의 임무를 수행하는 모든 기관이 포함된다(동법 제1조 제4항). 따라서 독립적으로 공법상 행정활동을 수행하는 위원회도 동법 제58조 제2항의 행정청에 포함될 수 있다.177)

행정절차법 제58조는 다른 행정청의 협력 유형으로 허가(Genehmigung), 동의(Zustimmung), 합의(Einvernehmen)를 열거하고 있다. 따라서 동 규정은 다른 행정청이 공동결정권한(Mitentscheidungs-

---

rechtlichen Vertrages - Teil 2 -, VerwArch 2004, 133 (139).

174) Schlette, Die Verwaltung als Vertragspartner, 2000, S. 436.

175) Hettich/Beichel-Bendetti, in Obermayer/Funke-Kaiser (Hrsg.), a.a.O., § 58 Rn. 1.

176) Rozek, in: Schoch/Schneider (Hrsg.), Verwaltungsverfahrensgesetz Kommentar, 4, Aufl., 2024, § 58 Rn. 37.

177) Schneider, Vertragliche Subventionsverhältnisse im Spannungsfeld zwischen europäischem Beihilferecht und nationalem Verwaltungsrecht, NJW 1992, 1197 (1199).

befugnis)을 가지는 경우에만 적용된다.[178]

또한 이 요건은 동법 제58조 제2항의 문언상 법규정(법률, 법규명령, 자치법규)에 규정되어야 한다. 다만 이러한 명칭보다는 해당 법규정이 실제로 다른 행정청에 공동결정권한을 부여하고 있는지에 초점을 두어야 한다.[179] 협력은 법적 성질상 행정행위가 아니라 행정 내부의 공법상 의사표시에 해당한다.[180]

다른 행정청이 공동결정권한을 갖지 않는 경우에는 행정절차법 제58조 제2항이 적용되지 않는다. 이를 확대해석하면 사인에게 불리할 수 있기 때문이다.[181] 공동결정권한이 없는 형태의 협력에는 정보제공(Information), 조언(Beratung), 의견청취(Anhörung), 전문가 의견표명(gutachtliche Stellungnahme), 협조(Benehmen) 등이 있다.

다만 EU 집행위원회에 대한 보조금통지의무(EU 기능조약 제108조 제3항 제3문[182])의 경우에는 예외가 인정된다. EU 집행위원회가 회원국 내부의 보조금 관련 행정절차에 '협력'하는 것은 아니다. 그러나 회원국은 위 조약 규정에 따라 EU 집행위원회에 보조금 계획을 통보할 의무가 있다. 그리고 회원국은 EU 집행위원회가 보조금 계획에 대한 최종 결정을 내리기 전까지는 해당 계획을 시행할 수

---

178) Ziekow/Siegel, Entwicklung und Perspektiven des Rechts des öffentlich-rechtlichen Vertrages – Teil 2 –, VerwArch 2004, 133 (140).

179) Schneider, Vertragliche Subventionsverhältnisse im Spannungsfeld zwischen europäischem Beihilferecht und nationalem Verwaltungsrecht, NJW 1992, 1197 (1199).

180) Fehling, in: Fehling/Kastner/Störmer (Hrsg.), a.a.O., § 58 Rn. 35.

181) Scheske, Der öffentlich-rechtliche Vertrag – Eine Herausforderung für den Rechtsanwender in der Verwaltungspraxis, DVP 2015, 448 (450).

182) EU 기능조약 제108조 ③ EU 집행위원회는 보조금의 승인 또는 변경 계획을 적시에 통보받아야 한다. EU 집행위원회가 그 계획이 제107조에 따라 단일시장과 양립할 수 없다고 판단한 경우, 즉시 제2항에 규정된 절차를 실시하여야 한다. 해당 회원국은 EU 집행위원회가 최종 결정을 내리기 전까지는 계획된 조치를 시행할 수 없다.

없다. 이러한 점에서 EU 집행위원회의 결정은 행정절차법 제58조 제2항에 의한 공동결정권한과 유사성을 가진다. 따라서 이에 대하여도 동법 제58조 제2항이 적용 또는 유추적용되어야 한다는 것이 통설183)이다.

5. 결여 시 효과

제3자나 다른 행정청의 동의 없이 체결된 계약은 확정적으로 무효가 되는 것이 아니라, 유동적 무효 상태에 있다.184) 다만 제3자 또는 행정청이 동의를 최종적으로 거부하면 계약은 확정적으로 무효가 된다.185) 동의 거부가 계약 전체에 영향을 미치는지는 개별 사안에 따라 검토되어야 한다. 동의 거부의 범위가 계약의 일부에만 미치는 것으로 해석될 경우, 일부무효의 법리(행정절차법 제59조 제3항)가 유추적용될 수 있다.186)

반면 제3자 또는 다른 행정청이 동의하면, 계약은 비로소 유효하게 된다. 법 문언은 모호하나, 계약의 소급적 유효성에 대해서는 견

---

183) Detterbeck, Allgemeines Verwaltungsrecht, 21, Aufl., 2023, Rn. 818; Gurlit, in: Ehlers/Pünder (Hrsg.), a.a.O, § 32 Rn. 2; Fehling, in: Fehling/Kastner/ Störmer (Hrsg.), a.a.O., § 58 Rn. 30; Mann, in: Mann/Sennekamp/Uechtritz (Hrsg.), a.a.O., § 58 Rn. 54; Rozek, in: Schoch/Schneider (Hrsg.), Verwaltungsverfahrensgesetz Kommentar, 4, Aufl., 2024, § 58 Rn. 42; Schlette, Die Verwaltung als Vertragspartner, 2000, S. 555; Siegel, in: Stelkens/Bonk/Sachs (Hrsg.), a.a.O., § 58 Rn. 27; Tegethoff, in: Kopp/ Ramsauer (Hrsg.), a.a.O., § 58 Rn. 16a.
184) Siegel, Der öffentlich-rechtliche Vertrag im Regulierungsrecht, JZ 2022, 899 (899).
185) Rozek, in: Schoch/Schneider (Hrsg.), Verwaltungsverfahrensgesetz Kommentar, 4, Aufl., 2024, § 58 Rn. 50.
186) Thiele, in: Pautsch/Hoffmann (Hrsg.), a.a.O., § 58 Rn. 27.

해가 일치한다.[187] 제3자 또는 다른 행정청은 다른 법규정에 위배되지 않는 범위에서 제한적인 방식으로도 동의(예: 조건부 동의)할 수 있다.[188]

VI. 계약의 무효

공법상 계약에서는 앞서 논의한 요건들이 충족되지 않으면 계약이 무효 또는 유동적 무효가 된다. 그러나 이에 그치지 않고, 계약의 성립 과정이나 내용에 중대한 하자가 있는 경우에도 계약의 효력이 부정될 수 있다. 즉, 요건의 결여 뿐만 아니라 다른 유형의 실질적인 하자 역시 계약을 무효로 만들 수 있는 것이다.

무효인 계약은 이행된 급부나 발급된 행정행위의 적법성에 영향을 미칠 수 있다. 또한, 이것이 상대방의 귀책사유에 기인한 경우에는 상대방에게 손해배상을 청구할 수 있는 등 다양한 법적 문제를 야기한다. 이러한 중요성을 고려하여, 이하에서는 공법상 계약의 무효사유, 일부무효, 무효의 효과, 그리고 무효인 계약의 효력 유지 방안에 관하여 체계적으로 검토한다.

---

187) VGH Mannheim NVwZ-RR 1998, 351; Fehling, in: Fehling/Kastner/Störmer (Hrsg.), a.a.O., § 58 Rn. 22; Mann, in: Mann/Sennekamp/Uechtritz (Hrsg.), a.a.O., § 58 Rn. 33; Rozek, in: Schoch/Schneider (Hrsg.), Verwaltungsverfahrensgesetz Kommentar, 4, Aufl., 2024, § 58 Rn. 49; Siegel, in: Stelkens/Bonk/Sachs (Hrsg.), a.a.O., § 58 Rn. 31; Spieth, in: Bader/Ronellenfitsch (Hrsg.), a.a.O., § 58 Rn. 21; Tegethoff, in: Kopp/Ramsauer (Hrsg.), a.a.O., § 58 Rn. 19a.

188) Spieth, in: Bader/Ronellenfitsch (Hrsg.), a.a.O., § 58 Rn. 18.

1. 민법의 무효사유

(1) 도입

행정절차법 제59조 제1항은 민법의 준용에 의한 공법상 계약의 무효사유를 규정한다. 법 문언상 행정절차법 제59조 제1항에는 다른 개별법으로 인한 무효사유가 포함되지 않는다. 한편 동법 제59조 제2항은 종속계약만을 대상으로 하는 반면, 제1항은 행정절차법의 실질적 적용 범위 내 모든 공법상 계약에 적용된다(동법 제1조, 제2조).[189]

행정절차법 제59조 제1항은 의사표시 및 법률행위에 관한 것을 포함한 민법의 모든 무효규정을 공법상 계약에 준용한다. 여기에는 의사표시 및 법률행위에 관한 무효규정들이 포함된다. 계약의 무효와 관련이 없는 민법의 다른 규정들은 행정절차법 제62조 제2문에 따라 준용된다. 민법의 무효규정들은 모두 대등한 지위에 있고 누적적으로 검토되어야 한다. 즉, 여러 무효사유가 특정 계약 내용에 중첩될 수 있다.[190]

다만 행정절차법 제59조 제1항은 민법의 무효규정을 공법상 계약에 단지 '준용'할 수 있을 뿐이다. 따라서 개별 무효규정들은 반드시 '공법의 특성'을 고려해야 하며, 사안에 따라 적용되지 않거나 수정된 형태로만 적용될 수 있다.[191]

특히, 민법의 무효규정들은 종속계약에 적용되는 무효사유인 행

---

189) Siegel, in: Stelkens/Bonk/Sachs (Hrsg.), a.a.O., § 59 Rn. 8.
190) Brosius-Gersdorf, in: Schoch/Schneider (Hrsg.), Verwaltungsverfahrensgesetz Kommentar, 4, Aufl., 2024, § 59 Rn. 72.
191) Christmann, Der öffentlich-rechtliche Vertrag mit privaten Dritten im Lichte der Schuldrechtsreform, 2010, S. 25.

정절차법 제59조 제2항과의 관련성에 비추어 제한적으로 해석되어 야 한다. 즉, 민법의 준용에 의한 무효사유는 동법 제59조 제2항에 규정된 무효사유에 상응하는 중대한 위법성이 있는 경우에만 준용 될 수 있다. 그렇지 않으면, 동법 제59조 제1항 및 제2항 간의 균형, 나아가 동법 제59조의 헌법적 근거가 되는 법률적합성원칙과 계약 준수원칙 간의 균형을 훼손할 수 있기 때문이다.[192]

(2) 법률상 금지

1) 개념

행정절차법상 법률상 금지(gesetzliches Verbot)에 위반하는 법률 행위는 해당 법률에서 달리 해석되지 않는 한 무효이다(동법 제59조 제1항, 민법 제134조). 동 규정은 민법의 준용에 의한 무효사유 중 중요성이 매우 높다.

연방행정법원은 행정절차법 제정 이전, 법률우위원칙을 위반한 위법한 공법상 계약을 무효로 판단하면서도 민법 제134조의 준용은 별도로 고려하지 않았다.[193] 행정절차법 입법 과정에서도 민법 제 134조는 공법상 계약에 준용되지 않는다고 전제되었다.[194]

일부 견해[195]는 이러한 역사적 배경을 근거로, 행정절차법 제정 이후에도 민법 제134조가 공법상 계약에 준용되지 않는다고 주장하 였다. 그렇지 않으면 행정절차법 제59조 제2항에서 별도로 정한 무 효사유가 경시될 수 있고 행정절차법과 민법의 무효사유 간의 구별 이 모호해질 수 있다는 우려 때문이었다.

---

[192] Voßkuhle/Kaiser, Grundwissen – Öffentliches Recht: Der öffentlich-rechtliche Vertrag, JuS 2013, 687 (688).

[193] BVerwG NJW 1973, 1895.

[194] BT-Drs. 7/910, S. 81.

[195] BT-Drs. 7/910, S. 81.

그러나 현재 통설196)에 따르면 민법 제134조는 공법상 계약에 일반적으로 준용될 수 있다. 행정절차법 제59조 제1항은 문언상 민법을 제한 없이 모두 준용하며, 제2항은 "또한"(ferner)이라고 명시하여 행정절차법이 민법의 무효사유를 확대한다는 점을 명확히 하고 있기 때문이다.197) 특히 동법 제59조 제1항에 민법 제134조를 준용하지 않으면 위법한 공법상 계약의 대부분을 처리할 수 없게 되어, 헌법상 요청되는 법률적합성원칙에 위배될 수 있다.198)

다만 모든 법 위반이 법률상 금지에 해당하는 것은 아니다. 행정절차법 제59조 제2항에서 차별화된 무효사유를 둔 취지가 훼손될 수 있기 때문이다.199) 법률상 금지는 '중대한 위법'(qualifizierte Rechtswidrigkeit)의 경우에만 존재하고 이 경우에만 계약의 무효로 이어진다.200)

2) 요건

법률상 금지에서 중대한 위법은 다음 요건이 충족될 때 성립한다. 첫째, 계약에 의한 강행규정의 위반이 있어야 한다. 둘째, 계약의 결과를 법규정이 무조건적으로 허용하지 않아야 한다. 셋째, 법 위반으로 인한 공익의 중대한 손상이 있어야 한다.201)

---

196) Mann, in: Mann/Sennekamp/Uechtritz (Hrsg.), a.a.O., § 59 Rn. 43; Siegel, in: Stelkens/Bonk/Sachs (Hrsg.), a.a.O., § 59 Rn. 9; Tegethoff, in: Kopp/Ramsauer (Hrsg.), a.a.O., § 59 Rn. 9.

197) Schlette, Die Verwaltung als Vertragspartner, 2000, S. 550.

198) Egidy, Strukturelle Defizite des Verwaltungsvertragsrechts aus verhaltens-wissenschaftlicher Perspektive, DVBl. 2022, 83 (88).

199) Scheske, Der öffentlich-rechtliche Vertrag – Eine Herausforderung für den Rechtsanwender in der Verwaltungspraxis, DVP 2015, 448 (452).

200) BVerwG NJW 1992, 1642(폐수처리시설의 건설을 위한 기반시설계약이 민법 제134조에 위배되어 무효인지가 문제된 사안이다.).

201) Werner, Allgemeine Fehlerfolgenlehre, 2008, S. 173 ff.

첫째, 강행규정이란 계약으로 처분할 수 없는 규정을 의미한 다.202) 강행규정에는 연방법 및 주법,203) 그리고 직접 적용되는 EU 법(예: 보조금법)204)이 포함된다. 법규명령 및 자치법규도 포함될 수 있다.205) 개별 헌법규정도 강행규정이 될 수 있다.206)

다만 통설207)은 법치주의나 법률적합성원칙과 같은 행정법의 일 반원칙이 법률상 금지를 구성하기 위한 구체성을 갖추지 못했다는 이유로 강행규정성을 부정한다. 재량규정은 원칙적으로 강행규정에 포함되지 않지만, 재량권이 완전히 소멸하는 특정 사안에서는 강행 규정으로 간주될 수 있다.208) 행정규칙은 대외적 법적 구속력이 없 으므로 강행규정에 해당되지 않는다.209)

사법상 계약에서는 계약당사자 모두를 규율하는 강행규정만이 법률상 금지에 해당한다.210) 그러나 공법상 계약에서는 행정청에게 만 적용되는 편면적 강행규정을 위반하였을 시에도 계약은 원칙적 으로 무효가 된다.211) 행정청은 법률적합성원칙에 엄격히 구속되기 때문이다. 또한 계약당사자가 해당 법규정 위반이 민법 제134조의

---

202) BVerwG NJW 1992, 1642.
203) Bauer, in: Voßkuhle/Eifert/Möllers (Hrsg.), Grundlagen des Verwaltungsrechts, § 35 Rn. 90.
204) Kersten, Das Verwaltungsverfahrensgesetz im Spiegel der Rechtsprechung der Jahre 2004-2012, DV 2013, 87 (120).
205) Spieth, in: Bader/Ronellenfitsch (Hrsg.), a.a.O., § 59 Rn. 11.
206) Bleckmann, Verfassungsrechtliche Probleme des Verwaltungsvertrages, NVwZ 1990, 601 (604 ff.).
207) Brosius-Gersdorf, in: Schoch/Schneider (Hrsg.), Verwaltungsverfahrensgesetz Kommentar, 4, Aufl., 2024, § 59 Rn. 90; Fehling, in: Fehling/Kastner/ Störmer (Hrsg.), a.a.O., § 59 Rn. 14; Schliesky, in: Knack/Henneke (Hrsg.), a.a.O., § 59 Rn. 42.
208) Siegel, in: Stelkens/Bonk/Sachs (Hrsg.), a.a.O., § 59 Rn. 10.
209) VGH Mannheim DVBl. 2020, 1423.
210) BGH NJW 1981, 399.
211) Werner, Allgemeine Fehlerfolgenlehre, 2008, S. 111, 167 f.

법률상 금지에 해당하는지를 알았거나 알 수 있었는지 여부는 중요하지 않다.212)

둘째, 계약의 결과를 법규정이 무조건적으로 허용하지 않아야 한다는 요건은 해당 법규정이 계약 내용을 명확히 금지하는 경우에만 충족된다.213) 따라서 법규정이 단지 계약의 방식 내지 절차에 관한 사항을 규정하고 있을 뿐이라면, 이는 법률상 금지로 간주되지 않는다.214)

셋째, 법 위반으로 인하여 공익 또는 중대한 법익이 손상되어야 한다. 이는 법 위반의 정도, 법 위반으로 인하여 영향을 받는 이익의 중요성 및 보호가치 등에 달려 있다. 경우에 따라서는 신뢰보호원칙과 계약의 구속력도 함께 고려될 수 있다.215)

다만 개별 사례에서 중대한 위법이 존재하는지는 위 요건의 적용만으로는 명확히 판단하기 어렵다. 따라서 어떠한 사례에서 중대한 위법이 발생하는지를 구체적으로 살펴볼 필요가 있다. 이하에서는 개별 행정 분야에서 중대한 위법이 인정 또는 인정되지 않은 사례를 살펴본다.

3) 사례

① 건설행정 : 지방자치단체는 도시계획상의 개발 및 질서를 위하여 필요한 경우에는 즉시 건설기준계획을 수립하여야 한다(연방 도시계획법전 제1조 제3항 제1문). 그러나 건설기준계획 및 도시계획상의 조례의 수립에 대해서는 어떠한 청구권도 존재하지 않는다.

---

212) BVerwG NVwZ 1991, 574.
213) OVG NRW NVwZ 1984, 522; Fehling, in: Fehling/Kastner/Störmer (Hrsg.), a.a.O., § 59 Rn. 14.
214) Höfling/Krings, Der verwaltungsrechtliche Vertrag: Begriff, Typologie, Fehlerlehre, JuS 2000, 625 (632).
215) Siegel, in: Stelkens/Bonk/Sachs (Hrsg.), a.a.O., § 59 Rn. 13.

청구권은 계약에 의해서도 성립될 수 없다(연방도시계획법전 제1조 제3항 제2문). 따라서 건설기준계획 및 도시계획과 관련한 조례의 수립, 변경, 폐지에 관하여는 공법상 계약이 체결될 수 없다. 이는 중대한 위법에 해당하므로 동 규정을 위반한 계약은 무효이다. 이는 계약 내용을 금지한 것이나, 건설기준계획에 관한 의무가 계약의 유일하거나 핵심적인 내용인 경우에는 계약 형식 금지를 위반한 것으로 해석될 수도 있다.[216]

도시계획계약에서도 중대한 위법이 인정된다. 지방자치단체는 도시계획계약과 관련하여 발생하는 기반시설 설치부담금을 조례의 근거 없이 계약에 의해 사인에게 부담시킬 수 없다(연방도시계획법전 제127조 제1항, 제132조). 동 규정을 위반한 공법상 계약은 무효이다.[217] 또한, 연방도시계획법전 제127조 제2항에 의한 기반시설의 설치를 위해서는 도시관리계획의 수립이 전제되어야 한다(연방도시계획법전 제125조 제1항). 도시관리계획의 수립 없이 체결된 기반시설계약도 법률상 금지를 위반한 것으로 무효이다.[218]

건축용도 또는 영업용도가 결정된 부동산은 건축물을 짓거나 영업상 사용할 수 있는 즉시 기반시설 설치부담금 납부의무가 발생한다(연방도시계획법전 제133조 제1항 제1문). 다만 지방자치단체는 납부의무가 발생하기 전에 부담금 전체를 선납하는 것에 관한 규정을 정할 수 있다(연방도시계획법전 제133조 제3항 제5문). 그런데 이러한 규정 제정 없이 또는 동 규정에 모순되는 방식으로 변제계약이 체결되었다면, 그러한 계약은 법률상 금지를 위반한 것으로 무효이다.[219]

---

[216] OVG Lüneburg ZfBR 2012, 371.
[217] BVerwG NJW 1990, 1679.
[218] Fehling, in: Fehling/Kastner/Störmer (Hrsg.), a.a.O., § 59 Rn. 15.
[219] BVerwG NJW 1990, 1679.

주차장면제계약의 경우, 사인이 부담하는 건축법상의 주차장설 치의무와 대체주차장 설치를 위한 비용지급의무가 모두 면제되는 내용의 주차장면제계약은 법률상 금지를 위반한 것으로 무효이 다.[220] 반면, 건축법이 행정청에게 사인으로부터 받은 비용으로 건 축부지에서 합리적 거리 내 주차장을 조성하도록 규정한 경우, 이를 위반해 합리적 거리 내 주차장을 조성하지 않았다는 이유만으로는 주차장면제계약이 법률상 금지 위반으로 무효가 되지 않는다.[221] 또 한, 계약당사자들이 주차장면제계약에서 지방자치단체의 비용 관련 조례에서 명시된 것보다 낮은 금액으로 비용을 정하더라도 그 계약 이 무효가 되는 것은 아니다.[222] 비용 결정의 기초가 된 주차장 수 요가 관련 법규정을 위반하여 비용이 잘못 계산되었다고 하더라도, 그 위반 역시 주차장면제계약의 무효로 이어지지 않는다.[223]

② 지방자치행정 : 각 주의 지방자치법 규정 위반은 일반적으로 중대한 위법으로 간주되지 않는다. 지방자치단체 간 협력계약의 경 우, 관련법에 따른 상급 행정청에 대한 통보(Anzeige) 의무를 위반하 더라도 해당 계약은 유효하다.[224] 지방자치단체가 제3자에게 그의 재산을 통상의 사용료만을 받고 사용할 수 있도록 한 조례는, 관계 법령에서 그 조례가 일반적인 경우에만 적용된다고 명시하고 있고 따라서 특별한 상황이나 예외적인 조건에서는 달리 적용될 수 있음 을 의미하는 이상 강행규정적 성격을 갖지 않는다. 따라서 이 조례 규정을 위반하였다 하더라도 계약은 무효가 아니다.[225]

③ 조세행정 : 연방행정법원은 조세통칙법이나 다른 법률에서 예

---

220) OVG NRW NVwZ 1992, 988.
221) Siegel, in: Stelkens/Bonk/Sachs (Hrsg.), a.a.O., § 59 Rn. 19.
222) OVG Koblenz NVwZ-RR 2004, 243.
223) VGH München BayVBl 2004, 564.
224) VGH München BayVBl 1995, 659.
225) OVG Münster NVwZ 1984, 522.

외를 두지 않는 한, 조세통칙법의 규정은 강행규정이므로 이를 위반하면 원칙적으로 계약이 무효가 된다고 판단하였다.[226] 이러한 판단에 근거하여, 법률 또는 자치법규의 내용과 달리 사용료(Gebühren) 내지 부담금(Beiträge) 전부 또는 일부를 계약으로 면제하는 것은 허용되지 않는다.[227] 법규정이 더 높은 사용료에 대한 계약만을 규정하고 있는 경우, 더 낮은 사용료를 정한 계약 역시 무효이다.[228]

④ 공무원법 : 공무원의 임명은 임명장의 수여로 이루어진다는 요건(연방공무원법 제10조 제2항, 공무원신분법 제8조 제2항)은 계약 형식을 금지한 것으로 민법 제134조의 법률상 금지에 해당하므로, 이를 위반한 계약은 무효이다.[229] 공무원에 대하여 법률상 규정된 연금보다 더 높은 연금을 지급하기 위한 확약, 계약 및 화해도 법률에 명시되어 있는 바와 같이 무효이다(독일 공무원연금법 제3조 제2항).[230]

⑤ 기타 행정 : 허가를 발급할 법적 의무가 있는 행정청이 법률상 규정된 허가 절차를 계약으로 배제하는 경우, 그 계약은 무효이다.[231] 또한 독일 국적법(Staatsangehörigkeitsrecht)에 따르면, 국적 취득 및 상실은 이를 증명하는 서류의 교부로 효력이 발생하므로(동법 제16조, 제23조) 계약 형식이 금지된다. 따라서 이를 위반하여 체

---

226) BVerwG NVwZ-RR 2013, 383 [공과금(öffentliche Abgaben)은 법률에 의해서만 부과될 수 있으므로, 지방자치단체가 사인으로부터 공과금의 방식으로 개발비용을 조달하기 위해서는 연방도시계획법전상 명시된 기반시설계약, 후속조치비용계약과 같은 실정법상 도시계획계약의 형식을 따라야 하고, 그 외의 방식은 불가능하다고 판단한 사안이다.].

227) OVG Münster NVwZ-RR 2017, 668.

228) VG Köln BeckRS 2015, 40322.

229) Scheske, Der öffentlich-rechtliche Vertrag - Eine Herausforderung für den Rechtsanwender in der Verwaltungspraxis, DVP 2015, 448 (452).

230) BVerwG NVwZ 2005, 1188.

231) Brosius-Gersdorf, in: Schoch/Schneider (Hrsg.), Verwaltungsverfahrensgesetz Kommentar, 4. Aufl., 2024, § 59 Rn. 111.

결된 국적취득 및 상실 계약은 무효이다.232)

(3) 행위능력의 결여

공법상 계약의 효력은 계약당사자의 행위능력을 전제로 한다. 공
법상 계약당사자의 행위능력에 대해서는 민법상 관련 규정이 준용
된다(행정절차법 제62조 제2문). 행정절차법 제12조 제1항 제1호에
따르면, 민법 제104조의 행위무능력자에 해당하지 않아 민법상 행
위능력이 있는 자는 행정절차법상으로도 행위능력을 갖는다. 나아
가 행정절차법에 따르면 민법상 행위능력이 제한되더라도, 절차 대
상을 위해 민법이나 공법규정에 따라 행위능력이 인정되는 자연인
도 행위능력이 있다(동법 제12조 제1항 제2호). 예를 들어 7세 이상
의 미성년자는 민법 제107조 내지 제113조의 정함에 따라 행정절차
법상 행위능력이 제한되지만(행정절차법 제62조 제2문, 민법 제106
조), 법정대리인이 미성년자에게 고용 및 근로에 종사할 권한을 부
여한 때에는 행정절차법상 완전한 행위능력을 가진다(행정절차법
제62조 제2문, 민법 제113조 제1항 제1문). 이 경우 해당 미성년자
는 공무원이나 군인과 같은 공법상 고용계약을 체결하는 것도 가능
하다.233)

한편, 미성년자가 단지 법적 이익만을 얻는 것이 아닌 의사표시
를 함에 있어서는 법정대리인의 동의를 구하도록 규정하고 있는 민
법 제107조의 준용 여부에 대해서는 검토가 필요하다는 견해가 있
다. 동 규정의 반대 해석상 미성년자가 단지 법적 이익만을 얻는 의
사표시를 하는 경우에는 법정대리인의 동의가 없더라도 행위능력이

---

232) Siegel, Der öffentlich-rechtliche Vertrag im Regulierungsrecht, JZ 2022, 899
(900).
233) BVerwG 34, 168.

인정되는데, 이러한 해석이 공법상 계약에서도 유지될 수 있는지에 관한 문제 제기이다. 이 견해는 결론적으로 민법 제107조를 공법상 계약에 준용할 수 없다고 본다.[234)]

이 견해는 행정절차가 단순히 일방당사자에게 법적으로 유리한 지 여부를 예측할 수 없는 의사결정과정이라는 점에서 단지 법적 이익만을 얻는 거래에 해당하지 않는다고 본다. 예를 들어 수익적 행정행위에 상응하는 내용의 공법상 교환계약이라 하더라도 행정절차법 제36조의 부관에 해당하는 반대급부가 합의되는 경우 미성년자의 법적 불이익을 초래할 수 있고, 또한 행정절차법은 계약에 의한 결과보다는 의사결정을 위한 과정에 초점을 두고 있으므로 이에 대하여 섣불리 절차상 유·불리를 장담하기 어렵다는 것이다.[235)]

이 견해에 따르면 법정대리인의 동의가 전제된 자영업(민법 제112조) 및 고용·근로관계(동법 제113조)를 제외한 나머지 영역에서는 법정대리인의 동의가 불가능하다. 따라서 위 나머지 영역에서 이루어진 미성년자의 공법상 계약에 관한 의사표시는 법정대리인의 추인(민법 제108조 제1항)이 없는 한 행위무능력자의 의사표시와 사실상 동일한 성질을 갖게 되어 효력이 없게 될 것이다.

그러나 통설[236)]은 행위능력에 관한 민법규정들이 공법상 계약에도 일반적으로 준용된다고 본다(행정절차법 제59조 제1항). 그 이유는 공법상 계약이 행정절차로서 행정절차법에 따른 절차 요건을 준수해야 하므로, 미성년자에게 절차적 불이익이 초래되기 어렵다고

---

234) Wall, Die Anwendbarkeit privatrechtlicher Vorschriften im Verwaltungsrecht, 1999, S. 193.

235) Wall, Die Anwendbarkeit privatrechtlicher Vorschriften im Verwaltungsrecht, 1999, S. 193.

236) Fehling, in: Fehling/Kastner/Störmer (Hrsg.), a.a.O., § 62 Rn. 11; Schliesky, in: Knack/Henneke (Hrsg.), a.a.O., § 62 Rn. 20; Siegel, in: Stelkens/Bonk/Sachs (Hrsg.), a.a.O., § 62 Rn. 9.

해석되기 때문이다. 따라서 통설에 의하면 행위무능력자가 행한 공
법상 계약에 관한 의사표시는 원칙적으로 무효이지만(민법 제105조
제1항), 미성년자가 법적 이익만을 얻는 경우에는 행위능력이 인정
된다(동법 제107조의 반대 해석).

(4) 의사표시의 하자

1) 방식의 하자

의사표시 방식의 하자에 관한 민법의 무효규정들도 준용된다(행
정절차법 제59조 제1항).[237] 행정절차법 제57조의 서면방식이나 법
규정에 따른 다른 방식(예: 민법 제311조의b에 의한 공정증서)이 규
정된 경우, 이를 위반하면 법률에 정해진 방식을 갖추지 않은 계약
으로 무효가 된다(민법 제125조 제1문). 이는 특히 서면에 계약당사
자가 명확히 기재되지 않은 경우에 인정된다.[238]

의사표시 방식의 하자를 주장하는 것은 원칙적으로 신의성실원
칙에 위배되지 않는다.[239] 다만 방식의 하자를 주장하는 계약당사자
가 이미 계약의 이행으로 이익을 얻은 경우,[240] 또는 취득한 급부를
반환할 수 없는 경우[241]에는 예외적으로 신의성실원칙 위반이 문제
가 될 수 있다.

방식의 하자 치유는 법률에 규정된 경우에만 가능하다. 예를 들
어, 공법상 계약당사자가 부동산 소유권의 양도나 취득을 약정하는
계약이 공정증서 작성 없이 이루어진 경우, 그 계약은 무효이다(민
법 제311조의b 제1항 제1문, 제125조 제1문). 그러나 부동산소유권

---

[237] OVG Koblenz Urt. v. 11.12.2000 - 2 A 11170/00.
[238] Schliesky, in: Knack/Henneke (Hrsg.), a.a.O., § 59 Rn. 18.
[239] Schlette, Die Verwaltung als Vertragspartner, 2000, S. 451.
[240] Tegethoff, in: Kopp/Ramsauer (Hrsg.), a.a.O., § 59 Rn. 14.
[241] Mann, in: Mann/Sennekamp/Uechtritz (Hrsg.), a.a.O., § 59 Rn. 70.

양도합의와 등기부 등기가 이루어지면 계약 내용 전부가 유효해진다(행정절차법 제62조 제2문, 민법 제311조의b 제1항 제2문). 반면, 계약상 합의로 방식의 하자를 치유하려는 시도는 법 문언(민법 제125조 제1문)에 위배되어 인정되지 않는다.242)

2) 내용의 하자

의사표시 내용의 하자로 인한 무효규정들도 준용된다(행정절차법 제59조 제1항).243) 공법상 계약에서의 의사표시는 표의자가 표시된 바를 의욕하지 아니함을 내심에 유보하였다는 이유로 무효가 되는 것은 아니다. 다만 상대방 있는 의사표시의 경우에 상대방이 그 유보를 알고 있는 때에는 의사표시는 무효이다(민법 제116조). 타인에 대한 공법상 계약에서의 의사표시가 상대방과의 동의(Einverständnis)에 의하여 단지 가장으로 행하여진 때에도 그러한 의사표시는 무효이다(민법 제117조 제1항). 진지하지 않은 공법상 계약에서의 의사표시는, 그 진지하지 않음이 상대방에게 인식될 것이라 기대하고 행한 경우에는 무효가 된다(민법 제118조).

의사표시 내용의 하자로 인한 취소 규정들도 준용된다.244) 여기에는 착오 취소 규정(동법 제119조, 제120조), 사기 또는 강박으로 인한 취소 규정(동법 제123조) 등이 포함된다. 공법상 계약이 의사표시 내용의 하자를 이유로 취소된 경우, 그 계약은 무효가 된다(동법 제142조).

이는 행정행위와는 다른 점이다. 행정청이 발급한 '행정행위의

---

242) Ziekow/Siegel, Entwicklung und Perspektiven des Rechts des öffentlich-rechtlichen Vertrages - Teil 3 -, VerwArch 2004, 281 (298).

243) Kellner, Fallgruppen der culpa in contrahendo im Verwaltungsrecht, DÖV 2011, 26 (29).

244) Kluth, Rechtsfragen der verwaltungsrechtlichen Willenserklärung Auslegung, Bindung, Widerruf, Anfechtung, NVwZ 1990, 608 (608 ff.).

취소'에 대해서는 행정절차법 제48조 이하가 적용된다. 따라서 원칙적으로 민법의 적용 또는 유추적용이 배제된다. 예를 들어 행정행위의 상대방이 악의적인 사기 또는 강박 등으로 행정행위를 발급받은 경우에는 민법 제123조가 아닌 행정절차법 제48조 제2항 제1호가 적용되어 행정청은 행정행위를 취소할 수 있다. 그러나 공법상 계약에는 행정행위의 취소에 관한 동법 제48조는 적용되지 않고 동법 제59조 제1항에 따라 의사표시의 취소에 관한 민법이 준용된다.

이에 대하여 일부 견해[245])는 행정청이 행정절차법 제25조의 조언의무를 위반하여 사인의 의사표시(예: 청약의 승낙)에 하자가 발생한 경우에는 사인이 이를 취소하지 않더라도 의사표시는 그 자체로 이미 무효라고 주장한다. 따라서 민법의 의사표시 취소 규정을 준용할 필요가 없다는 것이다.

그러나 통설[246])은 민법이 사인에게 의사표시의 취소에 대한 선택권을 부여하고 있고 이를 행정절차법 제62조 제2문이 준용하고 있는 점, 동법 제59조에 의하면 위법한 공법상 계약이 반드시 무효로 이어지는 것은 아닌 점, 동법 제25조의 조언의무는 절차적 조항이므로 이를 위반하더라도 그 위반이 상응하는 내용의 행정행위의 실체적 위반으로 이어지지 않는 이상 동법 제59조 제2항 제2호 및 제46조에 의하여 계약이 즉시 무효가 되는 것은 아닌 점 등을 근거로 위와 같은 민법규정이 공법상 계약에도 준용된다는 입장이다. 다만 개별 규정에 관하여는 아래와 같이 추가적으로 살펴볼 점들이 있다.

---

[245] Schnell, Der Antrag im Verwaltungsverfahren, 1986, S. 159.

[246] Bauer, in: Schoch/Schneider (Hrsg.), Verwaltungsverfahrensgesetz Kommentar, 4, Aufl., 2024, § 62 Rn. 59; Schliesky, in: Knack/Henneke (Hrsg.), a.a.O., § 62 Rn. 21; Siegel, in: Stelkens/Bonk/Sachs (Hrsg.), a.a.O., § 62 Rn. 27; Wall, Die Anwendbarkeit privatrechtlicher Vorschriften im Verwaltungsrecht, 1999, S. 176.

첫째, 착오 취소(민법 제119조[247])의 준용 범위에 관하여는 견해의 대립이 있었다. 동조 제2항은 사람이나 물건의 성상에 관한 착오도 그 성상이 거래상 본질적이라고 여겨지는 경우에는 의사표시의 내용에 대한 착오로 보는데, 행정절차법 제정 전에는 공법상 계약의 내용상 적법성이 '거래상 본질적인 성상'에 해당한다고 하여 그 적법성에 관한 착오가 있는 경우에도 계약을 취소할 수 있는 견해가 일부 있었다.[248]

그러나 현재는 이러한 견해를 거의 찾아볼 수 없다. 그 이유는 위 견해가 계약의 위법성에도 불구하고 계약의 효력이 유지될 수 있다고 보는 행정절차법 제59조의 해석론과 상충되기 때문이다. 따라서 계약의 위법을 이유로 공법상 계약을 취소할 수 없고, 계약 내용이 중대한 법 위반에 해당하는 경우에만 무효가 된다는 것이 통설[249] 및 판례[250]이다.

둘째, 제3자 사기 취소(민법 제123조 제2항[251])의 준용 여부에 대

---

247) 민법 제119조(착오로 인한 취소)
　　① 의사표시를 함에 있어서 내용에 관하여 착오가 있었거나 그러한 내용의 의사표시 자체를 할 의사가 없었던 사람은, 그가 그 사실을 알고 또 사정을 합리적으로 판단하였다면 의사표시를 하지 아니하였으리라고 인정되는 때에는, 의사표시를 취소할 수 있다.
　　② 사람이나 물건의 성상(性狀)에 관한 착오도, 그 성상이 거래상 본질적이라고 여겨지는 경우에는, 의사표시의 내용에 대한 착오로 본다.

248) Kottke, System des subordinationsrechtlichen Verwaltungsvetrages, 1966, S. 116. Wall, Die Anwendbarkeit privatrechtlicher Vorschriften im Verwaltungsrecht, 1999, S. 176에서 재인용.

249) Schliesky, in: Knack/Henneke (Hrsg.), a.a.O., § 59 Rn. 44; Tegethoff, in: Kopp/Ramsauer (Hrsg.), a.a.O., § 59 Rn. 10; Ziekow, Verwaltungsverfahrensgesetz Kommentar, 4, Aufl., 2019, § 59 Rn. 7.

250) BVerwGE NJW 1992, 164.

251) 민법 제123조(사기 또는 강박으로 인한 취소)
　　　　① 악의적 기망에 의하여 또는 위법하게 강박에 의하여 의사표시를 결의하게 된 사람은 의사표시를 취소할 수 있다.

해서는 견해의 대립이 있다. 일부 견해(부정설)²⁵²⁾는 동 규정이 오로지 사법상 이익을 보호하기 위한 것으로 공법상 계약에는 적용될 수 없다고 본다. 예를 들어 제3자가 보조금 지원계약에서 계약당사자들을 기망한 경우, 계약상대방인 수익자가 그 사실을 알지 못하였다 하더라도 보조금의 목적 달성이라는 공익이 수익자의 이익보다 우월하므로 해당 계약을 취소함으로써 공익을 보호하여야 한다는 입장이다. 즉, 행정청은 제3자 사기의 경우 계약상대방인 수익자의 인식 여부를 불문하고 공법상 계약을 취소할 수 있다는 것이다.

그러나 통설(긍정설)²⁵³⁾은 공익이 상대방의 이익보다 항상 우선한다고 볼 근거를 찾기 어려운 점, 제3자 사기 상황에서 공법상 계약과 사법상 계약에 의한 계약상대방의 보호 필요성이 다르지 않은 점, 사기의 주체가 달라짐에 따라(민법 제123조 제1항, 제2항) 계약상대방의 보호 필요성이 달라지는 이유를 설명하기 어려운 점 등을 근거로 동 규정이 공법상 계약에도 준용된다는 입장이다.

셋째, 사기 또는 기망의 취소 기간(민법 제124조²⁵⁴⁾)에 관하여도

---

② 제3자가 사기를 행한 경우에, 타인에 대하여 행하여지는 의사표시는 상대방이 사기를 알았거나 알아야 했던 때에만 취소할 수 있다. 의사표시의 상대방이 아닌 사람이 의사표시에 기하여 직접 권리를 취득한 경우에 취득자가 사기를 알았거나 알아야 했던 때에는 의사표시는 그에 대하여 취소될 수 있다.

252) korte, in: Wolff/Bachof/Stober/Kluth (Hrsg.), Verwaltungsrecht Ⅰ, 13, Aufl., 2017, § 54 Rn. 102.
253) Fehling, in: Fehling/Kastner/Störmer (Hrsg.), a.a.O., § 62 Rn. 12; Schliesky, in: Knack/Henneke (Hrsg.), a.a.O., § 62 Rn. 26; Siegel, in: Stelkens/Bonk/Sachs (Hrsg.), a.a.O., § 62 Rn. 27.
254) 민법 제124조(취소기간)
① 제123조에 의하여 취소할 수 있는 의사표시는 1년 내에만 취소될 수 있다.
② 제1항의 기간은 사기의 경우에는 취소권자가 사기를 발견한 때로부터, 강박의 경우에는 강박상태가 끝나는 때로부터 진행한다. 기간의 경과에 대하여는 소멸시효에 관한 제206조, 제210조 및 제211조가 준용된다.
③ 의사표시를 한 때로부터 10년이 경과하면 이를 취소할 수 없다.

사익뿐만 아니라 공익이 함께 관련되거나 특히 법적 안정성에 대한 필요성이 있을 경우에는 동 규정이 준용될 수 없고, 이 경우에는 즉시 취소를 하여야 한다는 일부 견해[255]가 있다. 공법상 계약에 관한 사안은 아니지만, 연방행정법원도 독일 공무원법상 행정청의 악의적 사기로 인한 공무원의 사직의사표시의 취소 기간과 관련하여, 민법 제124조가 적용되지 않고 해당 공무원이 취소사유를 알게 된 직후에 취소 의사표시를 하여야 한다고 판시한 바 있다.[256]

그러나 통설[257]은 행정행위의 취소 기간에 관한 행정절차법 제48조 제4항이 1년의 취소 기간을 두어 그동안의 법적 불확실성을 용인하고 있는 점, 독일의 입법자가 공법상 계약에 관하여 행정절차법 제62조 제2문으로 민법을 준용하면서 민법 제124조에 관하여는 예외 규정을 두지 않았던 점 등을 근거로 동 규정이 공법상 계약에도 그대로 준용된다고 본다.

넷째, 행정절차법 제60조 제1항 제1문의 사정변경에 의한 계약 변경 또는 해지 규정과 민법상 의사표시 취소 규정의 관계에 대해 의문이 제기될 수 있다. 두 규정의 적용 범위가 중첩될 수 있어 그 경우에는 민법상 취소 규정의 적용이 배제되는 것이 아닌지 하는 점이다. 그러나 통설[258]은 양 규정의 규율 대상이 다르기 때문에 병행 적용될 수 있다고 본다. 민법상 의사표시의 취소 규정은 계약당

---

[255] Kluth, Rechtsfragen der verwaltungsrechtlichen Willenserklärung Auslegung, Bindung, Widerruf, Anfechtung, NVwZ 1990, 608 (614).

[256] BVerwG ZBR 1971, 88.

[257] Bauer, in: Schoch/Schneider (Hrsg.), Verwaltungsverfahrensgesetz Kommentar, 4, Aufl., 2024, § 62 Rn. 60; Siegel, in: Stelkens/Bonk/Sachs (Hrsg.), a.a.O., § 62 Rn. 27; Tegethoff, in: Kopp/Ramsauer (Hrsg.), a.a.O., § 62 Rn. 13.

[258] Brosius-Gersdorf, in: Schoch/Schneider (Hrsg.), Verwaltungsverfahrensgesetz Kommentar, 4, Aufl., 2024, § 60 Rn. 23; Mann, in: Mann/Sennekamp/ Uechtritz (Hrsg.), a.a.O., § 60 Rn. 8; Thiele, in: Pautsch/Hoffmann (Hrsg.), a.a.O., § 60 Rn. 10.

사자의 의사표시의 내용에 관한 것인 반면, 행정절차법 제60조 제1항 제1문은 계약 체결 당시 계약의 기초가 된 사정이 사후적으로 변경 내지 소멸된 경우에 관한 것으로 문제상황에 차이가 있기 때문이다.

(5) 의사표시의 불합치

1) 공연한 불합치

계약당사자들이 적법한 방식으로 합의에 도달했다면, 실제로 계약의 모든 요소에 대해 동의하는지 여부를 검토해야 한다. 당사자들이 계약 내용에 대해 아직 합의하지 않았고 이러한 의사표시의 불일치를 인지하고 있는 경우, 공연한 의사표시의 불합치(offener Einigungsmangel)가 존재한다(민법 제154조 제1항 제1문). 공연한 의사표시의 불일치가 있는 경우에도 의심스러운 경우에만 계약이 성립하지 않으므로(민법 제154조 제1항 제1문), 계약당사자들은 상호 합의에 의해 규정된 계약상 의무를 이행할 수 있다. 이 경우에는 계약이 유효하게 성립한 것으로 본다.[259]

민법 제154조 제1항 제1문에 따른 의사표시의 불일치는 계약의 무효보다 선결 사항이므로 무효행위의 전환(민법 제141조) 또는 추인(민법 제142조)을 적용할 여지가 없다. 또한 민법 제154조 제1항 제1문은 민법 제133조(의사표시의 해석) 및 제157조(계약의 해석)에 따른 계약의 해석이 실패한 경우에 비로소 적용된다.[260]

이 규정은 공법상 계약에도 준용될 수 있다.[261] 의사표시의 불일

---

259) Christmann, Der öffentlich-rechtliche Vertrag mit privaten Dritten im Lichte der Schuldrechtsreform, 2010, S. 68.

260) H.-W. Eckert, in: Hau/Poseck (Hrsg.), BeckOK Bürgerliches Gesetzbuch kommentar, 69. Aufl., 2024, § 154. Rn. 7.

261) Bauer, in: Schoch/Schneider (Hrsg.), Verwaltungsverfahrensgesetz Kommentar,

치를 주장하는 자가 계약상 합의가 필요한 사항이 계약에 포함되지 않았거나 해당 요건이 충족되지 않았다는 사실을 증명하면 명백한 의사표시의 불일치가 있는 것으로 보게 된다.

다만 행정청도 이를 주장할 수 있을지에 대해서는 의문이 제기된다. 특히 종속계약의 경우, 행정청은 계약상대방보다 우월한 지위에 있을 뿐만 아니라 일반적으로 이용 가능하거나 합리적으로 얻을 수 있는 전문성과 지식이 평균적인 일반인보다 높은 수준에 있기 때문이다. 그러나 통설[262]에 따르면, 민법 제154조는 계약상 합의에 공백이 있는 경우 그 공백에도 불구하고 계약이 성립하는지를 판단하기 위한 규정이다. 계약이 성립하지 않았을 때 발생할 수 있는 불이익으로부터 당사자를 보호할 필요성은 행정청이라고 해서 다르지 않다는 점을 고려하면 행정청 역시 이를 주장할 수 있다고 본다.

2) 숨겨진 불합치

민법 제155조는 숨겨진 의사표시의 불합치(versteckter Einigungs-mangel)를 규정하고 있다. 계약당사자들이 계약이 체결되었다고 생각하고 있으나 합의가 필요한 사항에 대해 실제로 합의하지 않은 경우, 그 사항에 관한 규정 없이도 계약이 체결되었으리라고 인정되는 때에 한하여 합의된 바에 따른 효력이 발생한다(민법 제155조).

이와 같이 민법 제155조는 민법 제154조 제1항에 따른 명백한 의사표시의 불일치와 달리, 특정한 공백에도 불구하고 계약당사자들이 계약이 체결되었다고 생각할 것을 요구한다. 즉, 실제로는 규정이 필요한 모든 사항에 대해 당사자들이 합의하지 않았음에도 불구

---

4. Aufl., 2024, § 62 Rn. 62.

[262] Fehling, in: Fehling/Kastner/Störmer (Hrsg.), a.a.O., § 59 Rn. 11; Schliesky, in: Knack/Henneke (Hrsg.), a.a.O., § 59 Rn. 29; Siegel, in: Stelkens/Bonk/Sachs (Hrsg.), a.a.O., § 59 Rn. 28.

하고 이를 잘못 판단하고 있는 상황을 이 규정이 다루고자 하는 것이다.[263]

따라서 동 규정은 상호 의사표시의 일치에 관한 당사자의 착오를 대상으로 하는 것이며, 자신이 한 의사표시 내용에 관한 착오를 대상으로 하는 것이 아니다. 후자에 대해서는 민법 제119조의 착오 취소 규정이 적용된다. 동 규정에 따른 숨겨진 의사표시의 불일치의 경우 원칙적으로 계약의 불성립으로 이어진다. 그러나 그 전에 민법 제133조, 제157조에 따른 의사표시의 보충적 해석 가능성을 검토해야 한다.[264]

동 규정은 민법 제154조와 마찬가지로 공법상 계약에도 준용된다. 계약당사자들이 겉으로는 합의가 이루어진 것으로 보이는 경우에도 실제로는 자신의 관점에서만 계약을 이해하여 상호 합의가 이루어지지 않은 경우를 상정할 수 있기 때문이다.[265]

(6) 무권대리

1) 준용 범위

민법의 대리 규정(민법 제164조 내지 제181조)도 행정절차의 성격을 갖는 공법상 계약에 준용된다. 다만 아래와 같이 행정절차법상 특별 규정이 있는 경우, 관련 규정의 준용 범위가 제한될 수 있다.

먼저 행정절차법 제14조가 있다. 민법상 대리권의 범위, 증명, 기간에 관해서는 동 규정이 민법을 일부 대체한다. 구체적으로 살펴보면, 행정절차에서의 대리권은 그 내용이 달리 해석되지 않는 한 행

---

[263] Christmann, Der öffentlich-rechtliche Vertrag mit privaten Dritten im Lichte der Schuldrechtsreform, 2010, S. 69.

[264] BGH NJW 1993, 1798.

[265] Bauer, in: Schoch/Schneider (Hrsg.), Verwaltungsverfahrensgesetz Kommentar, 4. Aufl., 2024, § 62 Rn. 62.

정절차와 관련한 모든 절차행위를 수권한다(행정절차법 제14조 제1
항 제2문). 이는 의사표시로 대리권 수여 범위를 조정할 수 있는 민
법 제167조와 차이가 있다. 또한 대리인은 (행정청의) 청구에 따라
자신의 대리권을 서면으로 증명해야 한다는 점에서 대리권 증명의
무가 추가되었다(행정절차법 제14조 제1항 제3문). 마지막으로 대리
권의 철회는 행정청에 도달해야 비로소 행정청에 대하여 효력이 발
생한다(행정절차법 제14조 제1항 제4문). 이는 대리권 수여자가 제3
자에게 소멸을 통지하면 대리권이 소멸하는 민법상 임의대리(민법
제170조)와는 차이가 있다.

행정절차법 제12조도 특별 규정에 해당한다. 동법 제12조 제1항
제1호, 제2호에 따르면 민법에 따라 행위능력이 있거나, 행위능력에
제한을 받고 있지만 해당 절차의 대상과 관련하여 민법규정이나 공
법규정에 따라 행위능력이 있다고 인정되는 자연인에 한하여 절차
행위를 실행할 수 있다. 공법상 계약은 이러한 행정절차에 속한다
(동법 제9조). 이에 따라 통설266)은 제한능력자도 대리인으로서 행
위할 수 있도록 규정한 민법 제165조를 공법상 계약에는 준용할 수
없다고 해석한다.

2) 표현대리의 준용 여부

민법상 표현대리(Anscheinsvollmacht) 제도가 공법상 계약에 준용
될 수 있는지에 대하여도 검토가 필요하다. 민법은 상대방 보호와
거래 안전을 위하여 예를 들어 본인이 대리권을 수여하였으나 이후
소멸하게 됨으로써 더 이상 대리권이 존재하지 않는 때에도 상대방

---

266) Ramsauer, in: Kopp/Ramsauer (Hrsg.), a.a.O., § 14 Rn. 11; Ritgen, in:
Knack/Henneke (Hrsg.), a.a.O., § 14 Rn. 16; Schmitz, in: Stelkens/Bonk/
Sachs (Hrsg.), a.a.O., § 14 Rn. 9; Wall, Die Anwendbarkeit privatrechtlicher
Vorschriften im Verwaltungsrecht, 1999, S. 207.

이 여전히 대리권의 존재를 신뢰할 만한 사정이 있는 경우 등에 대리권이 존속하는 것으로 취급하는 규정을 두고 있다(민법 제170조 내지 제173조). 그러나 본인이 대리권을 수여하지는 않았으나 대리권이 존재한다는 외관이 형성된 경우에도 상대방을 보호할 필요성이 있을 수 있다.

독일에서는 이 경우 본인이 외관 형성에 일정한 기여를 한 경우 계약상대방에 대한 본인의 책임을 인정하여 왔는데, 표현대리가 대표적이다.[267] 표현대리란 예를 들어 본인이 대리인에게 대리권수여 증서를 작성·교부한 후 이를 반환받으면서 수권행위를 철회하였으나 본인의 부주의로 무권대리인이 이를 습득하여 타인과 법률행위를 한 경우에 인정된다.[268] 공법상 계약에서의 표현대리 준용 여부에 관하여는 사인과 행정청으로 나누어 볼 필요가 있다.

먼저 사인의 행위에 표현대리가 성립할 수 있는지는 견해의 대립이 있다. 통설[269]과 판례[270]는 이 경우 표현대리가 준용될 수 있다고 본다. 공법상 사인의 대리는 사법상 사인의 대리와 구조가 다르지 않기 때문이다.

그러나 준용가능성을 부정하는 견해[271]도 있다. 이 견해에 따르면 행정청은 행정절차법 제14조 제1항 제3문에 의하여 언제든지 대리인에게 대리권의 서면 확인을 증명하도록 요구할 권리가 있고, 동법 제24조에 의하여 직권으로 사실관계를 조사할 의무도 있다. 따라

---

267) Schäfer, in: Hau/Poseck (Hrsg.), BeckOK Bürgerliches Gesetzbuch kommentar, 69, Aufl., 2024, § 167. Rn. 17.

268) BGHZ 65, 13.

269) Birk, in: Bader/Ronellenfitsch (Hrsg.), a.a.O., § 14 Rn. 9; Matthias Dombert, in: Mann/Sennekamp/Uechtritz (Hrsg.), a.a.O., § 14 Rn. 30; Schmitz, in: Stelkens/Bonk/Sachs (Hrsg.), a.a.O., § 14 Rn. 9.

270) BVerwG NVwZ 1990, 670.

271) Wall, Die Anwendbarkeit privatrechtlicher Vorschriften im Verwaltungsrecht, 1999, S. 209.

서 사법상 법률행위에서의 무권대리 상대방과는 달리 행정청을 보호할 필요성이 없다는 것이다.

통설도 행정청의 위와 같은 권리 및 의무로 인하여 사인의 행위에 대한 표현대리의 성립이 실질적으로 제한될 수 있다는 점은 인정한다. 다만 행정절차법 제14조 제1항 제3문은 행정청에게 권리를 부여하고 있을 뿐 의무를 부과하는 것은 아니며, 계약상대방의 대리권 결여에 대한 특별한 징후가 없는 경우에는 행정절차법 제24조의 직권조사의무로부터 행정청의 특별한 의무를 도출할 수 없다는 이유로 부정설을 반박하고 있다.272)

다음으로 행정청의 행위에 표현대리가 성립할 수 있는지에 대하여도 견해의 대립이 있다. 일부 견해273)는 이를 부정한다. 권한 없는 행정청의 행위라도 행정절차법 제44조 제2항 제3호 및 제59조 제1항에 의한 경우를 제외하고는 공법상 계약을 무효로 하지 않고 단순히 위법성만을 초래한다는 이유에서다. 그러나 통설274)은 선의인 사인에 대한 포괄적인 보호 필요성이 사법상 계약과 다르지 않다는 이유로 표현대리가 성립할 수 있다고 본다.

이상과 같이 독일의 일반적인 견해는 공법상 계약에도 표현대리가 성립할 수 있다고 해석한다. 표현대리가 성립하지 않으면 무권대리에 관한 규정이 그대로 준용된다(행정절차법 제59조 제1항, 제62조 제2문).275) 무권대리인의 계약 체결 시 계약은 유동적 무효 상태

---

272) Kropshofer, Verwaltungsverfahren und Vertretung, 1982. Wall, Die Anwendbarkeit privatrechtlicher Vorschriften im Verwaltungsrecht, 1999, S. 209에서 재인용.

273) Wall, Die Anwendbarkeit privatrechtlicher Vorschriften im Verwaltungsrecht, 1999, S. 210.

274) Birk, in: Bader/Ronellenfitsch (Hrsg.), a.a.O., § 14 Rn. 9; Matthias Dombert, in: Mann/Sennekamp/Uechtritz (Hrsg.), a.a.O., § 14 Rn. 30; Schmitz, in: Stelkens/Bonk/Sachs (Hrsg.), a.a.O., § 14 Rn. 9.

275) Kellner, Fallgruppen der culpa in contrahendo im Verwaltungsrecht, DÖV

에 있고, 본인이 추인한 경우 소급하여 효력이 발생한다(민법 제177
조 제1항). 본인이 추인을 거절한 경우, 계약상대방은 무권대리인에
게 이행 또는 손해배상을 청구할 수 있다(민법 제179조 제1항). 그러
나 상대방이 대리권의 흠결을 알았거나 알았어야 했던 경우에는 무
권대리인은 책임을 지지 아니한다(민법 제179조 제3항).

(7) 공서양속 위반

공서양속에 반하는 법률행위는 무효이다(민법 제138조 제1항).
특히 타인의 궁박, 무경험, 판단능력의 결여 또는 현저한 의지박약
을 이용하여 어떠한 급부의 대가로 자신이나 또는 제3자에게 그 급
부와 현저히 불균형한 재산적 이익을 약속하게 하거나 제공하게 하
는 법률행위는 무효이다(민법 제138조 제2항). 공서양속 위반이 동
시에 강행규정 위반에 해당하는 경우, 동 규정은 민법 제134조와 함
께 준용될 수도 있다(행정절차법 제59조 제1항, 민법 제134조).[276]
다만 공법상 종속계약의 경우에는 그에 대하여 특별히 정한 무효사
유인 행정절차법 제59조 제2항이 우선적으로 검토될 것이다.

공서양속 위반은 계약의 내용, 목적 및 계약의 전반적인 사정에
서 발생할 수 있다.[277] 행정청의 공서양속 위반은 특히 계약당사자
간 지위의 현저한 불평등성이 존재하고, 행정청이 구조적 우위를 악
용하여 고권적 권한을 남용한 경우에 인정된다. 공서양속 위반에는
계약당사자의 경험 부족, 급부와 반대급부 간의 현저한 불균형, 계
약 내용의 범죄성(Strafbarkeit) 등의 사정이 포함될 수 있다. 계약당
사자들이 공서양속 위반을 인식하지 못하고 행위하였더라도 공서양

2011, 26 (29).

[276] Mann, in: Mann/Sennekamp/Uechtritz (Hrsg.), a.a.O., § 59 Rn. 69.

[277] Egidy, Strukturelle Defizite des Verwaltungsvertragsrechts aus verhaltens-
wissenschaftlicher Perspektive, DVBl. 2022, 83 (88).

속 위반에 해당할 수 있다.[278]

(8) 화해계약의 기초가 된 사정에 관한 계약당사자들의 착오

법률관계에 관한 당사자 간의 다툼이나 불명확함을 상호 양보로 제거하는 계약은, 계약 내용에 비추어 확정된 것으로 그 기초가 된 사정이 실제와 부합하지 않고 이를 알았더라면 다툼이나 불명확함이 발생하지 않았을 경우, 효력이 없다(민법 제779조 제1항). 동 규정은 사법상 화해계약의 무효사유에 해당한다.

행정절차법상 공법상 화해계약에 관한 무효사유인 동법 제55조 및 제59조 제2항 제3호는 화해계약 체결을 위한 요건이 존재하지 않는 경우의 무효를 규정하고 있다. 반면 민법 제779조 제1항은 화해계약의 기초에 관하여 계약당사자들이 착오를 일으킨 경우를 다루므로, 양자의 적용 영역이 다르다. 따라서 민법 제779조는 공법상 화해계약에도 준용될 수 있다는 것이 통설[279]이다.

2. 행정절차법의 무효사유

행정절차법은 공법상 종속계약에 대한 무효사유를 추가로 명시하고 있다(동법 제59조 제2항). 이는 공법상 대등계약에는 적용되지 않는다. 따라서 대등계약은 원칙적으로 민법의 준용에 따른 무효사유(동법 제59조 제1항)에 의해서만 판단되어야 한다.

---

[278] Brosius-Gersdorf, in: Schoch/Schneider (Hrsg.), Verwaltungsverfahrensgesetz Kommentar, 4, Aufl., 2024, § 59 Rn. 123.

[279] Fehling, in: Fehling/Kastner/Störmer (Hrsg.), a.a.O., § 62 Rn. 22; Mann, in: Mann/Sennekamp/Uechtritz (Hrsg.), a.a.O., § 62 Rn. 59; Schliesky, in: Knack/Henneke (Hrsg.), a.a.O., § 62 Rn. 62.

행정절차법 제59조 제2항 제1호와 제2호는 모든 공법상 종속계약에 적용된다. 반면 제3호와 제4호는 각각 화해계약(동법 제55조)과 교환계약(동법 제56조)에만 적용되는 무효사유이다. 이들 무효사유는 동등한 지위에 있으며 누적적으로 검토된다. 즉, 동법 제59조 제2항의 여러 무효사유가 함께 검토될 수 있다. 이하에서는 위와 같은 행정절차법상 공법상 종속계약의 무효사유를 구체적으로 살펴본다.

(1) 상응하는 내용의 행정행위가 무효일 것

상응하는 내용의 행정행위가 무효이면, 그 계약은 무효이다(행정절차법 제59조 제2항 제1호). 상응하는 내용의 행정행위가 무효인 경우로는 상응하는 내용의 행정행위에 중대·명백한 하자가 있는 경우(행정절차법 제44조 제1항)와 행정절차법 제44조 제2항 각호 사유에 해당하는 경우가 있다.

1) 상응하는 내용의 행정행위에 중대·명백한 하자가 있는 경우

먼저 상응하는 내용의 행정행위에 특별히 중대한 하자가 있고, 이 하자가 모든 사정을 합리적으로 판단하여 명백하면, 그 계약은 무효이다(행정절차법 제44조 제1항). 이에 따르면, 상응하는 내용의 행정행위에 하자가 있고, 그 하자가 헌법원칙이나 법질서에 내재한 본질적 가치와 양립할 수 없을 정도로 중대하며, 편견 없는 합리적 관찰자에게 하자의 존재가 명백한 경우에만 계약이 무효가 된다. 중대한 하자는 행정청과 사인의 급부 모두에 해당할 수 있다.[280] 다만 예를 들어, 토지관할권 미준수, 제척되는 자의 참여 등 법 문언상 명

---

[280] Werner, Allgemeine Fehlerfolgenlehre, 2008, S. 93.

시된 일부 하자는 계약의 무효를 초래하지 않는다(행정절차법 제44
조 제3항).

행정절차법 제44조 제1항은 아래에서 살펴볼 동조 제2항의 무효
사유에 대해 다소 보충적인 역할을 한다.[281] 그러나 계약상 명백히
중대한 위법사항이 있는 경우에는 중요하게 작용할 수 있다. 예를
들어, 행정청이 사인의 금원 지급을 조건으로 그 사인을 공무원에
임용할 것을 약정하는 계약은 모든 독일인이 적성, 능력, 전문능력
에 따라 모든 공직에 취임할 평등한 기회를 가진다는 기본법 제33
조 제2항에 대한 중대하고 명백한 위반이므로 무효이다.[282] 행정청
이 자신의 실체적 권한을 명백히 벗어나 계약을 체결하는 경우에도
그 계약은 무효가 된다.[283]

2) 행정절차법 제44조 제2항 각호 사유에 해당하는 경우

다음으로 행정절차법 제44조 제2항 각호 사유에 해당하는 공법
상 계약도 무효가 된다. 첫째, 계약을 체결한 행정청을 식별할 수 없
는 공법상 계약은 무효이다(동법 제44조 제2항 제1호). 이 경우에는
계약서 자체에서 계약당사자를 파악할 수 없어 동시에 서면방식(동
법 제57조)을 충족하지 못하므로 그에 따라서도 무효가 될 수 있다
(민법 제125조) [284] 반대로 계약을 체결한 행정청은 식별할 수 있으
나 계약상대방인 사인을 식별할 수 없는 경우에는 법 문언상 행정절
차법 제44조 제2항 제1호가 적용될 수 없고, 다만 서면방식 위반으
로 동법 제59조 제1항, 민법 제125조에 따라 계약이 무효가 된다.[285]

---

[281] Siegel, in: Stelkens/Bonk/Sachs (Hrsg.), a.a.O., § 59 Rn. 30.

[282] NdsOVG Urt. v. 27. 11.2001 – 5 LB 1309/01.

[283] Schimpf, Der verwaltungsrechtliche Vertrag unter besonderer Berücksichtigung seiner Rechtswidrichkeit, 1982, S. 271.

[284] Werner, Allgemeine Fehlerfolgenlehre, 2008, S. 94.

[285] Brosius-Gersdorf, in: Schoch/Schneider (Hrsg.), Verwaltungsverfahrensgesetz

둘째, 공법상 계약이 법규정에 따라 일정한 서면의 수여를 통해
서만 체결될 수 있는데 그러한 형식을 갖추지 못한 경우에도 계약
은 무효가 된다(행정절차법 제44조 제2항 제2호). 대표적인 예로는
공정증서의 작성을 요하는 토지소유권의 양도 및 취득에 관한 계약
이 있다(민법 제311조의b). 이를 위반한 공법상 계약은 무효이다. 이
경우, 동시에 서면방식 위반으로 행정절차법 제59조 제1항, 민법 제
125조에 따라서도 계약이 무효가 된다는 점은 앞서 본 바와 같
다.286) 다만 행정절차법 제44조 제2항 제2호는 공법상 계약이 처분
계약으로서 상응하는 내용의 행정행위가 초래하는 법적 효과를 직
접적으로 도출하는 경우에만 적용된다. 이와 대조적으로, 동 규정은
서면이 계약 자체에 필요한 것이 아니라, 계약상 합의된 급부의 이
행이나 행정행위의 발급에만 필요한 경우에는 적용되지 않는다.287)

셋째, 공법상 계약을 체결한 행정청이 행정절차법 제3조 제1항
제1호에 의하여 성립한 관할에 속하지 않으면서 아무런 권한을 부
여받지 않고 공법상 계약을 체결한 경우에도 계약은 무효이다(행정
절차법 제44조 제2항 제3호). 부동산의 점유권 또는 임차권 등의 권
리288)나 법률관계와 관련된 사무의 경우에는, 해당 부동산이나 장소
가 소재하는 지역의 행정청이 관할한다(동법 제3조 제1항 제1호).
행정청이 관할범위를 벗어나 체결한 계약은 무효이다.289) 반면, 행
정청이 자신의 실체적 권한을 벗어나 행위하는 경우에는 동법 제44
조 제2항 제3호의 규율 대상에 해당하지 않으므로 동법 제44조 제1

Kommentar, 4, Aufl., 2024, § 59 Rn. 142.
286) 제4장 제2절 VI. 2. (4) 1).
287) Fehling, in: Fehling/Kastner/Störmer (Hrsg.), a.a.O., § 59 Rn. 29.
288) Schmitz, in: Stelkens/Bonk/Sachs (Hrsg.), a.a.O., § 3 Rn. 18.
289) 다만 관할 행정청은 관할이 없는 행정청이 한 계약 체결을 사후적으로 승인
할 수 있고, 이러한 측면에서 하자의 치유가 가능하다. Siegel, in: Stelkens/
Bonk/Sachs (Hrsg.), a.a.O., § 59 Rn. 33.

항의 요건을 충족하는 경우에만 무효가 된다.[290]

넷째, 사실상의 이유로 어느 누구도 체결할 수 없는 공법상 계약
은 무효이다(행정절차법 제44조 제2항 제4호). 여기에는 계약당사자
의 주관적 불능(예 : 계약당사자의 재정 능력 부족 등)이 아닌 객관
적인 사실상의 불능(예 : 계약 대상의 부존재 등)만 포함된다.[291] 따
라서 주관적 불능의 경우에는 동법 제44조 제1항 또는 동법 제59조
제1항, 민법 제134조(법률상 금지)에 의해서만 계약의 무효가 발생
할 수 있다. 마찬가지로, 계약의 이행이 법적으로 불능한 경우에도
행정절차법 제44조 제2항 제4호가 적용되지 않고, 동법 제44조 제2
항 제1호(계약을 체결한 행정청을 알 수 없는 경우) 및 제5호(형벌·
과태료의 구성요건에 해당하는 경우) 또는 동법 제59조 제1항, 민법
제134조가 적용될 수 있을 뿐이다.[292]

한편, 독일 구 민법 제306조는 객관적 불능의 경우 계약의 무효
를 규율하였으나 민법 개정으로 삭제되었다. 따라서 사법상 계약의
경우에는 객관적 불능사유가 있더라도 유효하고 다만 채무불이행책
임이 인정될 뿐이다(민법 제311조의a). 반면 공법상 계약은 객관적
불능사유가 있으면 무효이다. 이러한 점에서 행정절차법 제44조 제
2항 제4호는 사법상 계약의 무효사유와 비교하여 독자적인 의미를
가진다.

다섯째, 공법상 계약이 형벌·과태료의 구성요건을 충족하는 위법
한 행위를 범할 것을 요구하는 경우에도, 그 계약은 무효이다(행정
절차법 제44조 제2항 제5호). 여기서의 '요구'(Verlangen)란 범죄 또
는 질서위반행위의 실행에 관한 계약상 합의를 의미한다. 동 규정을
위반한 계약은 동시에 아래에서 살펴볼 행정절차법 제44조 제2항

---

290) Mann, in: Mann/Sennekamp/Uechtritz (Hrsg.), a.a.O., § 59 Rn. 27.
291) BT-Drs. 7/910, S. 64.
292) Tegethoff, in: Kopp/Ramsauer (Hrsg.), a.a.O., § 59 Rn. 16.

제6호 또는 행정절차법 제59조 제1항, 민법 제138조(공서양속 위반)
에 의해서도 무효가 될 수 있다.293)

여섯째, 공법상 계약이 공서양속을 위반하는 경우에도 그 계약은
무효가 된다(행정절차법 제44조 제2항 제6호). 동 규정은 행정절차
법 제59조 제1항을 통하여 준용되는 민법 제138조의 법적 이념을 반
영한 것이다. 동 규정은 다른 공법상 종속계약에 대한 무효사유와 마
찬가지로 민법의 준용에 의한 무효사유와 누적적으로 적용된다.294)

(2) 상응하는 내용의 행정행위가 실체적 하자로 위법하고 이를 계약당사자가 알았을 것

상응하는 내용의 행정행위가 실체적 하자로 위법하고 이를 계약
당사자가 알았을 경우, 행정절차법 제54조 제2문에 따른 공법상 종
속계약은 무효이다(동법 제59조 제2항 제2호).295) 이는 계약의 존속에
관하여 보호가치 있는 신뢰가 발생하였다고 볼 수 없기 때문이다.296)

계약을 준비하고 협상한 자 또는 계약서에 서명하여 책임을 지는
자가 계약의 위법성을 알게 되었다면, 위법성의 인식이 존재한다.
계약당사자 이외 타인의 인식은 그것이 계약당사자에게 귀속될 수

---

293) Brosius-Gersdorf, in: Schoch/Schneider (Hrsg.), Verwaltungsverfahrensgesetz Kommentar, 4, Aufl., 2024, § 59 Rn. 151.
294) Siegel, in: Stelkens/Bonk/Sachs (Hrsg.), a.a.O., § 59 Rn. 37.
295) 독일 행정법상 절차·형식상 하자를 경미하게 취급하는 경향은 독일이 법치
국가로 이행하는 과정에서 나타난 결과물로 이해된다. 행정 결정의 정당성
은 행정소송을 통하여 비로소 통제되므로 행정절차의 중요성은 상대적으
로 강조되지 않았던 것이다. 이에 관하여는 Würtenberger(박정훈 역), 행정
소송법과 행정절차법의 관계, 서울대학교 법학(제45권 제1호), 2004, 180-
183면.
296) Scheske, Der öffentlich-rechtliche Vertrag - Eine Herausforderung für den Rechtsanwender in der Verwaltungspraxis, DVP 2015, 448 (451).

있는 경우에만 관련이 있다. 예를 들어, 대리인의 인식은 계약당사
자의 인식과 동일하게 평가된다(행정절차법 제62조 제2문, 민법 제
166조).297)

계약당사자 쌍방이 모두 계약 내용의 위법성을 인식해야 한
다.298) 따라서 일방당사자만이 위법성을 인식한 경우에는 동 규정이
적용되지 않는다. 위법성을 인식하지 못한 계약당사자가 자신의 책
임이 아닌 상대방의 위법 행위에 대해 책임을 지는 것은 부당하기
때문이다.299)

계약의 일방당사자가 둘 이상인 경우에는 견해의 대립이 있다.
통설300)에 의하면 행정청, 그리고 계약상대방 중 한 명이 계약의 위
법성을 알고 있으면 충분하다. 계약당사자의 수가 증가할수록 모든
계약당사자가 위법성을 인식할 가능성이 낮아지기 때문에, 다자간
계약이 2자간 계약과 비교하여 합리적 이유 없이 유리해진다는 이
유에서다. 또한 양측 계약당사자가 위법한 결과를 초래하고자 한 계
약은 법률적합성원칙을 보호하기 위하여 이를 무효로 할 필요가 있
다는 점도 근거로 든다.

계약당사자 쌍방이 모두 같은 내용의 위법성을 인식할 필요는 없
다. 위법성이 다수일 경우, 각 당사자들이 서로 다른 위법성을 인식
하고 있더라도 충분하다.301) 다만 계약당사자들은 계약의 위법성 자체

---

297) Ziekow/Siegel, Entwicklung und Perspektiven des Rechts des öffentlich-
rechtlichen Vertrages – Teil 3 –, VerwArch 2004, 281 (286).
298) Gurlit, in: Ehlers/Pünder (Hrsg.), a.a.O., § 32 Rn. 21.
299) Spieth, in: Bader/Ronellenfitsch (Hrsg.), a.a.O., § 59 Rn. 31.
300) Siegel, in: Stelkens/Bonk/Sachs (Hrsg.), a.a.O., § 59 Rn. 38; Spieth, in:
Bader/Ronellenfitsch (Hrsg.), a.a.O., § 59 Rn. 31; Thiele, in: Pautsch/
Hoffmann (Hrsg.), a.a.O., § 59 Rn. 35; Ziekow, Verwaltungsverfahrensgesetz
Kommentar, 4. Aufl., 2019, § 59 Rn. 12.
301) Erichsen, Die Nichtigkeit und Unwirksamkeit verwaltungsrechtlicher Verträge,
JURA 1994, 47 (49).

를 인식하여야 하고, 위법성으로 인한 결과를 인식할 필요는 없다.[302]

(3) 화해계약의 체결 요건이 존재하지 않고 상응하는 내용의 행정행위가 실체적 하자로 위법할 것

화해계약은 화해계약의 체결을 위한 요건이 존재하지 않고, 또한 상응하는 내용의 행정행위가 실체적 하자로 위법한 경우 무효가 된다(동법 제59조 제2항 제3호). 동 규정의 목적은 공법상 화해계약을 통해 법적으로 승인되지 않은 결과가 초래되는 것을 방지하기 위한 것이다.[303] 이와 같이 동 규정은 화해계약이 위법할 경우 계약준수원칙보다 법률적합성원칙을 우위에 두고 있다.[304]

한편, 화해계약은 사실적 또는 법적 상황에 대하여 불확실성이 실제로 존재한다는 점을 전제로 한다. 이러한 배경에서 행정절차법 제59조 제2항 제3호는 불확실성이 존재하지 않는 상황에서 화해계약이 법적으로 오용되는 것을 방지하고자 한다.[305]

그러나 법 문언상 계약당사자가 화해계약에 위법한 내용이 있었는지를 알고 있었는지 여부는 중요하지 않다. 행정절차법 제59조 제2항 제3호는 이러한 점에서 동법 제59조 제2항 제2호와는 다른 점이 있다.

또한 행정절차법 제59조 제2항 제3호는 화해계약의 기초가 된 사정에 관한 계약당사자들의 착오로 인한 법적 효과를 규율하지 않는다. 따라서 이에 해당하는 민법상 무효사유는 독립적으로 준용된다(행정절차법 제59조 제1항, 민법 제779조).

---

302) Siegel, in: Stelkens/Bonk/Sachs (Hrsg.), a.a.O., § 59 Rn. 39.
303) BT-Drs. 7/910, S. 82.
304) Mann, in: Mann/Sennekamp/Uechtritz (Hrsg.), a.a.O., § 59 Rn. 35.
305) Scheske, Der öffentlich-rechtliche Vertrag – Eine Herausforderung für den Rechtsanwender in der Verwaltungspraxis, DVP 2015, 448 (451).

행정절차법 제59조 제2항 제3호에서 규정하는 화해계약의 "체결 요건"(die Voraussetzungen zum Abschluss)이라는 용어의 의미에 관하여는 견해의 대립이 있다. 일부 견해306)는 행정절차법 제55조의 문언상 화해계약의 구성요건, 즉 '사실적 또는 법적 상황을 합리적으로 평가할 때 존재하는 불확실성을 상호 양보를 통해 제거시키는 것'(행정절차법 제55조 제1문 제2단)만을 체결 요건으로 해석한다. 따라서 행정청이 화해계약 체결 과정에서 의무에 적합한 재량을 행사하여 계약을 체결하였는지 여부는 체결 요건에 포함되지 않는다고 본다. 따라서 행정청의 재량 행사에 하자가 있는 경우에도 화해계약의 효력에는 영향이 없다는 것이다.

이 견해는 행정절차법 제59조 제2항 제3호의 입법 이유를 근거로 한다. 입법 이유에 의하면 동 규정은 동법 제55조에 의한 화해계약의 구성요건이 충족되지 않은 상태에서 화해계약을 체결하는 것을 법률상 금지하는 것이기 때문이다.307)

다른 견해308)에 의하면, '의무에 적합한 재량권 행사'만이 체결 요건에 해당한다. 화해계약의 구성요건이 결여된 경우 이미 계약 체결에 실패하여 계약이 성립하지 않았으므로 행정절차법 제59조 제2항 제3호에 의한 무효사유가 적용될 여지가 없다는 것이다. 따라서 하자 있는 재량 행사만이 계약의 무효를 초래한다고 본다.

통설309)은 위 견해들을 모두 종합하여 '화해계약의 구성요건'과

---

306) Erichen, Die Nichtigkeit und Unwirksamkeit verwaltungsrechtlicher Verträge, JURA 1994, 47 (49).

307) BT-Drs. 7/910, S. 82.

308) Spieth, in: Bader/Ronellenfitsch (Hrsg.), a.a.O., § 59 Rn. 36, 38; Tegethoff, in: Kopp/Ramsauer (Hrsg.), a.a.O., § 59 Rn. 26.

309) Brosius-Gersdorf, in: Schoch/Schneider (Hrsg.), Verwaltungsverfahrensgesetz Kommentar, 4, Aufl., 2024, § 59 Rn. 168; Fehling, in: Fehling/Kastner/ Störmer (Hrsg.), a.a.O., § 59 Rn. 33; Siegel, in: Stelkens/Bonk/Sachs (Hrsg.), a.a.O., § 59 Rn. 43; Spannowsky, Grenzen des Verwaltungshandelns, 1994,

'의무에 적합한 재량권 행사'가 모두 체결 요건에 해당한다고 본다. 따라서 두 경우를 모두 충족하지 못하면 계약은 무효가 된다는 것이다.

이 견해는 행정절차법 제59조 제2항 제3호의 입법 목적에 근거한다. 동 규정은 상응하는 내용의 행정행위가 취소 또는 철회될 수 있는 경우, 화해계약의 체결을 통해 법적으로 승인되지 않은 결과가 초래되는 것을 방지하기 위한 것이다. 이러한 규정의 입법 목적에 비추어 볼 때, 행정행위의 경우 구성요건에 법적 하자가 있거나 위법한 재량 행사가 있는 경우 모두 취소 또는 철회될 수 있으므로, 화해계약 역시 행정행위와 대등하게 취급하여 무효로 규율함이 타당하다는 것이다.

다만 화해계약은 일반적으로 상호 양보를 통한 사실적 또는 법적 상황의 불확실성의 제거를 구성요건으로 한다. 따라서 구성요건 중 상호 양보가 결여된 경우에는 개념적으로 화해계약이 아닌 다른 계약이 존재하는 것으로 인정될 것이다. 이 경우에는 행정절차법 제59조 제2항 제3호가 아닌 동법 제59조의 다른 무효사유가 적용된다.[310]

또한 불확실성이 명백하지 않거나 명확성을 달성하는 것이 어렵지 않을 경우에는 실제 화해계약의 체결이 용이하지 않을 것이다. 행정청은 직권조사원칙(동법 제24조)에 따라 적절한 조사 없이 불확실성을 성급하게 추정할 수 없기 때문이다. 따라서 행정절차법 제59조 제2항 제3호에 의한 공법상 계약의 무효는 실제로는 행정청의 재량 행사에 하자가 있는 경우에 문제가 될 여지가 높다.[311]

S. 211; Thiele, in: Pautsch/Hoffmann (Hrsg.), a.a.O., § 59 Rn. 37.

[310] Werner, Allgemeine Fehlerfolgenlehre, 2008, S. 96 ff.

[311] Sandner/Wittmann, Unstreitige Beendigung des verwaltungsgerichtlichen Verfahrens, JuS 2020, 225 (226).

(4) 교환계약상 허용되지 않는 반대급부를 약속하였을 것

행정청이 행정절차법 제54조 제2문에 의한 공법상 종속계약에서 계약상대방인 사인에게 동법 제56조에 의하여 허용되지 않는 반대급부를 약속하게 한 경우, 그 계약은 무효이다(동법 제59조 제2항 제4호).

행정절차법 제59조 제2항 제4호는 행정에 대하여 종속관계에 있는 사인을 보호하는 역할을 한다. 즉, 행정이 공법상 계약으로 우월적 지위를 남용하여 사인으로부터 허용되지 않는 약속을 얻어내는 것을 방지하기 위한 것이다.[312] 행정절차법 제59조 제2항 제4호의 무효사유는 이러한 목적에 따라 사인의 반대급부에만 해당된다. 사인의 반대급부는 가능하지만 행정청의 급부가 불가능한 경우에는 동 규정이 적용되지 않고 행정절차법 제59조 제2항 제1호 및 제3호 또는 제59조 제1항에 해당하는 경우에만 무효가 될 수 있다.[313] 또한 행정절차법 제59조 제2항 제4호는 사인의 보호 차원에서 사인의 반대급부만 계약의 내용이 되고 행정청의 급부는 반대급부의 기초가 되는 불완전 교환계약의 경우에도 적용된다.[314]

행정절차법 제59조 제2항 제4호의 무효사유는 그 문언상 동법 제56조에 규정된 교환계약의 모든 요건을 포괄한다.[315] 따라서 동법 제56조 제1항의 요건 중 하나라도 충족되지 않은 경우, 즉, 반대급부가 공법상 계약의 특정 목적을 위하여 합의되지 않았거나, 공적 업무를 수행하는데 기여하지 않거나, 반대급부가 전반적인 사정에 비추어 상당하지 않거나, 반대급부가 행정청의 급부와 실체적 관련

---

312) BT-Drs. 7/910, S. 82.
313) Schliesky, in: Knack/Henneke (Hrsg.), a.a.O., § 59 Rn. 35.
314) BVerwG NJW 1995, 1104.
315) Scheske, Der öffentlich-rechtliche Vertrag – Eine Herausforderung für den Rechtsanwender in der Verwaltungspraxis, DVP 2015, 448 (451).

성이 없는 경우에는, 그 계약은 무효가 된다.[316] 다만 동법 제59조 제2항 제2호와 달리 요건 위반에 대한 계약당사자의 인식은 요구되지 않는다.[317] 동법 제56조 제2항(사인이 행정청에게 급부 청구권을 가지고 있는 경우)도 부당결부금지 요건을 포함하고 있다. 따라서 이 규정의 위반 역시 동법 제59조 제2항 제4호에 의한 무효로 이어진다.[318]

3. 일부무효

공법상 계약의 일부만이 무효와 관련되는 경우, 그 계약이 무효 부분이 없더라도 체결되었을 것이라고 인정될 수 없는 때에는 그 계약은 전부무효이다(행정절차법 제59조 제3항). 즉, 공법상 계약은 원칙적으로 전부무효이나 계약의 일부가 특정한 요건을 갖추었을 경우에는 그 부분의 효력을 인정할 수 있다. 공법상 계약의 무효사유를 규정하고 있는 행정절차법 제59조 제1항 및 제2항은 계약의 무효 범위에 관하여는 언급하지 않고 있다. 이러한 측면에서 동법 제59조 제3항은 동법 제59조 제1항 및 제2항을 보완하는 역할을 한다.

동법 제59조 제3항은 동법 제54조에 의한 모든 공법상 계약에 적용된다.[319] 그리고 동법 제59조 제3항은 공법상 계약에 대한 특별규정이므로 행정행위의 일부무효규정(동법 제44조 제4항)은 준용되지 않는다.[320]

동 규정은 민법상 계약의 일부무효규정(민법 제139조)을 채택한

[316] Breuer, Das rechtsstaatliche Koppelungsverbot, NVwZ 2017, 112 (115).
[317] BVerwG NVwZ 1991, 574.
[318] Siegel, in: Stelkens/Bonk/Sachs (Hrsg.), a.a.O., § 59 Rn. 44.
[319] Fehling, in: Fehling/Kastner/Störmer (Hrsg.), a.a.O., § 59 Rn. 8.
[320] BT-Drs. 7/910, S. 82.

것이다.321) 공법상 계약의 일부무효가 인정되기 위해서는 아래와 같은 요건이 필요하다.

첫째, 계약의 일부무효는 단일한 법률행위로 이루어진 계약에서만 인정될 수 있다. 내용상 서로 독립적인 여러 계약이 하나의 계약을 구성하더라도, 이들은 법적으로 독립적인 관계에 있으므로 단일한 법률행위의 일부가 될 수 없다(복합계약). 따라서 이 경우에는 한 계약의 무효가 다른 계약의 효력에 영향을 미치지 않는다. 일부무효 규정은 각 계약에 개별적으로 적용될 수 있을 뿐이다.322)

둘째, 계약의 분할가능성이 인정되어야 한다. 계약의 분할가능성이란 단일한 계약 내에 무효 부분과 유효 부분이 내용상 서로 독립하여 무효 부분이 존재하지 않더라도 유효 부분이 그대로 존속할 수 있는 경우에 비로소 존재한다.323) 즉, 무효 부분을 제거하더라도 유효 부분이 독립된 법률행위로서 존재할 수 있어야 한다. 무효 부분이 계약의 본질적인 내용을 결정하여 유효 부분은 그 맥락에서만 해석할 수 있거나 또는 두 부분이 서로 의존하고 있는 경우에는 그 계약은 분할할 수 없다.324)

셋째, 계약당사자들에게 계약을 유지하려는 의사가 있어야 한다. 계약 유지 의사의 존부는 계약 체결 당시 계약당사자들의 추정적 의사에 의하여 결정되고,325) 추정적 의사는 계약의 해석에 의하여 판단된다.326) 계약당사자들이 객관적 평가에 의할 때 무효 부분이 없었더라도 합리적으로 계약을 체결하였을지 여부가 판단 기준이

---

321) BVerwG NJW 1957, 555.

322) Tegethoff, in: Kopp/Ramsauer (Hrsg.), a.a.O., § 59 Rn. 29a.

323) Spieth, in: Bader/Ronellenfitsch (Hrsg.), a.a.O., § 59 Rn. 45.

324) Mann, in: Mann/Sennekamp/Uechtritz (Hrsg.), a.a.O., § 59 Rn. 81.

325) BVerwG NVwZ 2006, 336.

326) Scheske, Der öffentlich-rechtliche Vertrag - Eine Herausforderung für den Rechtsanwender in der Verwaltungspraxis, DVP 2015, 448 (452).

된다.[327)]

구체적으로는 법적 하자의 종류,[328)] 계약의 목적,[329)] 계약당사자들의 이해관계,[330)] 계약의 경제적 중요성[331)] 등의 제반 사정이 종합적으로 고려된다. 특히 개별적인 계약 내용의 무효가 전체 계약의 효력에 영향을 미치지 않는다는 내용의 합의인 '보충적 효력 유지 조항'(salvatorische Klausel)은 계약당사자의 계약 유지 의사를 판단하는 데 결정적인 요소가 될 수 있다.[332)] 물론 계약의 무효사유가 중요한 계약 조항 또는 계약 전체에 영향을 미치는 경우에는 보충적 효력 유지 조항만으로 계약당사자의 의사를 단정할 수는 없다.[333)]

4. 무효의 효과

공법상 계약이 무효가 되면 계약당사자들은 본래 의도한 권리 또는 의무를 발생시키지 못하고, 그로 인하여 다양한 법적 효과가 도출된다. 이하에서는 부당이득반환, 손해배상 및 무효인 계약에 근거한 행정행위의 효력을 중심으로, 공법상 계약이 무효가 된 경우 그 효과에 관하여 살펴본다.

[327)] BVerwG NVwZ 2006, 336.
[328)] Schlette, Die Verwaltung als Vertragspartner, 2000, S. 573.
[329)] Tegethoff, in: Kopp/Ramsauer (Hrsg.), a.a.O., § 62 Rn. 29a.
[330)] BVerwG NVwZ 2012, 108.
[331)] VGH BW NJW 1986, 2452.
[332)] BVerwG NVwZ 2012, 108.
[333)] BVerwG NVwZ 2011, 690.

(1) 부당이득반환

1) 법적 근거

공법상 계약에 근거하여 이행된 급부는 그 계약이 무효가 되어 급부를 유지할 원인이 없어지면 반환되어야 한다. 이 경우 계약당사자에게 부당이득반환청구권이 존재한다는 점에 대해서는 이견이 없으나, 그 법적 근거에 대해서는 견해의 대립이 있다.

일부 견해[334]는 민법상 부당이득반환규정이 법적 근거라고 본다(행정절차법 제62조 제2문, 민법 제812조). 이 견해는 행정절차법 제62조 제2문의 문언에 민법의 보충적 준용이 명시되어 있어 법의 공백이 존재하지 않으므로, 불문법상의 부당이득반환청구권을 인정할 여지가 없다는 점을 근거로 든다.

그러나 통설[335]은 법률적합성원칙에 근거하여 불문법상 인정되는 공법상 부당이득반환청구권을 법적 근거로 본다. 공법상 부당이득반환청구권은 공법적 사안의 규율을 위하여 발전된 독립적인 법제도로 이미 인정되고 있으므로, 민법의 준용은 배제된다는 입장이다. 또한 이 제도가 모든 공법상 계약에 포괄적으로 적용된다고 본다.

다만 어느 입장에 의하더라도 법률관계의 내용에는 큰 차이가 없다. 통설에 의한 공법상 부당이득반환청구권의 구체적인 적용에 있어서는 민법상 부당이득반환 관련 규정들이 대부분 준용되기 때문이다.[336] 다만, 공법상 계약은 사법상 계약과는 달리 법률적합성원

---

334) Ziekow/Siegel, Entwicklung und Perspektiven des Rechts des öffentlich-rechtlichen Vertrages - Teil 3 -, VerwArch 2004, 281 (295).

335) Brosius-Gersdorf, in: Schoch/Schneider (Hrsg.), Verwaltungsverfahrensgesetz Kommentar, 4, Aufl., 2024, § 59 Rn. 210; Schneider, Vertragliche Subventionsverhältnisse im Spannungsfeld zwischen europäischem Beihilferecht und nationalem Verwaltungsrecht, NJW 1992, 1197 (1200).

336) Ziekow/Siegel, Entwicklung und Perspektiven des Rechts des öffentlich-

칙과 사인의 신뢰보호가 우선되어야 한다.[337] 따라서 민법상 부당이득반환 관련 규정 중 비채변제, 불법원인급여, 수익자의 반환범위에 관한 규정은 아래에서 살펴보는 바와 같이 준용이 배제되거나 수정을 거친 이후에만 비로소 준용될 수 있다.

2) 비채변제

먼저 비채변제(민법 제814조)의 준용 여부가 문제된다. 동 규정에 의하면, 채무이행의 목적으로 급부된 것은, 급부자가 급부할 의무가 없음을 알고 있었던 때 또는 급부가 도의적 의무 또는 예의상의 고려에 따라 행하여진 것인 때에는, 그 반환을 청구할 수 없다.

통설[338] 및 판례[339]에 의하면 비채변제에 관한 민법 제814조는 공법상 계약에 준용될 수 없다. 동 규정은 법적 원인 없이 발생한 재산 이전으로 인하여 형성된 상황을 확정하는 것이므로 법률적합성원칙에 반하기 때문이다. 또한 이는 무효인 계약의 효력을 인정하는 것이 되므로 공법상 계약의 무효에 관한 행정절차법 제59조에 위배된다. 특히 계약당사자들의 위법성 인식을 요건으로 하는 동법 제59조 제2항 제2호와 일치하지 않는다고 본다. 이에 의하면 계약당사자가 계약의 실체적 하자를 인식한 경우에는 그 계약은 무효가 되는데, 오히려 이러한 계약당사자의 인식으로 부당이득반환이 배제된다고 볼 수는 없다는 것이다.

---

rechtlichen Vertrages - Teil 3 -, VerwArch 2004, 281 (291 ff.).

337) Schlette, Die Verwaltung als Vertragspartner, 2000, S. 210.

338) Brosius-Gersdorf, in: Schoch/Schneider (Hrsg.), Verwaltungsverfahrensgesetz Kommentar, 4, Aufl., 2024, § 59 Rn. 215; Christmann, Der öffentlich-rechtliche Vertrag mit privaten Dritten im Lichte der Schuldrechtsreform, 2010, S. 225; Fehling, in: Fehling/Kastner/Störmer (Hrsg.), a.a.O., § 59 Rn. 48.

339) BVerwG NVwZ 2003, 993.

3) 불법원인급여

불법원인급여(민법 제817조)의 준용 여부도 문제된다. 동 규정에 의하면 급부의 목적이 수익자가 이를 수령함으로써 법률상 금지 또는 공서양속에 반하게 되는 것인 때에는 수익자는 반환의무를 부담하나, 급부자도 역시 이러한 위반을 범하게 되는 때에는 반환청구를 할 수 없다.

그러나 통설340) 및 판례341)에 의하면 불법원인급여에 관한 민법 제817조도 공법상 계약에는 준용될 수 없다. 동 규정은 민법상 비채변제와 마찬가지로 법적 원인 없는 재산 상태를 고착화하는 것이기 때문이다. 따라서 동 규정 역시 법률적합성원칙에 위배되므로 공법상 부당이득반환관계에는 준용할 수 없다.

4) 수익자의 반환범위

무효인 계약에 의한 부당이득의 수익자는 계약상대방에게 취득한 것을 반환하여야 하고(동법 제818조 제1항), 취득한 것의 성질로 인하여 반환이 불가능하거나 수익자가 기타의 이유로 반환을 할 수 없는 때에는, 그 가액을 상환하여야 한다(동법 제818조 제2항). 다만 원물반환 또는 가액상환원칙은 수익자의 현존이익이 없는 경우에는 배제된다(동법 제818조 제3항).

민법 제818조 제3항은 수익자가 급부 수령 시 선의였던 경우에만 적용된다. 수익자가 수령 당시에 법적 원인의 흠결을 알았거나 후에 이를 안 때에는, 악의의 수익자는 현존익의 부존재를 항변할 수 없다(민법 제819조 제1항). 이 때의 악의란 계약의 법적 원인 흠

---

340) Brosius-Gersdorf, in: Schoch/Schneider (Hrsg.), Verwaltungsverfahrensgesetz Kommentar, 4, Aufl., 2024, § 59 Rn. 216; Siegel, in: Stelkens/Bonk/Sachs (Hrsg.), a.a.O., § 59 Rn. 55.
341) BVerwG NVwZ 2003, 993.

결을 구성하는 요건에 관한 확정적인 인식을 의미한다. 따라서 법적 원인의 흠결을 과실로 알지 못한 경우에는 여전히 선의의 수익자에 해당한다.[342]

이를 정리하면, 계약이 무효가 된 경우에는 부당이득의 수익자는 원물반환 또는 가액상환의 의무가 있다(민법 제818조 제1항 및 제2항). 동 규정은 공법상 계약에도 그대로 준용된다.[343] 그러나 사법상 계약에서는 수익자가 선의인 경우라면 과실 여부를 불문하고 현존 이익의 부존재를 항변할 수 있는데(동법 제818조 제3항), 이 규정도 공법상 계약에 그대로 준용되는지가 문제된다.

통설[344] 및 판례[345]는 행정주체와 사인을 구별하여 판단한다. 행정주체의 경우에는 비록 선의라 할지라도 현존이익의 부존재를 항변할 수 없다고 본다. 즉, 민법 제818조 제3항이 준용되지 않는다. 행정주체는 법률적합성원칙에 구속되므로 항상 적법한 재산 상태를 유지하여야 하기 때문이다. 행정주체는 법적 근거 없이 발생한 재산 이전 상황을 제거하고 법적으로 정당한 상태를 복원하여야 할 의무가 있다는 것이다.

반면 사인의 경우에는 계약의 법적 원인 흠결을 알지 못한 것에 대한 중대한 과실이 없는 경우에 한하여 민법 제818조 제3항이 준용된다고 본다.[346] 선의, 경과실의 사인은 공법상 계약의 존속에 의

---

342) Christmann, Der öffentlich-rechtliche Vertrag mit privaten Dritten im Lichte der Schuldrechtsreform, 2010, S. 221.

343) Fehling, in: Fehling/Kastner/Störmer (Hrsg.), a.a.O., § 59 Rn. 47.

344) Brosius-Gersdorf, in: Schoch/Schneider (Hrsg.), Verwaltungsverfahrensgesetz Kommentar, 4, Aufl., 2024, § 59 Rn. 213; Christmann, Der öffentlich-rechtliche Vertrag mit privaten Dritten im Lichte der Schuldrechtsreform, 2010, S. 218; Siegel, in: Stelkens/Bonk/Sachs (Hrsg.), a.a.O., § 59 Rn. 55.

345) BVerwG NJW 1985, 2436.

346) Schneider, Vertragliche Subventionsverhältnisse im Spannungsfeld zwischen europäischem Beihilferecht und nationalem Verwaltungsrecht, NJW 1992,

한 현재의 재산 상태의 지속에 대하여 보호가치 있는 신뢰를 가지고, 그 신뢰는 법률적합성원칙의 관철이라는 공익보다 우월하다는 것이다. 따라서 선의, 경과실의 사인은 현존이익의 부존재를 항변할 수 있다.[347]

그러나 사인이 법적 원인 흠결을 이미 알고 있었거나 중과실로 알지 못한 경우에는 보호가치 있는 신뢰가 있다고 보기 어렵다. 따라서 이 경우에는 민법 제818조 제3항이 준용되지 않아 현존이익의 부존재를 항변할 수 없고 민법 제818조 제1항 및 제2항에 따라 원물을 반환하거나 그 가액을 상환하여야 한다.[348] 이와 같이 사인의 보호가치 있는 신뢰 여부는 사법상 계약에서는 큰 의미를 가지지 않지만, 공법상 계약에서는 사인의 부당이득반환범위와 관련하여 중요한 기준이 된다는 차이점이 있다.

(2) 손해배상

계약의 일방당사자에게 계약 무효의 귀책사유가 있는 경우, 계약 상대방은 계약체결상의 과실책임에 근거하여 손해배상을 청구할 수 있다(행정절차법 제62조 제2문, 민법 제241조 제2항, 제280조 제1항, 제311조 제2항). 특히 계약의 무효가 행정청의 귀책사유에 기인한 예로는 행정청이 공법상 종속계약의 위험성을 충분히 알리지 않았거나, 또는 불가능한 반대급부를 약속받은 경우(행정절차법 제59조 제2항 제4호)를 들 수 있다.[349] 이 경우 사인은 행정주체에게 국

1197 (1200).
[347] BVerwG NJW 1985, 2436.
[348] Ossenbühl, Der öffentlichrechtliche Erstattungsanspruch, NVwZ 1991, 513 (520 f.).
[349] Brosius-Gersdorf, in: Schoch/Schneider (Hrsg.), Verwaltungsverfahrensgesetz Kommentar, 4, Aufl., 2024, § 59 Rn. 224.

가배상책임도 청구할 수도 있다(민법 제839조, 기본법 제34조).350)

공법상 계약이 민법 제118조에 따라 무효이거나 민법 제119조 또는 제120조에 의하여 취소되어 무효로 간주된 경우에는, 계약당사자는 계약상대방 또는 원인을 제공한 제3자에게 행정절차법 제62조 제2문, 민법 제122조에 의하여 손해배상을 청구할 수 있다.351) 그러나 손해배상청구는 일반적으로 신뢰이익(소극적 손해)으로 제한된다는 것이 통설352)이다. 이행이익(적극적 손해)의 배상은 계약의 무효를 규율한 입법 목적을 훼손할 수 있기 때문이다.

(3) 계약에 근거한 행정행위의 효력

행정청이 위법하지만 유효한 공법상 계약에 근거하여 행정행위를 발급한 경우, 그 계약은 비록 위법하더라도 행정행위의 법적 근거가 된다. 따라서 무효를 초래하지 않는 공법상 계약의 위법성은 행정행위에 영향을 미치지 않는다.353)

또한 행정청이 무효인 공법상 계약에 근거하여 행정행위를 발급하더라도 그 행정행위가 즉시 무효가 되는 것은 아니다. 행정행위는 행정절차법 제44조의 요건이 충족되는 경우에만 무효가 되기 때문이다.354) 그러나 무효인 공법상 계약은 행정행위의 법적 근거가 될 수 없다. 따라서 무효인 공법상 계약에 근거한 행정행위는 법률적합

---

350) Gurlit, Verwaltungsvertrag und Gesetz, 2000, S. 458 ff.
351) Schlette, Verwaltung als Vertragspartner, 2000, S. 567.
352) Fehling, in: Fehling/Kastner/Störmer (Hrsg.), a.a.O., § 59 Rn. 57; Siegel, in: Stelkens/Bonk/Sachs (Hrsg.), a.a.O., § 59 Rn. 57; Thiele, in: Pautsch/Hoffmann (Hrsg.), a.a.O., § 59 Rn. 51.
353) Ziekow/Siegel, Entwicklung und Perspektiven des Rechts des öffentlich-rechtlichen Vertrages - Teil 3 -, VerwArch 2004, 281 (297).
354) Reidt, Rechtsfolgen bei nichtigen städtebaulichen Verträgen, NVwZ 1999, 149 (151).

성원칙을 위반한 것으로 위법하다.[355]

　사인은 소송으로 위법한 행정행위의 취소를 구할 수 있고(행정법원법 제42조, 제113조 제1항), 행정청은 행정행위를 취소할 수 있다(행정절차법 제48조). 그러므로 무효인 공법상 계약에 근거한 행정행위의 경우, 계약의 무효로 즉시 무효가 되는 것은 아니다. 사인이 이에 대한 취소소송을 제기하거나 행정청이 이를 직권으로 취소하는 경우에만 효력을 상실하게 된다.[356]

5. 무효인 계약의 효력 유지

　공법상 계약이 전부 또는 일부무효인 경우(행정절차법 제59조 제3항), 계약의 효력을 유지하기 위한 다양한 방법이 고려될 수 있다. 그중 대표적인 것은 보충적 효력 유지 조항, 무효행위의 전환(민법 제140조), 무효행위의 추인(동법 제141조 제2항) 및 공정증서의 작성이 결여된 토지소유권 양도 또는 취득 계약에 관한 치유 규정(동법 제311조의b)이다. 이하에서 차례대로 살펴본다.

　첫째, 계약이 사후적으로 무효가 확정되면 법적 안정성에 불리하고 계약당사자도 이를 원하지 않는 경우가 있을 수 있다. 이러한 이유로 계약의 개별 부분의 무효가 나머지 계약의 효력에 영향을 미치지 않는다는 점을 내용으로 하는 보충적 효력 유지 조항은 일반적으로 가능하다.[357] 특히 이는 행정절차법 제59조 제3항(일부무효)에 의한 계약당사자의 계약 유지 의사를 증명하는 데 도움이 된

---

355) Stelkens, „Pacta sunt servanda" im deutschen und französischen Verwaltungsvertragsrecht, DVBl 2012, 609 (611).

356) Siegel, in: Stelkens/Bonk/Sachs (Hrsg.), a.a.O., § 59 Rn. 49.

357) Ziekow/Siegel, Entwicklung und Perspektiven des Rechts des öffentlich-rechtlichen Vertrages - Teil 3 -, VerwArch 2004, 281 (299).

다.358) 그러나 동 규정이 적용되기 위해서는 계약의 무효사유가 계약의 일부에만 영향을 미치고 다른 본질적인 계약 내용이나 계약 전체에 영향을 미치지 않아야 한다는 요건이 충족되어야 할 것이다.359)

둘째, 무효인 법률행위가 다른 법률행위의 요건을 충족하는 경우에 당사자가 무효를 알았다면 다른 법률행위의 효력 발생을 원하였으리라고 인정되는 때에는 그 행위의 효력이 발생한다(민법 제140조). 무효행위의 전환(Umdeutung) 규정은 공법상 계약에 준용될 수 있다(행정절차법 제62조 제2문).360) 하자 있는 행정행위의 전환에 관한 행정절차법 제47조는 여기에 준용되지 않는다. 그 구성요건이 행정행위에 맞추어져 있어 이를 공법상 계약에 준용하기 어렵기 때문이다.361)

민법 제140조는 형식상 무효 또는 실체법 위반으로 인한 무효인 공법상 계약 모두에 준용될 수 있다.362) 무효인 계약은 원래의 계약과 비교하여 효력이 확장되지 않는 한도에서 전환이 가능하지만, 그 범위 내에서는 다른 종류의 행정조치를 구성할 수도 있다. 즉, 무효인 공법상 계약은 다른 유효한 계약,363) 유효한 행정행위,364) 유효한 확약365)으로의 전환이 가능하다.

다만 개별 사안에 비추어 의심스러운 경우에는 무효인 계약을 행정행위 또는 확약으로 전환하는 것은 신중해야 한다. 동법 제59조에

---

358) Siegel, in: Stelkens/Bonk/Sachs (Hrsg.), a.a.O., § 59 Rn. 51.
359) Brosius-Gersdorf, in: Schoch/Schneider (Hrsg.), Verwaltungsverfahrensgesetz Kommentar, 4, Aufl., 2024, § 59 Rn. 198.
360) BVerwG NJW 1980, 2538.
361) Fehling, in: Fehling/Kastner/Störmer (Hrsg.), a.a.O., § 59 Rn. 40.
362) Brosius-Gersdorf, in: Schoch/Schneider (Hrsg.), Verwaltungsverfahrensgesetz Kommentar, 4, Aufl., 2024, § 59 Rn. 193.
363) Schlette, Die Verwaltung als Vertragspartner, 2000, S. 575.
364) VGH BW NVwZ-RR 1990, 225.
365) Fehling, in: Fehling/Kastner/Störmer (Hrsg.), a.a.O., § 59 Rn. 42.

의한 무효사유를 회피하는 결과를 낳을 수 있기 때문이다.366) 또한 체결된 계약의 무효를 알았다면 다른 유효한 법률행위를 원하였을 것이라는 요건(민법 제140조)에 비추어 볼 때, 무효의 전환은 일반적으로 계약당사자에게 유리한 다른 법률행위로 제한된다.367)

셋째, 무효인 계약이 계약당사자들에 의하여 추인되는 경우, 추인의 효과에 대한 계약당사자들의 의도가 불분명하다면 계약당사자들은 해당 계약이 처음부터 유효했다고 가정했을 때 각자가 얻었을 이익을 상대방에게 제공할 의무를 갖는다(민법 제141조 제2항). 무효인 계약의 추인 규정은 공법상 계약에도 준용될 수 있다(행정절차법 제62조 제2문, 민법 제141조 제2항).368) 추인은 원칙적으로 새로운 법률행위를 행한 것으로 보기 때문에 그 효력이 무효인 계약의 체결 시점으로 소급되는 것은 아니다(민법 제141조 제1항). 그러나 계약당사자들은 의심스러운 경우에는 계약이 처음부터 유효하였던 것과 동일한 지위가 인정된다. 따라서 이는 소급효가 있는 하자의 치유에 가깝다.369)

넷째, 민법 제311조의b는 공정증서의 작성을 요하는 토지소유권 양도 또는 취득 계약에 관하여, 서면방식이 준수되지 않은 경우에도 부동산소유권양도합의와 등기부에의 등기가 이루어지는 경우에는 계약 내용 전부가 유효해진다고 하여 독자적인 치유 규정을 두고 있다(민법 제311조의b). 이 규정 역시 공법상 계약에 준용될 수 있다.370)

---

366) Siegel, in: Stelkens/Bonk/Sachs (Hrsg.), a.a.O., § 59 Rn. 52.
367) Schlette, Die Verwaltung als Vertragspartner, 2000, S. 575.
368) Schliesky, in: Knack/Henneke (Hrsg.), a.a.O., § 62 Rn. 28.
369) BGHZ 107, 268.
370) Fehling, in: Fehling/Kastner/Störmer (Hrsg.), a.a.O., § 59 Rn. 37.

제3절 계약의 이행 단계

Ⅰ. 개설

공법상 계약에 관한 행정절차법의 규정은 계약의 이행에 대해서는 규정하지 않고 있다. 따라서 민법의 보충적 준용이 고려된다(제62조 제2문). 먼저 '보충적'이란 공법규정이 우선 적용되고 민법은 법의 공백이 있는 영역에만 적용된다는 점을 의미한다.[1] 행정절차법 제54조 이하의 규정들은 공법상 계약에 관하여 완결적인 형태로 규율하지 않고 있으므로 민법의 적용 영역은 상당히 폭넓고 불분명한 상태로 남아있다. 다음으로 '준용'이란 공법상 계약에 관하여 특별히 정하고 있는 법규정 또는 행정법의 일반원칙과 모순되지 않는 경우에만 민법이 적용될 수 있음을 의미한다. 즉, 민법이 공법상 계약에 아무런 수정 없이 포괄적으로 적용될 수는 없다.[2]

이를 정리하면, 먼저 개별 사안에서 공법이 규율하지 못하고 있는 법의 공백이 있는지, 따라서 민법에 의한 보충이 필요한지 여부를 검토하여야 한다. 민법이 특정 영역에 대해 공법보다 더 상세하게 규율하고 있다고 하더라도 공법이 그 해석상 해당 영역에 대해 공법상 계약의 성격에 적합하고 또한 종국적인 규율을 하고 있다면 민법은 보충 적용될 여지가 없다. 또한 법의 공백이 있다 하더라도 이를 규율하는 민법이 있는지, 있다면 그것이 수정 없이도 충분히 적합한지 아니면 수정된 형태로만 적용될 수 있는지는 개별 사안에

---

[1] Barczak, Verwaltungsschuldrecht, VerwArch 2018, 363 (373).
[2] Geis, Die Schuldrechtsreform und das Verwaltungsrecht, NVwZ 2002, 385 (386).

비추어 추가적으로 검토되어야 한다.3)

행정절차법 제62조 제2문에 의한 민법의 준용은 과거 또는 현재의 특정 시점의 법규정을 기준으로 하는 것이 아니라 준용 당시 적용되는 법규정을 기준으로 한다. 즉, 준용대상규정이 개정되면 개정된 법규정을 준용한다. 이에 따라 2001. 1. 11. 발효된 독일 채권법개혁법에 의한 민법의 개정은 공법상 계약에도 상당한 영향을 미쳤다. 다만 민법시행법(Einführungsgesetz zum Bürgerlichen Gesetzbuche) 제229조 §5 제1문에 의하면 2002. 1. 1. 이전에 발생한 계약관계에 대해서는 독일 구 민법이 계속 적용된다. 따라서 준용대상규정은 계약의 성립일을 기준으로 달라질 수 있다.4)

II. 일반적인 이행

계약의 이행과 그로 인한 채권관계의 소멸에 관한 민법규정들은 공법상 계약에 배제되거나 수정되는 부분 없이 그대로 준용된다(행정절차법 제62조 제2문).5) 공법상 계약이 성립하면 계약당사자들은 서로에게 계약상 합의된 급부를 지급하여야 한다(민법 제241조 제1문). 채무자의 의무는 일반적으로 변제(Erfüllung)에 의하여 소멸된다(민법 제362조 제1항). 민법상 변제란 채권자 또는 제3자에 대하여 채무에 좇은 급부가 이루어지는 것으로 이해된다(민법 제362조).

제3자에 대한 급부도 민법 제362조 제2항에서 명시하고 있는 바와 같이 변제로 취급될 수 있다. 그러나 이는 제3자가 채권자를 위

3) Siegel, in: Stelkens/Bonk/Sachs (Hrsg.), a.a.O., § 62 Rn. 21.
4) Christmann, Der öffentlich-rechtliche Vertrag mit privaten Dritten im Lichte der Schuldrechtsreform, 2010, S. 94.
5) Siegel, in: Stelkens/Bonk/Sachs (Hrsg.), a.a.O., § 62 Rn. 50, 55.

하여 급부를 수령할 권한이 있음을 전제로 한다. 그렇지 않으면 무권리자의 행위가 되어 권리자의 동의가 없으면 그에 대한 급부는 효력이 없다(민법 제185조 제1항). 다만 제3자가 처음에는 수령 권한이 없었을지라도 권리자가 이를 추인하였거나 제3자가 목적물을 취득 또는 상속받은 경우에는 변제의 효과가 발생할 수 있다(민법 제185조 제2항).

채무의 변제는 채무자의 의무를 소멸시키지만 곧바로 채권관계 전체를 소멸시키는 것은 아니다. 채권관계는 이를 구성하는 전체 의무가 소멸된 경우에만 비로소 소멸될 수 있다. 특히 부수의무 및 보호의무는 주된 의무가 이행된 이후에도 여전히 잔존하므로 주의할 필요가 있다.[6]

채무자의 변제에 따른 효과가 발생하면 증명책임의 전환이 이루어진다. 즉, 채권자가 변제로서 이행된 급부를 변제로서 수령한 경우에, 그 급부가 채무의 목적과 다르다거나 불완전하다는 것을 이유로 하여 그 급부에 변제로서의 효력을 부인하려고 하는 때에는, 채권자가 증명책임을 진다(민법 제363조). 채무자는 더 이상 채무에 좇아 급부를 제공하였음을 증명하지 않아도 된다.

의무의 소멸은 일반적으로 채무에 따른 급부의 실현으로 이루어진다. 그러나 대물변제와 상계라는 두 가지 중요한 방법도 있다. 대물변제(민법 제364조 제1항)는 채권자가 원래의 급부 대신 다른 것을 수령하여 채권관계를 소멸시키는 것으로, 쌍방의 계약상 합의가 필요하다. 이 경우 채무자는 권리하자나 물건하자에 대해 담보책임을 진다(민법 제365조). 한편 상계(민법 제387조)는 당사자들이 서로 동종의 급부에 관한 채무를 지는 경우, 이를 상호 상쇄하여 소멸시키는 방법이다. 상계의 요건으로는 채권의 쌍무성, 유사성, 집행가

---

6) Looschelders, Schuldrecht Allgemeiner Teil, 18, Aufl., 2020, § 17 Rn. 8.

능성, 유효성, 변제가능성 및 상계의 의사표시가 필요하며, 요건이 충족되면 채무는 상계상황 발생 시점으로 소급하여 대등액에서 소멸한다(민법 제389조).

III. 채무불이행

1. 채무불이행의 유형

쌍무적 채권관계는 급부의 교환을 목적으로 한다. 채권자는 채권관계에 의하여 채무자에게 급부를 청구할 수 있다(민법 제241조 제1항 제1문). 채무자가 채권자에게 채무를 변제 또는 상계하면 채권관계는 소멸한다(행정절차법 제62조 제2문, 민법 제362조 제1항, 제387조).

그러나 다른 경우를 상정할 수 있다. 채무자가 계약상 의무를 이행할 수 없거나[이행불능(Unmöglichkeit)], 합의한 바와 같이 이행하지 않거나[불완전이행(Schlechtleistung)], 정해진 기한 내에 이행하지 않거나[이행지체(Verzug)], 채권관계상 채권자의 다른 이익을 침해하는 경우가 발생할 수 있다[계약체결상의 과실책임(culpa in contrahendo), 부수의무 위반(Nebenpflichtverletzung)]. 이 경우를 통틀어 '채무불이행'(Leistungsstörung)[7]이라 하고 이를 규율하는 민법을 채무불이행

---

[7] 급부장애라고 번역되기도 하나 우리나라에서 통용되는 채무불이행이라는 용어를 선택하였다. 이를 포함한 민법 용어의 번역에 관하여는 미하엘 쾨스터(김재형 역), 독일의 채권법개정, 서울대학교 법학(제42권 제1호), 2001, 288-302면; 카나리스(최봉경 역), 독일 개정 채권법상의 신급부장애론, 법학연구(제12권 제3호), 2002, 298-313면; 양창수, 민법전 : 총칙·채권·물권, 박영사, 2021을 참조하였다.

법이라 한다. 이하에서는 채무불이행의 유형에 따라 공법상 계약에 준용되거나 준용되지 않는 민법규정을 구체적으로 검토한다.

(1) 이행불능

1) 준용 범위

'이행불능'은 채무불이행의 가장 대표적인 경우이다. 행정절차법에는 이행불능 시 계약의 효력을 규율하는 규정이 존재하지 않으므로 민법의 준용가능성과 준용 범위를 분석할 필요가 있다. 급부가 채무자 또는 모든 사람에게 불능인 경우를 의미하는 이행불능이 성립하는 경우, 그 급부에 대한 청구권이 배제되어 계약상 일차적 의무가 소멸된다(민법 제275조 제1항). 다만 계약이 무효가 되는 것은 아니다. 계약상 이차적 의무(예: 원상회복의무, 손해배상의무)가 남아있기 때문이다.

민법 제275조 제1항은 원시적·후발적 불능, 사실적·법적 불능, 객관적·주관적 불능을 가리지 않고 모든 형태의 불능에 적용된다.[8] 이는 특히 원시적·객관적 불능의 경우에 의미가 있다. 독일 구 민법 제306조는 원시적·객관적 불능인 급부를 목적으로 하는 계약은 무효로 규율하였으나 독일 구 민법 제306조가 삭제되고 민법 제311조의a 제1항[9]이 신설되면서 원시적·객관적 불능이 이행불능에 포함되었다. 즉, 민법 제311조의a 제1항에 의하면 원시적·객관적 불능이 있어도 사법상 계약은 여전히 유효하고 계약의 이차적 의무가 문제가 될 뿐이다. 다만 민법 제311조의a 제1항이 공법상 계약에도 그대

---

[8] Geis, Die Schuldrechtsreform und das Verwaltungsrecht, NVwZ 2002, 385 (388).

[9] 민법 제311조의a(계약 체결시의 급부장애) ① 채무자가 제275조 제1항 내지 제3항에 따라 급부할 필요가 없고 또는 그 급부장애가 계약 체결시 이미 존재하고 있었다는 사정은 계약의 유효에 영향을 미치지 아니한다.

로 준용될 수 있는지는 아래와 같이 검토가 필요하다.

첫째, 행정절차법상 사실상의 이유로 어느 누구라도 체결할 수 없는 계약은 무효이다(행정절차법 제59조 제2항, 제44조 제2항 제4호). 동 규정은 공법상 종속계약에 적용되는 무효사유로 계약의 원시적·객관적 불능을 의미하는 것으로 이해된다.10) 따라서 공법상 종속계약이 원시적·객관적으로 불능인 경우에는 동 규정이 종국적으로 적용되고 민법 제311조의a는 준용될 수 없다.11) 결국 행정청 또는 사인이 종속계약상 채무자로서 원시적·객관적으로 불능한 급부를 약정한 경우, 공법상 계약은 무효이고 계약상대방은 채무자에게 귀책사유가 있는 경우 그에게 신뢰이익의 배상을 구할 수 있을 뿐이다.12)

둘째, 공법상 대등계약이 원시적·객관적으로 불능한 경우의 취급에 대해서는 견해의 대립이 있다. 일부 견해13)는 독일 행정법의 특수성을 고려할 때 모든 유형의 공법상 계약에 대하여 일률적인 법적 규율이 필요하므로 대등계약에도 종속계약의 무효사유인 행정절차법 제44조 제2항 제4호가 적용되어야 하고(동법 제59조 제2항), 그렇지 않을 경우 법률적합성원칙에 반할 수 있다고 주장한다. 그러나 통설14)은 행정절차법 제59조 제2항 제1호가 종속계약에서 사인의 보호 필요성을 고려하여 특별히 동법 제44조 세2항 제4호를 적용하려는 것임을 고려할 때, 종속계약과 대등계약에 대한 다른 법적

---

10) Spieth, in: Bader/Ronellenfitsch (Hrsg.), a.a.O., § 59 Rn. 28.

11) Gündling, Modernisiertes Privatrecht und öffentliches Recht, 2006, S. 335 f.

12) Siegel, in: Stelkens/Bonk/Sachs (Hrsg.), a.a.O., § 62 Rn. 39.

13) Ludorf, Die Schuldrechtsreform und die verwaltungsrechtlichen Verträge, 2005, S. 44.

14) Christmann, Der öffentlich-rechtliche Vertrag mit privaten Dritten im Lichte der Schuldrechtsreform, 2010, S. 128; Geis, Die Schuldrechtsreform und das Verwaltungsrecht, NVwZ 2002, 385 (388); Tegethoff, in: Kopp/Ramsauer (Hrsg.), a.a.O., § 62 Rn. 16.

취급이 문제가 되지 않는다고 본다. 따라서 원시적·객관적 불능인 대등계약에는 동법 제44조 제2항 제4호가 적용되지 않고 민법 제311조의a가 준용된다. 원시적·객관적 불능인 대등계약은 이행불능 상태가 되지만 무효가 되는 것은 아니다.

이상의 논의를 종합하면, 공법상 계약에서의 이행불능의 범위는 종속계약과 대등계약을 나누어 보아야 한다. 종속계약의 이행불능은 원시적·객관적 불능을 제외한 나머지 불능을 의미한다. 이는 행정절차법 제44조 제2항 제4호가 우선 적용되어 민법 제331조의a 제1항이 준용되지 않기 때문이다. 반면, 대등계약의 이행불능은 사법상 계약과 같이 모든 불능을 포함한다.

2) 사정변경에 의한 변경 또는 해지와의 관계

이행불능(민법 제275조)과 사정변경으로 인한 계약의 변경 또는 해지(행정절차법 제60조 제1항 제1문)의 관계에 대하여도 견해의 대립이 있다. 쟁점은 행정절차법 제60조 제1항 제1문의 적용 대상에 민법 제275조에서 규율하는 이행불능이 포함되는지 여부에 있다.

이에 관하여는 크게 세 견해가 있다. 먼저 행정절차법 제60조 제1항 제1문의 적용 대상에 이행불능이 포함된다는 점을 전제로 하여, ① 행정절차법 제60조 제1항 제1문의 적용우위를 주장하는 견해[15] 및 ② 사인에게 양 규정의 적용선택권을 인정하여야 한다는 견해[16]가 있고, 이와는 반대로 ③ 행정절차법 제60조 제1항 제1문의 적용 대상에 이행불능이 포함되지 않고 양 규정이 이행불능을 기준으로 배타적 관계에 있다는 견해가 있다.

통설[17] 및 판례[18]는 ③ 견해를 취하고 있다. 이 견해는 행정절차

---

[15] Sanden, Die Anpassung und Kündigung öffentlich-rechtlicher Verträge am Beispiel des Altlastensanierungsvertrags, NVwZ 2009, 491.

[16] Gurlit, in: Ehlers/Pünder (Hrsg.), a.a.O., § 33 Rn. 5.

법 제60조 제1항 제1문의 적용 대상은 공법상 계약의 기초가 된 사정의 본질적 변경이 의무의 이행가능성에 영향을 미치지 않는 경우로 한정된다고 본다. 공법상 계약의 본질적 변경으로 의무의 이행이 불능에 이른 경우에는 행정절차법 제60조 제1항 제1문이 적용되지 않고 민법 제275조에 의한 이행불능의 법리만 준용된다는 것이다. 채무자는 이행불능에 이른 경우 자신의 의무에서 면제되고 채권자는 채무자의 귀책사유 여부에 따라 채무불이행의 효과를 주장할 수 있을 뿐이라고 본다(민법 제280조, 제283조, 285조, 제311조, 제326조 등).

(2) 불완전이행

채무불이행의 두 번째 유형은 '불완전이행'이다. 채무자가 급부를 이행하였지만 채무에 좇아 이행하지 않은 경우를 의미한다(민법 제281조 제1항, 제323조 제1항). 불완전이행에 관한 별도의 규정이 없는 경우에는 동법 제281조 제1항(요건) 및 동법 제280조 제1항(효과)이 적용된다. 매매계약과 도급계약에서는 불완전이행에 대한 별도 규정이 있다. 매매계약에서 매도인은 물건하자와 권리하자가 없는 물건을 제공해야 하며(민법 제433조 제1항), 도급계약에서 수급인은 하자 없는 일을 완성할 의무가 있다(동법 제633조 제1항). 물건하자는 약정된 성상을 갖추지 못한 경우에 발생하며(동법 제434조 제1항 제1문, 제633조 제2항 제1문), 약정이 없으면 계약상 전제된 용도나 통상의 용도에 적합한지를 검토한다(동법 제434조 제1항 제

---

17) Fehling, in: Fehling/Kastner/Störmer (Hrsg.), a.a.O., § 60 Rn. 6; Mann, in: Mann/Sennekamp/Uechtritz (Hrsg.), a.a.O., § 60 Rn. 9; Schliesky, in: Knack/Henneke (Hrsg.), a.a.O., § 60 Rn. 10; Tegethoff, in: Kopp/ Ramsauer (Hrsg.), a.a.O., § 60 Rn. 13.
18) BVerwG NJW 1979, 327.

2문, 제633조 제2항 제2문). 종류가 다르거나 과소한 수량의 물건 인
도(동법 제434조 제3항), 또는 다른 일이나 과소한 일의 완성(동법
제633조 제2항 제3문)도 물건하자로 간주된다. 권리하자는 제3자가
물건이나 일에 대해 권리를 행사할 수 있는 경우에 발생한다(동법
제435조 제1문, 제633조 제3항). 하자의 증명책임은 채권자에게 있
다(동법 제363조).이 발생한다.[19]

불완전이행에 관한 민법규정이 공법상 종속계약의 하위 유형인
교환계약에 준용될 수 있는지에 관하여 의문을 제기하는 일부 견
해[20]가 있다. 이 견해는 행정절차법 제56조 제1항에 의한 실체적 관
련성 및 상당성 요건이 계약상대방을 충분히 보호할 수 있다고 본
다. 예를 들어, 행정청이 계약상 합의에 따라 발급한 수익적 행정행
위가 원래 발급을 약정한 것과 차이가 있거나 또는 제공된 물건의
실제 성상이 약정된 성상과 다른 경우, 이는 행정절차법 제56조 제1
항의 상당성 요건에 위배된 것이므로 계약당사자는 행정청을 상대로
이행을 청구할 수 있거나 또는 계약이 무효가 될 수 있다는 것이다.

그러나 통설[21]은 불완전이행에 관한 민법규정이 공법상 계약에
포괄적으로 준용된다고 본다. 민법상 불완전이행 관련 규정과 행정
절차법 제56조 제1항의 목적 및 규율 대상, 규율 기준에는 차이가
있기 때문에 동시에 적용 및 준용될 수 있다는 것이다. 특히 행정절
차법 제56조 제1항은 공법상 대등계약에는 적용되지 않으므로 종속

---

19) Faust, in: Hau/Poseck (Hrsg.), BeckOK Bürgerliches Gesetzbuch kommentar,
69, Aufl., 2024, § 435 Rn. 10; Looschelders, Schuldrecht Allgemeiner Teil,
18, Aufl., 2020, § 22 Rn. 12.
20) Zezschwitz, Rechtsstaatliche und prozessuale Probleme des Verwaltungs-
privatrechts, NJW 1983, 1873 (1876).
21) Christmann, Der öffentlich-rechtliche Vertrag mit privaten Dritten im Lichte
der Schuldrechtsreform, 2010, S. 139; Geis, Die Schuldrechtsreform und das
Verwaltungsrecht, NVwZ 2002, 385 (389).

계약 및 대등계약에 대한 규율의 통일성 측면에서도 공법상 계약 전반에 민법의 불완전이행 규정이 준용될 필요가 있다고 해석한다.

(3) 이행지체

채무불이행의 또 다른 유형은 급부의 이행이 '지체'되는 경우이다. 이는 채무자가 이행기가 도래한 급부를 이행하지 아니하여 채권자가 채무자에게 이행 최고를 하였음에도 채무자가 이행하지 아니한 경우를 의미한다(민법 제281조 제1항 제1문, 제286조 제1항, 제323조 제1항).

이행지체가 성립하려면 채무자가 채무에 좇은 이행을 적시에 하지 않아야 하며, 이는 주로 이행조치의 실행 시점에 달려 있다.[22] 채무자에게 귀책사유가 있어야 하며(민법 제286조 제4항), 채권자는 이행기 도래 후 이행 최고를 해야 한다(동법 제286조 제1항). 다만 일정 사정 시 최고를 생략할 수 있다(동법 제286조 제2항). 이행지체 시 채권자는 손해배상 청구(동법 제281조 제1항)와 계약 해제(동법 제323조 제1항)가 가능하다. 수령지체(동법 제293조)는 채권자가 적식으로 이행된 급부를 수령하지 않는 경우를 말한다. 이는 일반적으로 책무 위반에 불과하여 손해배상이나 해제 책임이 발생하지 않으나, 매매계약(동법 제433조 제2항)과 도급계약(동법 제640조 제1항)에서는 명시적 수령의무가 있어 채무불이행이 인정될 수 있다.[23]

통설[24] 및 판례[25]는 민법상 이행지체에 관한 규정이 공법상 계

---

[22] Looschelders, Schuldrecht Allgemeiner Teil, 18, Aufl., 2020, § 22 Rn. 8.

[23] Lorenz, in: Hau/Poseck (Hrsg.), BeckOK Bürgerliches Gesetzbuch kommentar, 69, Aufl., 2024, § 293 Rn. 1.

[24] Bauer, in: Schoch/Schneider (Hrsg.), Verwaltungsverfahrensgesetz Kommentar, 4, Aufl., 2024, § 62 Rn. 77; Siegel, in: Stelkens/Bonk/Sachs (Hrsg.), a.a.O., § 62 Rn. 41.

약에도 준용된다고 본다. 공법상 계약에서 채무자지체로 인한 법적 문제는 실제로 발생하고 있다. 연방행정법원에 의하면, 행정청이 토지소유자에게 약정일까지 건축허가의 발급을 약속하고 토지소유자는 건축허가가 발급되면 행정청에게 금원을 지급하기로 약속한 사안에서, 토지소유자가 이를 신뢰하여 제3자와 주택건축에 관한 도급계약을 체결하였음에도 행정청이 기한 내에 그의 채무를 이행하지 않은 경우, 토지소유자는 행정청에게 이행지체로 인한 손해(건축허가의 지연으로 인하여 발생한 주택건축비용의 상승분)의 배상을 청구할 수 있다.[26]

(4) 계약체결상의 과실책임

독일에서는 2001년 민법이 개정되기 이전에도 계약 협상이 시작되면 계약 전에도 이미 특정한 보호의무가 발생하고 이를 위반하면 계약상 책임이 발생한다는 원칙이 발전되어 왔다. 이를 계약체결상의 과실책임원칙이라 한다.[27] 이 원칙이 발전하게 된 배경에는 계약체결단계에서 발생한 잘못에 대하여 불법행위책임만으로는 상대방을 적절히 보호할 수 없다는 문제의식이 있었다. 이후 민법이 2001년 개정되면서 동법에 제311조 제2항이 신설되어 이 원칙이 성문화되었다.

동 규정에 의하면, 계약 교섭의 개시, 계약 체결을 위한 접촉 또는 이들과 유사한 거래상 접촉으로 인하여 계약 전 법률상 채권관계가 발생하고, 상대방의 권리를 배려하여야 할 의무가 발생한다. 이를 위반하면 민법 제280조 제1항, 제311조 제2항에 의하여 손해

25) BVerwG NVWZ 1986, 554.
26) BVerwG NVwZ 2000, 1285.
27) Tegethoff in: Kopp/Ramsauer (Hrsg.), a.a.O., § 62 Rn. 20.

배상책임이 발생한다. 이러한 의무 및 책임의 내용을 구체화하는 데
에는 기존의 학설 및 판례에서 발전시켜 온 계약체결상의 과실책임
원칙에 관한 내용이 그대로 적용된다.

계약체결상의 과실책임원칙이 공법상 계약에도 적용된다는 점은
2001년 있었던 민법 개정 이전부터 인정되어 왔다.[28] 따라서 이 원
칙을 성문화한 민법 제311조 제2항도 동법 제280조 제1항과 함께
공법상 계약에 원칙적으로 준용된다.[29]

다만 민법 제311조 제2항에 열거된 계약 전 채권관계를 성립시
키는 모든 유형들이 공법상 계약에 전부 준용될 수 있을지에 대해
서는 논란이 있다. 통설[30]은 동 규정에서 계약 체결을 위한 접촉(동
법 제311조 제2항 제2호) 및 유사한 거래상 접촉(동법 제311조 제2
항 제3호)은 공법상 계약에 준용되지 않는다고 본다. 이들 유형은
아직 채권관계의 성립을 위한 기초로서의 계약 교섭이 이루어지기
전 단계라는 점에서 계약 교섭의 개시(동법 제311조 제2항 제1호)와
구별되는데, 공법영역에서는 행정청과 사인 간의 접촉이 행정행위
에 의한 규율로 진행되어 계약 교섭 및 체결로 이어지지 않을 수 있
기 때문이다. 반대로 처음에는 행정행위의 발급을 목적으로 한 행정
절차라도, 그 진행 과정에서 계약에 의한 규율이 더 의미 있고 합목
적적인 것으로 밝혀진 경우에는 계약 교섭으로 전환될 수 있다.[31]
따라서 공법상 계약에 있어서 민법 제311조 제2항에 의한 계약 전

---

28) BVerwG BeckRS 1973, 31288880.
29) Kellner, Fallgruppen der culpa in contrahendo im Verwaltungsrecht, DÖV
    2011, 26 (26).
30) Gündling, Modernisiertes Privatrecht und öffentliches Recht, 2006, S. 344;
    Mann, in: Mann/Sennekamp/Uechtritz (Hrsg.), a.a.O., § 62 Rn. 47; Siegel,
    in: Stelkens/Bonk/Sachs (Hrsg.), a.a.O., § 62 Rn. 46.
31) Kellner, Fallgruppen der culpa in contrahendo im Verwaltungsrecht, DÖV
    2011, 26 (27).

채권관계는 행정청과 사인 간의 접촉이 적어도 동법 제311조 제2항 제1호에 의한 계약 교섭에 이른 경우에만 성립한다고 본다. 다만 계약 교섭이 실제 계약으로 이어졌는지는 여부는 계약체결상의 과실책임의 성립에 영향을 미치지 않는다.[32]

계약체결상의 과실책임이 문제가 된 사례로는 먼저 일방당사자가 계약 교섭을 통하여 상대방에게 계약 체결에 관한 정당하고 특별한 신뢰를 형성한 경우를 들 수 있다.[33] 이 경우, 계약 체결이 계약 교섭으로 인하여 확실한 것으로 인정되어 당사자가 이를 신뢰하여 이미 비용을 지출하였음에도, 상대방이 정당한 사유 없이 계약 교섭을 중단하는 경우에는 계약체결상의 과실책임이 인정된다.[34]

계약의 일방당사자가 외관상 존재하는 공법상 계약의 존속을 신뢰하고 비용을 지출하였으나 그 계약이 실제로는 법적 효력이 없는 경우에도 계약체결상의 과실책임이 발생할 수 있다.[35] 이 경우 책임의 근거는 계약의 잘못된 외관을 창출한 당사자가 이를 제거하고 상대방에게 계약의 불성립을 알려야 할 신의성실원칙상의 의무를 위반하였다는 점에 있다.[36] 여기에는 공법상 계약이 서면방식(행정절차법 제57조)을 준수하지 않아 계약이 성립하지 않았음에도 계약상대방에게 이를 알리지 않았거나 또는 계약이 유효한 것처럼 가장한 경우가 해당한다.[37]

계약당사자가 공법상 계약에 요구되는 제3자 및 행정청의 동의가 결여되었음에도 계약상대방에게 이를 알리지 않은 경우가 있을

32) BGH NVwZ 2001, 116.
33) Siegel, in: Stelkens/Bonk/Sachs (Hrsg.), a.a.O., § 62 Rn. 47.
34) OVG Koblenz NVwZ-RR 2004, 241.
35) BVerwG BeckRS 1973, 31288880.
36) Bauer, in: Schoch/Schneider (Hrsg.), Verwaltungsverfahrensgesetz Kommentar, 4. Aufl., 2024, § 62 Rn. 52.
37) BGH NJW 1975, 43.

수 있다. 그로 인하여 계약상대방에게 계약의 효력에 대한 부당한 신뢰를 형성하게 하였다면 계약체결상의 과실책임이 인정될 수 있다.38)

(5) 부수의무 위반

채무불이행의 마지막 유형은 '부수의무 위반'이다. 채권관계는 그 내용에 좇아 각 당사자에게 상대방의 권리, 법익 및 이익에 배려할 의무를 부과할 수 있다(민법 제241조 제2항). 이는 판례와 학설에서 발전하여 온 '적극적 채권침해'(positive Vertragsverletzung)를 성문화한 것이다.39)

적극적 채권침해란 일반적으로 이행불능 또는 이행지체에 해당하지 않는 채권관계로 인하여 발생하는 모든 의무의 위반을 말한다.40) 부수의무는 이와 같이 다양한 의무들의 집합으로 이루어진다. 여기에는 계약 체결 전·후의 의무가 모두 포함된다.

계약 체결 후 부수의무의 대표적인 예로는 '보호의무'가 있다. 보호의무란 계약상대방이 채권관계의 전체적인 이행 과정에서 최대한 손해를 입지 않도록 할 의무를 의미한다.41) 또한 계약 체결 전 부수의무의 대표적인 예로는 '설명의무'가 있다. 설명의무란 계약당사자들이 계약 체결과 관련하여 존재하거나 발생가능한 모든 위험에 대하여 서로에게 알릴 의무를 의미한다.42) 설명의무를 위반하면 민법

---

38) BGHZ 142, 51.
39) Sutschet, in: Hau/Poseck (Hrsg.), BeckOK Bürgerliches Gesetzbuch kommentar, 69, Aufl., 2024, § 241 Rn. 6.
40) Looschelders, Schuldrecht Allgemeiner Teil, 18, Aufl., 2020, § 20 Rn. 11.
41) Christmann, Der öffentlich-rechtliche Vertrag mit privaten Dritten im Lichte der Schuldrechtsreform, 2010, S. 155.
42) Sutschet, in: Hau/Poseck (Hrsg.), BeckOK Bürgerliches Gesetzbuch kommentar, 69, Aufl., 2024, § 241 Rn. 99.

제280조, 제311조에 의하여 계약체결상의 과실책임이 발생할 수도 있다. 부수의무 위반은 서로 중첩될 수 있다.[43]

민법상 부수의무 위반과 관련된 규정들은 공법상 계약에도 준용된다.[44] 따라서 공법상 계약의 당사자는 계약 교섭 과정에서 상대방에게 발생할 수 있는 위험에 대하여 알려야 할 의무가 있고 계약 체결 이후에도 이러한 위험으로부터 상대방을 보호할 의무가 있다. 이는 행정청과 사인 모두에게 적용된다.

다만 행정청에게는 행정절차법 제25조에 따라 조언 및 정보제공 의무가 있으므로, 행정청은 계약 교섭 과정에서 상대방에게 계약 체결과 관련된 모든 위험을 상세히 알리고 손해 발생을 방지할 특별한 의무가 있다.[45] 예를 들어 행정청은 공법상 계약의 효력에 영향을 줄 수 있는 제3자 또는 행정청이 있는 경우 계약상대방에게 이를 알려야 한다.

2. 채무불이행의 효과

행정절차법은 채무불이행의 유형뿐만 아니라 채무불이행 발생시의 법적 효과에 대하여도 달리 규정하지 않고 있다. 따라서 이에 관한 민법의 준용가능성을 상세히 검토할 필요가 있다. 채무불이행의 효과로는 손해배상, 비용상환, 해제가 주로 논의된다.

---

[43] Christmann, Der öffentlich-rechtliche Vertrag mit privaten Dritten im Lichte der Schuldrechtsreform, 2010, S. 156.

[44] Geis, Die Schuldrechtsreform und das Verwaltungsrecht, NVwZ 2002, 385 (389); Siegel, in: Stelkens/Bonk/Sachs (Hrsg.), a.a.O., § 62 Rn. 42.

[45] Christmann, Der öffentlich-rechtliche Vertrag mit privaten Dritten im Lichte der Schuldrechtsreform, 2010, S. 156.

(1) 손해배상

채무불이행에 대한 손해배상은 민법 제280조 제1항에 근거한다. 채무자의 책임이 추정되며, 채무자는 책임이 없음을 증명해야 한다. 단순한 손해배상(동법 제280조 제1항)은 기본 구성요건으로, 채권자는 이행과 동시에 청구할 수 있다. 손해배상의 내용은 동법 제249조 이하에 따른다.[46] 이행지체로 인한 지연배상(동법 제280조 제2항, 제286조)은 채무자의 책임이 강화되어 모든 과실과 우연에 대해 책임을 진다(동법 제287조).[47] 급부에 갈음한 손해배상(동법 제280조 제3항)은 이행지체와 불완전이행(동법 제281조), 부수의무 위반(동법 제282조), 이행불능(동법 제283조)의 경우에 청구할 수 있다.[48]

이상과 같은 민법상 손해배상 관련 규정들은 공법상 계약에도 그대로 준용된다. 공법상 계약의 채권자는 채무자가 주된 급부 또는 부수의무를 유책하게 위반한 경우 채무자에게 위와 같은 종류의 손해배상을 청구할 수 있다.[49]

다만 채무자가 공법상 계약의 직접적인 내용이 아닌 공법규정(예: 자연보호법)을 위반한 경우가 있을 수 있다. 이 경우에도 민법 제280조 제1항에 의한 채무불이행이 성립하여 채무자의 손해배상책임이 발생할 수 있는지에 대해서는 견해의 대립이 있다.

일부 견해[50]는 손해배상책임의 성립을 긍정한다. 계약당사자는

---

46) Lorenz, in: Hau/Poseck (Hrsg.), BeckOK Bürgerliches Gesetzbuch kommentar, 69, Aufl., 2024, § 280 Rn. 46.

47) Lorenz, in: Hau/Poseck (Hrsg.), BeckOK Bürgerliches Gesetzbuch kommentar, 69, Aufl., 2024, § 287 Rn. 1.

48) Looschelders, Schuldrecht Allgemeiner Teil, 18, Aufl., 2020, § 25 Rn. 7; Lorenz, in: Hau/Poseck (Hrsg.), BeckOK Bürgerliches Gesetzbuch kommentar, 69, Aufl., 2024, § 282 Rn. 3.

49) Geis, Die Schuldrechtsreform und das Verwaltungsrecht, NVwZ 2002, 385 (387 f.); Siegel, in: Stelkens/Bonk/Sachs (Hrsg.), a.a.O., § 62 Rn. 42, 43.

공법상 계약에 따른 상대방의 법적 지위를 존중하고 계약상 의무를 이행하여야 할 뿐만 아니라 공법상 계약을 규율하는 법규범 역시 준수하여야 하기 때문이다. 특히 행정청의 경우, 공법규정의 위반은 법률적합성원칙에 의하여 이미 객관적으로 존재하는 의무를 위반한 것으로 인정되고 이는 계약관계에도 적용될 수 있다고 본다. 따라서 공법규정의 위반이 공법상 계약에 직접적인 영향을 미치는지 여부와 관계없이 행정주체의 손해배상책임이 발생할 수 있다는 입장이다.

그러나 통설[51]은 민법 제280조 제1항이 "채권관계상의 의무"(eine Pflicht aus dem Schuldverhältnis)를 위반한 경우 손해배상을 청구할 수 있다고 명시하고 있으므로, 채권자에게 채권관계에 기하여 주관적 공권을 부여하는 법규정의 위반 시에만 손해배상책임이 성립할 수 있다고 본다. 다만 위 법규정은 민법 제134조(법률상 금지)에 의한 강행규정에 해당하지 않는 것으로 한정된다. 민법 제134조를 위반한 경우 공법상 계약은 무효가 되므로(행정절차법 제59조 제1항, 민법 제134조), 계약의 유효를 전제로 하는 채무불이행 및 손해배상에 관한 민법규정들은 애초에 준용될 수 없기 때문이다.[52] 즉, 민법 제134조를 위반한 경우에는 공법상 계약의 무효로 인한 손해배상이 문제가 될 수 있을 뿐이다.

---

50) Christmann, Der öffentlich-rechtliche Vertrag mit privaten Dritten im Lichte der Schuldrechtsreform, 2010, S. 182.

51) Bauer, in: Schoch/Schneider (Hrsg.), Verwaltungsverfahrensgesetz Kommentar, 4, Aufl., 2024, § 62 Rn. 76; Geis, Die Schuldrechtsreform und das Verwaltungsrecht, NVwZ 2002, 385 (389); Schliesky, in: Knack/Henneke (Hrsg.), a.a.O., § 62 Rn. 41.

52) Mann, in: Mann/Sennekamp/Uechtritz (Hrsg.), a.a.O., § 62 Rn. 35; Siegel, in: Stelkens/Bonk/Sachs (Hrsg.), a.a.O., § 62 Rn. 40;

(2) 비용상환

채권자가 채무자의 채무불이행으로 인하여 실질적인 손해를 입지 않아 손해배상을 청구할 수 없거나 또는 손해액 산정의 어려움 등의 사정으로 손해배상 청구를 원치 않는 경우가 있을 수 있다. 이 경우 채권자가 급부의 획득을 신뢰하여 비용을 지출하였고 또 그 지출이 상당한 경우에는 채무자에게 그 비용의 배상을 청구할 수 있다(민법 제284조 제1문). 이 비용은 채권자 자신의 이익을 위한 것이어야 하며, 합리적으로 예상 가능해야 한다.[53] 비용상환청구권은 채무자의 채무불이행을 전제로 하지만, 채무불이행이 없더라도 비용지출의 목적을 달성할 수 없었을 경우에는 청구할 수 없다(동법 제284조 제2문). 이에 대한 증명책임은 채무자에게 있다.[54]

민법의 비용상환 관련 규정은 공법상 계약에도 준용된다.[55] 이는 특히 행정청에 실질적인 의미가 있다. 행정청이 공법상 계약을 체결하는 주된 목적은 공익 실현에 있다. 예를 들어, 도시계획법에 따른 계약적 협력에서 행정청은 도시계획 실현이라는 공적 목적을 위해 계약을 체결한다. 이처럼 행정청이 재산상 이득보다는 계약 이행을 통한 공적 목적 달성을 의도하는 경우, 실질적 손해 산정이 어려울 수 있다. 지방자치단체와 민간사업자 간의 기반시설계약을 예로 들면, 민간사업자는 기반시설 설치, 일자리 창출, 법정 기준을 초과하는 환경기준 준수를 약정하고, 지방자치단체는 부지정리절차 시행과 건설기준계획 수립을 약정할 수 있다. 이때 민간사업자가 계약상 채무를 이행하지 않으면, 지방자치단체의 손해가 미설치된 기반시

---

53) BGH NJW 2005, 2848.

54) Lorenz, in: Hau/Poseck (Hrsg.), BeckOK Bürgerliches Gesetzbuch kommentar, 69, Aufl., 2024, § 284 Rn. 25.

55) Christmann, Der öffentlich-rechtliche Vertrag mit privaten Dritten im Lichte der Schuldrechtsreform, 2010, S. 186.

설에 한정되는지, 실행한 도시계획절차와도 관련되는지 불분명할
수 있다. 이러한 상황에서 지방자치단체는 손해배상 청구 대신, 민
법 제284조에 근거하여 실제 지출한 비용의 상환을 청구할 수 있다.
이는 공익 목적의 계약에서 발생할 수 있는 손해 산정의 어려움을
해결하고, 행정청의 신뢰 비용을 보호하는 방안이 될 수 있다.[56]

(3) 해제

쌍무계약에서 채무자의 채무불이행이 있는 경우 채권자는 계약
을 해제할 수 있는 권리가 있다(민법 제323조 내지 제326조). 해제권
에 대해서는 손해배상청구권과 달리 채무자의 귀책사유가 요구되지
않는다. 이 점은 2001년 민법 개정으로 변경된 부분이다.[57]

민법은 채무불이행 유형별로 해제권 근거 규정을 마련하고 있다.
이행지체와 불완전이행은 민법 제323조가 적용되며, 채권자가 상당
한 기간을 정했으나 도과된 경우 계약을 해제할 수 있다(동법 323조
제1항 제2문). 예외적인 경우 기간 설정이 불필요하다(동법 제323조
제2항). 부수의무 위반은 동법 제324조가 적용되며, 채무자의 급부
이행을 기대할 수 있는지가 중요하다.[58] 이행불능은 동법 제326조
가 적용되며, 기간 설정이 불필요하고 채무자의 반대급부청구권이
소멸한다(동법 제326조 제1항). 해제 시 당사자들은 수령한 급부를
반환하고 수취한 수익을 인도해야 한다(동법 제346조 제1항). 채권
자는 해제권 행사와 동시에 손해배상청구권을 행사할 수 있다(동법
제325조, 제346조 제4항).

공법상 계약의 해제에 관하여도 민법상 관련 규정이 일반적으로

---

[56] Gündling, Modernisiertes Privatrecht und öffentliches Recht, 2006, S. 376.
[57] Geis, Die Schuldrechtsreform und das Verwaltungsrecht, NVwZ 2002, 385 (387).
[58] Looschelders, Schuldrecht Allgemeiner Teil, 18. Aufl., 2020, § 34 Rn. 2.

준용된다.[59] 다만 독일 구 민법과 달리 채무자의 채무불이행에 대한
귀책사유가 없는 경우에도 채권자의 해제권을 인정한 독일 개정 민
법의 규정을 공법상 계약에 그대로 준용할 수 있는지에 대하여 의
문을 제기하는 견해[60]가 있다. 특히 공법상 종속계약의 경우 사인의
보호 필요성이 큰데, 행정청이 사인에게 귀책사유가 없는 경우에도
일방적으로 계약관계를 해소할 수 있다고 한다면 사인의 이해관계
에 상당한 악영향을 끼칠 수 있기 때문이다.

그러나 이러한 우려에도 불구하고, 민법상 해제 규정을 공법상
계약관계에 준용할 수 있다는 견해가 지배적이다. 그 근거는 다음과
같다. 첫째, 민법상 해제 규정이 계약당사자 사이의 이익 균형을 달
성하기 위해 노력하고 있다는 점이다. 둘째, 행정청이 계약을 해제
하기 위해서는 사인의 채무불이행이 성립하여야 하므로 행정청이
자의적으로 해제권을 행사할 수는 없다(민법 제323조 내지 제326
조). 셋째, 행정청은 해제권을 행사한 후에는 사인에게 그가 취득한
급부 또는 수익을 반환하여야 하고 그럴 수 없는 경우에는 가액을
상환하여야 한다(동법 제346조 제2항). 넷째, 가액상환의무는 행정
청이 그에게 있었던 목적물에 자기의 사무에 대하여 통상 행하여지
는 주의를 하였음에도 훼손 또는 멸실이 발생하였을 경우에만 비로
소 소멸하게 된다(동법 제346조 제3항 제3호) 다섯째, 손해배상의
경우에는 여전히 사인의 귀책사유를 요하므로(동법 제276조) 사인은
자신에게 귀책사유가 없는 행정청의 손해에 대하여 부당한 배상을
염려할 필요가 없다. 이러한 요소들이 사인을 보호하고 행정청의 자
의적 해제권 행사를 제한하는 역할을 한다.[61]

---

[59] Geis, Die Schuldrechtsreform und das Verwaltungsrecht, NVwZ 2002, 385
(387); Siegel, in: Stelkens/Bonk/Sachs (Hrsg.), a.a.O., § 62 Rn. 53.

[60] Christmann, Der öffentlich-rechtliche Vertrag mit privaten Dritten im Lichte
der Schuldrechtsreform, 2010, S. 162.

IV. 변경 또는 해지

1. 개념

계약의 기초가 되는 사실적 또는 법적 상황이 계약 이후에 변경되는 경우의 법적 효과가 어떻게 되는지는 중요한 문제이다. 행정행위의 경우에는 행정절차법 제49조 제2항[62])에, 확약의 경우에는 동법 제38조 제3항[63])에 규정되어 있다. 공법상 계약의 경우, 동법 제60조가 이를 규정하고 있다. 계약당사자는 계약의 기초가 본질적으로 변경되어 당초의 계약 내용을 그대로 유지하기 어려운 경우 변경된 상황에 맞게 계약의 변경 또는 해지를 요구할 수 있다.

---

[61]) Christmann, Der öffentlich-rechtliche Vertrag mit privaten Dritten im Lichte der Schuldrechtsreform, 2010, S. 163.

[62]) 행정절차법 제49조(적법한 행정행위의 철회)

② 불가쟁력이 발생한 후에도 적법한 수익적 행정행위는 다음 각 호의 어느 하나에 해당하는 경우에만 그 전부 또는 일부를 장래를 향해 철회할 수 있다.

 1. 법규정에 의해 철회가 허용되거나 행정행위에 철회 가능성이 유보된 경우

 2. 행정행위에 부담이 부가되어 있고, 수익자가 이 부담을 이행하지 않거나 정해진 기간 내에 이행하지 않은 경우

 3. 행정청이 사후에 발생한 사실에 근거하여 행정행위를 발급하지 않았을 것으로 판단되는 경우, 또는 철회하지 않으면 공익이 위태로워질 경우

 4. 법규정이 변경되어 행정청이 새로운 법규정에 따르면 행정행위를 발급하지 않았을 것으로 판단되는 경우(이 경우 수익자가 받은 이익을 아직 사용하지 않았거나 행정행위에 따른 급부를 아직 받지 않은 상태여야 함), 또는 철회하지 않으면 공익이 위태로워질 경우

 5. 공공복리에 대한 중대한 불이익을 방지하거나 제거하기 위한 경우

[63]) 행정절차법 제38조(확약)

③ 행정청이 추후에 발생한 (사실적·법적 상황의) 변화를 알았더라면 확약을 하지 않았거나 법적 근거에서 확약을 해서는 아니 될 정도로, 확약을 교부한 후 사실적·법적 상황이 변화한 경우에는, 행정청은 더 이상 확약에 구속되지 아니한다.

　행정절차법 제60조는 공법에서도 오랫동안 인정되어 온 행정법의 일반원칙인 신의성실원칙을 근간으로 한다.[64] 이 원칙으로부터 계약의 기초가 된 사정이 계약 체결 후 본질적으로 변경된 경우 계약의 구속력이 소멸된다는 사정변경원칙(clausula rebus sic stantibus)이 도출되었다.[65]

　사정변경원칙은 계약의 본질적인 변경으로 인하여 계약당사자들의 계약상 구속이 기대불가능한 경우, 별도의 합의가 없더라도 계약준수원칙(pacta sunt servanda)에 대한 예외를 인정한다.[66] 사정변경원칙은 종전에는 명시적으로 규정되지 않았다. 그러나 독일은 여러 차례의 전쟁을 겪으면서 급격한 사회적·경제적 변동을 경험하였고, 이러한 상황을 법원칙과 이론만으로는 해결에 한계가 있음을 인식하게 되었다. 이에 따라 1976년 행정절차법이 제정되면서 사정변경원칙이 명시되었고(행정절차법 제60조 제1항 제1문), 뒤이어 2002년 독일 채권법개혁법에 의하여 민법에도 관련 규정[동법 제313조(행위기초의 장애), 제314조(중대한 사유에 기한 계속적 계약관계의 해지)]이 신설되었다.

　더불어 행정절차법 제60조 제1항 제2문은 공익상 해지에 대해 규정하고 있다. 이에 따르면, 행정청은 공익에 대한 중대한 불이익을 방지하거나 제거하기 위하여 필요한 경우 계약을 해지할 수 있다. 이는 사정변경원칙과는 별개로, 공익을 위해 행정청에게 특별히 부여된 해지권이다. 이를 통해 행정청은 공익을 보호하기 위해 필요한 경우 계약관계를 종료시킬 수 있는 권한을 가지게 된다.

---

[64] BVerwG VerwRspr 1979, 2735.
[65] Kaminski, Die Kündigung von Verwaltungsverträgen, 2005, S. 162.
[66] BVerwG NVwZ 2013, 209.

2. 적용 범위

행정절차법 제60조는 동법 제54조에 의한 모든 공법상 계약에 적용된다.[67] 동법 제60조는 행정법의 일반원칙을 구체화한 것이다. 따라서 행정절차법이 발효되기 전의 공법상 계약에도 유추적용될 수 있다.[68]

또한 동법 제60조는 소송법적 행위이자 실체법적 행위로 이중적 성격을 가지는 소송상 화해에도 적용된다.[69] 다만 소송상 화해가 이미 발급된 행정행위를 변경하는 내용이라면, 기존의 행정행위는 그에 의해 규정된 권리 또는 의무의 직접적인 근거로 존속한다. 따라서 기존의 행정행위를 동법 제60조에 의하여 변경된 상황에 맞게 변경 또는 해지하는 것은 불가능하고, 여기에는 행정행위의 철회 또는 취소에 관한 규정(동법 제48조, 제49조)이 적용될 수 있을 뿐이다.[70]

행정절차법 제60조는 주로 계속적 계약관계를 설정하는 공법상 계약에 적용된다.[71] 계약의 변경 또는 해지가 해제와 달리 장래효만을 가진다는 점은 동 규정이 계속적 계약관계의 규율을 의도하였다는 점을 나타낸다.[72] 다만 일회적 의무를 내용으로 하는 계약도 그 급부를 이행할 의무가 여전히 남아있는 한, 계속적 계약관계와 동일하게 취급된다.[73] 이와 같은 맥락에서 행정절차법 제60조의 전형적인 적용 영역은 의무부담계약이지만, 처분계약이 계약상 이행행위를 요구하는 경우에는 처분계약에도 적용될 수 있다.[74]

---

[67] VG Stuttgart BeckRS 2021, 29216.
[68] VGH Kassel NVwZ-RR 2008, 293; Mann, in: Mann/Sennekamp/Uechtritz (Hrsg.), a.a.O., § 60 Rn. 6.
[69] BVerwG NVwZ 2013, 209.
[70] Siegel, in: Stelkens/Bonk/Sachs (Hrsg.), a.a.O., § 60 Rn. 6.
[71] BVerwG NVwZ-RR 2009, 590.
[72] BT-Drs. 7/910, S. 82.
[73] BVerwG NVwZ 1991, 1096.

3. 사정변경에 의한 변경 또는 해지

(1) 요건

1) 계약 내용 확정의 기준이 된 사실적 또는 법적 상황이었을 것

계약 내용을 확정하는 기준이 된 사실적 또는 법적 상황이 계약 체결 이후 본질적으로 변경되어야 한다(행정절차법 제60조 제1항 제1문). 이를 '사정변경'이라고 할 수 있다. '계약 내용 확정에 기준이 된 상황'이란, 계약당사자들이 '계약의 기초'로 인정하여 이를 계약 내용으로 하지 않아도 의심의 여지 없이 계속 존재할 것으로 상정되는 것을 의미한다.[75] '계약의 기초'란, 계약 체결 시점에 존재하는 계약당사자들의 공통의 관념(Vorstellung)을 의미한다.[76]

공통의 관념은 장래에 발생할 구체적인 사건에 관한 것일 필요는 없다. 이는 계약에 결정적인 영향을 미치는 사실적 또는 법적 상황이 계속 존재할 것이라는 암묵적 또는 묵시적 기대에 관한 것일 수도 있다.[77] 다만 계약의 기초가 되는 상황에 관한 '공통의' 관념이어야 한다. 따라서 계약당사자의 내적 동기는 계약의 기초가 될 수 없다.[78]

특정 사정이 계약의 내용 또는 계약의 기초가 되는지 여부는 계약의 해석에 달려 있다.[79] 서년으로 계약 내용에 포함되지 않은 사항만이 행정절차법 제60조 제1항 제1문에 의한 계약의 기초가 될 수 있다.[80]

---

[74] Siegel, in: Stelkens/Bonk/Sachs (Hrsg.), a.a.O., § 60 Rn. 7.
[75] BVerwG NVwZ 1991, 1096.
[76] BVerwG NVwZ 2013, 209.
[77] BVerwG NVwZ 2013, 209.
[78] Kaminski, Die Kündigung von Verwaltungsverträgen, 2005, S. 171, 177.
[79] BVerwG NVwZ 1991, 1096.
[80] Schlette, Die Verwaltung als Vertragspartner, 2000, S. 611.

기준이 된 '상황'은 법 문언상 사실적 또는 법적 상황을 모두 포함한다.[81] 사실적 상황이란 지리적, 기술적, 과학적, 경제적, 정치적 또는 인적 상황 등을 포괄한다. 예를 들어, 기술개발수준, 과학적 인식, 비용 및 가격변동, 증권시장의 변동, 의회나 정부 상황, 그리고 개인적 생활 상황 등이 포함된다.[82] 사실적 상황들이 계약의 내용과 얼마나 근접하여 있는지에 따라 계약의 기초가 되는지 여부가 결정된다.[83]

법적 상황에 대한 계약당사자들의 공통의 관념도 계약의 기초가 될 수 있다.[84] 법규정(법률, 법규명령, 자치법규)의 제정, 개정 및 폐지는 이러한 법적 상황에 해당한다.[85] 다만 행정규칙의 변경은 원칙적으로 법적 상황의 변경으로 인정되지 않는다. 행정청이 행정규칙을 바꿔 스스로 동 규정상의 요건을 만들 수 있기 때문이다.[86] 반면 사인은 상황이 다르다. 행정규칙이 일정한 행정관행을 형성하였고 그 존속에 대한 사인의 신뢰가 보호할 가치가 있는 경우에는 법적 상황의 변경으로 인정될 수 있다.[87]

판례 변경의 경우, 최종심 변경만이 법적 상황의 변경으로 인정될 수 있다. 하급심 판결은 최종심에서 바뀔 수 있기 때문이다.[88] 판례 변경은 계약 내용 확정에 중요한 법규정의 해석에 관한 것일

---

[81] BVerwG BeckRS 2011, 47872.
[82] Sanden, Die Anpassung und Kündigung öffentlich-rechtlicher Verträge am Beispiel des Altlastensanierungsvertrags, NVwZ 2009, 491 (494).
[83] Siegel, in: Stelkens/Bonk/Sachs (Hrsg.), a.a.O., § 60 Rn. 16.
[84] BVerwG NVwZ 2013, 209.
[85] Scheske, Der öffentlich-rechtliche Vertrag – Eine Herausforderung für den Rechtsanwender in der Verwaltungspraxis, DVP 2015, 448 (452).
[86] Mann, in: Mann/Sennekamp/Uechtritz (Hrsg.), a.a.O., § 60 Rn. 17.
[87] Kluth, Das Vertragsdurchführungsermessen, NJW 2021, 3167 (3170).
[88] Schimpf, Der verwaltungsrechtliche Vertrag unter besonderer Berücksichtigung seiner Rechtswidrichkeit, 1982, S. 305 f.

경우 실질적 의미를 갖는다.[89] 따라서 연방헌법재판소(Bundesver-fassungsgericht)가 특정 법률을 위헌으로 선언하는 경우도 법적 상황의 변경으로 볼 수 있다.[90] 위헌 또는 무효로 선언되어 폐지된 규범에 근거한 계약 집행은 원칙적으로 불가능하다[연방헌법재판소법(Bundesverfassungsgerichtsgesetz) 제79조 제2항].[91]

다만 판례 및 법규정의 변경이 계약 내용에 직접 영향을 미치는 경우에는 행정절차법 제60조 제1항 제1문이 아닌 동법 제59조의 무효사유가 적용된다. 즉, 이러한 변경으로 계약 내용이 아니라 계약의 기초가 변경된 경우에만 동법 제60조 제1항 제1문이 적용된다.[92]

따라서 동법 제60조 제1항 제1문은 계약 내용 자체에 영향을 주지 않아 계약의 무효나 이행불능을 야기하지 않는 범위에서 계약의 기초만을 바꾸는 사실적 또는 법적 상황의 변경에만 적용된다.[93] 예를 들어, 이전에는 가능했던 계약상 급부, 특히 행정청의 급부가 법규정 또는 판례의 변경으로 더 이상 적법하게 이행될 수 없게 되었다면, 이는 후발적·법적 이행불능에 해당한다. 이 경우에는 계약을 해지하지 않더라도 계약을 이행할 의무가 소멸하므로, 동법 제60조 제1항 제1문에 의한 변경 또는 해지가 적용할 여지가 없다.[94]

---

89) Lorenz, Der Wegfall der Geschäftsgrundlage beim verwaltungsrechtlichen Vertrag, DVBl 1997, 865 (866).
90) Schlette, Die Verwaltung als Vertragspartner, 2000, S. 612, 613.
91) Moench/Rutloff, Die Auswirkungen der Verfassungswidrigkeit von Gesetzen auf öffentlich-rechtliche Verträge, DVBl 2014, 1223 (1228).
92) Brosius-Gersdorf, in: Schoch/Schneider (Hrsg.), Verwaltungsverfahrensgesetz Kommentar, 4, Aufl., 2024, § 60 Rn. 55.
93) Kaminski, Die Kündigung von Verwaltungsverträgen, 2005, S. 173; Schlette, Die Verwaltung als Vertragspartner, 2000, S. 612 f.
94) BVerwG NVwZ-RR 2009, 590.

2) 그 상황이 계약 체결 이후 본질적으로 변경되었을 것

계약 내용 확정에 기준이 된 상황이 계약 체결 이후 계약당사자에게 본질적으로 변경되어야 한다(행정절차법 제60조 제1항 제1문). '본질적 변경'이란, 계약당사자가 변경된 상황을 알았더라면 계약을 체결하지 않았거나 적어도 그와 같은 내용으로 계약을 체결하지 않았을 정도로 계약의 기초가 객관적으로 현저히 변경된 경우를 의미한다.[95] 이는 계약 체결 당시를 기준으로 한다.[96]

이와 같이 변경의 본질성은 객관적인 상황과 관련이 있다.[97] 따라서 본질적 변경 발생 여부는 계약 내용을 종합하여 판단할 수 있다. 예를 들어, 교환계약의 경우는 상호 급부가 현저히 불균형하게 되어 희생한도(Opfergrenze)를 초과할 정도의 등가성 상실(Äquivalenzstörung)이 인정되고, 계약당사자가 이러한 사정을 알았더라면 그와 같이 계약을 체결하지 않았을 경우에 이르렀다면 본질적인 변경이 존재한다.[98] 반면 상황의 통상적인 변경, 예를 들어 일반적인 물가 상승, 환율 변동이나 사소한 비용 변경은 본질적인 변경에 해당하지 않는다.[99]

계약의 기초가 된 상황의 본질적인 변경은 계약 체결 이후에 실제로 '발생'하여야 한다(행정절차법 제60조 제1항 제1문). 다만, 계약당사자가 계약 체결 당시 계약의 기초가 된 상황에 관하여 공통적인 사실적 또는 법적 착오에 빠져 있었고 이러한 착오가 계약 체

[95] BVerwG NVwZ 2013, 209; VGH BeckRS 2015, 48874.
[96] Thiele, in: Pautsch/Hoffmann (Hrsg.), a.a.O., § 60 a.a.O., § 60 Rn. 17.
[97] 반면 후술하는 '계약당사자의 계약 준수를 기대할 수 없을 것'은 주관적 상황과 관련이 있다. 따라서 두 요소는 개념적으로는 구별되지만 실제로는 구별이 용이하지 않아 동일한 것으로 간주되는 경향이 있다. 이에 관하여는 Kaminski, Die Kündigung von Verwaltungsverträgen, 2005, S. 179.
[98] BVerwGE 25, 299; BVerwG NVwZ 1991, 1096.
[99] Lorenz, Der Wegfall der Geschäftsgrundlage beim verwaltungsrechtlichen Vertrag, DVBl 1997, 865 (866 f.).

결 이후에야 명백하게 드러난 경우, 계약당사자들의 공통적인 착오
가 없었다면 계약이 체결되지 않았거나 적어도 그와 같은 방식으로
체결되지 않았을 경우에는 행정절차법 제60조 제1항 제1문의 준용
에 의하여 계약을 변경 또는 해지할 수 있다는 것이 통설100) 및 판
례101)이다.

여기서 사실적 착오란, 계약당사자들이 계약 체결 당시 존재한다
고 여긴 사실적 상황이 처음부터 객관적으로 존재하지 않는 상황을
의미한다.102) 법적 착오란, 계약당사자들이 특정 법적 견해나 판례
가 지속될 것이라는 기대를 가지고 계약을 체결하였을 경우를 의미
한다.103) 사실적 또는 법적 착오에 해당하는지, 나아가 계약이 이러
한 착오에 근거하여 체결되었는지 여부는 개별 사안의 특성을 고려
하여 판단하여야 한다.104)

3) 계약당사자의 계약 준수를 기대할 수 없을 것

모든 객관적이고 본질적인 상황 변경이 그 자체로 계약 변경이나
해지의 정당한 근거가 되지는 않는다. 이에 더하여 본질적인 변경으
로 인하여 계약당사자의 계약 준수가 주관적으로 기대불가능하여야
한다(행정절차법 제60조 제1항 제1문).

'기대불가능성'(Unzumutbarkeit)은 상황 변경으로 인한 결과가 계
약당사자가 신의성실원칙에 의하여 감수하여야 하는 위험 범위를

---

100) Brosius-Gersdorf, in: Schoch/Schneider (Hrsg.), Verwaltungsverfahrensgesetz
    Kommentar, 4, Aufl., 2024, § 60 Rn. 59; Gurlit, Verwaltungsvertrag und
    Gesetz, 2000, S. 563; Kaminski, Die Kündigung von Verwaltungsverträgen,
    2005, S. 174 ff.; Tegethoff, in: Kopp/Ramsauer (Hrsg.), a.a.O., § 60 Rn. 22;
    Ziekow/Siegel, a.a.O., VerwArch 2003, 573 (575).
101) OVG Münster NVwZ 1991, 1106; VGH BW NVwZ-RR 1998, 351.
102) Siegel, in: Stelkens/Bonk/Sachs (Hrsg.), a.a.O., § 60 Rn. 24.
103) VGH Mannheim NVwZ-RR 1998, 351.
104) BGH BeckRS 1974, 30378802.

벗어나는 경우에 발생한다.105) 즉, 계약의 기초가 된 위험의 분배가 근본적으로 변경되는 경우여야 한다.106)

계약당사자에게 통상적인 계약상 위험이 현실화되거나 계약당사자가 현재의 이해관계를 고려할 때 더 이상 계약 체결에 합리적으로 동의하지 않을 것이라는 점만으로는 충분하지 않다.107) 계약의 기초가 된 사실적 또는 법적 상황의 본질적인 변경으로 계약당사자들이 계약 체결 당시에는 예측할 수 없었고 이러한 전개를 예측하였다면 합리적으로 고려하였을 현저한 불이익이 발생하여야 한다.108)

기대불가능성을 판단하기 위해서는 계약의 기초가 된 제반 사정을 종합적으로 고려하여야 한다.109) 기대불가능성은 계약당사자의 사정을 기준으로 하는 주관적인 요건이지만, 계약당사자의 주관적 감정이 아닌 객관적 증거에 근거하여야 한다.110) 그렇지 않으면, 계약당사자가 계약의 법적 안정성 보장을 위하여 필수불가결한 계약 준수원칙에 반하여 기대불가능성을 자의적으로 결정할 수 있는 권한을 갖게 될 수 있기 때문이다.

기대불가능성의 판단 기준으로는 계약상 위험 배분, 계약 유형, 계약 체결 후 당사자들의 행위, 계약상 구속이 당사자들에게 기대불가능한 희생을 요구하는지,111) 계약 변경이 다른 계약당사자의 이익을 침해하는지,112) 계약 변경을 요청하는 당사자가 계약 기초의 소

---

105) BVerwGE 25, 29.

106) VGH BeckRS 2015, 48874.

107) BVerwG NVwZ 2013, 209.

108) Brosius-Gersdorf, in: Schoch/Schneider (Hrsg.), Verwaltungsverfahrensgesetz Kommentar, 4. Aufl., 2024, § 60 Rn. 60.

109) Scheske, Der öffentlich-rechtliche Vertrag - Eine Herausforderung für den Rechtsanwender in der Verwaltungspraxis, DVP 2015, 448 (453).

110) BVerwG NVwZ 2013, 209.

111) OVG RP NVwZ-RR 2004, 243.

112) BVerwG BeckRS 2005, 26931.

멸을 예견할 수 있었는지,113) 또는 계약당사자에게 계약 기초 소멸의 귀책사유가 있는지114) 등이 고려된다. 이러한 사정들을 종합하여 객관적으로 비교·검토하게 된다.

(2) 효과

1) 일차적 수단으로서의 변경

행정절차법 제60조 제1항 제1문의 요건, 즉 계약 내용 확정의 기준이 된 사실적 또는 법적 상황의 본질적인 변경 및 계약 준수의 기대불가능성이 충족되면, 계약당사자는 먼저 변경된 상황에 맞추어 계약 내용의 변경을 요청할 수 있다.

동 규정의 문언상 이러한 변경이 불가능하거나 일방당사자에게 기대될 수 없는 경우에 한하여 계약 해지가 인정된다. 따라서 변경이 일차적 수단이고, 해지는 변경이 어려운 경우에 인정되는 보충적인 수단이다.115) 다만 이러한 법적 순서는 계약당사자들이 계약상 달리 합의한 경우에는 다르게 적용될 수 있다.116)

계약당사자는 계약의 기초가 된 상황이 본질적으로 변경된 경우 계약상대방에게 변경된 상황에 맞게 계약 내용을 변경할 것을 요청할 수 있다.117) 따라서 계약 변경은 법률에 의해 자동으로 이루어지는 것이 아니라 계약당사자들이 체결하는 변경계약을 통해 발생

---

113) Schlette, Die Verwaltung als Vertragspartner, 2000, S. 615.
114) Ludorf, Die Schuldrechtsreform und die verwaltungsrechtlichen Verträge, 2005, S. 97.
115) Lorenz, Der Wegfall der Geschäftsgrundlage beim verwaltungsrechtlichen Vertrag, DVBl 1997, 865 (867).
116) Ziekow/Siegel, Entwicklung und Perspektiven des Rechts des öffentlich-rechtlichen Vertrages - Teil 4 -, VerwArch 2004, 573 (577).
117) Scheske, Der öffentlich-rechtliche Vertrag - Eine Herausforderung für den Rechtsanwender in der Verwaltungspraxis, DVP 2015, 448 (453).

한다.118)

변경계약은 주된 계약의 내용을 변경하는 것으로 그 자체로 이미 행정절차법 제54조에 의한 공법상 계약이므로 그에 맞는 요건을 충족해야 한다.119) 또한 변경계약은 실제로는 화해계약(동법 제55조)의 성격을 띠는 경우가 많으므로 해당 요건을 갖추어야 한다.120)

계약당사자는 동 규정에 의하여 상대방에게 변경계약의 체결을 청구할 법적인 권리, 즉 변경청구권을 갖는다.121) 변경청구권을 가진 계약당사자는 상대방에게 계약 변경을 명시적으로 요청하여야 한다. 그 과정에서 상대방에게 변경을 요청하는 이유와 기존 계약 내용이 어떤 이유로, 어느 범위까지 효력을 잃게 되는지를 명확히 밝혀야 한다.122)

계약 변경 요청은 계약당사자 간의 협상의무를 발생시킨다. 변경청구권자는 협상과정에서 변경사항을 구체화하여 계약상대방에게 변경계약의 체결을 요청하여야 한다. 이는 변경계약의 청약에 해당한다.123) 계약상대방은 구체적인 내용의 청약이 있고 변경된 상황에

---

118) BVerwGE 143, 335; Schlette, Die Verwaltung als Vertragspartner, 2000, S. 618.

119) Siegel, in: Stelkens/Bonk/Sachs (Hrsg.), a.a.O., § 60 Rn. 28.

120) BVerwG NVwZ 1996, 171 [원고(동물사체처리시설 운영자)가 피고(지방자치단체)와 체결한 동물사체처리시설 운영에 관한 계약의 변경(행정절차법 제60조 제1항 제1문)을 주장하며 피고에게 이 시설을 운영하는 과정에서 발생한 손실에 대한 보상을 청구하였던 사안이다. 법원은 이 계약이 공법상 계약으로서 행정법원에 관할이 있다고 판단하였다. 또한 법원은 원고가 피고에게 계약 변경의 동의 의사표시를 구하는 이 소를 제기하기 전에 먼저 피고에게 계약 변경을 명시적으로 요청하여야 하는데, 이를 누락하였다는 점을 지적하였다. 게다가 원고가 주장하는 계약 변경의 사유도 인정하지 않았다. 이에 따라 법원은 원고의 청구를 기각하였다.].

121) Brosius-Gersdorf, in: Schoch/Schneider (Hrsg.), Verwaltungsverfahrensgesetz Kommentar, 4, Aufl., 2024, § 60 Rn. 67.

122) BVerwG NVwZ 1996, 171.

123) Spieth, in: Bader/Ronellenfitsch (Hrsg.), a.a.O., § 60 Rn. 15.

상당하며 요청된 변경이 가능하고 기대가능성이 있는 경우에는 청약을 승낙할 의무가 있다.124) 그렇지 않을 경우, 계약상대방은 이를 거부하거나 다른 내용의 청약을 제시할 수 있다.125)

변경계약은 청약에 대한 승낙이 있어야 비로소 체결되고 이에 의하여 주된 계약의 변경이 이루어진다.126) 변경청구권자는 계약상대방이 주된 계약의 변경을 승낙할 의무가 있음에도 이를 거부하는 경우, 이를 이유로 즉시 계약을 해지할 수는 없다. 이 경우, 변경청구권자는 계약상대방에게 계약 변경의 동의 의사표시를 구하는 일반이행소송을 제기할 수 있다.127) 또한, 변경청구권자는 계약상대방이 변경 협상을 부당하게 거부할 시 부수의무 위반을 이유로 손해배상을 청구할 수도 있다.128)

계약 변경의 형태는 계약의 종류, 내용 및 개별 사안의 변경된 상황에 따라 다르다.129) 중요한 점은, 기존 계약상 이해관계가 사후적 상황 변경으로 어느 정도로 불균형해졌는지 여부이다. 따라서 계약 변경은 변경된 계약의 존속을 확보할 수 있을 정도로 적합하고 상당하여야 한다.130) 즉, 객관적으로 가능할 뿐만 아니라 계약당사자들에게 기대가능하고 상당한 계약 변경만이 요청될 수 있다. 계약 변경의 내용은 예를 들어, 급부 또는 반대급부의 변경, 계약기간의 변경, 계약당사자의 교체나 보상청구권의 합의 등이 될 수 있다.131)

---

124) Schlette, Die Verwaltung als Vertragspartner, 2000, S. 618.

125) BVerwG BeckRS 2005, 26931.

126) Brosius-Gersdorf, in: Schoch/Schneider (Hrsg.), Verwaltungsverfahrensgesetz Kommentar, 4, Aufl., 2024, § 60 Rn. 68.

127) BVerwG NVwZ 1996, 171; Kaminski, Die Kündigung von Verwaltungs-verträgen, 2005, S. 184 f.

128) Siegel, in: Stelkens/Bonk/Sachs (Hrsg.), a.a.O., § 60 Rn. 29.

129) Lorenz, Der Wegfall der Geschäftsgrundlage beim verwaltungsrechtlichen Vertrag, DVBl 1997, 865 (865).

130) Weiß, Pacta sunt servanda im Verwaltungsvertrag, 1999, S. 89.

계약당사자 쌍방 모두 계약 변경을 요청할 수 있다. 행정청이 계약 변경을 요청할지 여부는 사인과 마찬가지로 행정청의 재량에 맡겨져 있다.[132] 행정청의 재량은 계약이 위법하다고 하여 반드시 영으로 축소되는 것은 아니다. 그러나 계약이 헌법 또는 EU법을 위반한 경우에는 사실상 영으로 축소될 것이다.[133]

행정청의 계약 변경 요청은 행정절차적 행위(행정절차법 제12조)이자 실체법상 의사표시이므로 고권적 조치인 행정행위가 아니다.[134] 행정청은 변경 요청과 별도로 행정행위를 발부하여 계약 변경을 강제할 수 없다. 행정청도 사인과 마찬가지로 일반이행소송을 제기하여 계약상대방의 동의 의사표시를 구해야 한다.[135]

2) 보충적 수단으로서의 해지

행정절차법상 공법상 계약의 해지는 상황의 본질적인 변경으로 인하여 그에 맞게 계약을 변경하는 것이 불가능하거나 또는 계약당사자에게 기대될 수 없는 경우에만 비로소 가능하다(동법 제60조 제1항 제1문). 이와 같이 계약 해지는 계약 변경과 비교하여 추가 요건을 필요로 하는 보충적 수단이다.[136] 따라서 변경청구권이 있는 계약당사자만이 추가 요건의 충족을 전제로 계약을 해지할 수 있다.[137] 다만 계약당사자들은 계약상 합의로 동 규정과는 다른 순서

---

131) BVerfGE 34, 216 NJW 1973, 609; Schlette, Die Verwaltung als Vertragspartner, 2000, S. 618.
132) Mann, in: Mann/Sennekamp/Uechtritz (Hrsg.), a.a.O., § 60 Rn. 24.
133) Brosius-Gersdorf, in: Schoch/Schneider (Hrsg.), Verwaltungsverfahrensgesetz Kommentar, 4, Aufl., 2024, § 60 Rn. 69.
134) BVerwG NVwZ 2006, 703.
135) Ziekow/Siegel, Entwicklung und Perspektiven des Rechts des öffentlich-rechtlichen Vertrages - Teil 4 -, VerwArch 2004, 573 (575).
136) Kaminski, Die Kündigung von Verwaltungsverträgen, 2005, S. 75 ff.
137) Thiele, in: Pautsch/Hoffmann (Hrsg.), a.a.O., § 60 Rn. 30.

를 협의할 수도 있다.138)

　계약의 해지를 위해서는 계약 변경이 불가능하고 계약당사자에게 기대될 수 없어야 한다. 계약 변경의 불가능성에 관하여는 계약당사자가 변경된 계약을 준수하는 것이 객관적으로 가능한지가 기준이 된다. 변경된 계약으로도 계약당사자의 계약 준수가 객관적으로 가능하지 않다면 계약 변경은 불가능하다.139) 계약 변경이 계약당사자에게 기대될 수 없음이란 변경된 상황으로 인하여 발생한 등가성 상실이 계약 변경으로도 시정될 수 없는 경우, 즉, 계약 내용의 변경에도 불구하고 희생한도를 초과하는 등가성 상실이 지속되고 상호 급부의 불균형성을 제거할 수 없는 경우를 의미한다.140) 이 두 기준의 구분은 명확하지 않고 통상 함께 판단된다.141)

　계약의 해지는 계약당사자가 계약상대방에게 특정 시점이나 장래의 특정 가능한 시점에 계약관계를 종료하고 장래에 제공할 급부 또는 행위를 중단하겠다는 의사를 표명하는 행위이다.142) 따라서 이는 수령을 요하는 일방적인 의사표시로서 계약상대방에게 도달하여야 한다(행정절차법 제62조 제2문, 민법 제130조).143) 해지는 계약상대방에게 도달한 시점부터 장래를 향하여 효력을 가진다.144) 다자간 계약의 경우에는, 계약의 모든 상대방에게 도달하여야 비로소 효력

---

138) BVerwG NVwZ 1996, 171; Ziekow/Siegel, Entwicklung und Perspektiven des Rechts des öffentlich-rechtlichen Vertrages - Teil 4 -, VerwArch 2004, 573 (577).
139) Ziekow, Verwaltungsverfahrensgesetz Kommentar, 4, Aufl., 2019, § 60 Rn. 9.
140) Kaminski, Die Kündigung von Verwaltungsverträgen, 2005, S. 183 f.
141) Siegel, in: Stelkens/Bonk/Sachs (Hrsg.), a.a.O., § 60 Rn. 34.
142) Siegel, in: Stelkens/Bonk/Sachs (Hrsg.), a.a.O., § 60 Rn. 36.
143) BVerwG NVwZ 2013, 20.
144) Gündling, Modernisiertes Privatrecht und öffentliches Recht, 2006, S. 415; Moench/Rutloff, Die Auswirkungen der Verfassungswidrigkeit von Gesetzen auf öffentlich-rechtliche Verträge, DVBl 2014, 1223 (1229).

이 발생한다.145)

　해지는 계약 변경의 요청과 마찬가지로 행정절차적 행위(행정절차법 제12조)인 동시에 실체법적 의사표시이므로 고권적 조치인 행정행위로 볼 수 없다.146) 따라서 해지가 행정행위의 방식으로 이루어진 경우, 이는 위법하여 취소되어야 한다.147) 또한 해지는 유보 없이 명확한 의사표시로 이루어져야 하고, 그에 의하여 형성적 효력을 가진다.148)

　해지의 직접적인 효과는 행정절차법 제60조에 명시되어 있지 않다. 따라서 해지의 효과는 사법상 계약과 동일하게 다뤄진다. 해지는 달리 합의하지 않는 한 과거의 계약관계에 영향을 미치지 않고 장래의 계약관계만을 종료시킨다.149) 따라서 해제가 계약관계를 원상회복관계로 전환하는 것과는 달리 해지 시에는 이미 이행된 급부는 원칙적으로 반환되지 않는다. 즉, 해지에 대해서는 해제에 관한 민법 제346조 이하의 규정들이 준용되지 않는다.150)

　한편, 사정변경에 의한 해지는 원칙적으로 계약상대방의 보상의무를 발생시키지 않는다. 행정청의 해지 시에도 동일하다. 동 규정은 보상의무 없이도 헌법상 비례원칙을 충족한다고 보기 때문이다.151) 다만 통설152)에 의하면 해지의 상대방이 계약 해지로 인하여

---

145) BVerwG NVwZ 1996, 171; Lorenz, Der Wegfall der Geschäftsgrundlage beim verwaltungsrechtlichen Vertrag, DVBl 1997, 865 (872).

146) BVerwG NVwZ 2006, 703.

147) OVG Koblenz Urt. v. 6.6.2002 - 8 A 10236/02.

148) BVerwG NVwZ 1996, 171.

149) Siegel, in: Stelkens/Bonk/Sachs (Hrsg.), a.a.O., § 60 Rn. 38.

150) BVerwG NVwZ-RR 2004, 413.

151) Moench/Rutloff, Die Auswirkungen der Verfassungswidrigkeit von Gesetzen auf öffentlich-rechtliche Verträge, DVBl 2014, 1223 (1229).

152) Brosius-Gersdorf, in: Schoch/Schneider (Hrsg.), Verwaltungsverfahrensgesetz Kommentar, 4. Aufl., 2024, § 60 Rn. 101; Mann, in: Mann/Sennekamp/Uechtritz (Hrsg.), a.a.O., § 60 Rn. 40; Tegethoff, in: Kopp/Ramsauer (Hrsg.),

신의성실원칙에 반하는 어려움을 겪는 예외적인 경우에는 계약의
존속을 신뢰하여 발생한 손실에 대한 보상을 받을 수 있다.

(3) 민법상 해지와의 관계

행정절차법 제60조 제1항 제1문은 민법 제313조, 제314조와 마
찬가지로 사정변경원칙에서 도출된 법규정으로 그 목적과 내용이
매우 유사하다. 따라서 이들 간의 관계가 문제될 수 있으므로 검토
할 필요가 있다.

첫째, 민법 제313조 제1항은 계약의 기초가 된 사정이 계약 체결
후에 현저히 변경된 경우 계약당사자의 변경청구권에 대한 것으로,
행정절차법 제60조 제1항 제1문과 규율 대상이 동일하다. 따라서 통
설[153] 및 판례[154]는 행정절차법 제60조 제1항 제1문이 공법상 계약
의 특별 규정으로 적용되므로, 민법 제313조 제1항은 공법상 계약에
는 준용되지 않는다고 본다.

둘째, 민법 제313조 제2항에 대해서는 견해의 대립이 있다. 일부
견해[155]는 동 규정의 규율 대상인 '계약의 기초가 된 본질적인 관념
이 잘못된 것으로 밝혀진 경우'는 행정절차법 제60조 제1항 제1문의

---

a.a.O., § 60 Rn. 37.

153) Brosius-Gersdorf, in: Schoch/Schneider (Hrsg.), Verwaltungsverfahrensgesetz
   Kommentar, 4, Aufl., 2024, § 60 Rn. 19; Geis, Die Schuldrechtsreform und
   das Verwaltungsrecht, NVwZ 2002, 385 (387); Sanden, Die Anpassung und
   Kündigung öffentlich-rechtlicher Verträge am Beispiel des
   Altlastensanierungsvertrags, NVwZ 2009, 491 (495); Ziekow/Siegel,
   Entwicklung und Perspektiven des Rechts des öffentlich-rechtlichen
   Vertrages - Teil 4 -, VerwArch 2004, 573 (574).

154) BVerwG 143, 335; BVerwG NVwZ 2013, 209.

155) Gündling, Modernisiertes Privatrecht und öffentliches Recht, 2006, S. 408;
   Schliesky, in: Knack/Henneke (Hrsg.), Rn. 24.

규율 대상이 아니라고 본다. 그러나 통설156) 및 판례157)에 의하면
계약의 기초가 된 사정에 대한 공통의 사실적 또는 법적 착오의 경
우에도 동법 제60조 제1항 제1문이 우선적으로 준용된다. 따라서 민
법 제313조 제2항도 공법상 계약에는 준용되지 않는다.

셋째, 민법 제313조 제3항은 동법 제313조 제1항, 제2항의 경우
계약당사자는 계약을 '해제'할 수 있다는 내용의 규정이다. 그러나
이러한 경우에는 행정절차법 제60조 제1항 제1문이 적용 또는 준용
되고, 또한 행정절차법 제60조 제1항 제1문에 의하면 계약당사자는
계약을 '해지'할 수 있을 뿐이다. 따라서 민법 제313조 제3항도 공법
상 계약에는 준용되지 않는다.158)

넷째, 계속적 계약관계에 있어 중대한 사유가 있는 경우 계약관
계를 해지할 수 있도록 한 민법 제314조에 대해서는 견해의 대립이
있다. 이때의 중대한 사유란, 개별 사례의 모든 사정을 고려하고 양
당사자의 이익을 형량하면 해지 당사자에게 약정된 종료 시기까지
또는 해지기간이 경과할 때까지 계약관계의 존속을 기대할 수 없는
경우를 의미한다(민법 제314조 제1항 제2문).

일부 견해159)는 위에서 본 민법 제313조 제1항의 경우와 마찬가

---

156) Brosius-Gersdorf, in: Schoch/Schneider (Hrsg.), Verwaltungsverfahrensgesetz
   Kommentar, 4, Aufl., 2024, § 60 Rn. 59; Gurlit, Verwaltungsvertrag und
   Gesetz, 2000, S. 563; Kaminski Die Kündigung von Verwaltungsverträgen, S.
   174 ff.; Schlette, Verwaltung als Vertragspartner, 2000, S. 619 f.; Ziekow/
   Siegel, Entwicklung und Perspektiven des Rechts des öffentlich-rechtlichen
   Vertrages - Teil 4 -, VerwArch 2004, 573 (575).
157) VGH BW NVwZ-RR 1998, 351; OVG NRW NVwZ 2001, 691.
158) Siegel, in: Stelkens/Bonk/Sachs (Hrsg.), a.a.O., § 60 Rn. 2.
159) Brosius-Gersdorf, in: Schoch/Schneider (Hrsg.), Verwaltungsverfahrensgesetz
   Kommentar, 4, Aufl., 2024, § 60 Rn. 22; Ziekow/Siegel, Entwicklung und
   Perspektiven des Rechts des öffentlich-rechtlichen Vertrages - Teil 4 -,
   VerwArch 2004, 573 (574).

지로 행정절차법 제60조 제1항 제1문과 민법 제314조의 규율 대상
이 다르지 않다고 본다. 따라서 전자가 우선 적용되고 후자는 준용
되지 않는다고 본다. 그러나 다수설[160]는 중대한 사유란 계약의 기
초가 된 상황의 본질적 변경이나 그에 대한 공통의 착오 외에도 다
른 사정으로부터 도출될 수 있다고 본다. 여기에는 예를 들어 계약
상 의무의 위반이 포함될 수 있다(민법 제314조 제2항). 따라서 행정
절차법 제60조 제1항 제1문이 규율하지 않는 영역에서의 중대한 사
유가 발생한 경우에는 민법 제314조가 준용될 수 있다고 본다.

4. 행정청의 공익상 해지

(1) 공익상 해지의 취지와 사정변경에 의한 변경 또는
해지와의 관계

행정청은 공익상 중대한 불이익을 방지하거나 제거하기 위하여
사인에게는 인정되지 않는 특별한 해지권을 갖는다(행정절차법 제
60조 제1항 제2문). 이는 행정청이 공공의 이익을 보호하고 증진하
기 위해 예외적으로 행사할 수 있는 권한이다. 따라서 동 규정은 동
법 제60조 제1항 제1문에 대하여 보충적인 관계에 있다. 즉, 행정청
이 사정변경에 따른 계약의 변경 또는 해지권(동법 제60조 제1항 제
1문)을 행사할 수 없는 경우에만 비로소 공익상 해지권(동법 제60조

---

[160] Fehling, in: Fehling/Kastner/Störmer (Hrsg.), a.a.O., § 60 Rn. 7; Geis, Die
Schuldrechtsreform und das Verwaltungsrecht, NVwZ 2002, 385 (387);
Gündling, Modernisiertes Privatrecht und öffentliches Recht, 2006, S. 422
f.; Kaminski Die Kündigung von Verwaltungsverträgen, S. 103, 193 ff.;
Sanden, Die Anpassung und Kündigung öffentlich-rechtlicher Verträge am
Beispiel des Altlastensanierungsvertrags, NVwZ 2009, 491 (495).

제1항 제2문) 행사를 검토할 수 있다.[161]

이러한 해석은 각 규정에 근거한 해지권 행사의 균형을 고려한 것이다.[162] 동법 제60조 제1항 제2문의 해지권은 행정청에게만 부여되는 특별한 권리로 계약상대방에게 특별한 희생을 강요하여 재산권(기본법 제14조 제1항) 및 계약자유(기본법 제12조 제1항, 제2조 제1항)에 중대한 영향을 미치기 때문이다.

(2) 공익상 중대한 불이익을 방지하거나 제거하기 위한 것일 것

행정절차법상 행정청이 동법 제60조 제1항 제2문의 해지권을 행사하기 위해서는 '공익에 대한 중대한 불이익'을 방지하거나 제거하기 위한 필요성이 있어야 한다. '공익에 대한 중대한 불이익'이란, 공중(Allgemeinheit)의 특별히 중요하고 우선적인 이익에 대한 위험 또는 장애를 뜻한다.[163]

구체적으로는 국민의 건강 보호,[164] 공공 안전,[165] 또는 자연재해의 방지[166] 등이 해지사유가 될 수 있다. 개인의 생명과 신체 또는 소유권과 같은 개인적 법익도 포함될 수 있다.[167] 그러나 계약의 위법성만으로는 공익에 대한 중대한 불이익을 인정하기에 충분하지 않다. 이는 행정절차법 제59조의 무효사유를 우회할 수 있기 때

---

161) Gurlit, Verwaltungsvertrag und Gesetz, 2000, S. 562; Kaminski, Die Kündigung von Verwaltungsverträgen, 2005, S. 192 f.

162) Scheske, Der öffentlich-rechtliche Vertrag - Eine Herausforderung für den Rechtsanwender in der Verwaltungspraxis, DVP 2015, 448 (453).

163) OVG BeckRS 2003, 25364.

164) Kaminski, Die Kündigung von Verwaltungsverträgen, 2005, S. 190.

165) Mann, in: Mann/Sennekamp/Uechtritz (Hrsg.), a.a.O., § 60 Rn. 32.

166) Abel, in: Bader/Ronellenfitsch (Hrsg.), a.a.O., § 49 Rn. 64.

167) BVerwG NVwZ 2016, 323; Sachs, in: Stelkens/Bonk/Sachs (Hrsg.), § 49 a.a.O., Rn. 82.

문이다.[168]

행정절차법 제60조 제1항 제2문은 공익에 대한 중대한 불이익이 계약 체결 이후에 비로소 발생한 경우에 국한되지 않는다. 즉, 그 불이익이 계약 체결 당시 이미 존재하였던 경우에도 적용된다는 것이 통설[169]이다. 통설은 동 규정이 그 문언상 동조 제1문과 달리 중대한 불이익의 발생 시점을 특정 시점으로 제한하고 있지 않은 점, 동 규정의 적용 범위를 제한적으로 해석하는 것은 입법 목적에도 맞지 않는 점을 근거로 든다. 행정절차법 제60조 제1항 제2문은 이 점에서 계약 체결 이후의 상황 변경을 요건으로 하는 사정변경에 의한 변경 또는 해지(행정절차법 제60조 제1항 제1문)와는 차이가 있다.

(3) 보상의무의 발생

행정절차법 제60조 제1항 제2문의 해지는 동법 제60조 제1항 제1문에 의한 해지와 마찬가지로 장래효만을 가진다. 따라서 계약의 원상회복 문제는 발생하지 않는다. 다만 전자는 후자와는 달리 원칙적으로 상대방에 대한 보상의무를 발생시킨다. 이 때의 보상의무는

---

168) Sanden, Die Anpassung und Kündigung öffentlich-rechtlicher Verträge am Beispiel des Altlastensanierungsvertrags, NVwZ 2009, 491 (494).
169) Brosius-Gersdorf, in: Schoch/Schneider (Hrsg.), Verwaltungsverfahrensgesetz Kommentar, 4, Aufl., 2024, § 60 Rn. 85; Kaminski, Die Kündigung von Verwaltungsverträgen, 2005, S. 191; Spieth, in: Bader/Ronellenfitsch (Hrsg.), a.a.O., § 60 Rn. 22; Ziekow/Siegel, Entwicklung und Perspektiven des Rechts des öffentlich-rechtlichen Vertrages - Teil 4 -, VerwArch 2004, 573 (578). 이와 달리 행정절차법 제60조 제1항 제2문은 중대한 불이익이 계약 체결 이후에 발생한 경우에 적용된다고 보는 반대 견해도 있으나, 이 견해도 계약 체결 당시 객관적으로 존재하였으나 계약당사자들이 이를 인식하지 못하였거나 인식할 수 없었던 중대한 불이익에 대해서는 제2문이 유추 적용될 수 있다고 해석한다. 결국 두 견해의 결론은 차이가 없다. 반대 견해에 관하여는 Siegel, in: Stelkens/Bonk/Sachs (Hrsg.), a.a.O., § 60 Rn. 42.

공용수용(기본법 제14조 제3항)에 의한 것이 아니라, 재산권의 내용
과 한계(동법 제14조 제1항)에 근거한다.[170)

    따라서 행정절차법 제60조 제1항 제2문은 재산권의 내용과 한계
를 정하는 규정으로서(기본법 제14조 제1항) 평등원칙과 비례원칙에
반하는 희생에 대한 보상을 필요로 한다.[171) 행정청의 사인에 대한
보상의무에 관하여는 행정행위의 취소(행정절차법 제48조 제3항) 내
지 철회(동법 제49조 제6항)에 관한 보상규정[172)이 준용된다(동법
제62조 제1문).[173)

5. 해지의 형식적 요건으로서의 서면방식과 이유제시

    해지는 법규정에 다른 방식이 명시되지 않은 경우 서면으로 이루
어져야 한다(행정절차법 제60조 제2항 제1문). 계약을 해지한 당사
자는 자필 서명 또는 공증인이 인증한 수기기호로 서명해야 하며(동
법 제62조 제2문, 민법 제126조), 행정청의 해지 시에는 처분청을 명
시하고 행정청의 장, 대리인, 또는 수임자의 서명과 성명을 포함해
야 한다(행정절차법 제62조 제1문, 제37조 제3항 제1문). 이러한 서
면방식을 갖추지 않은 해지는 무효로 간주된다(행정절차법 제62조
제2문, 민법 제125조).

    다만 서면방식은 행정절차법 제60조 제1항 제1문의 문언상 계약

---

170) Ziekow/Siegel, Entwicklung und Perspektiven des Rechts des öffentlich-
    rechtlichen Vertrages - Teil 4 -, VerwArch 2004, 573 (578 f.).

171) Gurlit, Verwaltungsvertrag und Gesetz, 2000, S. 566; Schlette, Die Verwaltung
    als Vertragspartner, 2000, S. 622 ff.

172) 양 규정의 공통적인 내용은 "행정청은 관계인이 행정행위의 존속을 신뢰하
    여서 입은 재산상 불이익에 대하여 그의 신뢰가 공익과 비교해서 보호가치
    가 있으면, 신청에 기하여 보전하여야 한다."는 것이다.

173) Kaminski, Die Kündigung von Verwaltungsverträgen, 2005, S. 289.

변경에는 적용되지 않는다. 계약의 합의해지 및 중요한 사유로 인한 계속적 계약관계의 해지(민법 314조)에도 적용되지 않는다.[174]

또한 해지 시에는 그 이유를 제시하여야 한다(행정절차법 제60조 제2항 제2문). 이는 계약을 해지한 당사자가 상대방에게 해지결정에 이르게 된 사실적 또는 법적 근거를 제시하여 상대방으로 하여금 해지의 적법성을 검토할 수 있도록 하는데 목적이 있다.[175]

다만 이유제시의무는 예외적인 상황(예: 공익상의 중대한 불이익)이 있는 경우에는 생략될 수도 있다.[176] 또한 계약을 해지한 당사자는 해지상대방이 해지를 그대로 인용하거나(행정절차법 제39조 제2항 제1호.) 이전의 협상을 통하여 이미 구체적인 해지사유를 알고 있는 경우에는(동법 제39조 제2항 제2호.), 이유를 제시할 필요가 없다.[177] 그러나 이 경우에도 해지사유가 이전에는 알려지지 않았던 새로운 사실적 또는 법적 근거를 바탕으로 하였다면 그 이유를 제시하여야 한다.[178]

다만 이유제시의 하자가 해지의 무효로 이어지는 것은 아니다. 이유제시는 사후에 추완될 수 있기 때문이다.[179] 따라서 계약을 해지한 당사자가 이유제시 없이 계약을 해지한 경우에도 상대방이 이를 수령하면 해지의 효력이 발생한다.[180]

---

[174] Schliesky in Knack/Henneke (Hrsg.), a.a.O., § 60 Rn. 48.

[175] Brosius-Gersdorf, in: Schoch/Schneider (Hrsg.), Verwaltungsverfahrensgesetz Kommentar, 4, Aufl., 2024, § 60 Rn. 92.

[176] Siegel, in: Stelkens/Bonk/Sachs (Hrsg.), a.a.O., § 60 Rn. 45.

[177] Mann, in: Mann/Sennekamp/Uechtritz (Hrsg.), a.a.O., § 60 Rn. 37.

[178] Siegel, in: Stelkens/Bonk/Sachs (Hrsg.), a.a.O., § 60 Rn. 45.

[179] VGH München NVwZ 1989, 167.

[180] Brosius-Gersdorf, in: Schoch/Schneider (Hrsg.), Verwaltungsverfahrensgesetz Kommentar, 4, Aufl., 2024, § 60 Rn. 92.

제4절 소결

이상과 같이 독일 공법상 계약의 적용법리에 관하여 살펴보았다. 공법상 계약의 적용법리에서도 공법상 계약의 특성이 아래와 같이 곳곳에 반영된다.

행정청은 법률적합성원칙에 따라 법률에 위배되지 않는 범위 내에서만 계약을 체결할 수 있다. 따라서 법령이 계약 형식을 금지하는 경우에는 공법상 계약을 체결할 수 없다. 또한 계약 내용도 법률에 위배되지 않아야 한다. 이와 같은 제한은 사법상 계약에서의 계약자유원칙과 대비된다.

행정청이 일방당사자인 공법영역의 계약에 관한 요건도 검토될 필요가 있다. 공법상 계약은 공법영역의 계약을 의미하는 것으로 사법상 계약과는 근본적으로 구별된다. 공법상 계약에서는 행정청이 일방당사자가 되어야 한다는 점도 사법상 계약과의 차이점이다. 공법상 계약에서의 계약당사자들의 의사표시는 자발적으로 이루어지는 것이 원칙이나, 생존배려 영역에서는 체약강제가 있을 수 있다는 점도 특징이다.

서면방식과 제3자 및 행정청의 동의 요건은 사법상 계약과 구별되는 공법상 계약의 독자적인 법리이다. 공법상 계약은 서면방식을 준수하여야 한다. 따라서 서면 내에 계약당사자들의 모든 의사표시와 자필서명이 원칙적으로 포함되어야 한다. 또한 공법상 계약이 제3자 및 행정청과 관련이 있는 경우에는 이들의 동의를 얻어야 한다. 이 요건을 충족하지 않은 공법상 계약은 무효 또는 유동적 무효가 된다.

공법상 계약에는 민법의 무효사유가 준용된다. 그러나 개별 무효사유의 준용 여부와 범위에 관하여는 논란이 있으므로 상세한 검토를 거쳐야 한다. 또한 행정절차법에는 공법상 종속계약에만 적용되는 독자적인 무효사유가 존재한다. 나아가 공법상 계약이 무효가 되면 부당이득반환이 문제되는데, 비채변제, 불법원인급여, 수익자의 반환범위에 관한 규율에서 사법상 계약과 차이가 있다.

공법상 계약의 이행 및 채무불이행에 관하여는 민법이 원칙적으로 준용되지만, 개별 규정의 준용 여부와 범위에 관하여는 검토가 필요하다. 예를 들어 이행불능, 계약체결상의 과실책임에 관한 사법상 규율은 공법상 계약에는 그대로 준용될 수 없는 부분이 있다.

공법상 계약의 변경 또는 해지에 관하여는 행정절차법 제60조에서 그 요건과 효과를 규정하고 있다. 계약당사자들은 사정변경이 있는 경우 계약을 변경 또는 해지할 수 있다. 따라서 이와 중복되는 민법규정은 준용될 수 없다. 또한 행정청은 공익상 중대한 불이익이 있는 경우 계약을 해지할 수 있다. 이는 공익 실현을 목적으로 하는 공법상 계약의 독자적인 제도이다.

제5장

우리나라에의 시사점

이 장에서는 앞서 살펴본 독일 공법상 계약에 관한 논의를 바탕으로 우리나라에의 시사점을 도출한다. 먼저 우리나라의 공법상 계약의 개념, 규율 필요성과 관련 법규정을 살펴본다(제1절). 다음으로 건설·행정 분야의 토지보상법상 협의취득계약, 기부채납계약, 민간투자법상 실시협약 및 공공조달계약을 중심으로 공법상 계약의 인정 여부를 검토한다(제2절). 마지막으로 공법상 계약의 적용법리를 살펴본다. 공법상 계약에 적용되는 공법규정을 우선 검토한 후, 법의 공백이 있는 부분에 사법규정이 유추적용될 수 있는지 여부와 그 한계를 체계적으로 검토한다(제3절).

제1절 공법상 계약의 개념과 의의

공법상 계약은 행정과 사인 간 협력적 관계를 규율하는 중요한 법적 수단으로 그 개념과 특성을 명확히 할 필요가 있다. 따라서 이 절에서는 우리나라의 공법상 계약의 개념을 정의하고(Ⅰ.) 사법상 계약과의 차이점을 분석한다(Ⅱ.). 나아가 공법상 계약의 규율 필요성과 행정기본법의 제정 과정을 살펴본다(Ⅲ.). 이를 통하여 우리나라의 공법상 계약의 적용 범위와 법리에 대한 논의의 토대를 마련하고자 한다.

Ⅰ. 공법상 계약의 정의

대법원은 '공법상 계약이란 공법적 효과의 발생을 목적으로 하여 대등한 당사자 사이의 의사표시의 합치로 성립하는 공법행위'라고 정의하고 있다.[1] 즉 대법원은 공법상 계약의 주된 개념 요소로 '공법적 효과의 발생'과 '당사자 간의 대등성'을 들고 있다. 여기서 '공법적 효과의 발생'이란 계약의 내용 및 목적과 관련한 것으로 사법상 계약과의 구별을 통하여 명확해진다. 이에 대하여는 바로 아래(Ⅱ.)에서 후술할 것이다. 이하에서 살펴볼 점은 대법원이 공법상 계약을 정의함에 있어 '당사자 간의 대등성'을 요구하는 것이 타당한지 여부이다.

대법원과 같이 당사자 간의 대등성을 기준으로 공법상 계약을 정의하는 것은 공법상 계약의 개념을 지나치게 좁게 한정한다는 측면에서 그 타당성에 의문이 있다. 통상 행정청과 사인 간 체결되는 공법상 계약에서 행정청은 사인에 비하여 우월한 자위를 가지고 있는 것이 일반적이다. 특히 행정청이 사인에게 법률상 부여된 고권적 권한을 행사할 수 있는 영역에서 이루어지는 공법상 계약의 경우에는 더욱 그렇다. 이 경우, 행정청은 자신이 가지고 있는 권한을 남용하여 법치주의적 통제를 회피하고 사인의 권익을 침해하려는 유혹에 빠질 수 있다. 독일에서도 이 점을 유의하여 공법상 계약을 '공법영역의 법률관계가 발생, 변경, 소멸되는 계약'이라고만 정의하고(행정절차법 제54조 제1문), 행정청과 사인 간의 공정한 계약을 담보할 수 있도록 동법에 공법상 종속계약 관련 조문(동법 제54조 2문, 제55조, 제56조, 제59조 제2항)을 마련하고 있다.[2]

---

[1] 대법원 2023. 6. 29. 선고 2021다250025 판결; 대법원 2021. 2. 4. 선고 2019다277133 판결.
[2] 제2장 제2절 Ⅴ.

이러한 점들을 고려하면, 당사자 간의 대등성은 공법상 계약의 개념 요소로 보기 어렵다. 즉, 공법상 계약은 실질적으로 대등하지 않은 당사자 간에도 체결될 수 있다고 해석하는 것이 타당하다.[3] 이러한 점에서 우리나라의 학설과 행정기본법이 대법원과 달리 당사자 간의 대등성을 공법상 계약의 개념 요소에서 제외하고 있는 것은 바람직한 태도이다. 학설에서는 공법상 계약을 '공법적 효과의 발생을 목적으로 하는 복수당사자 간의 반대방향의 의사표시의 합치에 의하여 성립하는 공법행위'[4] 또는 '행정주체 상호 간 또는 행정주체와 사인 간 공법적 효과의 발생을 내용으로 하는 계약'[5]이라고 본다. 행정기본법에서도 공법상 계약이란 '행정청이 행정목적을 달성하기 위하여 필요한 경우 체결하는 공법상 법률관계에 관한 계약'이라고 정의한다(행정기본법 제27조 제1항).

II. 사법상 계약과의 구별

1. 구별의 필요성

위에서 언급한 바와 같이 공법상 계약의 주요한 판단 기준은 '공법적 효과의 발생'이므로 사법상 계약과의 구별을 통해 그 내용을 살펴볼 필요가 있다. 이는 궁극적으로 공법과 사법의 구별과 연결된

---

3) 김대인, 「행정기본법」상 공법상 계약에 대한 고찰, 법조(제71권 제6호), 2022, 208면.
4) 김남철, 앞의 책, 373면; 김동희·최계영, 행정법 I, 박영사, 제27판, 2023, 225면; 김철용, 앞의 책, 353면; 류지태·박종수, 행정법신론, 박영사, 제18판, 2023, 352면; 정하중·김광수, 행정법개론, 법문사, 제17판, 2023, 325면.
5) 김중권, 김중권의 행정법, 법문사, 제5판, 2023, 467면; 하명호, 행정법, 박영사, 제5판, 2023, 288면.

다. 사법은 본질적으로 사인 간의 법률관계를 규율하므로 사적자치와 개인 의사의 자율성을 강조하지만, 공법은 법치주의와 공익 실현을 우선으로 두고 사안에 따라 행정주체의 고권적 지위를 인정한다. 이에 따라 법률관계에 적용할 법리가 달라진다. 현행 법체계는 공법관계 또는 사법관계인지에 따라 적용법령과 원칙을 달리하기 때문이다.[6]

권리구제 측면에서 어떠한 소송절차로 분쟁을 해결할 것인지도 달라진다. 사법적 분쟁은 민사소송의 대상이 되고 공법적 분쟁은 행정소송의 대상이 되므로 이와 같이 재판관할과 소송절차를 결정하는 실익이 있다.[7]

의무 이행 방식에도 차이가 있다. 사법의 경우에는 제3자인 법원을 통해서만 의무 이행을 실현할 수 있다(타력집행). 반면, 행정청은 행정상 의무 위반이나 불이행에 대해 직접 행정상 강제수단에 의하여 의무 이행을 확보할 수 있다(자력집행).[8] 또한 공법에는 단기 소멸시효, 국가배상, 행정기본법, 행정절차법의 적용 등과 관련하여 사법과 근본적인 차이가 있다.[9]

2. 공법과 사법의 구별

공법과 사법의 구별 기준에 관한 학설의 대립은 독일의 상황과 크게 다르지 않다. 이익설, 종속설, 주체설 및 신주체설이 주로 논의된다. 다수설은 이들을 종합한 중복기준설을 취하고 있다. 어느 하나의 학설이 완벽하다고 할 수 없고 각자 개별 사안에 따라 중요한

---

6) 하명호, 앞의 책, 9면; 정하중·김광수, 앞의 책, 21면.
7) 김남철, 앞의 책, 19면; 류지태·박종수, 앞의 책, 25-26면.
8) 김동희·최계영, 앞의 책, 75면.
9) 홍정선, 행정법특강, 박영사, 제22판, 2023, 11면; 김중권, 앞의 책, 20-21면.

구별 기준으로 사용될 수 있다는 이유에서다.10)

오늘날에는 법규정의 성질 자체는 거의 문제되지 않고 구체적 사실관계가 어떠한 법영역에 귀속되는지가 주로 문제된다는 견해도 유력하다.11) 이 견해에 의하면 실질적인 문제는 해당 사실관계에 적용할 법규정이 전혀 없거나 또는 두 영역에 적용할 법규정이 모두 존재할 때 발생한다. 이러한 문제상황은 전통적인 구별이론이 예상하지 못한 경우이므로 결국에는 앞서 언급한 구별이론들이 강조하는 요소들을 종합적으로 고려하여 구체적인 사실관계의 귀속문제를 판단하여야 할 것이다.12)

귀속문제에 관하여 학설에서 논의되는 공법과 사법의 실질적인 구별 기준으로는 법률관계에서 행정주체에게 우월적 지위가 인정되는 경우(예: 행정강제, 행정벌), 공권력 행사의 근거가 되는 조직규범, 행정작용규범(예: 허가, 인가)이 존재하는 경우, 공권력 행사에 대하여 국가배상, 손실배상 등이 규정되어 있는 경우, 행정쟁송에 관한 규정이 있는 경우 등이 있고, 이 경우에 공법관계에 해당한다고 판단된다.13)

종합하면, 공법과 사법의 구별에 있어서는 해당 법규정이 보호하

---

10) 김남철, 앞의 책, 20-21면; 김동희·최계영, 앞의 책, 76-79면; 김유환, 현대 행정법, 박영사, 제8판, 2023, 11-12면; 김철용, 앞의 책, 54-56면; 박균성, 행정법론(상), 박영사, 제22판, 2023, 14-16면; 류지태·박종수, 앞의 책, 27-28면; 정하중·김광수, 앞의 책, 21-23면; 하명호, 앞의 책, 9-10면. 그리고 이때 규범의 법적 성격은 원칙적으로 개별 규정이 아닌 전체 법률을 대상으로 하여 판단하여야 할 것이다. 하나의 법률로서 동일한 입법 목표 하에 일관된 논리체계를 가지고 구성된 것으로 봄이 타당하기 때문이다. 이에 관하여는 김종보, 행정법학의 개념과 그 외연(外延) – 제도중심의 공법학방법론을 위한 시론(試論) –, 행정법연구(제21호), 2008, 6-7면.
11) 김중권, 앞의 책, 28-29면; 김남철, 앞의 책, 21-22면.; 류지태·박종수, 앞의 책, 28-29면 이하; 홍정선, 행정법특강, 박영사, 제22판, 2023, 12-13면.
12) 류지태·박종수, 앞의 책, 29면.
13) 김남철, 앞의 책, 21-22면; 홍정선, 행정법특강, 박영사, 제22판, 2023, 13면.

는 이익의 성질, 법규정이 규율하는 법률관계에서의 당사자 간 관계, 법규정이 권리 또는 의무를 부여하는 법적 주체의 성격 등을 종합적으로 고려하여야 하고, 나아가 구체적인 사실관계에서 어떤 특징을 가진 법규정이 적용되는지도 함께 고려하여야 할 것이다. 이러한 공법과 사법의 구별은 아래와 같이 공법상 계약과 사법상 계약의 구별에 있어 중요한 전제가 된다.

3. 공법상 계약과 사법상 계약의 구별

이제 공법상 계약과 사법상 계약의 구별 기준을 살펴본다. 이에 대한 논의는 먼저 개념 정의에서 출발한다. 공법상 계약은 공법상 법률관계에 관한 계약으로서 공법적 효과, 즉 공법적 권리 또는 의무의 발생, 변경, 소멸을 계약 내용으로 한다. 따라서 구별 기준의 주안점은 계약 내용에 있다고 가정해 볼 수 있다. 이는 계약 내용이 공법에 의하여 규율되는지를 구별 기준으로 삼는 독일의 통설(대상설)에 해당한다.

독일의 논의를 요약하면, 계약 내용, 즉 계약당사자들의 권리 또는 의무는 공법에 의하여 규율되거나 또는 양자 간에 밀접한 관련성이 있어야 한다. 직접적인 규율 관계 또는 밀접한 관련성이 없는 경우에 한하여 계약 목적이 보충적으로 고려되는데, 이때 계약 목적은 공적 임무의 수행과 밀접하고 불가분하게 연관되어야 한다.[14] 즉, '계약 내용의 공법성'이 일차적으로 고려되고, '계약 목적의 공익성'이 보충적으로 고려되는 구조이다.[15]

그러나 독일의 견해가 우리나라에도 그대로 적용될 수 있을지는

---

14) 제2장 제2절 Ⅱ. 3.
15) 김대인, 지방계약과 공법소송, 공법연구(제41집 제1호), 2012, 7면.

의문이다. 무엇보다도 행정기본법에 의하면 행정청은 공법상 계약의 체결과 관련하여 행정목적의 달성과 공공성이라는 계약의 목적을 명시적으로 고려하여야 하기 때문이다(행정기본법 제27조). 동 규정은 단순한 선언적 규정이 아니므로 계약당사자들은 공법상 계약 체결 과정에서 이를 준수하여야 할 의무가 있다.16) 따라서 계약 목적의 공익성은 공법상 계약의 핵심적인 요소에 해당한다.

대법원은 과거에 계약의 법적 성격을 판단할 때 공익성을 고려하지 않거나 부차적으로만 고려해 왔다. 예를 들어, '한국형헬기개발사업에 관한 협약'에 관한 사례에서 대법원은 협약의 법적 근거, 연구경비의 성격, 기술 권리의 귀속, 협약금액 증액의 제한, 협약 위반 시 제재 가능성 등을 주로 고려하여 해당 협약을 공법상 계약이라고 판단하였다. 공익적 성격은 부수적으로만 언급되었다.17)

그러나 최근에는 이러한 입장에 변화가 나타나고 있다. 대법원은 산업기술혁신법에 의한 산업기술개발사업협약의 법적 성격이 문제가 된 사안에서, 어떠한 계약이 공법상 계약에 해당하는지 여부는 ① 계약이 행정활동의 수행 과정에서 체결된 것인지, ② 계약이 관계 법령에서 규정하고 있는 공법상 의무 등의 이행을 위해 체결된 것인지, ③ 계약 체결에 계약당사자의 이익만이 아니라 공익 또한 고려된 것인지 또는 계약 체결의 효과가 공익에도 미치는지, ④ 관계 법령에서의 규정 내지 그 해석 등을 통해 공익을 이유로 한 계약 변경이 가능한지, ⑤ 계약이 당사자들에게 부여한 권리와 의무 및 그 밖의 계약 내용 등을 종합적으로 고려하여 판단된다고 판시하였다.18) 이러한 판례의 변화는 계약의 법적 성격을 판단함에 있어 계

---

16) 법제처, 행정기본법 해설서, 2021, 274면.
17) 대법원 2021. 5. 6. 선고 2017다273441 전원합의체 판결; 대법원 2021. 2. 4. 선고 2019다277133 판결.
18) 대법원 2023. 6. 29. 선고 2021다250025 판결 (이 사건 1심과 원심은 산업기

약 목적의 공익성을 더욱 중요하게 고려하는 추세를 보여주고 있다.

이 중 ②, ⑤는 계약 내용이 계약당사자에게 사법상 계약과는 다른 공법적 권리 또는 의무를 규율하고 있는지를 고려하여야 한다는 것이고, ①, ③은 계약 목적의 공익성과 관련이 있다. ④는 공익을 목적으로 한 계약 내용의 변경이라는 점에서 양자 모두와 관련이 있다고 볼 수 있다.

독일에서는 앞서 살펴본 바와 같이 계약 목적은 계약 내용의 공법성이 충족되지 않는 경우 보충적으로 고려되고, 또한 계약 목적과 공적 임무 수행 간의 불가분성이 요구된다고 보고 있다. 그런데 이와 달리 대법원은 계약 목적을 계약 내용과 동등한 판단 기준으로 명시하였고, 또한 계약 목적이 공적 임무 수행과 불가분한 관계에 있을 것을 요구하지도 않았다. 따라서 대법원의 입장은 독일과는 분명한 차이가 있다.

계약 목적의 공익성을 중심으로 계약의 법적 성격을 판단해야 한다는 우리나라의 유력한 학설도 눈여겨볼 필요가 있다. 이는 주로 공공조달계약과 관련하여 전개되어 왔는데, 대법원이 이를 사법상 계약으로 보고 사적자치와 계약자유 등 사법 원리가 그대로 적용된다고 하여 공법적 특성을 전혀 인정하지 않았던 점에 대한 문제의식에서 비롯되었다. 이 견해는 행정이 공익 실현의 책무를 가시고 이러한 점에서 공법상 계약의 핵심은 그 공적 목적과 기능에 있으

___

술혁신법 제11조 제4항에 의한 산업기술개발사업협약이 사법상 계약이라고 판단하였으나, 대법원에서는 이 협약이 산업기술혁신 촉진 등을 통한 국가 경쟁력강화 등의 공적 목적을 위하여 체결된 점, 협약 체결 및 이행의 효과가 공공의 이익에도 영향을 미치는 점, 전담기관인 한국에너지기술평가원에 관계 법령에 의한 권한 등이 인정되는 점, 한국에너지기술평가원은 공적인 목적이나 사유가 있는 경우 갑 회사 등 컨소시엄의 귀책사유가 없어도 그 동의나 승낙 없이 협약의 내용을 변경하거나 해약할 수 있는 점 등을 근거로 공법상 계약이라고 판단하여 이 사건을 관할 행정법원으로 이송하였다).

므로, 사회기반시설이나 공공재 등을 대상으로 하는 계약과 같이 계약 목적이 공익과 밀접한 관련성을 가지고 있는 경우에는 이를 사법상 계약으로 판단해서는 안 된다는 입장을 취하고 있다.[19]

이상의 내용을 종합하면, 행정기본법 제27조의 내용, 최근 대법원 판결의 동향, 학설의 입장을 모두 고려하여 볼 때, 우리나라의 공법상 계약과 사법상 계약의 구별에 관하여는 계약 내용의 공법성과 계약 목적의 공익성을 동등한 지위에 놓고 종합적으로 판단하는 것이 타당하다. 계약 목적은 계약 내용을 규율하는 공법이 없는 경우에 한하여 보충적으로 고려되고, 또한 공적 임무의 수행과 불가분의 관계에 있어야 한다고 보는 독일의 견해는 위와 같은 사정들을 감안하면 우리나라의 법체계와 행정 현실에는 적합하다고 보기 어렵다.

독일이 이렇게 해석하는 이유는 공적 임무는 사법적 수단에 의해서도 수행될 수 있기 때문에, 계약 목적은 충분한 판단 기준이 되지 못한다는 판단에서다.[20] 그러나 공법상 계약은 공익 실현을 추구한다는 점에서 사적자치에 따라 사익 도모를 목적으로 하는 사법상 계약과 본질적인 차이가 있다. 그러므로 공법상 계약에서 공익을 배제하면 사법상 계약과의 구별이 흐려질 수 있다. 공적 임무가 사법적 수단에 의해 수행될 수 있다는 이유만으로 계약 목적의 공익성이 공법상 계약의 판단 기준이 될 수 없다고 보는 것은 적절하지 않다.

계약 목적과 계약 내용은 서로 밀접한 연관 하에 유기적으로 작용하여 계약의 성격을 형성한다. 이 중 어느 한 요소만으로는 계약

---

19) 김대인, 국가연구개발협약과 공·사법구별, 서울법학(제26권 제2호), 2018, 231-236면; 김용욱, 위법한 조달계약의 효력과 강행규정, 경희법학(제55권 제4호), 2020, 128-131면; 박정훈, 공법과 사법의 구별 – 행정조달계약의 법적 성격, 행정법의 체계와 방법론, 박영사, 2005, 221-229면; 이문성·이광윤, 「사회기반시설에 대한 민간투자사업법」에 따른 행정계약의 법적 성격에 관한 연구, 유럽헌법연구 제17호, 2015, 685-687면.
20) 제2장 제2절 Ⅱ. 3.

의 법적 성격을 결정하는 절대적인 기준이 될 수 없다. 따라서 계약 내용의 공법성과 계약 목적의 공익성을 종합적으로 고려하여 공법상 계약인지 여부를 판단하는 것이 타당하다.

III. 공법상 계약의 규율 필요성과 행정기본법의 제정

1. 규율 필요성

앞서 연구의 목적에서 언급한 바와 같이, 행정법은 전통적으로 행정처분을 주된 연구 대상으로 하여 발전하여 왔다. 이는 행정 실무에서 행정처분을 중심으로 행정에 대한 통제가 이루어졌음을 의미한다. 그러나 급변하는 현대 사회에서 행정이 행정처분만으로는 공적 임무를 효과적으로 수행하는 데에 한계가 발생하였고, 이에 따라 행정은 자신의 역할을 효율적으로 수행하기 위해 다양한 행위형식을 사용하게 되었다. 특히 행정과 사인 간 협력이 중요해지면서 공법상 계약의 유용성이 강조되었다. 다른 한편, 공법상 계약의 활용이 증가함에 따라 공법상 계약에 대한 실체적·절자적 통제의 필요성이 대두되었다. 특히 공법상 계약은 형식이 '계약'이라는 점에서 사적자치원칙이 적용되는 사법상 계약과 동일하게 취급될 경우 법률적합성원칙을 비롯한 행정법의 일반원칙에 반하는 결과를 초래할 수 있어 독자적 규율의 필요성이 더욱 크다.

이러한 경향은 독일의 사례에서도 잘 나타난다. 독일은 초기에는 공법상 계약의 관념에 대하여 부정적인 시각이 있었으나 행정절차법의 제정을 통해 공법상 계약을 원칙적으로 허용하였다. 그러나 다른 한편으로 독일은 행정과 사인 간의 종속관계에 주목하여 공법상 계약을 통제할 필요성을 염두에 두고 있었다. 행정은 법률에 의해 부여된 고권적 권한을 가지고 있는 등으로 사인과 비교하여 우월적 지위를 가지고 있으므로 이를 남용하여 사인의 권익을 침해하고 불공정한 계약을 체결할 위험성이 있기 때문이었다. 이에 따라 독일은 행정이 사인과의 불평등한 관계를 이용하여 자신의 권한을 남용하는 것을 규율하고자 종속계약의 개념과 하위 유형, 무효사유 등을 행정절차법에 도입하였다.[21)]

우리나라에서 종속계약의 개념을 직접적으로 인정할 수 있는지에 대해서는 의문이 있을 수 있다. 독일 행정절차법상 종속계약이란 행정행위를 갈음하는 공법상 계약을 핵심으로 하는데(동법 제54조 제2문), 행정행위를 갈음하는 공법상 계약이라는 개념이 우리나라에 그대로 받아들여질 수 있는지에 대해서는 충분한 논의가 이루어지지 않은 것으로 보이기 때문이다.[22)] 그러나 우리나라에서도 행정의 우월적 지위와 행정권한의 남용으로 인한 문제가 발생할 수 있다는 점은 독일과 다르지 않다. 따라서 종속계약의 개념을 받아들이지 않더라도 그 기저에 있는 행정과 사인 간 불평등한 관계의 가능성과 이로 인한 위험성을 염두에 둘 필요가 있다. 따라서 위와 같은 독일의 논의는 우리나라에도 의미가 있다고 볼 수 있다.

이처럼 공법상 계약은 행정과 민간이 협력하여 공적 임무를 수행하는 중요한 수단으로 자리 잡았고, 다양한 행정 분야에서 활용되고 있다. 그러나 이러한 계약이 늘어날수록 행정의 우월적 지위 남용이나 사인과의 불공정한 계약 체결 등의 문제가 발생할 가능성도 비례하여 높아졌다. 따라서 공법상 계약을 통해 행정의 유연성과 효율

---

21) 제2장 제2절 V.
22) 김대인, 「행정기본법」상 공법상 계약에 대한 고찰, 법조(제71권 제6호), 2022, 206-207면.

성을 높이는 동시에, 행정의 권한 남용을 방지하고 공정성을 확보하기 위한 법적 규율이 어떻게 이루어져야 하는지에 대한 고민이 필요하게 되었다. 이러한 문제의식은 행정기본법의 제정 과정에서 공법상 계약 규정의 도입 논의로 이어졌다.

2. 행정기본법의 제정, 그 의의와 한계

행정기본법의 공법상 계약 규정은 기본적으로 독일 행정절차법에 있는 관련 규정과 우리나라의 관련 법령을 기초로 해서 만들어졌다. 먼저 '실무논의안'이 만들어졌고, 분과위원회 등을 거쳐 '자문안'이 확정되었으며, 자문안이 국무회의를 통과하는 과정에서 수정되어 '정부안'이 만들어졌고, 이 중 일부가 행정기본법에 최종적으로 도입되었다.[23]

실무논의안에서는 처음에는 공법상 계약이라는 용어 대신 행정계약이라는 용어가 사용되었다. 그러나 행정계약은 행정청이 체결하는 사법상 계약을 모두 포함하는 개념이어서 공법적 특징을 강조하기 위하여 공법상 계약으로 용어를 대체하였다.[24] 또한 독일법상 종속계약에 포함되는 '행정행위를 갈음하는 공법상 계약'의 개념을 도입하자는 논의가 있었으나, 이 개념에 관한 이론 및 실무가 정립되지 않았고 구체적인 사례를 찾기 어렵다는 이유로 포함되지 않았다.[25] 주목할 점은 독일법에는 없는 신의성실원칙, 부당결부금지원

---

[23] 이하 실무논의안, 자문안, 정부안의 구체적인 내용에 관하여는 김대인, 「행정기본법」상 공법상 계약에 대한 고찰, 법조(제71권 제6호), 2022, 198-203면을 참조하였다.
[24] 채향석·하명호, 행정기본법 제정과정과 주요내용, 법제연구(제60호), 2021, 36면.
[25] 김대인, 「행정기본법」상 공법상 계약에 대한 고찰, 법조(제71권 제6호), 2022, 199면.

칙과 같은 공법상 계약의 원칙 규정을 실무논의안에 도입하였다는
것이다. 그러나 신의성실원칙은 사법과 동일한 내용이고, 부당결부
금지원칙은 행정법의 일반원칙 규정을 통해 규율이 가능하다는 점
때문에 자문안에는 포함되지 않았다. 또한 공법상 계약의 무효사유
도 논의되었는데, 이 중 '위법성의 중대명백성'이 위에서 언급한 독
일법상 행정행위를 갈음하는 공법상 계약에 대응하는 것이라는 점
에서 자문안에서는 빠지게 되었다.26)

　결과적으로 자문안에는 공법상 계약의 가능성, 서면방식, 제3자
의 이해관계 고려 등을 포함하는 공법상 계약의 체결에 관한 규
정,27) 공법상 계약의 무효사유 및 변경·해지 규정28)만이 남게 되었

---

26) 행정기본법 실무논의안 제○조(행정계약의 원칙) ① 행정계약은 서로 대등한
　　입장에서 양 상대자의 합의에 따라 체결되어야 하며, 행정계약의 양 상대자
　　는 계약의 내용을 신의성실의 원칙에 따라 이행하여야 한다.
　　② 행정청은 행정계약의 상대자를 선정하고 계약의 내용을 정할 때 행정계
　　약의 공공성과 제3자의 이해관계를 고려하여야 한다.
　　③ 제49조제2항에 따른 행정계약을 체결하려는 경우에는 계약상대자가 부
　　담하는 의무는 해당 처분으로 달성하려는 행정 목적과 실질적으로 관련성
　　이 있어야하고, 제반 사정에 비추어 내용적으로 적정하여야 한다.
27) 행정기본법 자문안 제36조(공법상 계약의 체결) ① 행정청은 법령등을 위반
　　하지 않는 범위에서 행정 목적을 달성하기 위하여 필요한 경우에는 공법상
　　법률관계에 관한 계약(이하 "공법상 계약"이라 한다)을 체결할 수 있다. 이
　　경우 계약의 목적 및 내용을 명확하게 적은 계약서를 작성하여야 한다.
　　② 행정청은 공법상 계약의 상대방을 선정하고 계약의 내용을 정할 때 공법
　　상 계약의 공공성과 제3자의 이해관계를 고려하여야 한다.
28) 행정기본법 자문안 제37조(공법상 계약의 변경·해지 및 무효) ① 행정청 또
　　는 계약상대방은 공법상 계약이 체결된 후 중대한 사정이 변경되어 계속하
　　여 계약 내용을 이행하는 것이 신의성실의 원칙에 반하는 경우에는 계약 내
　　용의 변경을 요구할 수 있다.
　　② 행정청은 다음 각 호의 어느 하나에 해당하는 경우에는 공법상 계약을
　　해지할 수 있다.
　　　1. 제1항에 따른 계약 내용의 변경이 불가능하거나 변경 시 계약당사자 어
　　　　느 한쪽에게 매우 불공정할 경우

고, 이 두 규정이 국무회의를 통과하여 정부안으로 확정되었다.[29] 이 규정들은 독일 행정절차법과 내용이 거의 동일한데, 다만 차이점은 변경·해지 규정에서 독일법과 달리 행정청의 공익상 해지 시 계약상대방에 대한 손실보상 관련 내용을 두지 않았다는 점이다.[30] 이는 손실보상의 법적 성질에 대한 논의와 실무가 아직 충분히 확립되지 않았다는 판단에 근거하였다.[31]

　　이렇게 정부안은 공법상 계약에 관한 두 개의 규정을 마련하였으나, 국회 법제사법위원회의 심사 과정에서 위 규정들에 대한 비판적인 견해가 제기되었다. 먼저 공법상 계약의 체결에 관한 규정에 대해서는 공법상 계약에 관한 판례가 많지 않으므로 추후 판례와 실무가 정착되면 공법상 계약에 관한 개별법을 입법하는 것이 바람직하다는 의견이 있었다.[32] 무효사유 및 변경·해지 규정에 대해서도 행정청의 계약상대방에 대하여 계약 해지권이 인정되는지 여부가 불분명한 점, 계약의 본질은 대등당사자의 의사표시 합치를 전제로 하는데 이러한 규정을 두는 것이 바람직한 것인지 의문스럽다는 점

---

　2. 공법상 계약을 이행하면 공공복리에 중대한 영향을 미칠 것이 명백한 경우

　③ 공법상 계약을 변경하거나 해지하려는 경우에는 계약상대방에게 서면으로 미리 사전 통지를 하여야 한다. 다만, 공공의 안전 또는 복리를 위하여 긴급히 공법상 계약을 변경하거나 해지할 필요가 있는 경우에는 사전 통지를 하지 않을 수 있다.

　④ 행정청은 제3항 단서에 따라 사전 통지를 하지 않는 경우 그 사유를 공법상 계약을 변경하거나 해지할 때 계약상대방에게 알려야 한다.

　⑤ 공법상 계약의 일부분이 무효일 때에는 그 전부를 무효로 한다. 다만, 그 무효 부분이 없더라도 공법상 계약을 체결하였을 것이라고 인정되는 경우에는 나머지 부분은 무효로 하지 아니한다.

29) 법제처, 행정기본법 정부안, 2020. 7. 7.
30) 법제처, 행정기본법 정부안, 2020. 7. 7.
31) 김대인, 「행정기본법」상 공법상 계약에 대한 고찰, 법조(제71권 제6호), 2022, 198면.
32) 국회사무처, 제384회 법제사법소위 제2차(2021년 2월 24일) 회의록, 41-42면.

등을 이유로 반대 견해가 제시되었다.[33] 논의 결과 최종적으로는 공법상 계약의 체결에 관한 단 하나의 규정만이 입법되었다.

지금까지 행정기본법상 공법상 계약 규정의 입법 과정에 관하여 살펴보았다. 입법 과정에서 공법상 계약의 법리를 구체화한 다양한 규정들이 도입되지 못한 점은 아쉬운 점이다. 공법상 계약의 체결에 관한 단 하나의 규정만으로는 행정청의 권한 남용이나 불공정한 계약 체결과 같은 실무에서 발생할 수 있는 다양한 문제상황들을 규율하는 데 한계가 있기 때문이다. 공법상 계약에 관한 규율이 충분하지 않으면 결국 공법상 계약에 적용될 법리가 불명확해지고, 그로 인해 행정에 대한 통제와 국민의 권익 보호가 약화될 우려가 있다. 이에 대해서는 향후 다양한 연구와 실무의 경험을 바탕으로 축적한 내용을 입법에 충실히 반영하여, 공법상 계약의 요건과 절차, 무효 사유 등을 체계적으로 규정함으로써 공법상 계약에 대한 규율의 명확성과 신뢰성을 제고하여야 할 것이다.

이러한 한계에도 불구하고 공법상 계약에 관한 규정이 행정기본법에 도입된 것은 그 자체로 큰 의미가 있다. 기존에는 판례와 학설상으로만 논의되어오던 공법상 계약이 명시적으로 입법되었고, 공법상 계약의 가능성을 비롯하여 서면방식, 제3자의 이해관계 고려 등의 형식 및 절차 요건이 구체화되었다. 특히 공법상 계약 체결 시 행정목적의 달성과 공공성이라는 계약의 목적을 명시적으로 고려하도록 한 것은 공법상 계약과 사법상 계약의 실질적인 구별 기준으로서 공익성을 제시한 것으로서 공법상 계약의 정체성을 드러냈다는 점에서 의미가 있다.

다만 앞에서 언급했듯이 공법상 계약에 관하여 어떠한 법리가 적용되어야 하는지는 여전히 이론과 실무의 과제로 남아있다. 이에 대

---

[33] 국회사무처, 제384회 법제사법소위 제2차(2021년 2월 24일) 회의록, 41-42면.

해서는 심도 있는 연구와 실무 경험의 축적이 필요하다. 따라서 공법상 계약에 관한 법조문이 많지 않은 현재 상황에서 공법상 계약에 관하여 발생하는 문제를 해결하기 위해서는 공법상 계약을 규율하는 법리를 정립할 필요가 있다. 그리고 이를 위해서는 우선적으로 기존의 법률을 적용하는 한편, 해석론적 측면에서 가능한 범위에서 관련 법률을 유추적용하는 방식을 생각해 볼 수 있다. 이 과정에서 공법상 계약의 '계약' 형식에 주목하여 상대적으로 많은 조문을 보유하고 있는 사법규정의 유추적용이 가능할 것이다. 다만 사법규정을 유추적용함에 있어서는 행정법의 일반원칙과 공익성을 기준으로 유추적용의 한계를 명확히 설정하여야 하는데, 이에 관한 자세한 논의는 이후에 상세히 다룰 것이다.34)

---

34) 제5장 제3절.

제2절 공법상 계약의 분야별 검토

Ⅰ. 개설

우리나라의 행정 영역에서는 다양한 형태의 공법상 계약이 활용되고 있다. 대표적인 사례로는 과학기술기본법상 국가연구개발협약[1]과 산업기술혁신법상 산업기술개발협약[2]이 있다. 이들 협약은 기술 발전을 통한 국가경쟁력 강화를 목적으로 하는 점, 협약 이행과 성과를 관리하기 위하여 개발 목표, 자금 지원, 성과물의 귀속 등에 관하여 계약당사자 간의 권리와 의무가 명시되어 있는 점, 행정청은 계약상대방이 협약을 위반한 경우 국가연구개발사업의 참여를 제한할 수 있거나(국가기술개발협약) 또는 공적인 목적이나 사유가 있는 경우 계약상대방의 동의나 승낙 없이 협약의 내용을 변경하거나 해약할 수 있는 점(산업기술개발협약) 등과 같은 계약 내용의 공법성과 계약 목적의 공익성에 기초하여 공법상 계약으로 인정되고 있다.

반면 토지보상법상 협의취득계약, 기부채납계약, 민간투자법상 실시협약, 공공조달계약의 경우 그 법적 성격에 관하여 논란이 있다. 이들 계약은 행정청과 사인 간의 급부 교환이 이루어진다는 점에서 공통점이 있다. 토지보상법상 협의취득계약에서는 사업시행자가 공익사업을 위해 토지소유자로부터 토지를 취득하고, 토지소유자는 그 대가로 보상금을 지급받는다. 기부채납계약에서는 사인이 행정청에게 공공시설을 기부하고, 그 대가로 행정청으로부터 해당

---

[1] 대법원 2017. 11. 9. 선고 2015다215526 판결.
[2] 대법원 2023. 6. 29. 선고 2021다250025 판결.

시설의 사용권이나 개발허가 등을 부여받는다. 민간투자법상 실시협약에서는 사업시행자가 사회기반시설의 건설·운영을 위한 재원을 조달하고 주무관청은 사업시행자에게 시설의 운영 및 수익권 등을 보장한다. 공공조달계약에서는 사업자가 발주기관에게 물품, 공사 및 용역을 제공하고, 그 대가로 계약금액을 수령한다. 이러한 급부 교환의 특성은 공법상 계약과 사법상 계약 모두에서 나타날 수 있는 요소이다. 그러나 이들 계약에서 나타나는 급부 교환의 형태는 행정 목적 달성을 위한 수단으로서의 성격이 강하다. 급부 교환을 통해 행정청과 사인은 상호의존적 관계를 형성하고, 보다 효율적으로 협력할 수 있게 되며, 공익과 사익의 균형적인 조화가 가능해진다.

다만 이러한 점만으로 이들 계약이 공법상 계약인지 아니면 사법상 계약인지를 판별하기는 어렵다. 계약의 법적 성격을 규명하기 위해서는 앞서 언급한 주요 기준을 더 검토하여야 한다. 우선 계약 내용을 살펴보아야 한다. 즉, 계약당사자들의 권리 또는 의무가 공법적으로 규율되는지 여부가 관건이다. 또한 계약이 추구하는 목적도 중요한 검토 대상이다. 계약의 목적이 사회·경제·환경 등과 관련한 공익을 달성하기 위한 것인지를 판단해야 한다. 이러한 계약 내용의 공법성과 계약 목적의 공익성은 공법상 계약의 본질적 요소로서 사법상 계약과의 구별 기준으로 작용한다. 따라서 이하에서는 이 기준에 따라 각 계약의 법적 성격을 검토한다. 이를 통하여 공법상 계약의 특성을 더욱 깊이 이해할 수 있게 될 것이다.

II. 건설행정

1. 토지보상법상 협의취득계약

(1) 개념

공익사업을 위한 토지의 취득에는 토지소유자의 의사에 반하는 강제취득인 공용수용 이외에 공용수용의 주체인 사업시행자와 토지소유자 간의 협의에 의한 취득도 포함된다. 토지보상법은 이러한 방식의 계약을 공식적인 법제도로 규정하여, 사업시행자가 사업인정 전·후에 토지소유자와 협의를 거쳐 계약을 체결할 수 있도록 규정하고 있다(토지보상법 제16조, 제26조 제1항, 이하 편의상 '사업인정 전 협의취득계약', '사업인정 후 협의취득계약'이라 하고, 이를 합하여 '협의취득계약'이라고 한다).

사업시행자는 토지등에 대한 보상에 관하여 토지소유자 및 관계인과 성실하게 협의하여야 한다(토지보상법 제16조). 협의가 성립하면 이들과 계약을 체결하여야 한다(동법 제17조). 이를 '사업인정 전 협의취득계약'이라고 한다. 사업시행자는 사업인정 전 협의취득계약이 체결되지 않으면 토지 등을 수용하거나 사용하기 위하여 국토교통부장관의 사업인정을 받아야 한다(토지보상법 제20조). 이후 사업시행자는 수용재결 신청 전에 토지소유자 및 관계인과 수용대상 토지에 관하여 권리 취득 내지 소멸을 위하여 다시 협의하여야 한다(동법 제26조 제1항). 협의가 성립하면 이들과 계약을 체결하며, 이를 '사업인정 후 협의취득계약'이라 한다.

사업인정 전·후에 이루어지는 협의취득계약의 절차와 효과는 유사하다. 절차 측면에서 보면, 사업인정 전 협의의 절차는 의무적 절차는 아니지만 사업시행자가 이 절차를 개시한 경우에는 사업인정 후 협의 절차는 거치지 않아도 된다. 사업인정 후 협의 절차에 대해서는 사업인정 전 협의 절차에 관한 규정들이 준용된다(토지보상법 제14조 내지 제16조, 제68조). 효과 측면에서 보면, 사업시행자는 사업인정 전·후 협의취득계약이 성립되면 공익사업에 필요한 토지에 대한 소유권이전청구권을 취득하고, 토지소유자는 소유 토지에 대한 보상금청구권과 환매권 등을 취득한다.[3]

(2) 학설

협의취득계약이 사법상 계약에 해당한다는 견해[4]는 협의취득계약이 공용수용과 달리 사업시행자가 그 사업에 필요한 토지 등을 사경제주체로서 취득하는 행위이므로 사업시행자와 토지소유자가 법적으로 대등한 지위에서 행하는 임의적 합의라는 점에 주목한다. 따라서 협의취득계약은 수용권의 행사가 아니고 사법상 계약의 성질을 갖는다는 것이다.

협의취득계약을 공법상 계약으로 보는 견해[5]는 다양한 측면에서 그 특수성을 강조하고 있다. 이 견해는 협의취득계약의 권력적 성격, 당사자 간의 비대등성, 공익적 목적, 그리고 사법상 계약과의 차이점 등을 종합적으로 고려한다. 구체적으로, 사업시행자가 국가적

---

3) 다만 사업인정 후 협의취득계약의 경우, 사업시행자가 토지소유자의 동의를 받아 관할 토지수용위원회에 협의 성립 확인을 신청할 수 있다는 점에서 사업인정 전 협의취득계약과 차이가 있는데(토지보상법 제29조 제1항), 이 점은 사업인정 후 협의취득계약의 강한 공법적 성격을 반영하고 있다. 이에 관하여는 아래에서 후술한다.
4) 김시영, 토지보상법 신론, 진원사, 2022, 174면.
5) 박윤흔·정형근, 최신행정법강의(하), 박영사, 제28판, 2009, 554면; 박평준·박창석, 토지취득보상법, 리북스, 2009, 106면; 류해웅·허강무, 신수용보상법론, 부연사, 제7판, 2016, 233면; 이선영, 신토지수용과 보상법론, 리북스, 제3판, 2017, 234면.

공권의 주체로서 수용권을 배경으로 계약을 체결한다는 점, 사업시
행자와 토지소유자 간의 의사가 완전히 대등하지 않다는 점, 계약이
공익 실현을 목적으로 한다는 점, 그리고 계약자유가 제한되며 사업
시행자가 일방적으로 권리를 취득하거나 소멸시킬 수 있는 공법상
지위를 가진다는 점 등을 근거로 들고 있다. 이러한 특성들이 복합
적으로 작용하여 협의취득계약을 일반적인 사법상 계약과 구별하
고, 공법상 계약으로 분류하는 근거가 되고 있다.

(3) 판례

현행 토지보상법은 2003. 1. 1. 시행된 것으로 구 토지수용법과
구 공공용지의 취득 및 손실보상에 관한 특례법(이하 '공특법'이라
한다)을 폐지하고 구 토지수용법상의 토지수용절차와 공특법상의
협의취득계약 절차를 통합한 것이다. 대법원은 사업인정 전 협의취
득계약이 "공특법에 의한 협의취득계약 또는 보상합의는 사경제주
체로서 행하는 사법상 매매 내지 사법상 계약의 실질을 가지는 것"
이라고 하였고,[6] 이러한 태도는 현행 토지보상법에서도 동일하다.[7]
나아가 대법원은 사업인정 후 협의취득계약에 대하여도 "공공사업
의 시행자가 토지수용법에 의하여 그 사업에 필요한 토지를 취득하
는 경우 그것이 협의에 의한 취득이고, 토지수용법 제25조의2의 규
정에 의한 협의 성립의 확인이 없는 이상, 그 취득행위는 어디까지
나 사경제 주체로서 행하는 사법상의 취득"이라고 하여 결국 협의
시점과 관계없이 협의취득계약은 사법상 계약이라는 입장이다.[8] 헌
법재판소 역시 "공특법에 의한 토지 등의 협의취득계약은 공공사업

---

[6] 대법원 1998. 5. 22. 선고 98다2242,2259 판결.
[7] 대법원 2022. 7. 14. 선고 2017다242232 판결.
[8] 대법원 1996. 2. 13. 선고 95다3510 판결.

에 필요한 토지 등을 공공용지의 절차에 의하지 아니하고 협의에 의하여 사업시행자가 취득하는 것으로서 그 법적 성질은 사법상의 매매계약과 다를 것이 없다."라고 하여 협의취득계약이 사법상 계약에 해당한다고 판시하였다.9) 그리고 현행 토지보상법에서도 동일한 태도를 취하였다.10)

그러나 대법원과 헌법재판소가 협의취득계약의 공법적 성격을 완전히 배제하고 있다고 해석할 수는 없다. 헌법재판소는 공특법 제9조 제1항의 환매권 행사 제한 기간의 위헌 여부를 다룬 사안에서, 협의취득계약이 형식상 사법상 매매계약이나 실질적으로 토지수용법과 유사한 공법적 기능을 수행한다고 판단하였다. 이는 공특법의 '공공사업'과 토지수용법의 '공익사업'이 동일하고, 양 법률의 손실보상 원리가 유사하며, 공특법에 공법적 규제가 있기 때문이다. 또한 토지소유자가 수용 위협으로 인한 심리적 강박감으로 협의에 응하는 경우가 많아 실질적으로 토지수용과 비슷한 효과를 가진다고 보았다. 따라서 헌법재판소는 협의취득계약을 헌법 제23조 제3항의 '재산권의 수용'과 동일하게 봐야 한다고 판시하였다. 이는 공권력이 사법상 법률행위 형식을 빌려 헌법상 재산권 보장 기능을 약화시키는 것을 막기 위한 해석이라고 밝혔다. 결론적으로 헌법재판소는 공특법 제9조의 환매권도 토지수용법 제71조의 환매권과 마찬가지로 헌법이 보장하는 재산권에 포함되는 권리라고 판단하였다. 이 결정은 협의취득계약과 공공수용이 제도의 목적, 손실보상, 공법적 규제, 공법적 기능 측면에서 유사하며, 사법에의 도피를 방지해야 한다는 점에서 동일성이 있음을 강조하고 있다.

대법원도 지방자치단체가 그 스스로 사업시행자로서 토지를 공특법상 협의취득계약한 것인지 아니면 사업시행자로부터 매수위탁

---

9) 헌법재판소 1990. 4. 25. 선고 90헌마60 결정.
10) 헌법재판소 2015. 10. 13. 선고 2015헌마945 결정.

을 받아 협의취득계약을 한 것인지가 문제가 된 사안에서, 위 헌법
재판소 결정 내용을 전제로 한 후 "특례법에 기한 협의취득계약의
경우에도 공용수용의 경우처럼 공익적 필요성이 있고, 법률에 의거
하여야 하며, 정당한 보상을 지급하여야 한다는 요건을 갖추어야 할
것이고, 위 요건이 갖추어지지 아니한 특례법에 기한 협의취득계약
은 효력이 발생하지 아니한다."라고 하여 협의취득계약이 헌법 제23
조에 의한 공용수용과 동일한 요건을 갖추어야 한다고 판시하였
다.11) 또한 대법원은 최근에도 국토계획법상 도시계획시설사업에
관한 사업시행자지정, 실시계획인가 등이 무효인 경우 토지보상법

---

11) 대법원 2000. 8. 22. 선고 98다60422 판결. 이 판결의 구체적 사실관계를 보
면, "원고가 1986. 10. 27. 수원시로부터 이 사건 G공구에 관한 도시계획(유
원지)사업의 시행자로 허가받기 이전에 이미 수원시로부터 국민관광지 투자
자의 지위와는 별도로 국민관광지 투자사업과 동일한 사업내용을 가진 이
사건 G공구에 관한 도시계획사업의 시행자로 내정받았다고 보기에 미흡할
뿐만 아니라, 앞에서 본 제반 법규정과 특례법의 법리를 고려하여 볼 때 ①
행정청이 아닌 자인 원고가 설사 수원시에 의하여 도시계획사업 시행자로
허가를 받기로 내정된 상태에 있었다고 하더라도 단지 내정만 된 상태에서
는 특례법이 정하는 공공사업 시행자로서 특례법에 기한 협의매수에 나아갈
수 없다고 보는 것이 상당하고, ② 또한 수원시가 원고와 사이에 이 사건 위
수탁협약을 체결하고 그에 기하여 이 사건 협의매수를 할 수 있는지에 관하
여 특례법을 비롯한 관련 법령상 아무런 근거를 찾을 수 없으므로, 결국 수
원시와 피고 22를 제외한 나머지 토지 매도인들과 사이의 협의매수는 위 ①,
②의 이유로, 원고가 도시계획사업 시행자로 허가·고시된 후에 이루어진 수
원시와 피고 22와 사이의 협의매수는 위 ②의 이유로 모두 그 효력이 없다고
판단하고, 따라서 이 사건 협의매수가 도시계획사업 시행내정자 내지 시행
자인 원고로부터 용지매수 업무를 위탁받은 수원시에 의해 이루어진 것으로
서 유효하다는 것을 전제로 한 원고의 주위적 청구는 나머지 주장사실에 관
하여 나아가 살펴 볼 필요 없이 이유 없다고 하여 이를 배척하였다. 원심판
결 이유를 기록과 대조하여 살펴보면, 원심의 판단은 수긍할 수 있고 거기
에 상고이유에서 주장하는 바와 같은 도시계획법과 특례법에 있어서의 원고
의 법적 지위나 위수탁협약의 법적 성질과 유효성에 대한 법리오해 등의 위
법이 있다고 할 수 없다."라고 하였다.

상 협의취득계약이 무효이고 나아가 환매권도 행사할 수 없는지가
문제가 된 사안에서, 협의취득계약이 공용수용과 동일한 요건을 갖
추어야 한다는 위 입장을 재확인하였다.[12]

이상에서 살펴본 바와 같이, 대법원과 헌법재판소는 협의취득계
약이 원칙적으로는 사법상 계약에 해당한다고 보고 있는 것은 사실
이다. 그러나 협의취득계약이 여러 측면에서 공용수용과 상당한 유
사점이 있고 따라서 그에 준하는 공법적 규율을 받아야 한다는 점
도 인정하고 있다. 이러한 점을 고려하여 보면, 헌법재판소와 대법
원도 협의취득계약의 공법적 성격을 일정 부분 인정하고 있는 것으
로 해석하는 것이 타당하다.

(4) 검토

1) 사업시행자의 토지·물건조서의 작성 및 공고의무

사업시행자는 협의취득계약을 체결하려고 할 때에는 토지조서와
물건조서를 작성하고 사업시행자 및 토지소유자의 서명·날인을 한
뒤 그 내용을 일간신문에 공고하여야 한다(토지보상법 제14조, 제15
조). 이와 같이 토지보상법은 토지·물건조서의 작성을 단순히 공익
사업의 목적물 현황을 파악하여 확정하는 것에 그치지 않고 그에
대한 작성절차 및 공고절차까지 규정하고 있다. 조서의 작성은 협의
취득계약의 목적물을 확정하는 중요한 절차이므로 협의취득계약의
계약상대방인 토지소유자의 동의(서명 또는 날인)를 필요로 한다.[13]
토지소유자가 정당한 사유 없이 서명 또는 날인을 거부하거나 그
주소·거소 등을 알 수 없는 경우에는 토지조서 및 물건조서에 그 사
유를 적어야 한다. 그리고 이러한 내용에 이의가 있는 토지소유자는

---

12) 대법원 2021. 4. 29. 선고 2020다280890 판결.
13) 김시영, 토지보상법 신론, 진원사, 2022, 166면.

사업시행자에게 이의를 제기할 수 있고, 사업시행자는 그 조서에 이의를 부기하고 이의가 이유있다고 인정할 때에는 적절한 조치를 취하여야 한다(토지보상법 제15조 제4항).

이와 같은 사업시행자의 조서작성 및 공고의무는 "사업시행자로 하여금 미리 토지에 대하여 필요한 사항을 확인하게 하고, 또한 토지소유자와 관계인에게도 이를 확인하게 하여 토지의 상황을 명백히 함으로써 토지의 상황에 관한 당사자 사이의 차후분쟁을 예방하며 토지수용위원회의 심리와 재결 등의 절차를 용이하게 하고 신속·원활을 기하려는 데" 그 목적이 있는 것으로[14] 수용재결 및 협의취득계약 과정에서 투명성과 공정성을 확보하기 위하여 사업시행자에게 부과되는 공법적 의무이다. 또한 이는 실제 계약 내용(목적물 확정, 보상액 등)과도 긴밀히 연관되어 있어 매우 중요한 절차이다.

2) 사업시행자와 토지소유자 간의 협의 절차

사업시행자는 토지 등의 보상에 관하여 토지소유자와 성실하게 협의하여야 한다(토지보상법 제16조). 협의 절차는 사업인정 전에 이루어지지 않은 경우에는 사업인정 후에 필요적으로 거쳐야 한다(동법 제26조 제1항). 사업시행자가 협의를 하려는 경우에는 보상협의요청서에 협의기간, 협의장소, 협의방법, 보상의 시기, 보상의 방법, 보상의 절차, 보상 금액, 계약 체결에 필요한 구비서류를 적어 토지소유자에게 통지하여야 한다(동법 시행령 제8조 제1항). 협의기간은 특별한 사유가 없으면 30일 이상으로 한다(동법 시행령 제8조 제3항). 체결되는 계약의 내용에는 계약 해지 또는 변경에 관한 사항과 이에 따르는 보상액의 환수 및 원상복구 등에 관한 사항이 포함되어야 한다(동법 시행령 제8조 제4항). 사업시행자는 협의기간에

[14] 대법원 1993. 9. 10. 선고 93누5543 판결.

협의가 성립되지 아니한 경우에는 국토교통부령으로 정하는 협의경위서에 다음 각호의 사항을 적어 토지소유자 및 관계인의 서명 또는 날인을 받아야 한다(동법 시행령 제8조 제5항).

이들 규정은 토지소유자의 권리를 보호하고 공정한 협상을 보장하여 정보 비대칭성과 협상력 불균형을 해소한다. 또한 협의 절차를 체계화하여 불필요한 분쟁과 지연을 방지함으로써 공익사업을 효율적으로 추진하도록 한다. 따라서 이 규정들은 사법상 계약과는 다른 공법적 성격을 가지며, 협의취득계약의 특수성을 드러내고 있다.

3) 사업시행자의 협의 성립 확인 신청권

사업시행자는 사업인정 후 협의취득계약이 성립되었을 때에는 사업인정고시가 된 날부터 1년 이내에 해당 토지소유자 및 관계인의 동의를 받아 관할 토지수용위원회에 협의 성립의 확인을 신청할 수 있는 권리를 취득한다(토지보상법 제29조). 사업시행자는 확인 절차를 통해 확인된 협의의 성립이나 내용을 다툴 수 없는 효력을 얻게 되고, 이에 따라 향후 분쟁을 예방하고 사업을 원활히 수행할 수 있게 된다.

이 권리는 여러 측면에서 의미가 있는데, 먼저 계약을 통해서 법률상의 신청권이 부여된다는 점, 그리고 사업시행자가 신청권을 행사하여 토지수용위원회가 협의 성립을 확인하면 이는 곧 재결로 간주되므로(동법 제29조 제4항) 계약이 처분(수용재결)으로 전환되어 처분으로서의 효과를 발휘한다는 점(대상토지의 원시취득), 따라서 협의 성립의 확인은 형성적 행정행위로 취급되고[15] 이에 대한 불복은 항고소송의 형식으로 이루어진다는 점[16]에서 그렇다. 이러한 특성들은 사업인정 후 협의취득계약이 일반적인 사법상 계약과는 다

---

[15] 김시영, 토지보상법 신론, 진원사, 2022, 195면.
[16] 대법원 2018. 12. 13. 선고 2016두51719 판결.

른 공법적 특수성을 지니고 있음을 나타낸다.

4) 토지소유자의 잔여지 매수 및 수용청구권

토지소유자는 동일한 소유자에게 속하는 일단의 토지의 일부가 협의에 의하여 매수되거나 수용됨으로 인하여 잔여지를 종래의 목적에 사용하는 것이 현저히 곤란할 때에는 사업시행자에게 잔여지를 매수하여 줄 것을 청구할 수 있다(토지보상법 제74조 제1항).[17] 이러한 '잔여지매수청구권'은 토지보상법 시행 전에는 협의취득계약에 대해서는 인정되지 않는 권리였다. 판례는 협의취득계약이 사법상 계약임을 전제로 "토지소유자에게 그 일방적인 의사표시에 의하여 매매계약을 성립시키는 형성권으로서 잔여지 매수청구권을 인정하고 있다고 볼 수 없다."고 판시하여 왔다.[18] 그러나 현행 토지보상법으로 협의취득계약에도 잔여지매수청구권이 인정되면서 협의취득계약의 법적 성질에 대한 재검토가 필요하게 되었다. 이는 협의취득계약이 단순한 사법상 계약과는 다른 특수한 성격을 가질 수 있음을 시사한다.

나아가 토지소유자는 사업인정 이후에는 관할 토지수용위원회에 수용을 청구할 수 있다(토지보상법 제74조 제1항). '잔여지수용청구권'도 그 요건을 갖춘 때에는 토지수용위원회의 특별한 조치를 기다릴 필요 없이 청구에 의하여 수용의 효과가 발생하는 형성권적 성질을 갖는다.[19] 즉, 잔여지수용청구권은 형식적으로는 사업시행자

---

[17] "종래의 목적"이라 함은 수용재결 당시에 당해 잔여지가 현실적으로 사용되고 있는 구체적인 용도를 의미하고, "사용하는 것이 현저히 곤란한 때"라고 함은 물리적으로 사용하는 것이 곤란하게 된 경우는 물론 사회적, 경제적으로 사용하는 것이 곤란하게 된 경우, 즉 절대적으로 이용 불가능한 경우만이 아니라 이용은 가능하나 많은 비용이 소요되는 경우를 포함한다. 이에 관하여는 대법원 2005. 1. 28. 선고 2002두4679 판결.

[18] 대법원 2004. 9. 24. 선고 2002다68713 판결.

에게 잔여지를 수용하여 줄 것을 청구하는 권리로 규정되어 있지만 실질적으로 잔여지에 대한 손실보상청구권을 보장하기 위하여 수용이라는 법적 수단을 이용하도록 하는 권리라고 설명된다.[20]

이상에서 살펴본 바와 같이, 토지소유자는 협의취득계약의 이행 과정에서 잔여지의 매수 및 수용청구권을 행사할 수 있고 이 권리들은 형성권으로서 일방적인 성격을 갖는다. 그리고 이 권리들은 공용수용에서도 동일하게 인정되는 권리이다(토지보상법 제74조 제1항). 이는 협의취득계약이 일반적인 계약과 구별되는 특수한 법적 성질을 가지고 있으며, 행정처분과 유사한 측면이 있다는 점을 시사한다고 볼 수 있다.

5) 토지소유자의 환매권

협의취득계약 당시의 토지소유자는 공익사업의 폐지·변경 또는 그 밖의 사유로 취득한 토지의 전부 또는 일부가 필요 없게 된 경우에는 일정 기간 내에 그 토지에 대하여 받은 보상금에 상당하는 금액을 사업시행자에게 지급하고 그 토지를 환매할 수 있는 권리를 갖는다(토지보상법 제91조 제1항). 사법상 계약에서도 환매권을 행사할 수 있으나 그러한 약정이 있는 경우에만 가능한 반면(민법 제590조), 협의취득계약에서는 토지소유자에게 법률로서 환매권이 보장된다는 점에서 결정적인 차이점이 있다.

또한 협의취득계약에서의 환매권은 수용에 의한 환매권과 마찬가지로 헌법상 재산권의 지위를 갖는다는 것이 헌법재판소의 입장인데, 이는 "협의취득의 경우에도 수용에 의한 강제취득 방법이 사실상 후속조치로 남아있어 공용수용과 비슷한 공법적 기능을 수행"한다는 판단에 근거한 것이다.[21] 이러한 점은 협의취득계약이 사법

---

19) 대법원 1993. 11. 12. 선고 93누11159 판결.
20) 김시영, 토지보상법 신론, 진원사, 2022, 355, 349면.

상 계약과는 다른 특성을 가지고 있음을 보여준다.

6) 협의취득계약의 공익적 목적과 계약자유의 제한

협의취득계약은 토지 등의 재산권을 공익사업 기타 복리목적에 제공하여 공익사업의 효율적인 수행을 통하여 공공복리의 증진과 재산권의 적정한 보호를 목적으로 하므로 공익적 성격을 갖는다(토지보상법 제1조). 특히 이 계약은 공익사업 과정에서 공용수용보다 훨씬 높은 비율로 활용되고 있어[22] 경제·사회적으로 중요한 역할을 담당하고 있다.

그러나 협의취득계약이 이러한 공익적 목적을 추구하는 과정에서 토지소유자의 계약자유가 상당히 제한된다는 점은 사법상 계약과 구별되는 특징이다. 토지소유자는 사업시행자와의 협의 과정에서 심각한 심리적 압박을 느끼게 된다. 이 계약이 성립되지 않으면 토지가 강제 수용될 수 있기 때문이다(토지보상법 제20조, 제30조, 제34조).

더욱이 사업시행자가 협의 과정에서 감정평가로 산정된 보상금액을 제시하면, 토지소유자는 이를 수락하거나 거부하는 두 가지 선택지만 가질 뿐이다. 일반적으로 토지소유자는 제시된 금액에 대해 재협상을 할 수 없다.[23] 이를 '단수 양자택일 제안'(Take-it-or-leave-it offer)라고 한다. 제안을 받은 상대방은 그 제안을 그대로 수용하거나 또는 협상을 포기하는 선택만 가능하다. 이로 인해 제안자는 협상에서 우위를 점하게 된다.[24]

---

21) 헌법재판소 2020. 11. 26. 선고 2019헌바131 전원합의체 결정.
22) 2011년 기준 전체 수용대상토지 중 75-80% 정도가 협의취득되고 있다. 이에 관하여는 한국개발연구원 공공투자관리센터, 우리나라 수용법제에 대한 법경제학적 검토, 2013, 114면.
23) 한국개발연구원 공공투자관리센터, 우리나라 수용법제에 대한 법경제학적 검토, 2013, 117면.

이러한 협의 절차의 배경에는 '정당한 보상' 원칙이 있다.[25] 이에 따르면 토지보상법상 손실보상은 토지의 객관적 가치만을 기준으로 한다. 보상금액은 감정평가로 산정된 금액(토지보상법 제70조)에 따라 결정되며, 토지소유자의 주관적 가치는 반영되지 않는다. 그럼에도 토지소유자는 강제 수용을 피하기 위해 제시된 금액에 만족하지 않더라도 협의 절차에 참여할 수밖에 없는 상황에 놓인다. 결과적으로, 협의 절차가 토지소유자의 완전한 자발적 의사로 이루어진다고 보기는 어렵다. 오히려 협의취득계약의 공익적 목적을 달성하기 위하여 토지소유자의 계약자유가 일정 부분 제한되는 결과가 발생한다고 볼 수 있다.

7) 소결

이상과 같이, 협의취득계약의 내용과 목적을 종합적으로 고려할 때, 협의취득계약은 공법상 계약으로서 사법상 계약과는 다른 공법적 규율을 받아야 한다.[26] 특히 앞서 살펴본 최근의 판례[27]에서 협의취득계약이 공용수용과 동일한 요건을 갖추어야 한다고 거듭 확인하고 있는 점은 협의취득계약의 공법적 성격을 인정한 것으로 해

---

[24] 정기상, 도시계획시설사업에 따른 협의취득계약의 낭언무효와 환매권의 행사 가능 여부, 법률신문, (2022. 5. 2. 10:38), https://www.lawtimes.co.kr/news/178300, (최종확인일 : 2024. 7. 10).

[25] 협의취득계약은 공용수용과 동일한 공법적 목적을 수행하므로 공용수용과 같이 공익적 필요성이 있고 법률에 의거하여야 하며 정당한 보상을 지급하여야 한다는 점은 위에서 본 바와 같다. 이에 관하여는 대법원 2021. 4. 29. 선고 2020다280890 판결.

[26] 한편, 협의취득계약은 행정청의 처분과는 무관하게 이루어지는 계약으로서, 공법상 계약을 계약의 효과에 따라 후속 행정행위를 준비하는 의무부담계약 또는 행정행위를 갈음하는 처분계약으로 구별하는 독일의 구별 체계 내에는 속하지 않는다고 할 것이다. 독일의 구별 체계에 관하여는 제2장 제2절 V. 2.

[27] 대법원 2021. 4. 29. 선고 2020다280890 판결.

석할 여지가 있다.[28] 위 판례에 의하면, 문제가 된 협의취득계약은 국토계획법상 도시계획시설사업의 실시계획인가 등이 당연무효이므로 공익적 필요성을 갖추지 못하였고, 사업시행자지정도 당연무효이므로 시행자가 아닌 자에 의해 이루어진 것이어서 법률상 근거도 갖추지 못한 것이어서 무효라고 판단되었다. 협의취득계약이 통상의 사법상 계약과 다를 바 없다면 여기에 공익적 필요성, 법률상 근거와 같은 별도의 요건이 요구되고 이를 구비하지 못하면 계약은 무효가 된다는 판례의 논리를 설명하기 어렵다.

독일에서도 협의취득계약과 유사한 제도가 운용되고 있고 공법상 계약으로 인정되고 있다는 점도 눈여겨볼 필요가 있다. 독일의 수용 과정에서 사업시행자와 토지소유자는 수용대상토지, 양도방식, 양도시기, 보상액 등에 관하여 합의할 수 있는데, 이를 수용계약이라고 한다. 앞서 살펴본 바와 같이 독일에서는 이 계약을 공법상 계약으로 간주한다.[29] 우리나라의 협의취득계약도 위에서 본 바와 같이 공익사업의 원활한 진행을 도모하는 것을 목적으로 하는 토지보상법이라는 공법적 성격의 규범에 의해 규율된다는 점, 또한 사업인정 후 協議취득계약의 경우 토지수용위원회가 협의취득계약의 성립을 확인하면 수용재결로 간주되고(토지보상법 제20조 제4항), 등기일이 아닌 수용 개시일에 토지의 소유권이 이전된다는 점(동법 제45조) 등에서 독일의 수용계약과 여러 면에서 유사점이 있다.

---

28) 정기상, 도시계획시설사업에 따른 협의취득계약의 당연무효와 환매권의 행사 가능 여부, 법률신문, (2022. 5. 2. 10:38), https://www.lawtimes.co. kr/news/178300, (최종확인일 : 2024. 7. 10).
29) 제3장 제2절 III.

2. 기부채납계약

(1) 개념

기부채납이란 국유재산법, 공유재산 및 물품 관리법(이하 '공유재산법'이라 한다) 등에 법적 근거를 두고 있는 제도로 '국가 또는 지방자치단체 이외의 자가 국유재산 또는 공유재산의 범위에 해당하는 재산의 소유권을 무상으로 국가 또는 지방자치단체에 이전하여 국가 또는 지방자치단체가 이를 취득하는 것'으로 정의된다(국유재산법 제2조 제2호, 공유재산법 제2조 제3호).

기부채납은 대규모 주택단지의 조성에 따른 새로운 공공시설, 예를 들어 도로, 학교 등의 건축에 필요한 공공용지를 사전에 확보하기 위하여 이루어진다.[30] 최근에는 이를 계약 형태로 체결하는 사례(이하 '기부채납계약'이라 한다)가 증가하고 있다. 행정청이 공동주택 재건축 사업시행자와 공동주택 사용승인의 전제로 공동주택 진입 도로 개설 및 기부채납계약을 체결하는 경우,[31] 사업자가 공공시설의 사용권 취득을 위하여 공공시설 건축 및 기부채납계약을 체결하는 경우[32] 등을 예로 들 수 있다. 이와 같은 계약의 법적 성격이 공법상 계약인지 사법상 계약인지가 문제된다.

(2) 학설

기부채납계약의 법적 성격에 관해서는 개별판단설, 공법상 계약

---

30) 박정훈, 기부채납계약과 의사표시의 착오, 행정법의 체계와 방법론, 박영사, 2005, 289면.
31) 정해영, 기부채납 부담계약에 대한 쟁송방법, 아주법학(제6권 제1호), 2012, 450면.
32) 서울서부지방법원 2018. 2. 1. 선고 2015가합30664 판결(18. 2. 20. 확정).

설이 대립한다. 먼저 개별판단설33)에 의하면 기부채납계약은 반대급부, 즉 행정처분을 전제로 하므로 사법상 대가 없이 이루어지는 일방적인 증여계약으로 볼 수 없다. 따라서 계약의 내용, 즉 권리와 의무를 중심으로 계약의 법적 성격이 결정된다. 예를 들어 사인이 기부채납 시설물을 무상으로 사용하는 경우에는 사법상 부담부 증여계약에 해당하고, 사인에게 도로점용허가가 발급되거나 통행료징수권한이 부여되는 경우에는 공법상 계약에 해당한다고 본다.

다음으로 공법상 계약설34)은 기부채납계약과 관련한 수익적 처분의 근거 법령이 되는 국토계획법, 주택법 등이 공법적 성격을 가진 규율이라는 점을 강조한다. 또한 행정주체가 계약의 일방당사자가 되므로 기부채납계약은 공법상 계약에 해당한다고 본다.

(3) 판례

대법원은 기부채납계약이 사법상 증여계약의 특별한 형태인 부담부 증여계약에 해당한다고 보고 있다. 기부채납계약이 수익적 처분을 대가로 이루어졌다는 이유에서다.

예를 들어 대법원은 사업자가 건물 및 시설물을 행정청에 기부하고 행정청은 농수산물도매시장 개설허가를 발급하여 사업자로 하여금 도매시장을 운영, 관리하게 하는 것을 내용으로 하는 계약을 체결한 경우, 이는 행정청의 부담 있는 증여계약이거나 서로 대가적 관계에 있는 비전형계약이라고 하였다.35) 또한 대법원은 행정청이 하천점용허가 및 공작물설치허가를 발급하면서 상대방이 설치한 공작물에 대한 기부채납계약을 체결한 경우, 이 계약이 사법상 부담부

---

33) 유지태, 기부채납에 대한 현행 판례검토, 토지공법연구(제11집), 2001, 59-61면.
34) 정해영, 기부채납 부담계약에 대한 쟁송방법, 아주법학(제6권 제1호), 2012, 457면.
35) 대법원 1992. 2. 14. 선고 91다14956 판결.

증여에 해당한다고 하였다.[36]

(4) 검토

1) 사인의 기부채납의무와 행정청의 처분의무의 밀접한 관계

통상의 기부채납계약에서 사인은 행정청의 수익적 처분 발급을
목적으로 기부채납을 약정한다. 따라서 행정청의 처분의무와 사인
의 기부채납의무는 기부채납계약의 주된 내용으로서 상호 밀접한
관계에 있다.[37] 이와 같이 계약 내용이 계약당사자들의 공법적 권리
나 의무의 성립을 내용으로 하는 이상 기부채납계약은 공법상 계약
으로 볼 수 있다.

판례는 행정청과 사인의 의무가 상호 대가관계에 있다고 인정하
면서도 기부채납계약이 사법상 계약이라고 판단하고 있다. 그러나
이러한 판단은 행정청의 의무가 단순히 금전을 지급하는 것과 같은
국고행정이 아니라 허가 등의 처분을 발급하는 권력행정의 일환이
라는 점을 간과한 것이다. 사법상 도급계약설과 같은 학설도 이러한
문제점을 가지고 있다. 행정청의 고권적 권한 행사가 계약 내용에
포함된 이상, 이를 단순한 사법상 계약으로는 보기 어렵다.

2) 기부채납계약의 공익적 목적

기부채납계약은 도로, 공원 등 기반시설을 확충하여 공동체의 복
리를 증진시키는 공익적 목적을 달성하기 위한 것이다. 이러한 특성

---

36) 대법원 1979. 11. 13. 선고 79다1433 판결.
37) 실무상 기부채납계약에는 사인이 기부채납의무를 이행하지 않으면 수익적
처분이 취소 또는 철회될 수 있다거나 행정청에게 손해배상책임을 부담할
수 있다는 내용이 포함된다. 이에 관하여는 정해영, 기부채납 부담계약에 대
한 쟁송방법, 아주법학(제6권 제1호), 2012, 452면.

은 계약의 법적 성격을 판단하는 데 중요한 요소가 된다. 특히 재건축·재개발과 같이 지역사회에 큰 영향을 미치는 사업에서는 다양한 기반시설의 기부채납이 필요하다. 국가와 지방자치단체는 사인의 기부채납으로 재정 부담을 줄이면서 필요한 기반시설을 확보할 수 있다. 이는 사회 전체의 발전과 복지에 활용된다.

따라서 기부채납계약의 핵심은 공익 실현에 있다고 볼 수 있다. 이러한 기부채납계약을 사법상 계약으로 해석하는 것은 이 계약의 근본적인 의의를 간과한 것이다.

3) 행정청의 처분의무가 계약상 명시되지 않았을 경우의 해석

기부채납계약에서 행정청의 처분의무가 계약상 명시된 경우와 그렇지 않은 경우가 있을 수 있다.[38] 전자의 경우는 문제가 되지 않으나, 후자의 경우에는 추가적인 검토가 필요하다. 후자의 경우, 명시적 언급이 없는 경우라도, 계약의 전반적인 상황을 고려할 때 사인의 의무 이행이 행정청의 후속 조치를 전제로 한 것이고, 양 당사자 간 이에 대한 실질적인 합의가 있었다고 볼 수 있다면, 행정청의 의무가 계약 내용에 명시되지 않았더라도 계약의 기초를 이루며 사인의 기부채납의무와 불가분의 관계에 있다고 해석할 수 있다. 이러한 경우, 계약의 기초를 이루는 행정청의 의무는 주로 수익적 처분의 발급을 내용으로 하므로 공법적 성격을 갖는다. 따라서 행정청의

---

38) 예를 들어 서울행정법원 2021. 1. 13. 선고 2019구단74440 판결(2021. 2. 2. 확정)의 사실관계를 보면, 원고와 피고(국방시설본부 경기남부시설단장) 간 테니스장 기부채납계약이 체결되었는데, 이는 피고의 원고에 대한 테니스장 부지 점유·사용허가에 관한 양측의 실질적인 합의에 기초한 것이었으나 피고의 허가의무가 계약 내용에 포함되지는 않았다. 이에 이 사건 소에서 피고의 허가의무가 쟁점이 되었고, 법원은 "피고는 적어도 원고가 이 사건 기부채납 절차를 이행하기 위한 전제로서 이 사건 토지를 무상점유 사용하는 것에 대해서는 묵시적으로 허가를 하였다고 봄이 상당"하다고 판단하였다.

공법적 의무가 기부채납계약의 내용과 밀접하게 연관되어 있다면, 해당 계약은 공법상 계약으로 볼 수 있다.

독일에도 이와 유사한 개념이 있다. 사인의 급부는 계약에 명시되었으나 행정청의 반대급부는 명시되지 않고 단지 묵시적으로 계약의 기초로 전제되어 있어, 급부와 반대급부가 불가분의 관계에 있는 것으로 해석되는 경우를 '불완전 교환계약'이라고 칭한다. 독일에서는 이러한 계약 역시 공법상 계약으로 평가하고 있다.[39]

4) 소결

이상의 점들을 고려하여 보면, 기부채납계약은 공법상 계약으로 보는 것이 타당하다.[40] 독일의 건설행정에서도 유사한 목적과 기능을 가진 계약들이 공법상 계약으로 해석되고 있다는 점은 참고할 만하다. 예를 들어, 기반시설계약(독일 연방도시계획법전 제11조 제1항 제2문 제1호)에서는 사인이 특정 도시계획구역에 기반시설을 설치한 후 이를 지방자치단체에게 양도한다. 또한 후속조치비용계약(독일 연방도시계획법전 제11조 제1항 제2문 제2호)에서는 사인이 지방자치단체의 도시계획 수립을 통한 경제적 이득을 얻기 위하여 지방자치단체의 기반시설 설치비용을 부담한다.[41] 이러한 독일 건설행정 분야의 계약들은 우리나라의 기부채납계약과 완전히 일치한다고 할 수는 없지만, 공익 실현을 위해 사인이 행정청에 일정한 급부를 제공하고, 이 급부가 행정청의 공법적 의무와 밀접히 연관된

39) 제2장 제2절 V. 3. (2).
40) 기부채납계약은 행정청의 처분의무가 계약의 내용이 된다는 점에서, 독일의 구별 체계에 의하면 후속 처분을 예정하는 계약으로서 의무부담계약에 해당한다. 독일의 구별 체계에 관하여는 제2장 제2절 V. 2.
41) 독일에서는 이와 같이 부관보다는 계약 방식으로 기부채납이 이루어지고 있다. 이에 관하여는 선정원, 기부채납의 부담에 대한 독일과 미국의 사법적 통제의 비교와 그의 시사점, 행정법연구(제50호), 2017, 3-9면.

다는 점에서 유사성이 있다. 따라서 이들 계약이 독일에서 공법상 계약으로 해석되는 점은, 우리나라의 기부채납계약을 공법상 계약으로 볼 수 있는 하나의 참고 사례가 될 수 있다.

III. 경제행정

1. 민간투자법상 실시협약

(1) 개념

민간투자의 기본법이라고 할 수 있는 사회기반시설에 대한 민간투자법(이하 '민간투자법'이라 한다)은 '민간투자'에 관한 정의 규정을 두고 있지 않다. 다만 헌법재판소는 민간투자를 "국가 또는 지방자치단체 등 행정의 주체가 공공시설의 건설·운영을 통하여 국민의 생존을 배려하는 급부행정을 위하여 그 부족한 재원의 전부 또는 일부를 사인으로부터 조달하고 그에게 일정한 범위 안에서 시설의 운영 및 수익권을 보장하는 제도"로 정의하고 있다.[42] 민간투자는 민관협력의 한 형태로 이해된다.[43]

'민간투자사업'이란 사회기반시설의 신설·증설·개량 또는 운영에 관한 사업, 즉 사회기반시설사업(민간투자법 제2조 제3호)을 민간투자방식으로 수행하는 경우(동법 제2조 제6호)를 의미한다. 여기서의

---

[42] 헌법재판소 2009. 10. 29. 선고 2007헌바63 결정.
[43] 민관협력에는 통상 ① 행정 임무의 민간위탁, ② 공기업의 민영화, ③ 사회기반시설의 건설·유지에서의 민자유치, ④ 행정기관구성에서의 민자유치 등이 포함된다. 이에 관하여는 김해룡, PPP에 있어서의 법적 문제, 법학논고(제35집), 2010, 152-153면.

사회기반시설이란 각종 생산활동의 기반이 되는 시설, 해당 시설의
효용을 증진시키거나 이용자의 편의를 도모하는 시설 및 국민생활
의 편익을 증진시키는 시설을 의미한다(동법 제2조 제2호).[44]

'실시협약'이란 주무관청과 민간투자사업을 시행하려는 자 간에
사업시행의 조건 등에 관하여 체결하는 계약을 말한다(민간투자법
제2조 제8호). 주무관청이 사업계획 또는 제안서를 검토·평가하여
협상대상자를 지정하면(이하 '우선협상대상자', '우선협상대상자지
정'이라 한다) 주무관청과 우선협상대상자는 협상과정을 거쳐 민간
투자사업의 이행과 관련된 주무관청과 사업시행자 간의 권리 또는
의무 등 구체적인 조건들을 합의하여 실시협약을 체결한다.[45]

---

[44] 사회기반시설에는 도로, 철도 등 경제활동의 기반이 되는 시설, 유치원, 학
교 등 사회서비스의 제공을 위한 시설, 공공청사, 보훈시설 등 국가 또는 지
방자치단체의 업무수행을 위하여 필요한 공용시설, 생활체육시설, 휴양시설
등 일반 공중의 이용을 위하여 제공하는 공공용 시설 등이 포함된다(민간투
자법 제2조 제2호).

[45] 실시협약에는 통상 다음과 같은 내용이 포함된다. ① 총칙(실시협약의 목적,
사업의 추진방식 등), ② 기본 약정(사업시행자의 지정, 사업시행자의 권리
또는 의무 등, 소유권의 귀속, 관리운영권 설정기간 등), ③ 총사업비의 결정
및 변경, ④ 재원의 조달 및 투입(사업시행자의 재원, 자본금 조달 등), ⑤ 설
계 및 건설에 관한 사항(사업시행자의 설계, 인허가, 실시계획승인, 공사 착
수, 준공확인 등), ⑥ 유지관리, 운영에 관한 사항(사업시행자의 시설 유지관
리·운영·비용부담 등), ⑦ 사업수익률 및 사용료(사업시행자의 사용료 결정·
조정·징수 등), ⑧ 주무관청의 지원에 관한 사항(주무관청의 건설보조금, 행
정적 지원 등), ⑨ 위험분담에 관한 사항(사업시행자, 주무관청의 귀책사유
및 위험배분 등), ⑩ 협약의 종료(기간만료·중도해지로 인한 협약의 종료, 협
약해지의 효과 등), ⑪ 그 밖의 분쟁 해결 등에 관한 사항이다. 이에 관하여
는 한국개발연구원 공공투자관리센터, 수익형 민간투자사업(BTO) 표준실시
협약, 2020.

(2) 학설

실시협약의 법적 성격이 사법상 계약이라는 견해46)는 실시협약이 공법인 민간투자법에 근거하고 있기는 하나 그에 의한 공법 특유의 적용법리 및 분쟁해결 규정이 미비하여 사법이 적용되고 있다는 점을 주된 근거로 내세운다. 적용법리에 관하여는 실시협약이 민간투자법에 근거하고 있기는 하지만 이 법에 규정되지 않은 권리와 의무관계 등이 계약인 실시협약에 의하여 정해진다는 점, 당사자들이 각자의 귀책사유 및 불가항력으로 인한 위험과 손실에 대한 책임을 부담한다는 점, 당사자들은 실시협약상 요건이 성립하면 실시협약을 해지할 수 있다는 점, 실시협약상 의무위반에 대한 공법상 행정제재수단이 마련되어 있지 않은 점에 주목한다. 분쟁해결에 관하여는 민간투자법상 실시협약에 관한 쟁송 규정이 없고, 당사자들의 합의, 중재, 조정 등이 우선시되며, 해외의 실시협약 사례들을 보면 중재 또는 민사법원의 판결을 통해 분쟁이 해결되고 있는 점을 지적한다.

반면 실시협약이 공법상 계약에 해당한다는 견해47)에서는, 실시협약에 의한 사업의 시행은 민간투자법 및 관련 법령에서 정한 절차에 따라 이루어진다는 점, 관리운영권 처분이나 출자자 변경 시에 주무관청의 승인이 필요하다는 점(동법 제27조 제2항, 민간투자사업 기본계획 제26조), 실시협약의 공공성 확보를 위하여 주무관청에게

---

46) 이규방 외 5인, 인프라 민간투자사업의 표준실시협약 지침수립 연구, 국토연구원, 2000, 12-13면.
47) 김성수, 민간투자사업의 성격과 사업자 선정의 법적 과제, 공법연구(제36집 제4호), 2008, 474면; 윤성철, 민간투자 법제 연구, 한국학술정보, 2006, 156면; 최승필, 민간투자사업에 대한 법·제도적 검토, 외법논집(제34권 제1호), 2010, 9면; 황창용, 기반시설에대한민간투자법과 관련법률의 체계에 관한 연구 : (민간투자법의 주요 쟁점 및 인허가 사항을 중심으로), 국토연구원, 2004, 59면.

포괄적인 감독명령권이 부여된다는 점(동법 제45조 제1항), 사업자는 민간투자사업의 수행을 위해 타인의 토지 출입(동법 제18조), 국유·공유 재산의 무상사용(동법 제19조 제3항), 토지 등의 수용·사용(동법 제20조)과 같은 권리를 가지는 점을 강조한다. 이와 같은 실시협약의 내용과 관련 법령의 공법적 성격을 고려하면 이를 사법상 계약으로 보기는 어렵다는 것이다. 이러한 공법상 계약설이 현재의 통설이다.

(3) 판례

판례 역시 실시협약을 공법상 계약으로 본다. 하급심에서는 "사업시행자는 민간투자사업의 시행을 위하여 타인의 토지에 출입 등을 할 수 있고, 국·공유재산을 무상으로 사용할 수 있으며, 토지 등을 수용 또는 사용할 수 있으므로 사업시행자지정의 효력을 가진 실시협약의 체결을 단순한 사법적, 일반적 계약관계라고 할 수 없다."고 지속적으로 판단하여 왔다.[48]

최근 대법원에서도 실시협약이 공법상 계약의 성격을 갖는다는 점을 인정하였다. 대법원은 사업자가 지방자치단체와 민간투자법상 BTO 방식의 실시협약을 체결한 후 파산하여 사업자의 파산관재인이 채무자회생법상 해지권을 행사할 수 있는지 문제가 된 사안에서, "실시협약에 의한 사업시행은 민간투자법 및 관련 법률에 정한 일정한 절차 등 규정을 따라야 하고, 사업시행자는 사업시행자지정 시 인정된 사업 외의 사업은 수행할 수 없으며, 관리운영권의 처분 시나 출자자 변경 시 주무관청의 사전승인이 요구되는 등 제한 또는

---

48) 서울고등법원 2004. 6. 24. 선고 2003누6483 판결(2004. 11. 10. 상고심 소취하 확정); 광주지방법원 2008. 11. 13. 선고 2008구합1146 판결(2008. 12. 10. 확정).

수정사항이 존재한다. 따라서 사업시행자와 국가 등이 실시협약에 의하여 각기 취득하는 권리의무는 사법상 대등한 당사자 사이에서 체결되는 계약에 의하여 계약당사자가 취득하는 권리 또는 의무와는 내용 및 성질을 달리한다."고 판단하였다(다수의견).[49]

(4) 검토

1) 주무관청의 법률상 권한

주무관청은 실시협약을 체결함으로써 협약상대방을 사업시행자로 지정한다(동법 제13조 제3항). 이와 같이 주무관청이 실시협약을 체결함으로써 동시에 행정처분인 사업시행자지정이라는 처분권한을 행사한다는 점은 실시협약 특유의 공법적 성격을 나타낸다.

또한 사업시행자는 실시협약 체결 후 민간투자사업을 시행하기 전에 그 사업의 실시계획을 작성하여 주무관청의 승인을 얻어야 한다(민간투자법 제15조 제1항). 즉, 사업시행자가 실시협약을 이행하기 위해서는 계약상대방인 주무관청의 승인이 필요하다. 주무관청의 승인권은 단순한 계약상 권리가 아니라 위 규정에 의하여 비로소 인정되는 주무관청의 행정적 권한이다. 이는 사업시행자의 활동이 공익에 부합하는지를 주무관청이 사전에 감독하고 심사하기 위한 절차로 사법상 계약에서는 찾기 어려운 공법적 성격의 제도이다.

주무관청은 사업시행자의 자유로운 경영활동을 저해하지 아니하는 범위에서 사업시행자의 민간투자사업과 관련된 업무를 감독하고 감독에 필요한 명령을 할 수 있다(민간투자법 제45조 제1항). 또한

---

[49] 대법원 2021. 5. 6. 선고 2017다273441 전원합의체 판결. 이 판결의 반대의견도 민간투자법상 실시협약이 공법상 계약이라는 점은 인정하였고, 다만 채무자회생법 제335조 제1항의 적용 가능성에 대하여는 다수의견과 달리 판단하였다.

주무관청은 사업시행자가 법령을 위반한 경우에는 이 법에 따른 명
령, 처분의 취소·변경, 사회기반시설공사의 중지·변경 등을 명하거
나 필요한 처분을 할 수 있다(민간투자법 제45조). 주무관청은 공익
을 위하여 필요한 경우 등에도 민간투자법 제46조에 따른 처분을
할 수 있다(민간투자법 제47조). 이와 같은 주무관청의 감독·명령권,
법령 위반 또는 공익에 근거한 처분권도 실시협약의 정상적인 이행
을 담보하고 공공성을 확보하기 위하여 관련 법령에 근거하여 주무
관청에게 인정되는 제재적 처분권한으로서 공법적 성격을 갖는다.

2) 사업시행자의 법률상 권한

사업시행자는 민간투자사업의 시행을 위하여 필요한 경우에는
타인의 토지에 출입할 수 있고(민간투자법 제18조), 국유·공유 재산
을 무상사용할 수 있으며(민간투자법 제19조 제3항) 토지·물건·권리
를 수용 또는 사용할 수 있다(민간투자법 제20조 제1항). 이들 권리
는 단순한 사법상 권리가 아니라 사업시행자가 민간투자사업을 원
활히 진행할 수 있도록 법률로 특별히 인정된 것이다. 특히 수용권
은 본래 국가나 지방자치단체만이 공익사업의 진행을 위해 행사할 수
있는 고권적 권한으로, 사인의 재산권을 강제로 제한할 수 있는 권력
적 성격을 갖고 있다. 사업시행자가 실시협약의 이행 과정에서 수용
권을 행사할 수 있다는 점은 실시협약의 공법적 특성을 드러낸다.[50]
또한 사업시행자는 민간투자사업으로 조성 또는 설치된 토지 및
사회기반시설을 관리·운영할 수 있고(민간투자법 제24조), 그 과정
에서 해당 시설을 타인으로 하여금 사용하게 할 수 있고 사용료를
징수할 수 있다(동법 제25조 제4항). 이와 같이 사업시행자가 실시
협약을 통하여 사회기반시설을 배타적으로 지배하여 사용·수익·처

---

50) 김성수, 일반행정법, 홍문사, 제9판, 2021, 414면.

분할 수 있는 포괄적인 권리를 부여받는 점, 또한 국가나 지방자치
단체처럼 사회기반시설의 이용자에게 사용료를 징수할 수 있는 권
한을 갖는 점, 그리고 사용료는 사회기반시설의 관리와 운영에 필요
한 재원을 확보하기 위한 중요한 수단으로서 궁극적으로 공익을 보
호하고 증진하는 역할을 하는 점에서 실시협약의 공법적 특성이 잘
나타난다.

3) 실시협약의 공익적 목적

실시협약은 민간투자법을 근거로 이루어진다. 민간투자법의 입
법 목적은 "사회기반시설에 대한 민간의 투자를 촉진하여 창의적이
고 효율적인 사회기반시설의 확충·운영을 도모함으로써 국민경제의
발전에 이바지"하고자 하는 공익 추구에 있다(민간투자법 제1조).

실시협약은 민간투자법의 틀 안에서 민간투자사업의 핵심 과정
으로 작용하며, 이 법의 근본 취지를 실현하는 데 중요한 역할을 한
다. 실시협약은 민간과 공공부문의 협력을 통해 민간투자사업의 질
을 높이고 효율적인 운영을 가능케 한다. 공공부문은 실시협약을 통
해 재정 부담을 줄이면서도 민간의 자금과 전문 지식을 최대한 활
용할 수 있다. 그리고 이를 통해 민간투자사업의 사회적 가치가 극
대화된다.

이러한 특성들을 고려할 때, 실시협약은 단순한 사적 계약을 넘
어서는 공법적 성격을 지닌다고 볼 수 있다. 민간투자사업이 도로,
철도, 항만, 공항 등 주요 사회기반시설의 확충과 운영을 목적으로
하는 만큼 공공성이 그 핵심이다. 따라서 실시협약은 이러한 공공성
을 실현하기 위한 법적 절차로서, 공익 추구를 그 본질로 한다고 볼
수 있다.

4) 소결

이러한 점들을 종합하여 볼 때, 실시협약을 공법상 계약으로 보는 통설과 판례의 입장이 타당하다.[51] 실시협약은 큰 틀에서 민관협력계약으로 볼 수 있음은 위에서 본 바와 같다. 그리고 독일에서도 민관협력계약의 내용과 관련 법령에 계약당사자들의 공법적 권리나 의무와 같은 공법적 성격이 나타나는 경우 공법상 계약으로 파악하고 있고, 이에 따라 비상구조 및 환자이송을 위한 구조용역계약, 고속도로 부대시설의 건설 및 운영에 관한 계약 등이 공법상 계약으로 인정되고 있다.[52] 이러한 외국의 사례도 주목할 필요가 있다.

사법상 계약설은 실시협약에 관한 법규정의 미비를 지적하나, 실시협약의 핵심적인 내용들은 위와 같이 민간투자법에 의해 구체적으로 규율되고 있으므로 이러한 지적은 타당하지 못하다. 물론 계약당사자들이 민간투자법에 규정되지 않은 법률관계, 예를 들어 위험과 손실로 인한 책임부담 등에 관하여 합의할 수 있으나 이는 계약의 일반적인 내용이지 사법상 계약 특유의 것은 아니다. 오히려 주무관청이 법령 위반, 공익을 위하여 필요한 경우에 실시협약으로 간주되는 사업시행자지정을 일방적으로 취소할 수 있다는 점(민간투자법 제46조, 제47조)은 실시협약의 공법적 성격을 드러낸다. 또한 사법상 계약설은 실시협약에 관한 분쟁해결절차의 미비를 지적하

---

51) 한편, 독일의 종속계약, 대등계약의 구별론에 의할 때, 민간투자법상 실시협약이 사업시행자처분을 포함하므로 행정행위를 갈음하는 공법상 계약으로서 종속계약에 해당한다는 견해가 있다[김용욱, 국가연구개발사업상 연구협약과 공법상 계약 - 공법상 계약의 실무상 쟁점을 중심으로 -, 과학기술과 법(제11권 제2호), 2020, 52-53면; 김중권, 앞의 책, 471면]. 위 구별론이 우리나라에 그대로 받아들여질 수 있는지에 관하여는 학설과 실무의 논의가 정리되지 않은 것으로 보이나, 이러한 구별론의 근저에 있는 행정청과 사인 간 불평등한 계약의 가능성과 이로 인한 위험성은 염두에 둘 필요가 있다. 이에 관하여는 제5장 제1절 Ⅲ.

52) 제3장 제3절 Ⅰ.

나, 현재 공법상 계약인 실시협약에 대해서는 행정소송법상 당사자소송이 적용될 수 있으므로(행정소송규칙 제19조 제4호),[53] 분쟁해결절차가 마련되어 있다고 볼 수 있다.

2. 공공조달계약

(1) 개념

공공조달계약이란 국가나 지방자치단체와 같은 행정주체가 국민이 이용할 공공재 등의 공급을 위하여 민간으로부터 물품·공사·용역 등을 획득하기 위한 일련의 활동을 의미한다. 공공조달계약의 전형적인 예로는 도로, 철도 등 공공재를 공급하기 위해 건설회사와 공사를 조달하거나 행정사무를 수행하기 위해 민간업체로부터 사무용품 등을 조달하는 것이 있다. 공공조달계약은 공공재 공급의 혜택이 국민에게 귀속되지만 그 비용도 납세자인 국민이 부담하게 되고 조달주체가 행정주체라는 점에서 민간조달계약과 구분된다.[54]

공공조달계약의 적용법령은 조달주체에 따라 구별된다. 국가에 대해서는 국가계약법, 조달사업에 관한 법률, 방위사업법 등이 적용되고, 지방자치단체에 대해서는 지방계약법, 공공기관에 대해서는 공공기관의 운영에 관한 법률, 지방공공기관에 대해서는 지방공기업법 등이 각각 적용되는데, 국가계약법의 주요 내용이 지방계약법이나 그 외의 법률에 그대로 규정되어 있거나 준용되고 있어 국가

---

53) 물론 공법상 계약 분쟁의 관할에 대해서는 실무적으로 아직 완전히 정리되지 않은 측면이 있다. 앞서 살펴본 대법원 2021. 5. 6. 선고 2017다273441 전원합의체 판결의 경우 민사 절차를 통해 처리되었다. 이와 관련하여 해당 판결의 별개의견에서는 실시협약과 같은 공법상 계약에 관한 소송이 당사자소송으로 다루어져야 한다는 점을 명시적으로 지적하였다(해당 판결 7. 라.).

54) 장훈기, 최신공공계약제도 해설, 삼일, 2015, 49면.

계약법이 실질적으로 공공조달계약에 관하여 기본법 역할을 수행하고 있다. 따라서 이하에서는 국가계약법을 중심으로 공공조달계약의 법적 성격에 관하여 살펴본다.[55]

(2) 학설

사법상 계약설[56]은 공공조달계약을 국가 등이 사인과 대등한 지위에서 체결하는 것으로 보는 견해이다. 이 견해에 따르면, 공공조달계약을 규율하는 실체법은 사인 간의 계약과 마찬가지로 민법 기타 사법이 되며, 계약자유원칙 및 신의성실원칙이 그대로 적용된다.

그러나 공공조달계약은 사법상 계약과는 구별되는 특성을 갖고 있다는 이유로 이를 비판하는 공법상 계약설[57]도 유력하다. 이 견해는 공공조달계약이 조달 목적물의 공적 성격, 계약의 예산상 중대한 영향, 계약당사자뿐만 아닌 제3자 또는 일반 사인에 대한 영향에 비추어 공법적 효과를 가지는 점, 적용 법령이 부정당업제재, 계약 방식, 입찰·낙찰, 계약금액 조정, 특별한 권리구제수단 등의 측면에서 공법적 성격을 띠는 점, 계약의 재원이 세금으로 충당되고 발주기관의 부패·비리의 위험성이 크며 계약상대방은 대금 수령에 관한 리스크를 부담하지 않는다는 점, 계약상대자 선정이 국가 전체의 경제

---

55) 국가계약법에 의한 공공조달계약의 절차는 계약의 방법 결정(국가계약법 제7조) → 입찰공고(동법 제8조) → 입찰(동법 제9조) → 낙찰자 결정(동법 제10조) → 계약의 체결(동법 제11조), 계약 이행(동법 제12조, 제13조) → 이행완료(동법 제14조) 및 대가지급(동법 제15조)으로 이루어진다.

56) 이영동, 공공계약을 둘러싼 몇 가지 문제, 사법논집(제44집), 2007, 97면.

57) 김대인, 공공조달계약 관련법제의 개혁에 대한 고찰 – 국가계약법을 중심으로 –, 강원법학(제28권), 2009, 33면; 박정훈, 공법과 사법의 구별 – 행정조달계약의 법적 성격, 행정법의 체계와 방법론, 박영사, 2005, 224-228면; 정호경·선지원, 공공조달계약의 법적 성격과 통제에 관한 연구 – 공법상계약 이론을 중심으로 –, 법제연구(제46호), 2014, 186면.

및 사회에 결정적 영향을 미쳐 국가의 중요한 정책 수단이 된다는 점에서 계약의 전제가 되는 사정들의 공적 성격을 가지는 점 등을 들어 공공조달계약의 공법적 성격을 주장한다

(3) 판례

판례58)는 공공조달계약의 법적 성격에 대해 명확한 입장을 취하고 있다. 즉, "공공계약은 사경제의 주체로서 상대방과 대등한 위치에서 체결하는 사법상의 계약으로서 그 본질적인 내용은 사인 간의 계약과 다를 바가 없으므로, 그에 관한 법령에 특별한 정함이 있는 경우를 제외하고는 사적자치와 계약자유의 원칙 등 사법의 원리가 그대로 적용된다 할 것이다."라고 판시하여 공공조달계약을 사법상 계약으로 해석하고 있다.

(4) 검토

1) 일반경쟁입찰원칙과 예외적 수의계약의 체결

발주기관이 공공조달계약을 체결하려면 원칙적으로 일반경쟁입찰을 통해야 한다. 이는 공공조달계약에서 사법상 계약자유원칙이 제한됨을 보여준다. 이러한 원칙은 조달절차에서 효율성, 공정성, 투명성 등을 확보하기 위한 것이다.

발주기관은 예외적인 경우에만 수의계약을 체결할 수 있는데, 천재지변, 국가안전보장 등(국가계약법 시행령 제26조 제1호), 중소기업제품 구매(동법 시행령 제26조 제3호), 국가유공자 또는 장애인등에게 일자리나 보훈·복지서비스를 제공하기 위한 목적으로 설립된 단체 등과의 물품 구매 등(동법 시행령 제26조 제4호)의 경우가 그

---

58) 대법원 2001. 12. 11. 선고 2001다33604 판결.

러하다(동법 제7조 제1항). 이러한 예외 사유들은 경쟁입찰을 통하여 계약상대자를 선정하는 것이 발주기관 또는 입찰자에게 불리하거나 계약상 특수한 목적이 있는 등의 경우에 해당한다.[59] 이는 공공조달계약에 사회적 가치를 반영하여 공익을 실현하기 위한 것이다.

2) 발주기관의 예정가격 작성

발주기관은 입찰 또는 수의계약 등에 부칠 사항에 대하여 낙찰자 및 계약금액의 결정기준으로 삼기 위하여 미리 해당 규격서 및 설계서 등에 따라 예정가격을 작성하여야 한다(국가계약법 제8조의2). 이는 입찰자들이 담합을 통해 입찰금액을 과도하게 높이는 것을 방지하기 위해 도입된 법적 수단으로, 예정가격이 입찰금액의 상한 역할을 한다.[60]

발주기관의 예정가격 작성은 조달절차의 공정성과 투명성을 확보하고 국가재정 부담을 완화할 수 있다. 또한 공공조달계약으로 인한 국가 예산의 지출은 이와 같이 법률상 기준에 근거하여 이루어지는데, 이는 당사자들의 합의에 의하여 계약금액이 자유롭게 결정되는 사법상 계약과 다른 점이다.

3) 입찰참가자격사전심사제도

발주기관은 경쟁입찰에 부치는 경우 계약이행의 난이도, 이행실적, 기술능력, 재무상태, 사회적 신인도 및 계약이행의 성실도 등 계약수행능력평가에 필요한 사전심사기준, 사전심사절차 등으로 정하는 바에 따라 입찰 참가자격을 사전심사하고 적격자만을 입찰에 참가하게 할 수 있다(국가계약법 제7조 제2항). 이는 발주기관이 입찰

---

59) 계승균, 행정조달계약법상 수의계약제도, 법제연구(제28호), 2005, 238면.
60) 최홍석·양창호, 공공계약제도 해설, 삼일, 2023, 127면.

참가 희망자의 계약수행능력을 사전에 심사하여 일정 수준 이상의
적격자에게만 입찰참가자격을 부여하는 제도로 '입찰참가자격사전
심사제도'라고 한다.[61]

발주기관이 계약 대상자를 선정하기 위하여 입찰을 공고하면 입
찰참가자들은 입찰참가신청을 하고 입찰참가자격사전심사 대상공
사의 경우, 사전심사를 통과한 자만이 입찰적격자로 선정된다. 이
제도는 공공조달계약 체결 전 계약수행능력을 갖춘 적격자를 선별
하여 공적 재원의 효율적 사용을 도모하고, 또한 법률에 의한 공정
하고 투명한 절차를 보장하여 부정부패를 방지하고 신뢰성을 높임
으로써 공공조달계약에 의한 공익 실현에 기여한다.[62]

4) 낙찰자 결정 시 발주기관의 의무

발주기관은 낙찰자 결정 시 우선구매 의무가 있다(국가계약법 제
7조 제3항). 우선구매 대상에는 우선구매 대상에는 중소기업(중소기
업제품 구매촉진 및 판로지원에 관한 법률 제4조, 제13조), 여성기
업(여성기업지원에 관한 법률 제9조), 장애인기업(장애인기업활동
촉진법 제9조의2), 장애인표준사업장(장애인고용촉진 및 직업재활법
제22조의3), 사회적기업(사회적기업 육성법 제12조), 중증장애인생
산품(중증장애인생산품 우선구매 개별법 제3조), 녹색제품(녹색제품
구매촉진에 관한 법률 제6조)가 포함된다.

이와 같이 발주기관은 조달 과정에서 경제적 측면뿐만 아니라 사
회적·환경적 측면도 고려해야 하는 법률상 의무를 갖는다.[63] 이러한

---

61) 정원, 공공조달계약법 Ⅰ, 법률문화원, 2016, 248면.
62) 육근영, 공공조달계약의 법적 쟁점과 개선방안에 관한 연구, 광운대학교 법
학박사논문, 2020, 42면.
63) 이서홍, 공공조달계약의 공법적 특성과 소송형식에 관한 연구, 숙명여자대
학교 법학석사논문, 2021, 18-20면.

의무는 공동체 전체의 이익을 위해 사회적 약자와 환경을 보호하는 국가의 책임을 강조한다.

5) 계약서 작성

발주기관은 계약상대자와 계약서를 작성하고 기명·날인하여야 한다(국가계약법 제11조). 이 규정은 계약 내용을 명확히 하고, 지방자치단체의 계약 체결 시 적법한 절차를 보장하기 위한 강행규정이다. 따라서 이를 준수하지 않은 계약은 효력이 없다.[64]

이는 공법상 계약 체결 시 행정청이 계약서를 작성하여야 하는 점과 일치한다(행정기본법 제27조 제1항). 사법상 계약의 경우에는 사적자치원칙이 적용되므로 계약서 작성 여부가 계약당사자의 선택에 달려 있다. 이러한 점을 고려할 때, 공공조달계약은 사법상 계약과는 차이가 있다.

6) 계약심의위원회

발주기관은 입찰참가자격요건 등 계약에 관련한 질의 사항, 계약이행과 관련한 질의 또는 시정 요구 사항, 이의제기 사항 등에 관한 자문에 응하도록 하기 위하여 계약심의위원회를 설치·운영하여야 한다(국가계약법 시행령 제94조). 계약심의위원회의 구성 및 운영에 관한 필요한 세부사항은 각 중앙관서의 장이 정하도록 되어 있다(동법 시행령 제94조 제3항). 예를 들어 방위산업청의 경우, 계약심의위원회에는 3명의 외부 인원이 비상임위원으로 포함되고 입찰참가자격 제한처분에 관한 사항, 입찰·계약 체결 및 계약이행과 관련하여 질의하거나 시정을 요구한 사항 등을 심의·의결한다(방위사업청 계약심의위원회 운영규정 제2조, 제3조, 제5조).

---

[64] 대법원 2004. 1. 27. 선고 2003다14812 판결.

이와 같이 공공조달계약에서는 외부 위원이 입찰 및 계약을 심사하고, 필요한 경우 시정을 요구할 수 있다. 이는 공공조달계약이 독립적인 심사 절차를 거쳐 공정성을 확보하려고 노력하고 있음을 보여준다. 이러한 점에서도 공공조달계약은 사법상 계약과 상당한 차이가 있다.

7) 부정당업자에 대한 입찰참가자격 제한

발주기관은 부정당업자에 대하여 2년 이내의 범위에서 입찰참가자격을 제한하여야 한다(국가계약법 제27조). 이러한 제한의 효력은 계약 발주기관뿐만 아니라 국가, 지방자치단체, 공기업 등 사실상 모든 공공부문에 미친다(국가계약법 시행령 제76조 제8항). 이 제도는 공공조달계약의 성실한 이행을 확보하고 국가의 불이익을 사전에 방지하기 위해[65] 발주기관에게 고권적 제재 권한을 부여한 것이다.

부정당업자에 대한 입찰참가자격 제한은 침익적 행정처분에 해당하므로, 이에 대한 불복 시에는 행정소송을 거쳐야 한다.[66] 이는 공공조달계약의 입찰절차에서 공법적 통제가 이루어지고 있음을 보여주는 증거이다.

8) 공공조달계약의 공익적 목적과 가치

공공조달계약의 근본적인 목적은 앞서 살펴본 바와 같이 공익의 실현에 있고, 이는 단순한 재화와 용역의 획득을 넘어선다. 이러한 공익 실현이라는 목적은 청렴성, 투명성, 공정성이라는 핵심적인 공적 가치를 통해 구체화되고 실현된다.[67]

---

[65] 대법원 2014. 12. 11. 선고 2013두26811 판결.
[66] 대법원 1983. 12. 27. 선고 81누366 판결.
[67] 육근영, 공공조달계약의 법적 쟁점과 개선방안에 관한 연구, 광운대학교 법학박사논문, 2020, 25-30면.

첫째, '청렴성'은 조달 과정에서의 공익 보호, 신뢰성 확보, 부패 방지 등과 관련이 있다.[68] 공무원은 직무와 관련하여 직·간접적으로 사례 등을 받을 수 없다(국가공무원법 제61조). 또한 일체의 부패행 위와 품위를 손상하는 행위를 하여서는 아니 된다(부패방지 및 국민 권익위원회의 설치와 운영에 관한 법률 제7조). 공무원이 공공조달 계약의 체결 및 그 이행에 있어서 법령에 위반하여 공공기관에 대 하여 재산상 손해를 가하는 행위는 부패행위에 해당한다(부패방지 및 국민권익위원회의 설치와 운영에 관한 법률 제2조 제4호).

이와 같은 발주기관의 청렴의무를 구체화한 것이 국가계약법 제 5조의 2이다. 발주기관은 투명성 및 공정성을 높이기 위하여 입찰자 또는 계약상대자로 하여금 입찰·낙찰, 계약 체결 또는 계약이행 등 의 과정(준공·납품 이후를 포함한다)에서 직접적·간접적으로 금품· 향응 등을 주거나 받지 아니할 것을 약정하게 하고 이를 지키지 아 니한 경우에는 해당 입찰·낙찰을 취소하거나 계약을 해제·해지할 수 있다는 조건의 계약(이하 '청렴계약'이라 한다)을 체결하여야 한 다(동법 제5조의2 제1항). 발주기관이 청렴계약을 지키지 아니한 경 우 해당 입찰·낙찰을 취소하거나 계약을 해제 또는 해지하여야 한 다(동법 제5조의3).

발주기관도 계약상대자와 청렴계약을 체결할 때 공정계약 서약 서를 작성하여 본 계약에 포함하여야 한다(정부 입찰·계약 집행기준 제98조의2 제2항). 공정계약의 내용에는 계약상대자에 대한 금품, 향응, 취업제공 등 요구행위의 금지, 계약상대자에 대한 경영·인사 및 계약 내용에 대한 개입행위 금지, 계약과 직접적인 관련이 없는 의무를 부과하거나 발주기관의 부담을 전가하는 행위의 금지 등이

---

[68] 최대진, 공공 계약상 청렴성 확보를 위한 비교법적 고찰, 입법학연구(제19집 제1호), 2022, 192-194, 207-209면; 장경원, 공무원법상 품위유지의무, 행정 법연구(제70호), 2023, 203-230면.

포함되어야 한다(정부 입찰·계약 집행기준 제98조의4).

둘째, '투명성'은 공공조달의 효율성 증대, 부패방지, 계약상대방 보호와 관련하여 중요하다.[69] 공공조달계약은 투명한 절차를 통하여 이루어져야 한다. 이를 위하여 발주기관은 분기별 발주계획, 입찰에 부칠 계약목적물의 규격, 계약 체결, 계약 변경 및 계약이행에 관하여 공개하여야 한다(국가계약법 시행령 제92조의2 제1항). 입찰 절차는 원칙적으로 일반경쟁입찰로 진행된다(동법 제7조 제1항). 발주기관은 미리 공개된 객관적 기준에 의하여 입찰적격자 및 낙찰자를 선정하여야 한다(동법 제7조 제2항, 제10조) 그리고 발주기관은 공공조달계약에서 투명성을 높이기 위하여 위에서 본 바와 같이 입찰자 또는 계약상대방과 청렴계약을 체결하여야 한다(동법 제5조의2). 이 규정들은 발주기관이 조달 과정을 투명하게 관리하고 검증할 수 있게 하며, 입찰자들을 조달 과정의 불의한 피해로부터 보호한다.

셋째, '공정성'은 사업자들이 서로 공평한 기회를 가지고 최적의 조건에서 경쟁할 수 있도록 보장함으로써 모든 사업자들이 신뢰를 가지고 참여할 수 있는 환경을 조성하기 위한 것이다. 이는 궁극적으로 조달 과정에서 사업자 간의 동등한 경쟁을 장려하여 최고의 성과를 낼 수 있도록 지원한다.[70] 이를 위하여 국가계약법은 당사자대등의 원칙 및 신의성실원칙에 따른 계약 이행을 규정하고 있다(국가계약법 제5조 제1항). 국제입찰 시에는 내국민과 외국인 간의 차별이 금지된다(동법 제5조 제2항). 발주기관은 계약 체결 과정에서 계약상대자에 대하여 부당특약을 정할 수 없고 이를 정한 경우에는 무효이다(동법 제5조 제3항, 제4항).[71] 또한 공정성은 위에서 본 청렴계약의

---

[69] 김대인, 정부조달계약에 있어서 투명성의 법적 의미, 행정법연구(제13호), 2005, 195-196면.

[70] 계승균, 행정조달계약법상 공정의무 – 미국 판례를 중심으로 –, 저스티스(제82호), 2004, 154-157면.

목적이기도 하다(동법 제5조의2). 이 규정들은 발주기관이 우월적 지위를 내세워 조달 과정에서 공정한 경쟁을 방해하는 것을 방지한다.

9) 소결

이상과 같이, 공공조달계약의 내용과 목적을 종합적으로 고려하면, 공공조달계약은 공법상 계약에 해당한다고 보는 것이 타당하다.[72] 독일에서도 공공조달계약이 위와 같이 적용법령의 공법적 성격과 계약의 공익적 목적에 비추어 공법상 계약에 해당한다는 견해가 논의되고 있어 눈여겨볼 필요가 있다. 이 견해는 조달법이 조달 방식, 심사, 계약 변경 등에 관하여 다양한 공법적 규정을 포함하고 있음을 지적한다. 또한 공공조달계약은 단순히 행정 수요 충족을 넘어, 국가경제를 주도하는 거대한 경제적 요인으로서 큰 영향력을 가지므로 공공성이 핵심 가치라는 점을 강조한다.

더불어 이 견해는 국가나 지방자치단체가 단순한 경제적 이익 추구를 넘어, 사회·정치·환경적 측면의 다양한 공익 목표를 달성하기 위해 공공조달계약을 전략적으로 활용하는 경우가 많다는 점도 강조한다. 따라서 공공조달계약은 사법상 계약과는 본질적인 차이가 있다는 것이다.[73] 이 견해는 현재 독일의 통설은 아니지만, 논리적이고 타당한 근거를 바탕으로 상당한 설득력을 가지고 있어 우리도 참조할 만하다.

---

71) 정태학 외 3인, 앞의 책, 17면. 이 규정은 종래에는 국가계약법 시행령과 계약 예규 등 하위 규정에 규정되어 있었으나 발주기관의 불공정행위를 근절하기 위해 2019. 11. 26. 국가계약법에 신설되었다.

72) 한편, 공공조달계약은 앞서 본 협의취득계약과 마찬가지로 행정청의 처분과는 무관하게 이루어지는 계약으로서, 독일의 구별 체계에 따른 의무부담계약 또는 처분계약에는 속하지 않는다고 볼 수 있다. 독일의 구별 체계에 관하여는 제2장 제2절 Ⅴ. 2.

73) 제3장 제3절 Ⅱ.

제3절 공법상 계약의 적용법리

앞서 우리나라의 공법상 계약의 개념(제1절)과 공법상 계약의 인정 사례(제2절)를 구체적으로 검토하였다. 이 절에서는 이러한 논의를 바탕으로 우리나라의 공법상 계약의 적용법리를 구체적으로 검토한다. 먼저 우리나라의 공법상 계약에 대한 규율 체계를 살펴본다. 우리나라는 개별법과 행정기본법을 중심으로 공법상 계약에 대한 법체계를 갖추고 있으므로 이를 확인한다. 그리고 법의 공백이 발생하는 경우 독일과 같은 민법 준용 규정이 없으므로 어떠한 법규정을 어떠한 방식으로 유추적용할 수 있는지를 검토한다. 여기서 중요한 점은 사법규정을 유추적용할 때에는 행정법의 일반원칙과 공익성을 기준으로 유추적용 여부와 한계를 명확히 설정해야 한다는 것이다(Ⅰ.). 다음으로 공법상 계약의 진행 순서에 따라 적용법리를 살펴본다. 계약의 성립 단계에서는 법률적합성원칙의 준수, 행정청이 일방당사자인 공법영역의 계약일 것, 서면방식, 제3자 및 행정청의 동의, 계약의 무효 등을 검토한다(Ⅱ.). 계약의 이행 단계에서는 이행 및 채무불이행, 그리고 변경 또는 해지에 관한 규율을 체계적으로 논의한다(Ⅲ.).

Ⅰ. 공법상 계약의 규율 체계

1. 개별법

행정기본법은 공법상 계약과 관련하여 여러 법규정을 두고 있다. 다만 행정 분야에 따라 관련 개별법에서 규율하는 경우가 있다. 이 경우에는 행정기본법보다 해당 개별법이 우선적으로 적용된다.

예를 들어 판례[1]에 의하여 공법상 계약으로 인정되는 국가연구개발협약의 경우 국가연구개발혁신법에 관련 규정이 있다. 동법에 의하면, 중앙행정기관의 장은 동법 제10조에 따라 연구개발과제를 수행하는 연구개발기관과 국가연구개발협약을 체결하여야 한다(동법 제11조 제1항). 협약 당사자는 연구개발기관을 추가·변경하거나 연구책임자, 연구개발 목표, 연구개발비, 연구개발기간 등 연구개발과제 수행에 관한 중요한 사항을 변경할 필요가 있을 때에는 해당 연구개발과제 협약의 내용을 변경할 수 있다(동법 제11조 제2항). 중앙행정기관의 장은 연구개발과제가 중단된 때에는 해당 연구개발과제 협약을 해약하고 연구개발비 정산 등 필요한 조치를 하여야 한다(동법 제11조 제3항). 이와 같이 국가연구개발혁신법은 국가연구개발협약의 체결, 변경 및 해약에 관한 규정을 두고 있다. 마찬가지로 판례[2]에 의하여 공법상 계약으로 인정되는 산업기술개발협약도 산업기술혁신법에 협약의 체결, 변경 및 해약에 관한 규정이 있다(동법 제11조 제4항, 제5항). 이와 같이 개별법에서 특정 공법상 계약을 규율하는 경우에는, 해당 개별법이 우선 적용된다.

---

[1] 대법원 2017. 11. 9. 선고 2015다215526 판결.
[2] 대법원 2023. 6. 29. 선고 2021다250025 판결/

2. 행정기본법상 행정법의 일반원칙과 공법상 계약 규정

개별법이 마련되어 있지 않은 경우에는 행정기본법의 공법상 계약에 관한 규정이 적용된다. 여기에는 공법상 계약의 체결에 관한 규정과 행정법의 일반원칙에 관한 규정이 포함된다.

먼저 행정기본법은 공법상 계약의 체결에 관한 규정을 두고 있다. 동 규정에 의하면, 행정청은 법령등을 위반하지 아니하는 범위에서 행정목적을 달성하기 위하여 필요한 경우에는 공법상 계약을 체결할 수 있다. 이 경우 계약의 목적 및 내용을 명확하게 적은 계약서를 작성하여야 한다(동법 제27조 제1항). 또한 행정청은 공법상 계약의 상대방을 선정하고 계약 내용을 정할 때 공법상 계약의 공공성과 제3자의 이해관계를 고려하여야 한다(동법 제27조 제2항). 또한 행정청은 공법상 계약을 체결할 때 법령등에 따른 관계 행정청의 동의, 승인 또는 협의 등이 필요한 경우에는 이를 모두 거쳐야 한다(동법 시행령 제6조).

다음으로 행정기본법은 행정법의 일반원칙을 명문화하고 있다. 여기에는 법률우위원칙과 법률유보원칙으로 구성되는 법치행정의 원칙 또는 법률적합성원칙(행정기본법 제8조), 합리적 이유 없는 차별을 금지하는 평등원칙(동법 제9조), 행정작용의 적합성, 필요성 및 상당성을 요구하는 비례원칙(동법 제10조), 행정의 의무 이행과 권한 행사의 한계를 규정하는 행정의 성실의무와 권한남용금지원칙(동법 제11조), 국민의 정당한 신뢰를 보호하는 신뢰보호원칙(동법 제12조 제1항), 행정의 장기간 권한 불행사에 따른 상대방의 신뢰를 보호하는 실권원칙(동법 제12조 제2항), 마지막으로 행정작용과 무관한 의무 부과를 금지하는 부당결부금지원칙(동법 제13조)이 있다. 이러한 원칙들은 공법상 계약의 내용적 한계에 관한 구체적인 적용법리를 형성한다.

3. 공법규정의 유추적용

공법상 계약에 관한 문제상황이 발생하였을 때, 앞서 살펴본 바와 같이 개별법과 행정기본법에 적용할 법규정이 있는 경우에는 그 규정을 우선 적용해야 한다. 그러나 공법상 계약에 관한 통일된 법전이 없는 현 상황에서는 법의 공백이 종종 발생하고 있다. 따라서 이를 보완하기 위한 조치가 필요하다. 법적 규율이 필요하지만 적용할 법규정이 없는 경우, 사안의 유사성을 고려하여 동등하게 평가될 수 있는 법규정을 탐색하고 적용해야 한다. 이때 유추적용을 활용할 수 있다.[3]

유추적용은 법규정에 준용 또는 적용 여부가 명시되어 있지 않은 경우 해석에 의하여 기존의 유사한 규정을 찾아 적용하기 위한 방법론이다.[4] 이는 주로 법관이 특정 사안에서 법 적용에 관한 분쟁이 발생했을 때 법률을 해석하는 데 활용된다. 행정기본법은 공법상 계약에 관하여 다른 법규정의 적용이나 준용을 명시하고 있지 않다. 따라서 법적 분쟁이 발생했으나 적용할 법률이 없는 경우, 그 공백을 보완하기 위해 관련 법규정의 유추적용을 검토할 필요가 있다.

이러한 측면에서 공법상 계약에 유추적용할 수 있는 법규정으로는 공법규정과 사법규정이 있으나, 사안과의 관련성을 고려할 때 공법규정이 우선적으로 검토된다.[5] 공법관계에서 공법규정이 유추적용된 사례는 다수 존재한다. 대표적인 예가 손실보상규정이다. 대법원은 국유로 된 하천의 제외지 소유자에게 구 하천법 제74조의 손실보상규정을 유추적용하였고,[6] 공유수면매립공사로 인해 어민들

---

3) 오영신, 법률의 유추적용에 대한 위헌심사, 성균관법학(제26권 제1호), 2014, 1면.
4) 조정찬, 준용에 관한 몇 가지 문제, 법제(제514호), 2000, 28면.
5) 하명호, 앞의 책, 77면, 홍정선, 행정법원론(상), 박영사, 제31판, 2023, 82면.

이 허가어업을 영위하지 못해 손해를 입은 경우에도 구 수산업법 제81조 제1항의 손실보상규정을 유추적용하였다.[7]

공법상 계약의 경우에도, 공유재산 및 물품관리법, 지능형 로봇 개발 및 보급촉진법, 관광진흥법 등에 따른 민간투자사업의 실시협약에 민간투자법과 민간투자사업기본계획 등이 유추적용된 사례가 있다.[8] 다만 공법상 계약 전반에 일반적으로 유추적용되는 공법규정은 찾기 어렵다. 이는 앞서 언급한 대로 공법상 계약에 관한 법리를 규율하는 법체계가 아직 완성되지 않았고, 실무상 행정처분 등 일방적인 권력 작용을 규율하는 조문이 많기 때문이다. 따라서 공법규정의 유추적용으로 법의 공백을 보충하기 어려운 경우, 공법상 계약 관련 문제 해결을 위해 일반적으로 사법규정의 유추적용이 검토된다.

4. 사법규정의 유추적용과 그 한계로서 행정법의 일반원칙과 공익성

앞서 언급한 대로, 공법상 계약에 직접 적용하거나 유추적용할 수 있는 공법규정이 없어 법의 공백이 발생한 경우, 사법규정의 유추적용이 문제가 된다. 이에 대해 과거에는 공법상 계약을 포함한 공법관계에 사법규정을 직접 적용할 수 있다고 보는 견해가 있었다 (직접적용설). 이는 사법규정에 법의 일반원리에 관한 규정이 많고, 공법관계의 본질이 사법관계와 크게 다르지 않다는 이유 때문이다. 이 견해는 공법관계를 일종의 특별한 사법관계로 해석하였다.

---

6) 대법원 1987. 7. 21. 선고 84누126 판결.
7) 대법원 2004. 12. 23. 선고 2002다73821 판결.
8) 김대인, 공법관계에 대한 사법규정의 유추적용 – 공법상 계약을 중심으로, 법조(제72권 제5호), 2023, 110면.

그러나 우리나라는 공법과 사법을 구분하는 이원적 법체계를 채택하고 있으며, 공법과 사법을 규율하는 원칙도 현저히 다르기 때문에 직접적용설은 타당하지 않다. 이러한 이유로 현재 이 견해를 따르는 학설은 찾기 어렵다.

따라서 사법규정은 공법관계에 직접 적용되지 않고, 해당 법률관계의 내용과 사법규정의 성질에 따라 제한적으로 유추적용된다고 보는 제한적 유추적용설[9]이 통설로 받아들여지고 있다. 다만, 이러한 입장을 취하더라도 유추적용의 범위와 한계에 관한 상세한 기준 설정이 필요하다. 이에 학설은 다시 개별적 구별설과 개괄적 구별설로 나누어진다.

개별적 구별설[10]은 법률관계의 개별적 성질, 내용, 기능 등을 구체적으로 판단하여 유추적용 여부를 결정한다. 반면 개괄적 구별설[11]은 사법규정의 성질과 공법관계의 특성을 판단 기준으로 삼는다. 이 견해에 따르면, 사법규정은 대체로 일반법원리 규정, 법기술적 약속 규정, 이해조절적 규정으로 구성되어 있다. 이 중 일반법원리 규정과 법기술적 약속 규정은 중립적 성격을 가지므로 권력관계와 비권력관계 모두에 유추적용된다. 이해조절적 규정은 비권력관계에만 유추적용의 여지가 있다. 다만, 공익적 목적 달성을 위해 공법적 규율이 필요한 경우에는 이마저도 유추적용될 수 없다.

두 견해는 각각의 장점을 가지고 있다. 개별적 구별설은 구체적

---

9) 김동희·최계영, 앞의 책, 111-112면; 김유환, 앞의 책, 83면; 하명호, 앞의 책, 78면.

10) 김대인, 공법관계에 대한 사법규정의 유추적용 – 공법상 계약을 중심으로 –, 법조(제72권 제5호), 2023, 94면; 정호경, 공사법 구별의 역사와 의미에 관한 일고찰(1), 법학논총(제23집 제1호), 2006, 25-26면.

11) 김남진·김연태, 앞의 책, 134-135면; 김유환, 앞의 책, 84면; 박균성, 앞의 책, 19-20면; 하명호, 앞의 책, 78-79면; 홍정선, 행정법원론(상), 박영사, 제31판, 2023, 82면.

사안의 특수성을 반영할 수 있어 유연한 해결책을 제시할 수 있다. 개괄적 구별설은 사법규정의 성질과 공법관계의 특성을 체계적으로 분류하여 일정한 기준을 제공하고 있다. 따라서 두 견해는 구체적 사안에 따라 상호보완적으로 적용될 수 있다.

공법상 계약은 일반적으로 비권력관계로 여겨지므로,12) 두 견해 모두에 따라 사법규정의 유추적용을 고려할 수 있다. 그러나 공법상 계약의 목적이 공익 실현에 있고, 계약 내용이 행정법의 일반원칙에 따라 공법적으로 규율되어야 하는 경우에는 사법규정의 유추적용이 불가능하거나 매우 제한적일 수 있다.

대법원은 공법상 계약과 관련된 사안은 아니지만, 법률의 유추적용에 관한 일반적인 기준을 제시한 바 있다. 대법원은 "법률의 유추적용은 법률의 흠결을 보충하는 것으로 법적 규율이 없는 사안에 대하여 그와 유사한 사안에 관한 법규범을 적용하는 것이다. 이러한 유추를 위해서는 법적 규율이 없는 사안과 법적 규율이 있는 사안 사이에 공통점 또는 유사점이 있어야 한다. 그러나 이것만으로 유추적용을 긍정할 수는 없다. 법규범의 체계, 입법 의도와 목적 등에 비추어 유추적용이 정당하다고 평가되는 경우에 비로소 유추적용을 인정할 수 있다."라고 판시하였다.13)

---

12) 김동희·최계영, 앞의 책, 227면; 김철용, 앞의 책, 354면; 류지태·박종수, 앞의 책, 352면; 정하중·김광수, 앞의 책, 325면.

13) 대법원 2020. 4. 29. 선고 2019다226135 판결 (대법원은 이 판결에서 유추적용이 문제가 된 기술보증기금법 제37조의3과 신용보증기금법 제30조의3은 "채권자의 권리가 희생되는 불가피한 점이 있는데도, 일반 채권자와 구별하여 기술보증기금이나 신용보증기금에 대해서는 달리 취급하겠다고 입법자가 결단하여 특별한 예외를 정한 것"이므로 지역신용보증재단법에 이 규정들이 없다고 하여 법률의 흠결이 있다고 할 수 없고, "기술보증기금 또는 신용보증기금과 지역신용보증재단 사이에 채무자를 위한 보증업무를 제공한다"는 유사점이 있다는 이유만으로 유추적용을 긍정해야 하는 것도 아니며, "기술보증기금이나 신용보증기금과 지역신용보증재단 사이에는 설립목적과

이를 요약하면, ① 법률의 흠결이 있어야 한다. ② 그와 유사한 사안에 관한 법규범이 있어야 한다. ③ 법규범의 체계, 입법 의도와 목적 등에 비추어 유추적용이 정당하다고 평가되어야 한다. 이 세 가지 요소는 유추적용의 요건이자 한계에 해당한다고 볼 수 있다.

위 대법원 판결을 공법상 계약에 적용해 보면, ① 요건은 현재 공법상 계약의 적용법리를 일반적으로 규율하는 규정이 없으므로, 개별법의 특별한 규정이 없는 한 충족된다고 볼 수 있다. ② 요건은 행정법의 일반원칙으로서 평등원칙과 관련이 있다. 여기서의 평등은 상대적 평등을 의미하므로, 본질적으로 같거나 다른 것을 합리적 이유 없이 다르게 평가해서는 안 된다. 즉, 유추적용을 위해서는 법의 공백이 있는 사안과 없는 사안 간에는 유사성이 있어야 한다.[14] 이러한 측면에서 평등원칙을 고려해야 한다. ③ 요건은 법률적합성원칙, 비례원칙, 행정의 성실의무, 부당결부금지원칙 신뢰보호원칙 등 행정법의 일반원칙 및 공법상 계약의 공익성과 밀접한 관련이 있다. 예를 들어 법률적합성원칙과 관련하여, 유추적용에 의한 법의 공백의 보충은 그 공백을 시정하여 실정법의 계획을 회복하는 데까지만 허용된다는 점에서 한계가 있고 실정법과 다른 방향으로 나아가는 경우에는 정당성이 인정되지 않는다.[15] 다른 법원칙들도 법률적합성원칙과 동일한 기능을 수행하여 유추적용의 한계를 설정한다. 공익성도 마찬가지이다. 공법상 계약은 공익을 관철하기 위한 법적 수단이므로 사법규정의 유추적용이 공익 실현을 저해하는 경우에는 유추적용의 정당성이 인정될 수 없다. 이와 같이 사법규정의 유추적

재원, 신용보증을 제공하는 경우의 보증한도액 등에서 차이가 있으므로" 유추적용이 정당하다고 볼 사정이 없다는 이유로 유추적용을 부정하였다).

14) 김대인, 공법관계에 대한 사법규정의 유추적용 - 공법상 계약을 중심으로 -, 법조(제72권 제5호), 2023, 98면.

15) 박정훈, 행정법과 법해석 - 법률유보 내지 의회유보와 법형성의 한계, 행정법연구(제43호), 2015, 30면.

용의 한계를 판가름하는 행정법의 일반원칙과 공익성의 중요성은 공법상 계약의 개별 법리를 검토하는 과정에서 여실히 드러난다. 이하의 논의에서 이러한 점을 자세히 설명할 것이다.

II. 계약의 성립 단계

여기에서는 행정기본법과 민법을 중심으로 공법상 계약의 성립 단계에서의 적용법리를 살펴본다. 특히 사법규정의 유추적용에 대해서는 위에서 언급한 유추적용의 한계를 유념하여 검토할 것이다.

1. 법률적합성원칙의 준수

행정청은 법령등을 위반하지 아니하는 범위에서 행정목적을 달성하기 위하여 필요한 경우에는 공법상 계약을 체결할 수 있다(행정기본법 제27조 제1항). 동 규정은 법률적합성원칙을 구체화하여 공법상 계약에 관한 근거 규정으로 기능한다. 이에 따르면 공법상 계약은 법령등에 위배되지 않는 범위 내에서만 허용된다. 법령등에는 법률, 법규명령, 자치법규 뿐만 아니라 그 위임을 받아 제정된 훈령·예규 및 고시와 같은 행정규칙도 포함된다(행정기본법 제2조 제1호).

계약당사자들은 계약에 관하여 법령등에 구속되므로 이를 위반하는 내용의 공법상 계약을 체결할 수 없다. 따라서 공법상 계약에서는 법률적합성원칙이 사적자치원칙보다 우위에 있다. 공법상 계약은 계약이라는 측면에서 사적자치원칙이 완전히 배제되는 것은 아니지만, 공익성을 추구하고 공법적 내용을 갖는 공법상 계약의 특성상 법률적합성원칙이 준수될 필요가 크므로 사적자치원칙은 그 한도 내에서 제한적으로만 인정된다. 이처럼 법률적합성원칙은 사법상 계약과는 구별되는 공법상 계약을 규율하는 주된 원리로 기능한다.

2. 행정청이 일방당사자인 공법영역의 계약일 것

(1) 계약당사자

공법상 계약의 일방당사자는 '행정청'이 된다(행정기본법 제27조). 계약의 체결주체는 법리적으로는 법인격이 있는 권리주체인 국가 또는 지방자치단체와 같은 '행정주체'가 되는 것이 타당하다. 다만 이 경우 행정청이 행정주체를 대표하여 계약을 체결한다는 취지로 행정청이 명시된 것으로 해석된다.[16)]

행정기본법 제27조에 따라 사인 간의 공법상 계약은 행정기본법의 적용 대상에 포함되지 않는다. 다만 공무수탁사인은 행정청의 지위를 갖게 된다. 예를 들어 앞서 본 바와 같이 토지보상법상 사업시행자가 토지소유자와 사업인정 후 협의취득계약을 체결하는 경우(토지보상법 제26조),[17)] 사업시행자는 국가나 지방자치단체를 대신하여 공익사업을 수행하는 자로서(동법 제2조 제3호), 행정청인 공무수탁사인에 해당한다.[18)]

---

16) 홍정선, 행정법원론(상), 박영사, 제31판, 2023, 565면; 김대인, 「행정기본법」 상 공법상 계약에 대한 고찰, 법조(제71권 제6호), 2022, 208면.
17) 제5장 제2절 II. 1.
18) 박균성, 앞의 책, 355면.

(2) 공법영역

공법상 계약은 '공법영역'을 계약의 대상으로 한다. 공법영역에서는 이를 규율하는 법규정의 공법성이 중요하다. 공법성의 판별을 위해서는 공·사법의 구별이 전제된다. 이에 관하여는 앞서 살펴본 바와 같이 이익설, 종속설, 주체설 및 신주체설이 논의되지만, 개별 사안에 따라 이러한 기준들이 함께 사용되어야 할 것이고, 해당 법규정이 적용될 구체적인 사실관계도 함께 고려되어야 한다.[19]

또한 공법규정이 계약을 '규율'하여야 한다. 이러한 점에서 공법상 계약은 법률적합성원칙과 밀접한 연관성을 갖는다. 실정법에 따라 계약당사자들에게 사법상 계약과는 다른 공법적 권리 또는 의무가 성립하는지 살펴보아야 한다. 계약에 공·사법적 규율이 혼재되어 있는 경우에는 계약의 중점이 어디에 있는지 검토하여야 한다. 특정 계약이 법규정과 무관한 의무 또는 사법적 의무를 포함하고 있더라도, 계약의 전체적인 성격이 공법에 중점을 두고 있다면 계약은 공법에 속하는 것으로 보아야 한다. 독일에서도 이를 중점이론이라고 하여 동일한 기준으로 계약의 법적 성격을 판단한다.[20]

계약 목적의 공익성도 공법영역의 중요한 판단 기준이다. 공법의 주된 목적이 공익 실현에 있기 때문이다.[21] 그러나 '공익'이라는 개념을 단순히 정의하기는 쉽지 않다. 일반적으로 공익은 '특정 개인이나 집단의 이익을 넘어서 국가, 공공단체, 또는 사회 전반의 이익과 관련된 것'으로 이해되지만,[22] 이러한 정의는 매우 광범위하고

---

19) 제5장 제1절 Ⅱ. 2.
20) 제2장 제2절 Ⅱ. 3. (2).
21) 헌법 제1조 제1항의 공화주의 원리에 공익의 원리가 내포되어 있고, 따라서 국가는 공익에 부합하게 활동할 헌법적 의무를 부담한다. 이에 관하여는 이원우, 경제규제와 공익, 서울대학교 법학(제47권 제3호), 2006, 94-96면.
22) 최송화, 공익론 - 공법적 탐구 -, 서울대학교출판부, 2002, 312면.

추상적이다. 실제로 공익의 내용은 상황에 따라 다양하게 해석될 수 있다. 헌법23)이나 법률24)에서 구체적으로 규정하고 있는 경우도 있지만, 그렇지 않은 경우에는 구체적 상황에서 제반 사정을 고려하여 판단하여야 한다.25) 따라서 공익이라는 개념을 단순하게 단정 짓기보다는, 그 개념 확정의 어려움을 인정하고 계약 유형별로 공익의 내용을 정립하는 작업이 필요하다. 이는 앞으로 더 깊이 있는 연구와 논의가 이루어져야 할 과제로 보인다.

(3) 의사표시의 자발성과 그 예외

공법상 계약은 행정처분과 같은 일방적 규율이 아니므로 계약당사자들의 의사표시가 필요하다. 계약은 청약이 있어야 하고, 이미 이루어진 청약은 이를 철회할 수 없다(민법 제527조). 청약이 도달하면 상대방은 승낙 여부를 결정하여야 한다. 청약자가 승낙 기간을 정한 경우에는 승낙자는 그 기간 내에 승낙 통지를 발송해야 한다(민법 제528조). 공법상 계약에서도 이러한 법리가 유추적용된다. 또한 공법상 계약은 협정, 협의와 같은 비공식적 행정작용과는 구별되므로 청약과 승낙은 법적 구속 의사를 포함하여야 한다.

계약당사자들의 의사표시는 일반적으로 자유롭게 이루어진다.

---

23) 헌법 제37조 제2항(국가안전보장·질서유지 또는 공공복리), 제76조 제1항(국가의 안전보장 또는 공공의 안녕질서).

24) 공법분야에서 공익의 개념이 사용되는 구체적인 사례에 관하여는 최송화, 공익론 – 공법적 탐구 –, 서울대학교출판부, 2002, 277면 이하.

25) 예를 들어 국토의 계획 및 이용에 관한 법률(이하 '국토계획법'이라 한다)에 의한 도시계획시설의 경우에는 높은 공익성이 요구되는데, 이는 동법이 사업시행자에게 실시계획인가를 통해 도시계획시설이 설치될 부지에 대하여 수용권을 부여하고 있기 때문이다(동법 제95조 제1항). 이에 관하여는 김종보, 도시계획시설의 공공성과 수용권, 행정법연구(제30호), 2011, 283, 287-289면.

그러나 공법상 계약에서는 공익성을 고려하여 사적자치가 제한되는 경우가 있다. 특히 국민의 일상생활에 필수적인 생존배려와 관련된 공법상 계약의 경우, 계약 체결의 자유가 더욱 제한될 수 있다. 이를 체약강제라고 하며, 계약당사자 일방에게 계약 체결을 강제하는 것을 의미한다.[26] 수도공급계약은 공법상 계약이면서 체약강제가 적용되는 대표적인 사례이다. 수도법 제12조 제1항과 제39조 제1항에 따르면 국가나 지방자치단체와 같은 일반수도사업자는 수돗물의 공급을 원하는 자에게 정당한 이유 없이 그 공급을 거절하여서는 안 된다. 이는 수도 공급이 공중위생 및 생활환경과 직결되는 중요한 공익적 성격을 갖기 때문이다. 전기사업법상 전기공급계약도 마찬가지로 공법상 계약이면서 체약강제가 적용된다(전기사업법 제14조). 전기 역시 국민의 일상생활에 필수적인 요소로, 공익성을 고려하여 계약 체결의 자유가 제한되는 것이다.

(4) 의사표시의 해석

민법은 의사표시의 해석에 관한 규정을 두고 있지 않으므로 주로 학설과 판례에 의하여 그 기준이 제시되어 왔다. 이는 크게 자연적 해석, 규범적 해석, 보충적 해석으로 나뉜다. 학설에 의하면, 자연적 해석이란 어떤 일정한 표시에 관하여 당사자가 사실상 일치하여 이해한 경우에는 그 의미대로 효력을 인정하는 것을 말한다. 규범적 해석이란 여러 사정 하에서 적절한 주의를 기울인 경우에 상대방이 이해했어야 하는 표시행위의 의미를 탐구하여 이루어진다. 규범적 해석은 자연적 해석이 행하여질 수 없는 경우에 비로소 이루어진다.

이러한 방식은 독일의 방식과 유사하다. 민법상 의사표시의 해석은 당사자의 내심의 의사, 즉 실제 의사를 기준으로 하지만(동법 제

---

26) 제4장 제2절 Ⅲ. 2. (1).

133조) 신의성실과 거래 관행을 고려하여 의사표시 수령자의 이해 가능성도 고려하여야 한다(동법 제157조). 독일에서는 이러한 민법의 해석 방식을 공법상 계약에도 준용하고 있다. 계약의 해석은 모든 주변 상황, 계약 경위, 이전 관행 및 계약 체결 이후의 행위 등 계약의 전반적인 사정을 고려하여 이루어진다.27)

그러나 민법의 해석 방식이 공법상 계약에 그대로 유추적용될 수 있을지는 의문이다. 각 계약의 규율 내용과 목적에 차이가 있기 때문이다. 사적자치를 기본 원칙으로 하여 계약당사자의 사익 추구를 주된 목적으로 삼는 사법상 계약과는 달리 공법상 계약은 법률적합성원칙 및 비례원칙, 평등원칙, 부당결부금지원칙과 같은 행정법 일반원칙들에 의하여 그 내용이 규율되고, 공익의 추구를 목적으로 한다.

따라서 공법상 계약의 해석에서는 이러한 행정법의 일반원칙과 공익성을 고려해야 한다. 즉, 계약의 내용 중 공법적 성격이 강한 부분에 대해서는 행정법의 일반원칙을 우선적으로 적용하고, 사법적 성격이 강한 부분에 대해서는 민법의 해석 원칙을 참고하되 공익적 목적을 해치지 않는 범위 내에서 해석해야 한다. 이는 공법상 계약의 특수성을 인정하면서도 계약 해석의 일반 원칙을 균형 있게 적용하는 방안이 될 수 있다. 독일에서도 공법상 계약 해석 시 민법의 해석 방식과 함께 행정 임무 수행의 효율성, 공익, 법률적합성원칙 등을 고려해야 한다는 견해가 있어 참고할 만하다.28)

3. 계약서 작성

공법상 계약은 사법상 계약과 달리 형식 요건이 강조된다. 사법

---

27) 제4장 제2절 Ⅲ. 2. (1).
28) 제4장 제2절 Ⅲ. 2. (1).

상 계약이 불요식을 원칙으로 하는 반면, 공법상 계약을 체결할 때
에는 계약의 내용과 목적을 명확하게 적은 계약서를 작성하여야 한
다(행정기본법 제27조 제1항). 이러한 서면방식은 계약의 내용을 명
확하게 하고 계약당사자들이 졸속으로 계약을 체결하지 않도록 방
지하며 계약 내용을 보존하여 법적 분쟁의 발생을 예방하는 역할을
한다. 이러한 특성으로 인해, 낙성계약을 전제로 하여 계약이 청약
에 대한 승낙으로 성립한다고 규정하고 있는 민법규정들, 예를 들어
민법 제531조(격지자간의 계약성립시기), 제532조(의사실현에 의한
계약성립), 제533조(교차청약) 등의 규정들은 공법상 계약에는 유추
적용될 수 없다.

　　다만 행정기본법 제27조 제1항은 서면방식의 요건과 효과를 구
체화하고 있지는 않으므로 독일의 사례를 참고하여 살펴볼 필요가
있다. 독일의 논의에 따르면 먼저 계약당사자들의 계약상 모든 의사
표시가 계약서에 포함되어야 한다. 즉, 계약당사자들의 권리·의무뿐
만 아니라 다른 합의 내용이더라도 계약의 본질적 요소에 해당한다
면 계약서에 포함되어야 한다.[29] 이와 같은 견해는 우리나라에도 참
고가 될 수 있다. 포괄적 기재방식은 계약 내용을 명확히 하고 검증
을 가능케 함으로써 분쟁 해결에 기여하는 계약서 본연의 기능에
부합하기 때문이다. 공공조달계약에 적용되는 국가계약법 역시 계
약의 목적, 계약금액, 이행기간, 계약보증금, 위험부담, 지체상금뿐
만 아니라 그 밖에 필요한 사항까지 포괄적으로 계약서에 포함되도
록 하고 있다(국가계약법 제11조 제1항). 이러한 점을 고려할 때, 앞
서 언급한 방식의 적용 가능성을 검토해 볼 수 있다.

　　공법상 계약의 서면방식에 독일과 같은 동일서면성원칙(동법 제
126조 제2항 제1문)의 적용 가능성을 검토할 필요가 있다. 이 원칙

---

[29] 제4장 제2절 Ⅳ. 3. (1).

은 계약당사자들이 동일한 계약서에 서명하여야 한다는 것을 의미한다. 그러나 이 원칙의 공법상 계약 적용 여부는 독일 내에서도 견해가 대립한다. 독일의 종전 통설은 이 원칙의 준수를 주장하였으나, 현재 통설은 실정법상 유용성을 상실했다고 보며 일부 판례도 이에 동조하고 있다.30) 우리나라의 경우, 이 문제를 검토함에 있어 몇 가지 중요한 점들을 고려해야 한다. 먼저, 우리나라에는 동일서면성원칙을 규정하는 법규정이 없다는 점이다. 이는 우리 법체계가 이 원칙을 서면방식의 필수 요소로 보지 않음을 시사한다. 또한, 계약당사자가 각자 상대방의 서명이 포함된 계약서를 보유하는 것만으로도 서면방식의 주요 기능이 충분히 달성될 수 있다. 더불어 국가계약법 제11조 제2항은 "그 담당공무원과 계약상대자가 계약서에 기명하고 날인하거나 서명함으로써 계약이 확정된다."라고만 규정하고 있어, 동일서면성원칙을 요구하지 않는다. 이러한 점들을 종합적으로 고려할 때, 우리나라의 공법상 계약에 이 원칙을 적용하는 것은 불필요하며 현행 법체계와도 부합하지 않는다고 볼 수 있다.

서면방식은 계약서를 통해 계약당사자의 권리와 의무를 기록하여 계약 내용을 명확하게 하고, 계약당사자들이 졸속으로 계약을 체결하지 않도록 방지한다. 또한 계약 체결과 내용을 계약서에 영구적으로 기록하여 증거를 보존하여 법적 분쟁을 예방한다. 따라서 서면방식에 관한 규정은 강행규정으로 보아야 할 것이다. 즉, 서면방식을 위반한 공법상 계약은 무효가 된다. 독일의 입장도 동일하다.31) 판례도 행정청이 사인과 공공조달계약을 체결함에 있어 국가계약법 제19조에 의한 계약서를 작성하지 않은 경우에는 계약의 효력이 없다고 하여32) 서면방식의 하자를 엄격하게 취급하고 있다.

---

30) 제4장 제2절 Ⅳ. 3. (3).
31) 제4장 제2절 Ⅳ. 1.
32) 대법원 2009. 12. 24. 선고 2009다51288 판결.

4. 공공성과 제3자의 이해관계 고려 및 관계 행정청의 동의

행정청은 공법상 계약의 상대방을 선정하고 계약 내용을 정할 때 공법상 계약의 공공성과 제3자의 이해관계를 고려하여야 한다(행정기본법 제27조 제2항). 동 규정은 행정청이 공법상 계약을 체결하는 과정에서 제3자 및 행정청의 동의를 얻을 것을 요구하는 독일 행정절차법 제58조[33]와 유사성이 있다.

행정기본법 제27조 제2항을 위반한 계약의 효력에 관하여는 추가적인 논의가 필요하다. 우리 행정기본법은 독일과 달리 '제3자 및 행정청의 동의'가 아닌 '공공성과 제3자의 이해관계를 고려'할 의무만을 부여하고 있어 차이가 있기 때문이다. 독일의 경우, 제3자의 권리 침해가 문제되는 계약에서 제3자의 서면 동의를 얻지 않으면 그 계약은 서면 동의를 얻을 때까지 유동적 무효가 된다.[34] 이러한 독일의 법리를 우리나라에 그대로 적용하기는 어렵다. 제3자의 이해관계를 고려하라는 것은 문언상 행정청의 적절한 재량 행사를 촉구하는 의미로 해석되며, 독일과 같은 별도의 동의 절차를 요구하는 것으로 보기는 어렵기 때문이다. 따라서 행정청의 재량 행사에 중대한 하자가 없는 한, 제3자의 동의를 받지 않았다는 이유만으로 행정기본법 제27조 제2항을 위반하였다고 볼 수는 없다.

그럼에도 불구하고, 행정청은 공법상 계약을 체결함에 있어 위와 같은 요건을 준수하기 위해 노력해야 한다. 행정청의 계약 체결 권

---

[33] 제58조 제3자·행정청에 의한 동의(Zustimmung von Dritten und Behörden)
① 제3자의 권리를 침해하는 공법계약은 제3자가 서면으로 동의한 경우에, 비로소 유효하게 된다.
② 법규정에 따라 그 발급에 있어서 다른 행정청의 허가·동의·합의가 요구되는 행정행위에 갈음하여 공법상 계약이 체결되는 경우에, 이 계약은 다른 행정청이 법규정에 규정된 방식으로 협력한 이후에 비로소 유효하게 된다.
[34] 제4장 제2절 V. 1.

한은 법률에 의해 비로소 부여된 것으로 헌법상 기본권인 계약자유와는 성격이 다르기 때문이다. 행정청은 공법상 계약이 사법상 계약과는 다른 절차적 요건을 필요로 한다는 점을 인식하고, 이를 준수하여 계약의 공정성과 정당성을 확보하여야 한다.

5. 계약의 무효

(1) 무효사유의 범위

공법상 계약의 내용은 법령등을 위반하여서는 안 된다(행정기본법 제27조 제1항). 동 규정은 공법상 계약에 적용되는 법률적합성원칙을 구체화하고 있다. 그러나 동 규정은 법령등을 위반한 계약의 효과에 관하여는 규정하지 않고 있다. 그런데 현행 행정소송법상 공법상 계약을 다툴 수 있는 방법은 항고소송(취소소송)이 아니라 당사자소송으로 다투어야 하므로(행정소송규칙 제19조), 행정처분과 달리 공법상 계약에 대해서는 쟁송취소는 불가능하다. 이러한 상황에서 핵심 쟁점은 어떠한 법 위반이 무효사유가 되는지 여부에 있다.

독일은 행정절차법 제정 이전에는 위법한 계약을 원칙적으로 무효로 보았으나, 행정절차법 제정 후에는 실정법상 무효사유를 규정하고 있다. 독일 행정절차법 제59조 제2항의 무효사유를 제외하고는 '중대한 위법'이 있는 경우에만 계약이 무효가 된다. 이와 같이 규율하는 이유는 계약의 모든 위법성이 무효를 초래한다고 보면 별도의 무효사유를 둔 취지가 훼손될 수 있기 때문이다.[35] 독일 행정절차법상 무효사유는 포괄적으로 규정되어 있다. 행정행위의 무효사유를 준용하고(독일 행정절차법 제59조 제2항 제1호), 계약당사자

---

[35] 제4장 제2절 Ⅵ. 1.

가 알았을 경우 절차·형식상 위법성을 제외한 모든 위법성으로 인한 무효를 규정하며(동조 제2호), 화해계약(동조 제3호)과 교환계약(동조 제4호)에 대한 추가적인 무효규정을 두고 있다.[36]

반면 우리나라에는 독일과 같은 별도의 무효규정이 존재하지 않는다. 행정기본법 제정 과정에서 관련 규정[37]의 도입이 논의되었으나 그 내용 중 '위법성의 중대명백성'이 우리나라에는 도입되지 않은 '행정처분에 갈음하는 공법상 계약'에 대응되는 것으로서 무효사유로 명시하는 것은 적절치 않다는 이유로 제외되었다.[38]

이와 같은 상황에서 독일과 같이 '중대한 위법'이라는 기준을 섣불리 받아들이기는 어렵다. 경미한 위법과 중대한 위법을 판단하는 기준이 정립되어 있지 않아 법적 판단의 일관성을 해칠 수 있기 때문이다. 이는 법적 안정성과 예측가능성을 저해하는 결과로 이어질 것이다. 따라서 이 경우에는 법률적합성원칙을 관철하는 것이 타당하다. 공법상 계약이 위법하면 무효가 되고 그 효력은 소급적으로 소멸한다고 보는 것이다.[39] 그리고 무효사유가 되는 위법성의 판단

---

36) 제4장 제2절 Ⅵ. 3.
37) 「행정기본법」 실무논의안 제○조(행정계약의 무효) ① 행정계약이 다음 각 호의 어느 하나에 해당하는 경우에는 무효이다.
  1. 「민법」에 따른 계약 무효 사유에 해당하는 경우
  2. 행정계약의 위법성이 중대하고 명백한 경우
  3. 행정계약의 위법성이 중대하고 명백하지는 아니하지만 행정계약의 양 상대자가 위법성을 알고 계약한 경우
  4. 제0조(부당결부금지)을 위반한 경우
  ② 행정계약의 일부분이 무효일 때에는 그 전부를 무효로 한다. 다만, 그 무효 부분이 없더라도 행정계약을 하였을 것이라고 인정될 때에는 나머지 부분은 무효가 되지 아니한다.
38) 김대인, 「행정기본법」상 공법상 계약에 대한 고찰, 법조(제71권 제6호), 2022, 200면.
39) 학설도 위법한 공법상 계약은 무효라는 견해가 다수로 확인된다. 이에 관하여는 홍정선, 행정법특강, 박영사, 제22판, 2023, 298면.

은 원칙으로 돌아가 문제가 된 법규정이 강행규정인지 아니면 임의
규정인지를 살펴보아야 한다. 강행규정이란 일반적으로 선량한 풍
속 기타 사회질서에 관계있는 규정으로 당사자의 의사로 배제 또는
변경될 수 없다(민법 제105조). 어떠한 규정이 강행규정인지 또는
임의규정인지를 판단하는 것은 법령해석의 문제로 당해 규정의 표
현과 법령 전체의 목적·구조 등이 함께 고려된다.[40]

(2) 국가계약법의 강행규정성

위에서 언급한 강행규정과 임의규정의 구분은 공공조달계약에
적용되는 국가계약법 등에서 주로 논의된다. 특히 문제되는 규정으
로 입찰절차 규정, 계약금액 조정 규정과 부당특약금지 규정, 지체
상금과 계약보증금 규정 등이 있다. 이 중 지체상금과 계약보증금
규정은 후술하고 이하에서는 입찰절차 규정, 계약금액 조정 규정과
부당특약금지규정을 살펴본다.

1) 입찰절차 규정

입찰절차 규정(국가계약법 제7조[41], 제10조[42])에 관하여 대법원

---

[40] 김중권, 앞의 책, 474면; 김철용, 앞의 책, 553-554면; 하명호, 앞의 책, 294
면; 홍정선, 행정법원론(상), 박영사, 제31판, 2023, 1031면.

[41] 국가계약법 제7조(계약의 방법) ① 각 중앙관서의 장 또는 계약담당공무원은
계약을 체결하려면 일반경쟁에 부쳐야 한다. 다만, 계약의 목적, 성질, 규모
등을 고려하여 필요하다고 인정되면 대통령령으로 정하는 바에 따라 참가자
의 자격을 제한하거나 참가자를 지명(指名)하여 경쟁에 부치거나 수의계약
(隨意契約)을 할 수 있다.
② 제1항 본문에 따라 경쟁입찰에 부치는 경우 계약이행의 난이도, 이행실
적, 기술능력, 재무상태, 사회적 신인도 및 계약이행의 성실도 등 계약수행
능력평가에 필요한 사전심사기준, 사전심사절차, 그 밖에 대통령령으로 정
하는 바에 따라 입찰 참가자격을 사전심사하고 적격자만을 입찰에 참가하

은 관계 공무원이 입찰절차에서 국가계약법령 및 그 세부심사기준
은 국가계약법상 계약의 체결 및 이행 과정에서 지켜야 할 내부규
정이라는 점을 전제로, 이를 위반하더라도 그 사유만으로 계약이 무
효가 되는 것은 아니고 이를 위배한 하자가 중대하고 명백하여야
계약이 무효가 된다는 입장이다.43)

그러나 공공조달계약의 입찰절차에서 세부심사기준을 정하여 적
격성심사를 하도록 규정한 국가계약법령이 대외적 구속력이 없는
내부규정에 불과하다는 판단에는 동의하기 어렵다. 이러한 판단은
국가계약법이 내부법인 재정관련법으로서 행정이 공정하고 합리적

게 할 수 있다.

③ 제1항에 따라 계약을 체결하는 과정에서 다른 법률에 따른 우선구매 대
상이 경합하는 경우에는 계약의 목적이나 규모, 사회적 약자에 대한 배려
수준 등을 고려하여 계약상대자를 결정하여야 한다.

42) 국가계약법 제10조(경쟁입찰에서의 낙찰자 결정) ① 세입의 원인이 되는 경
쟁입찰에서는 최고가격의 입찰자를 낙찰자로 한다. 다만, 계약의 목적, 입찰
가격과 수량 등을 고려하여 대통령령으로 기준을 정한 경우에는 그러하지
아니하다.

② 국고의 부담이 되는 경쟁입찰에서는 다음 각 호의 어느 하나의 기준에
해당하는 입찰자를 낙찰자로 한다.

  1. 충분한 계약이행 능력이 있다고 인정되는 자로서 최저가격으로 입찰
     한 자
  2. 입찰공고나 입찰설명서에 명기된 평가기준에 따라 국가에 가장 유리하
     게 입찰한 자
  3. 그 밖에 계약의 성질, 규모 등을 고려하여 대통령령으로 특별히 기준을
     정한 경우에는 그 기준에 가장 적합하게 입찰한 자

③ 각 중앙관서의 장 또는 계약담당공무원은 제2항에도 불구하고 공사에
대한 경쟁입찰로서 예정가격이 100억원 미만인 공사의 경우 다음 각 호에
해당하는 비용의 합계액의 100분의 98 미만으로 입찰한 자를 낙찰자로 하
여서는 아니 된다.

  1. 재료비·노무비·경비
  2. 제1호에 대한 부가가치세

43) 대법원 2001. 12. 11. 선고 2001다33604 판결.

으로 집행될 수 있도록 공무원의 행위를 규율하는 것을 목적으로 하므로 사인과는 직접 관련이 없어 사법심사의 대상이 되지 않는다는 인식에 기초하고 있다.[44] 그러나 이러한 법적 관념은 독일의 외견적 입헌군주제 하에서 의회가 행정에 관여할 수 있는 영역을 제한하기 위하여 성립한 것인데, 현대 의회민주주의 체제에서는 의회가 포괄적 입법권을 가지므로 더 이상 통용될 수 없다.[45] 게다가 행정청이 입찰절차를 거쳐 선정된 낙찰자와 공공조달계약을 체결하는 과정이 사인과 직접 관련이 없는 행정 내부의 문제라고 치부할 수도 없다.[46]

공공조달계약이 앞서 살펴본 바와 같이 공익 실현을 목적으로 하고 계약 내용에 공법적 특성이 분명하므로 공법상 계약에 해당한다는 점도 중요하게 고려되어야 한다. 국가계약법상 입찰절차 규정은 이러한 공공조달계약의 공법적 특성을 반영하여 설계된 것으로, 입찰절차와 관련된 행정청의 자의적인 권한 행사를 감시하고 통제하여 입찰절차의 효율성, 공정성 등을 보호하기 위한 목적을 가지고 있다. 따라서 이러한 법규정을 위반하는 행위는 단순한 절차상 오류가 아니라 원칙적으로 공공조달계약의 본질적인 무효를 초래하는 중대한 문제로 간주해야 한다. 이는 궁극적으로 공공조달계약의 신뢰성을 유지하고 공정한 경쟁을 보장하며 계약 과정에서 국민의 세금을 올바르게 사용하는 데 기여할 것이다. 이로 인하여 단기적으로는 입찰절차의 효율성이 다소 저하될 수도 있지만, 법률적합성원칙을 준수하여 입찰절차의 공정성과 투명성을 제고함으로써 장기적으

---

44) 선재성, 공공계약에서 낙찰자결정과 계약이 무효가 되는 사유, 대법원판례해설(제38호), 2002, 53-54면.
45) 이상덕, 영조물의 개념과 이론, 경인문화사, 2010, 80-91면.
46) 이상덕, 지방계약과 판례법 – 사법상 계약, 공법상 계약, 처분의 구별을 중심으로 –, 홍익법학(제19권 제4호), 2018, 10-11면.

로는 오히려 더욱 효율적인 운영이 가능해질 것이다. 또한 입찰절차 규정을 임의규정으로 보는 대법원의 판시는 부당하게 탈락한 입찰자의 권리구제 가능성을 과도하게 제한하는 측면도 있다.47)

따라서 국가계약법상 입찰절차 규정은 강행규정의 효력을 갖고 그 위반은 원칙적으로 계약의 무효를 초래한다고 보아야 한다.48) 해당 규정이 내부적 효력만을 갖는다고 치부하는 것은 국가계약법의 입법 취지를 온전히 반영하지 않은 것이어서 수긍하기 어렵다.

2) 계약금액 조정 규정

국가계약법상 계약금액 조정 규정49)의 법적 성격이 임의규정인지 강행규정인지에 관하여도 살펴볼 필요가 있다. 동 규정이 처음 도입되었을 당시 법령 소관 부처인 기획재정부는 동 규정이 강행규정이므로 이를 배제하는 특약은 부당특약에 해당하여 효력이 없다고 유권해석을 하여 왔고50) 하급심도 동일한 입장이었다.51)

그러나 대법원은 동 규정이 "국가 등이 사인과의 계약관계를 공정하고 합리적·효율적으로 처리할 수 있도록 계약담당자 등이 지켜야 할 사항을 규정"한 것으로 내부규정에 불과하다고 판단하였다(다

---

47) 홍기태, 국가 또는 지방자치단체가 실시하는 경쟁입찰의 적격심사에 잘못이 있는 경우의 사법심사, 민사재판의 제문제(제12권), 2003, 30-54면.

48) 박정훈, 공법과 사법의 구별 – 행정조달계약의 법적 성격, 행정법의 체계와 방법론, 박영사, 2005, 229면.

49) 국가계약법 제19조(물가변동 등에 따른 계약금액 조정) 각 중앙관서의 장 또는 계약담당공무원은 공사계약·제조계약·용역계약 또는 그 밖에 국고의 부담이 되는 계약을 체결한 다음 물가변동, 설계변경, 그 밖에 계약 내용의 변경(천재지변, 전쟁 등 불가항력적 사유에 따른 경우를 포함한다)으로 인하여 계약금액을 조정(調整)할 필요가 있을 때에는 대통령령으로 정하는 바에 따라 그 계약금액을 조정한다.

50) 최홍석·양창호, 앞의 책, 534면.

51) 서울고등법원 2014. 10. 30. 선고 2014나2006945 판결.

수의견).52) 그 이유로는 공공계약은 사법상 계약이므로 계약상대자를 사인 간의 계약보다 우월하게 취급하거나 특별한 보호를 할 필요는 없는 점, 계약금액 조정 제도로 인하여 계약상대자가 어떠한 이익을 누리더라도 반사적인 것에 불과하고, 계약상대자에게 계약금액 조정을 요구할 수 있는 권리를 부여하려는 것으로 보기는 어려운 점, 공공계약에는 다양한 유형이 있고 일정한 경우에는 계약금액을 고정할 필요가 있을 수 있는데 동 규정을 강행규정으로 보는 경우 탄력적인 대응이 어려운 점 등이 지적되었다.53)

그러나 대법원 판결의 논리가 타당한지는 의문이 든다. 무엇보다도 공공조달계약은 공법상 계약으로 보는 것이 타당하고, 따라서 법률적합성원칙이 적용되어야 하기 때문이다. 또한 동 규정은 요건이 충족되면 "그 계약금액을 조정한다."라고 하여 기속적으로 입법되어 있다.54) 그럼에도 불구하고 계약담당공무원이 입법자가 기속행위로 명시한 규정을 재량적 판단에 따라 적용 또는 배제할 수 있는 권한을 갖는다고 보는 것은 문언상 타당하지 않은 해석이다.55) 그리고 계약금액 조정에 필요한 요건은 시행령과 시행규칙에 명확하게 규정되어 있다. 이를 통하여 다수의견이 우려하는 계약금액 조정에 관하여 발생할 수 있는 문제상황에 대하여 사전에 충분히 대처할 수 있다. 또한 반대의견에서 지적하였듯이 법질서의 모순을 방지하고 통일성과 일관성을 확보하는 것이 법치주의의 이념임을 고려할 때, 국가가 명시적인 법령을 위반하여 체결한 계약을 유효하다고 볼 수

---

52) 대법원 2017. 12. 21. 선고 2012다74076 전원합의체 판결.
53) 이영선, 국가계약법령상 물가변동에 따른 계약금액 조정 규정의 적용을 배제하는 합의의 효력, 사법(제43호), 2018, 608-617면.
54) 황준화·정영철, 부정당업자제재와 계약금액조정제도에 근거한 공공조달계약의 공법적 특수성, 법학논의(제43권 제1호), 2019, 136면.
55) 이상덕, 지방계약과 판례법 – 사법상 계약, 공법상 계약, 처분의 구별을 중심으로 –, 홍익법학(제19권 제4호), 2018, 15면.

없다. 따라서 동 규정의 법적 성격은 강행규정으로 보는 것이 타당하다.

이러한 맥락에서 부당특약금지 규정56)에 관하여도 살펴볼 필요가 있다. 동 규정은 원래 동법 시행령에 규정되어 있었으나57) 발주기관의 불공정행위를 근절하기 위해 2019. 11. 26. 법률로 상향되었다. 동 규정은 발주기관이 우월적 지위를 내세워 권리를 남용하지 않도록 하여 국가를 당사자로 하는 계약의 실효성을 확보하기 위한 것으로 해석된다.58) 특히 공법상 계약에서는 행정청의 권한 남용으로부터 사인을 보호할 필요성이 있으므로 동 규정이 적용될 필요가 있다. 문제가 되는 상황은 당사자 간에 국가계약법상 계약금액 조정 규정의 적용을 배제하는 합의가 체결된 경우이다.

대법원은 국가계약법상 계약금액 조정 규정(동법 제19조)의 적용을 배제하는 합의는 부당특약에 해당하지 않는다고 본다.59) 또한 어떤 특약이 부당특약에 해당하기 위해서는 "그 특약이 계약상대자에게 다소 불이익하다는 점만으로는 부족하고, 국가 등이 계약상대자의 정당한 이익과 합리적인 기대에 반하여 형평에 어긋나는 특약을 정함으로써 계약상대자에게 부당하게 불이익을 주었다는 점이 인정"되어야 한다고 판단하였다. 이러한 대법원 판결의 결론은 공공조

---

56) 국가계약법 제5조(계약의 원칙) ③ 각 중앙관서의 장 또는 계약담당공무원은 계약을 체결할 때 이 법 및 관계 법령에 규정된 계약상대자의 계약상 이익을 부당하게 제한하는 특약 또는 조건(이하 "부당한 특약등"이라 한다)을 정해서는 아니 된다.

④ 제3항에 따른 부당한 특약등은 무효로 한다.

57) 구 국가계약법 시행령 제4조(계약의 원칙) 각 중앙관서의 장 또는 그 위임·위탁을 받은 공무원(이하 "계약담당공무원"이라 한다)은 계약을 체결함에 있어서 법, 이 영 및 관계 법령에 규정된 계약상대자의 계약상 이익을 부당하게 제한하는 특약 또는 조건을 정하여서는 아니된다.

58) 최홍석·양창호, 앞의 책, 379면.

59) 대법원 2020. 10. 15. 선고 2019두62376 판결.

달계약을 사법상 계약으로 보고 사적자치와 계약자유원칙을 적용한 데서 비롯된다. 계약금액 조정 규정을 임의규정으로 보더라도 공법상 계약의 공법적 특수성을 감안할 때 부당특약금지 규정을 적용하여 계약당사자의 계약상 이익을 부당하게 제한하는 특약을 통제하여야 한다.[60]

이와 관련하여 최근 대법원에서 부당특약임을 인정한 사례[61]가 있어 눈여겨볼 필요가 있다. 이 사건에서 피고(인천광역시)는 소외인(시공사)과 초등학교 신축공사 도급계약을 체결한 다음 공사현장의 폐기물 예상 수량을 산출하여 원고(폐기물처리회사) 등과 건설폐기물처리용역 도급계약을 체결하였다. 그런데 공사현장에서 예상 폐기물 수량의 1.5배 이상이 배출되었고, 원고 등은 폐기물을 처리한 후 피고에게 이 사실을 알렸으나, 피고는 시공사인 소외인과 협의를 하라고 하며 초과된 폐기물 처리비용을 공사비용에 계상하기 위한 조치를 취하지 않았고 초과 물량에 대한 용역대금도 지급하지 않았다. 결국 원고 등은 공사 준공 무렵에 피고에게 초과 물량에 대한 용역대금을 청구하지 않겠다는 내용의 포기각서를 제출하였으나, 이후 포기각서가 지방계약법 제6조 제1항에 반하는 부당특약으로 무효라며 초과 대금을 구하는 이 사건 소를 제기하였다. 대법원은 원고 등이 해당 도급계약에 포함된 용역계약일반조건 제22조 제1항에 따라 과업내용의 변경 등을 이유로 계약금액 조정을 신청할 수 있고, 지방자치단체인 피고로서는 이를 부당하게 제한하는 특약이나 조건을 정할 수 없음은 물론 계약금액 조정 신청에 따른 절차 진행을 거부하겠다는 취지의 의사를 드러내는 등으로 원고 등이 계약금액 조정신청을 포기하도록 하여서는 안 된다고 판단하였다. 따

---

60) 임성훈, 공공계약에서 계약금액조정을 배제하는 특약의 효력, 행정판례연구 (제23집 제2권), 2018, 341면.
61) 대법원 2023. 6. 29. 선고 2022다286212 판결.

라서 원고 등이 포기각서를 제출한 것은 지방계약법 제6조 제1항에 반하여 계약상 이익을 부당하게 제한하는 불리한 의사표시를 한 것으로 그 효력을 인정할 수 없다고 하여 이와 달리 판단한 원심판결을 파기환송하였다. 이 사건에서는 지방계약법상 계약금액 조정 규정의 법적 성격이 쟁점이 되지는 않았으나, 계약금액 조정을 배제하는 특약의 효력을 부당특약임을 이유로 배제하여 공공조달계약에서의 행정권한의 남용을 제한하고, 이로써 사인의 권익을 보호하며 공정성을 강조하였다는 점에서 타당한 결론을 내렸다고 볼 수 있다.

(3) 행위능력의 결여

공법상 계약은 계약당사자들의 행위능력을 전제로 한다. 따라서 이에 대한 민법규정들은 공법상 계약에 원칙적으로 유추적용될 수 있다. 독일의 입장도 이와 동일하다.[62] 다만 행위능력에 관한 개별 규정을 살펴보면, 미성년자가 권리만을 얻거나 의무만을 면하는 행위에 대해서는 법정대리인의 동의를 얻지 않아도 된다는 규정(민법 제5조 제1항 제2문)이 공법상 계약에 유추적용될 수 있을지는 의문이다. 독일에서도 공법상 계약은 계약인 동시에 행정절차이므로(독일 행정절차법 제9조) 의사결정 과정에 초점을 두고 있어 섣불리 유·불리를 판단하기 어렵고, 따라서 우리나라 민법 제5조 제1항 제2문과 유사한 내용의 독일 민법 제107조[63]는 준용되기 어렵다는 견해가 있다.[64]

이 견해는 공법상 계약이 사적자치에 기반한 사법상 계약과는 본질적으로 다른 원칙과 가치의 적용에 따라 이루어지는 의사결정 과

---

[62] 제4장 제2절 Ⅵ. 2. (3).

[63] 독일 민법 제107조(법정대리인의 동의) 미성년자가 단지 법적 이익만을 얻는 것이 아닌 의사표시를 함에는 법정대리인의 동의를 요한다.

[64] 제4장 제2절 Ⅵ. 2. (3).

정이라는 점을 반영한다는 점에서 타당하다. 공법상 계약은 공법적 권리와 의무가 주된 내용이며 공익 실현이 목적이므로, 사법적 관점에서 계약의 유·불리를 판단하기 어렵다. 이러한 특성을 고려하면, 미성년자가 공법상 계약의 내용과 효과를 충분히 이해하고 판단할 능력을 갖추었다고 보기 어렵다. 미성년자의 단독 계약 체결을 허용할 경우, 계약의 요건과 절차에 혼선이 생겨 공익을 해칠 우려가 있다. 따라서 행위능력이 없는 미성년자가 공법상 계약과 관련된 법률행위를 하는 경우, 외관상 권리만을 얻거나 의무만을 면하는 것으로 보이더라도 행정청은 법정대리인의 동의 여부를 확인해야 한다. 법정대리인의 동의가 없으면 해당 법률행위는 효력이 없다. 결론적으로, 미성년자의 능력에 관한 민법 제5조 제1항 제2문은 미성년자 보호와 계약의 안전 등 공익적 관점에서 공법상 계약에 유추적용될 수 없다.

(4) 의사표시의 하자

의사표시의 하자[65]에 대해서는 이를 직접 규율하는 공법규정이 존재하지 않으므로 민법규정의 유추적용을 고려해 볼 수 있다. 독일의 입장도 동일하다.[66] 다만 유추적용의 한계를 검토할 필요가 있다. 특히 진의 아닌 의사표시와 강박, 제3자 사기 또는 강박, 시기 또는 강박의 취소 기간에 관한 규정의 유추적용 여부에 대해서는 다음과 같이 공법상 계약의 특성을 고려하여 검토할 필요가 있다.

---

[65] 민법상 의사표시의 하자는 무효 또는 취소로 규율되는데, 취소된 법률행위는 처음부터 무효인 것으로 보므로(민법 제141조 제1문) 종국에는 동일한 법적 효과로 귀결된다. 이는 독일도 동일하다(독일 민법 제142조 제1항).
[66] 제4장 제2절 Ⅵ. 2. (4).

1) 진의 아닌 의사표시와 강박

진의 아닌 의사표시로 인한 무효(민법 제107조)의 경우, 통설에 의하면 동 규정은 사인의 공법행위에는 유추적용되지 않는다. 그 이유로 공법행위는 형식적 확실성을 중요시하고 그 행위의 격식화를 특색으로 하는 점,[67] 행위의 단체적 성질 또는 정형적 성질이 강하게 요구되어 사인과의 거래와는 다른 특성이 인정되는 점[68] 등이 지적된다. 이러한 점은 공법이 추구하는 법적 안정성이라는 공익적 가치와 관련이 있다.

판례도 공무원이 사직의 의사표시를 하여 의원면직처분이 이루어진 여러 사안에서 "그 사직의 의사표시는 그 법률관계의 특수성에 비추어 외부적·객관적으로 표시된 바를 존중하여야 할 것이므로, 비록 사직원제출자의 내심의 의사가 사직할 뜻이 아니었다고 하더라도 진의 아닌 의사표시에 관한 민법 제107조는 그 성질상 사직의 의사표시와 같은 사인의 공법행위에는 준용되지 아니하므로" 그 의사는 외부에 표시된 대로 효력을 발한다고 판단하고 있다.[69]

사인의 공법행위란 공법관계에서 사인이 행하는 행위로서 공법적 효과를 발생시키는 일체의 행위를 말하는 것으로[70] 공법상 계약에서의 사인의 의사표시도 여기에 속한다고 볼 수 있다. 따라서 공법상 계약에 대해서도 위와 같은 통설과 판례의 결론을 적용할 수 있다. 예를 들어 공법상 계약으로 인정되는 전문직 공무원 등의 근무관계[71]에서 그 공무원이 진의 아닌 사직원을 제출한 경우에도 이

---

[67] 김상용, 민법총칙, 화산미디어, 제3판, 2014, 460면; 송덕수, 민법총칙, 박영사, 2018, 제4판, 230면.

[68] 박균성, 앞의 책, 148면; 김철용, 앞의 책, 169면.

[69] 대법원 1997. 12. 12. 선고 97누13962 판결; 대법원 1992. 8. 14. 선고 92누909 판결; 대법원 1994. 1. 11. 선고 93누10057 판결.

[70] 하명호, 앞의 책, 88면.

[71] 대법원 1996. 5. 31. 선고 95누10617 판결.

는 표시된 대로 효력이 발생하고 민법 제107조 제1항은 유추적용되지 않는다.

다만 위 판례는 "사직서의 제출이 감사기관이나 상급관청 등의 강박에 의한 경우에는 그 정도가 의사결정의 자유를 박탈할 정도에 이른 것이라면 그 의사표시가 무효로 될 것이고 그렇지 않고 의사결정의 자유를 제한하는 정도에 그친 경우라면 그 성질에 반하지 아니하는 한 의사표시에 관한 민법 제110조 제1항을 준용하여 그 효력을 따져보아야"할 것이라고 하여 민법 제110조 제1항의 강박에 의한 취소 규정은 유추적용된다고 판단하고 있는데, 이는 사인의 권익을 보호하고 행정의 권한 남용을 통제한다는 측면에서 타당하다 (행정기본법 제11조 제2항). 따라서 위에서 언급한 전문직 공무원 등의 근무관계와 같은 사안에서 민법 제110조 제1항은 원칙적으로 유추적용될 수 있다고 할 것이다.

2) 제3자의 사기 또는 강박

제3자의 사기 또는 강박으로 인한 취소(민법 제110조 제2항)의 유추적용 여부에 대해서는 검토가 필요하다. 동 규정은 "상대방 있는 의사표시에 관하여 제3자가 사기나 강박을 행한 경우에는 상대방이 그 사실을 알았거나 알 수 있었을 경우에 한하여 그 의사표시를 취소할 수 있다."라고 규정하고 있다. 그러나 공법상 계약은 공익을 목적으로 하므로, 계약상대방이 제3자의 사기나 강박 사실을 알지 못하였다 하더라도 이러한 위법한 계약은 더 이상 공익을 보호할 수 없으므로 그 계약을 취소할 필요성이 있다고 볼 수 있다. 따라서 공법상 계약에 민법 제110조 제2항을 유추적용할 수 있을지에 대해서 의문이 제기된다.

독일에도 유사한 견해가 있다. 이 견해는 독일 민법 제123조 제2항 제1문[72])이 오로지 사익 보호를 위한 것으로 공법상 계약에 준용될 수 없다고 본다(부정설). 예를 들어 보조금 지원계약에서 제3자가 행정청을 기망한 경우, 계약상대방의 인지 여부와 무관하게 공익 달성이 불가능하므로 계약을 취소할 수 있어야 한다는 것이다. 그러나 독일의 통설은 반대 입장이다(긍정설). 공익이 계약상대방의 사익보다 우선한다고 볼 근거가 부족하며, 사기의 주체에 따라 계약상대방 보호 필요성이 달라지지 않으므로 독일 민법 제123조 제2항이 공법상 계약에도 그대로 준용되어야 한다고 본다.[73]

그러나 비례원칙에 따른 공익과 사익의 비교형량이 필요하다는 점에서 두 견해 모두 문제가 있다. 공익은 공법상 계약의 주된 목적이지만, 계약당사자들의 이익을 합리적 이유 없이 침해할 수 없다. 따라서 민법 제110조 제2항이 공법상 계약에 예외 없이 유추적용되거나 완전히 배제되어서는 안 된다. 대신, 중대한 공익을 보호할 필요가 있는 경우에만 공익이 사익보다 우선되어야 한다. 이를 위해 민법 제110조 제2항은 공법상 계약에 유추적용될 때 일정한 수정이 필요하다. 비례원칙에 따라, 계약의 구속력을 부인하기 위해서는 통상적 수준 이상의 '중대한 공익'이 요구되며, 이는 침해되는 사익보다 커야 한다(행정기본법 제10조 제3호[74]). 결론적으로, 민법 제110

---

[72] 독일 민법 제123조(사기 또는 강박으로 인한 취소) ② 제3자가 사기를 행한 경우에, 타인에 대하여 이루어지는 의사표시는 상대방이 사기를 알았거나 알아야 했던 때에만 취소할 수 있다. 의사표시의 상대방이 아닌 사람이 의사표시에 기하여 직접 권리를 취득한 경우에 취득자가 사기를 알았거나 알아야 했던 때에는 의사표시는 그에 대하여 취소될 수 있다.

[73] 제4장 제2절 Ⅵ. 2. ⑷ 2).

[74] 판례도 공법상 계약에서 비례원칙의 적용을 전제로 판단하고 있다. 예를 들어 대법원 2020. 10. 15. 선고 2019두62376 판결 [원고(한국항공우주산업주식회사)가 방위사업청(피고 : 대한민국)과 '한국형헬기개발사업에 관한 협약'을 체결하고 협약상 의무를 이행하는 과정에서 협약금액을 초과하는 비용이 발생하자 피고에게 초과비용의 지급을 구한 사안에서, 법원은 피고의 초과비용 지급 거절이 비례원칙에 위반되지 않는다고 판단하였다. 다만 일방적 작용인 행정처분과 비교하여 합의에 의해서 이루어지는 공법상 계약에서는

조 제2항은 공법상 계약에 유추적용될 수 있으나, 중대한 공익을 위해 필요한 경우에는 예외가 인정되어 행정청이 계약상대방의 인식과 무관하게 계약을 취소할 수 있다.

3) 사기 또는 강박의 취소 기간

사기 또는 강박의 취소 기간(민법 제146조)의 유추적용 여부도 신뢰보호원칙과 관련하여 검토할 필요가 있다. 동 규정에 따르면, 취소권은 추인할 수 있는 날부터 3년 내에, 또는 법률행위를 한 날부터 10년 내에 행사해야 한다. 그러나 공법상 계약에서는 공익적 목적과 그에 따른 법적 안정성을 고려하여 법률관계를 신속히 안정시킬 필요가 있으므로 동 규정이 유추적용 될 수 있을지에 대하여 의문이 있다.

독일에도 이러한 견해가 존재한다. 공법상 계약에서의 공익 보호 필요성과 법적 안정성에 대한 요청을 고려하여 우리나라 민법 제146조에 해당하는 독일 민법 제124조[75]가 적용될 수 없고 계약상대방은 즉시 취소해야 한다고 본다. 연방행정법원도 공법상 계약에 관한 사안은 아니었지만, 독일 공무원법상 행정청이 피해자에게 악의적 사기 행위를 한 경우 피해자는 취소사유를 알게 된 직후에 취소 의사표시를 하여야 한다고 판시한 사례가 있다.[76]

비례원칙의 적용에 상대적으로 신중을 기할 필요가 있다. 이에 관하여는 김대인, 공법상 계약과 국가계약법의 관계 및 부당특약에 대한 고찰 – 서울행정법원 2018. 8. 17. 선고 2017구합86125 판결에 대한 평석, 744면.

[75] 독일 민법 제124조(취소 기간) ① 제123조에 의하여 취소할 수 있는 의사표시는 1년 내에만 취소될 수 있다.
② 제1항의 기간은 사기의 경우에는 취소권자가 사기를 발견한 때로부터, 강박의 경우에는 강박상태가 끝나는 때로부터 진행한다. 기간의 경과에 대해서는 소멸시효에 관한 제206조, 제210조 및 제211조가 준용된다.
③ 의사표시를 한 때로부터 10년이 경과하면 이를 취소할 수 없다.

[76] 제4장 제2절 Ⅵ. 2. (4) 2).

독일의 견해는 항고소송의 제소기간이 '처분등이 있음을 안 날로부터 90일' 또는 '처분등이 있은 날로부터 1년'(행정소송법 제20조)으로 민법상 취소 기간보다 현저히 짧다는 점에서 설득력이 있다. 더욱이 독일 민법상 취소 기간은 취소할 수 있는 때로부터 1년, 의사표시를 한 때로부터 10년으로 우리나라 민법상 취소 기간보다도 상대적으로 짧은 점도 고려할 필요가 있다(동법 제124조).

민법 제146조를 어떤 기준과 방식으로 수정하여 유추적용할지는 매우 어려운 문제이다. 동 규정의 적용을 일률적으로 배제하여 독일의 견해처럼 즉시 취소하지 않으면 취소할 수 없도록 하는 것은 사익에 대한 과도한 침해로 볼 여지가 크다. 그렇다고 개별 사안에 따라 취소 기간을 달리 운용하는 것도 법적 안정성과 예측가능성을 고려할 때 어려워 보인다. 구체적인 판단 기준이 법령에 마련되어 있지 않기 때문이다. 결국 입법이 미비한 현 상황에서는 동 규정을 그대로 유추적용할 수밖에 없다. 다만 개발사업과 민간투자사업 등 사회·경제적 관심이 크고 법률관계가 복잡한 사안에 대해서는 공익과 법적 안정성을 고려하여 단기의 취소 기간을 개별 입법으로 설정할 필요가 있다.[77]

(5) 무권대리

대리에 관한 규정들은 원칙적으로 유추적용될 수 있으나 그 한계에 대해 검토가 필요하다. 통설은 사인의 공법행위가 일신전속적 성질을 가져 다른 사람이 대신할 수 없는 경우(예: 사직원의 제출)에는 대리가 허용되지 않는다고 본다.[78] 이는 앞서 살펴본 바와 같이 공

---

[77] 김판기, 행정계약의 공법적 체계에 관한 연구, 고려대학교 법학박사논문, 2016, 132-133면.
[78] 김동희·최계영, 앞의 책, 134면; 김중권, 앞의 책, 287면.

법상 계약의 의사표시에도 적용할 수 있다. 따라서 공법상 계약으로 인정되는 전문직 공무원(예: 보건소 의사) 등의 사직원 제출에는 대리에 관한 규정이 유추적용될 수 없다.

또한 행정청이 무권대리인의 상대방인 경우 표현대리의 적용 여부도 문제될 수 있다. 독일의 경우 행정청은 언제든지 대리인에게 대리권의 서면 확인을 증명하도록 요구할 권리가 있고(독일 행정절차법 제14조 제1항 제3문), 직권으로 사실관계를 조사할 의무가 있으므로(동법 제24조) 무권대리의 상대방으로서 보호 필요성이 없다는 이유로 표현대리의 성립을 부정하는 견해가 있다.[79]

그러나 우리나라의 경우 행정청이 독일과 같은 직권조사할 수 있는 근거 규정이 없으므로 계약상대방인 사인과 달리 취급할 이유가 부족하다. 독일의 통설 및 판례도 독일 행정절차법 제14조 제1항 제3문이 행정청에게 권리를 부여하고 있을 뿐 의무를 부과하는 것은 아니며, 계약상대방의 대리권 결여에 대한 특별한 징후가 없는 경우에는 동법 제24조의 직권조사의무로부터 행정청의 특별한 의무를 도출할 수는 없다는 이유로 표현대리의 성립을 긍정한다.[80] 이러한 점들을 고려하면, 민법상 표현대리에 관한 규정들(민법 제125조, 제126조, 제129조)은 공법상 계약관계의 안정성을 보호한다는 측면에서 공법상 계약에 유추적용될 수 있다. 다만 행정기본법 제11조 제1항에서 행정의 성실의무를 규정하고 있는 만큼, 행정청은 계약상대방의 대리인이 대리권을 갖추고 있는지 최대한 신중히 확인해야 할 것이다.

---

79) 제4장 제2절 VI. 2. (6) 2).
80) 제4장 제2절 VI. 2. (6) 2).

(6) 공서양속 위반

공서양속에 관한 규정들은 강행규정으로 공법상 계약의 무효사유가 되므로 유추적용될 수 있다. 독일에서도 공서양속에 반하는 법률행위는 무효로 간주되고(독일 민법 제138조 제1항), 동 규정이 공법상 계약에 준용된다고 보고 있다.[81] 다만 앞서 언급한 바와 같이 유념할 점은 공법상 계약에서는 행정법의 일반원칙이 우선 적용되고 그 경우에는 공서양속 위반에 관한 사법규정은 유추적용되지 않는다는 것이다. 특히 공법상 계약으로 보아야 할 계약을 사법상 계약으로 간주하고 이러한 전제에서 공법적 통제를 건너뛰고 곧바로 공서양속 위반으로 규율하는 것은 타당하지 않다.

이와 관련하여 대법원 2009. 12. 10. 선고 2007다63966 판결을 살펴볼 필요가 있다. 이 사건에서 원고(충청남도)와 피고(주식회사)는 기부금 증여계약을 체결하였는데, 이 계약은 피고의 원고에 대한 골프장사업계획승인을 전제로 한 것이었다. 그런데 당시 구 기부금품모집금지법(1995. 12. 30. 법률 제5126호로 전문 개정되기 전의 것) 제4조는 공무원은 여하한 명목의 기부금도 모집할 수 없다고 규정하고 있었고, 내무부장관도 인·허가를 조건으로 한 기부금 모집을 금지할 것을 지방자치단체에 시달하였다. 이에 법원은 위 증여계약이 사법상 계약이라는 전제 하에 공무수행과 결부된 금전적 대가의 지급을 내용으로 하여 계약의 조건이나 동기가 사회질서에 반한다는 이유로 민법 제103조에 의해 계약이 무효가 된다고 판단하였다.

그러나 앞서 기부채납계약에서 언급하였듯이 위 증여계약에서 사인의 기부의무와 행정청의 처분의무는 서로 밀접한 관계에 있다.[82] 행정청의 처분의무가 계약상 명시되지 않았다 하더라도 위 대

---

81) 제4장 제2절 Ⅵ. 2. (7).
82) 제5장 제2절 Ⅱ. 2.

법원 판결에서도 인정한 바와 같이 계약의 전제가 되어 위 증여계약의 내용과 불가분의 관계를 형성한다. 그리고 위 증여계약에 의한 기부금은 공익적 목적으로 조성·관리되었던 것으로 보인다. 따라서 위 증여계약은 공법상 계약에 해당한다. 그런데 위 증여계약은 실정법상 기부금 모집 금지 규정을 위반했으므로 법률적합성원칙에 위배되고, 기부의 목적이 위법하므로 목적의 정당성을 충족하지 못하여 비례원칙에도 위배된다. 그리고 골프장사업계획승인과 실체적 관련성이 없는 증여계약을 체결한 것은 부당결부금지원칙을 위반한 것이기도 하다. 대법원도 위 증여계약이 공법상의 제한을 회피할 목적으로 행정처분이 아닌 사법상 계약의 형식을 취한 것으로 법치행정의 원리에 반한다는 취지로 판단하였다. 다만 대법원은 결론을 내림에 있어서는 민법 제103조 위반에 의해 무효라고 하였는데, 이러한 판단은 위 증여계약이 사법상 계약이라고 전제하였기 때문으로, 이를 공법상 계약으로 보아 공법적 규율을 적용하지 못하였다는 점에 아쉬움이 있다.

이와 동일한 취지에서 공법상 계약에 관한 분쟁을 공서양속 위반으로 해결하려는 일부 하급심 판결의 태도 역시 바람직하지 않다. 예를 들어 원고(이장 탈락자)가 피고(행정청)를 상대로 참가인을 이장으로 임명한 행위가 무효라는 확인을 구한 사안에서, 법원이 위 임명행위가 공법상 계약의 의사표시로서 일반적인 계약 무효의 법리가 적용된다는 전제에서 위 임명행위가 반사회질서의 법률행위(민법 제103조)에 해당한다고 볼 만한 사정이 없다고 판단한 사례가 있다.[83] 또한 원고(주식회사)가 피고(인천광역시 서구)와 생활폐기물 수집·운반 대행계약을 체결하였는데 원고가 위 계약의 벌칙 조항이 원고에게 지나치게 불리하여 무효라고 주장한 사안에서, 법원이 위

---

[83] 대구고등법원 2022. 4. 29. 선고 2021누4961 판결(2022. 5. 17. 확정).

계약이 인천광역시 서구 관내에서 발생하는 생활폐기물의 수집·운
반을 목적으로 하는 공법상 계약이라는 전제에서 제반 사정에 비추
어 볼 때 원고의 관련 계약 경험이 풍부하고 원고 업체의 흑자가 계
속되고 있어 궁박상태에 있다고 보기 어렵다는 이유로 해당 벌칙
조항이 피고의 폭리행위(민법 제104조)에 해당하지 않는다고 판단한
사례가 있다.84) 이러한 사례들에서는 비례원칙과 같은 행정법의 일
반원칙에 위배되는지 여부가 우선적으로 검토되었어야 한다. 이러
한 판단이 실제 법적 분쟁에서의 소송당사자의 주장에 기인한 측면
이 있는 것은 사실이나, 행정소송은 민사소송과 달리 직권주의적 요
소가 강하게 작용한다(행정소송법 제26조). 이에 따라 법원은 당사
자의 주장에 구속되지 않고 직권으로 증거를 조사하거나 필요한 자
료를 요구할 수 있는 권한을 가진다. 이러한 행정소송의 특성을 고
려할 때, 법원은 공법적 규율에 따라 공법상 계약의 위법 여부를 적
극적으로 심사할 의무가 있다.

한편 사법상의 공서양속 위반은 기본적으로 사적 관계를 전제로
하면서 사적자치의 올바른 실현을 목적으로 한다는 점에서,85) 공익
의 실현을 주된 목적으로 하는 공법상 계약에서의 공서양속 위반과
차이가 있을 수 있다는 점도 주의하여야 한다. 즉, 공서양속 위반은
공법상 계약에서 다소 다르게 규율될 여지가 있으며, 이는 사법상
계약과는 구별되는 공법상 계약 특유의 문제상황에서 잘 드러난다.
예를 들어 독일에서는 행정청이 공법상 계약을 통해 자신의 우월적
지위를 남용해 개인에게 불리한 조건을 강요하는 것을 공익을 훼손
하는 행위로서 공서양속 위반으로 판단하고 있다.86) 이처럼 다양한
개인과 집단의 이익을 포괄하는 개념인 공익의 광범위한 특성을 고

84) 인천지방법원 2016. 9. 2. 선고 2016구합50260 판결(2016. 9. 20. 확정).
85) 헌법재판소 2023. 9. 26. 선고 2020헌바552 결정.
86) 제4장 제2절 Ⅵ. 2. (7).

려할 때, 공법상 계약에서는 공서양속 및 그 위반의 개념을 상대적
으로 폭넓게 이해할 필요가 있다.

(7) 부당이득반환

부당이득반환 관련 규정의 유추적용 여부는 신중한 검토가 필요
하다. 법률적합성원칙이 강조되는 대표적인 영역이기 때문이다. 먼
저 부당이득반환의 원칙을 정한 민법 제741조(부당이득의 내용)는
공법상 계약에도 유추적용할 수 있다. 하급심에서도 공법상 계약의
무효를 원인으로 한 부당이득반환 청구 사안에서 해당 규정의 적용
을 전제로 판단하고 있다.[87] 다만 비채변제, 불법원인급여, 수익자
의 반환범위에 관한 규정의 유추적용 여부는 다음과 같이 검토할
필요가 있다.

1) 비채변제

비채변제에 관한 민법규정은(민법 제742조, 제744조, 제745조) 공
법상 계약에는 유추적용하기 어렵다. 공공부문에서 이루어지는 공
법상 계약은 민간부문의 사법상 계약과 달리 법률적합성원칙이 강
조되기 때문이다.[88] 따라서 행정주체는 법적 원인 없이 발생한 재산
상태를 원상회복해야 한다.[89] 독일에서도 비채변제(독일 민법 제814
조)가 법률상 원인 없이 발생한 재산적 상황을 확정할 뿐만 아니라

---

[87] 대구지방법원 2019. 1. 16. 선고 2018구합24133 판결(2019. 2. 8. 확정); 수원
지방법원 안양지원 2020. 6. 12. 선고 2019가합100092 판결(2021. 2. 05. 항
소 기각 확정).

[88] 이원우, 규제국가의 전개와 공법학의 과제 – 과학기술혁신에 따른 공법적
대응을 중심으로, 경제규제와 법(제16권 제2호), 2023, 17면.

[89] 윤민, 행정주체의 공법상 부당이득에 관한 연구, 서울대학교 법학석사논문,
2012, 88-89면.

무효인 계약의 효력을 인정하는 것으로 독일 행정절차법 제59조에
도 위배되므로 공법상 계약에는 준용할 수 없다고 본다.[90)]

대법원도 공법상 계약에 관한 사안은 아니지만 "납세의무자와 과
세관청 사이의 조세법률관계에서 발생한 부당이득에 대하여서는 민
법상의 비채변제의 규정이 적용되지 않는다."[91)]고 하였고, 또한 "임
금채권보장법에 따른 부담금의 납부를 게을리할 경우 국세체납의
예에 따라 이를 징수할 수 있으므로, 부담금 납부의무자의 신고행위
가 당연무효에 해당하여 발생하는 부당이득에 대해서는 조세법률관
계에 준하여 민법상 비채변제의 규정이 적용되지 아니한다."[92)]고 하
여 공법상 법률관계에는 비채변제가 적용되지 않는다고 판단하였
다.[93)] 법률적합성원칙은 공법관계에 일반적으로 적용되므로(행정기
본법 제8조), 위 대법원 판결의 결론을 공법상 계약에도 마찬가지로
적용할 수 있다.

2) 불법원인급여

불법원인급여에 관한 규정(민법 제746조)도 마찬가지 이유로 공
법상 계약에는 유추적용될 수 없다. 대법원은 법인세부과처분의 취
소가 다투어진 사안에서 피고(종로세무서장)가 한 불법원인급여 주
장(원고가 분식결산으로 법인세를 과다하게 신고·납부한 행위가 민
법 제746조의 '불법의 원인으로 인하여 재산을 급여한 때'에 해당한
다는 주장)을 배척하였으나 이유를 덧붙이지는 않았다. 다만 동시에
피고가 한 신의성실원칙 위반 주장에 대해서는 "납세의무자에게 신

---

90) 제4장 제2절 Ⅵ. 5. (1) 2).
91) 대법원 1995. 2. 28. 선고 94다31419 판결.
92) 대법원 2002. 5. 28. 선고 2001다72074 판결.
93) 최계영, 행정법에서의 법정채권 - 공법상 사무관리와 부당이득을 중심으로
    -, 행정법학(제20호), 2021, 158면 각주 53).

의성실의 원칙을 적용하기 위해서는 객관적으로 모순되는 행태가 존재하고, 그 행태가 납세의무자의 심한 배신행위에 기인하였으며, 그에 기하여 야기된 과세관청의 신뢰가 보호받을 가치가 있는 것이어야 할 것인바, 조세법률주의에 의하여 합법성이 강하게 작용하는 조세 실체법에 대한 신의성실의 원칙 적용은 합법성을 희생하여서라도 구체적 신뢰보호의 필요성이 인정되는 경우에 한하여 허용된다고 할 것"이라고 하여 조세법률관계에서 법률적합성원칙이 중시되어야 한다고 판단하였다.[94]

이러한 판례의 태도와 조세법률관계에서의 법률적합성원칙을 고려할 때, 불법원인급여는 같은 이유로 공법상 계약에도 유추적용되기 어렵다고 보아야 한다.[95] 독일에서도 불법원인급여(독일 민법 제817조[96])는 비채변제와 마찬가지로 법률상 원인 없는 재산 상태를 고착시키는 것으로 법률적합성원칙에 위배되므로 공법상 부당이득 반환관계에서는 준용할 수 없다고 본다.[97]

3) 수익자의 반환범위

수익자의 반환범위에 관한 규정(민법 제748조[98])도 위와 같은 맥

---

94) 대법원 2006. 4. 14. 선고 2005두10170 판결.
95) 최계영, 행정법에서의 법정채권 - 공법상 사무관리와 부당이득을 중심으로-, 행정법학(제20호), 2021, 159면.
96) 독일 민법 제817조(법률위반 또는 선량한 풍속의 위반) 급부의 목적이 수령자가 이를 수령함으로써 법률상의 금지 또는 선량한 풍속에 반하게 되는 것인 때에는, 수령자는 반환의 의무를 진다. 급부자도 역시 이러한 위반을 범하게 되는 때에는 반환청구를 할 수 없다. 그러나 급부가 채무의 부담을 내용으로 하는 겨우에는 그러하지 아니하다; 그러한 채무의 변제를 위하여 급부된 것은 그 반환을 청구할 수 없다.
97) 제4장 제2절 Ⅵ. 5. (1) 3).
98) 민법 제748조(수익자의 반환범위) ① 선의의 수익자는 그 받은 이익이 현존한 한도에서 전조의 책임이 있다.
　② 악의의 수익자는 그 받은 이익에 이자를 붙여 반환하고 손해가 있으면

락에서 공법상 계약에 그대로 유추적용하기는 어렵다. 다만 이 문제에 대해서는 수익자가 행정주체인지 사인인지에 따라 구분하여 검토해야 한다.

먼저 행정주체의 경우, 법률적합성원칙에 구속되므로 항상 적법한 재산 상태를 유지해야 한다. 따라서 행정주체는 법적 근거 없이 발생한 재산 이전 상황을 바로잡고, 법적으로 정당한 상태로 복원해야 할 책임이 있다. 그러므로 행정주체는 자신이 선의의 수익자임을 항변할 수 없다고 보아야 한다.99)

반면 사인은 행정주체와 달리 공법상 계약의 존속에 대하여 보호가치 있는 신뢰를 가질 수 있다. 따라서 신뢰보호원칙에 따라 부당이득의 반환이 배제될 수 있다.100) 이러한 경우, 민법 제748조의 부당이득반환 기준인 선의·악의 대신 신뢰보호원칙이 적용된다.101) 사인이 계약의 적법성과 존속에 관하여 보호가치 있는 신뢰를 갖지 못한 경우, 즉, 계약의 무효를 이미 알고 있었거나 중대한 과실로 알지 못한 경우에는 계약에 따라 받은 이득에 이자를 붙여 반환하여야 한다.102) 그렇지 않은 경우에는 계약상 이득을 반환할 필요가 없다.

독일도 같은 입장을 보이고 있다. 독일에서도 수익자의 반환범위(독일 민법 제818조103))에 관하여 행정주체와 사인을 구별하고, 행

이를 배상하여야 한다.
99) 최계영, 행정법에서의 법정채권 - 공법상 사무관리와 부당이득을 중심으로 -, 행정법학(제20호), 2021, 169면; 하명호, 공법상 부당이득의 정리, 인권과 정의(제490호), 2020, 188면.
100) 정하중, 공법상 부당이득반환청구권의 독자성, 행정판례연구(제15집 제1권), 2010, 21면.
101) 최계영, 행정법에서의 법정채권 - 공법상 사무관리와 부당이득을 중심으로 -, 행정법학(제20호), 2021, 166면.
102) 정하중, 공법상 부당이득반환청구권의 독자성, 21면.
103) 독일 민법 제818조(부당이득반환청구권의 범위) ① 반환의무는 수취한 수익 및 수령자가 취득한 권리에 기하여 얻은 것 또는 취득한 목적물의 멸실, 훼손 또는 침탈에 대한 배상으로 얻은 것에도 미친다.

정주체의 경우에는 선의라 할지라도 수익의 부존재를 항변할 수 없다고 본다. 반면 사인의 경우, 행정주체와 달리 공법상 계약의 존속에 대해 법적으로 보호할 만한 신뢰를 가질 수 있다.[104]

그러나 이러한 접근 방식은 사인에게 유리하게 작용할 수도 있고 불리하게 작용할 수도 있다. 사인에게 유리한 점은 신뢰보호이익이 인정될 경우, 재산적 이익을 이미 소비했더라도 부당이득반환의무가 발생하지 않을 수 있다는 것이다.[105] 반면 민법 제748조에 따르면, 선의 수익자라도 현존이익은 반환해야 한다. 특히 취득한 것이 금전상의 이득일 경우, 소비 여부와 관계없이 현존하는 것으로 추정되어[106] 사인에게 불리한 점은, 민법 제748조의 선의 판단에서는 과실 여부를 고려하지 않지만,[107] 공법상 계약에서는 중과실이 있을 경우 보호가치 있는 신뢰로 인정받지 못한다는 것이다.[108]

Ⅲ. 계약의 이행 단계

이하에서는 공법상 계약의 이행 단계에서의 적용법리를 살펴본다. 실무상 이와 직접적으로 관련된 공법규정을 찾기 어려우므로 민

---

② 취득한 것의 성질로 인하여 반환이 불가능하거나 수령자가 기타의 이유로 반환을 할 수 없는 때에는, 수령자는 그 가액을 상환하여야 한다.
③ 반환 또는 가액상환의 의무는 수령자가 더 이상 이득하지 아니하는 한도에서 배제된다.
④ 소송계속시부터 수령자는 일반규정에 따라 책임을 진다.
104) 제4장 제2절 Ⅵ. 5. (1) ④).
105) 최계영, 행정법에서의 법정채권 - 공법상 사무관리와 부당이득을 중심으로 -, 행정법학(제20호), 2021, 167면.
106) 대법원 2005. 4. 15. 선고 2003다60297, 2003다60303, 2003다60310, 2003다60327 판결.
107) 송덕수, 신민법강의(제16판), 박영사, 1408면.
108) 하명호, 공법상 부당이득의 정리, 인권과정의(제490호), 2020, 188면.

법, 국가계약법 및 채무자회생법상 관련 규정을 중심으로 검토한다.

1. 일반적인 이행

(1) 채권의 준점유자 변제

계약의 이행과 소멸에 관한 민법규정들은 공법상 계약에도 유추 적용될 수 있다. 채무자의 의무는 일반적으로 변제에 의하여 소멸된 다(민법 제461조). 다만 채무자가 채권자의 승낙을 얻어 본래의 채무이행 대신 다른 급여를 한 경우, 이는 대물변제로서 변제와 같은 효력을 갖는다(민법 제466조). 이러한 법적 상황은 공법상 계약이라 하여 다르지 않으며, 독일의 입장도 이와 같다.109) 다만 채권자의 준점유자에 대한 변제 규정(민법 제470조)의 유추적용 여부는 행정기본법상 행정의 성실의무(동법 제11조 제1항)와 관련하여 아래와 같이 검토할 필요가 있다.

대법원은 토지가 하천에 편입되어 구 하천법상의 손실보상청구권이 성립한 사안에서 민법 제461조의 적용 범위를 다소 제한적으로 해석. 즉, 국가가 "원인무효의 소유권보존등기 또는 소유권이전등기의 등기명의인으로 기재되어 있는 자 등 진정한 소유자가 아닌 자를 하천 편입 당시의 소유자로 보아 등기명의인에게" 손실보상금을 지급한 경우에는 민법 제470조가 적용되지 않고, 이와 달리 "진정한 소유자 또는 진정한 소유자로부터 손실보상금청구권을 승계한 것과 같은 외관을 가진 자 등과 같이 하천 편입 당시의 진정한 소유자가 손실보상대상자임을 전제로 하여 손실보상금청구권이 자신에게 귀속되는 것과 같은 외관을 가진 자에게" 손실보상금을 지급한

---

109) 제4장 제3절 II.

경우에는 민법 제470조가 적용된다고 판시했다.110)

　이러한 판단은 민법 제470조를 공법상 계약에 유추적용할 때 중요한 의미를 갖는다. 이는 공법상 계약의 당사자인 행정청의 전문성과 계약의 공익적 목적을 고려한 것으로 볼 수 있기 때문이다. 사익추구를 주된 목적으로 하는 사법상 계약과 달리, 공법상 계약에서는 행정청의 주의의무 수준을 상대적으로 높게 설정할 필요가 있다.111) 행정청은 일반적으로 이용가능하거나 합리적으로 얻을 수 있는 전문성과 지식이 사인과 비교하여 높은 수준에 있고, 행정기본법 제11조 제1항에 의거하여 신의에 따라 의무를 성실히 수행하여야 한다. 따라서 행정청이 준점유자의 수령권한을 신뢰한 것에 과실이 있는지를 판단할 때는 계약의 전반적인 사정과 관계 법령 등을 고려하여 신중히 결정해야 한다. 이러한 점에서 행정청이 변제자인 경우 민법 제470조의 변제자의 선의·무과실 요건은 공법상 계약의 특성을 감안하여 보다 엄격하게 적용되어야 한다.

(2) 전형계약

　민법 채권각론의 전형계약 관련 규정들은 매매, 임대차, 위임 등 사법의 특질이 반영된 계약 요소를 포함하고 있으므로, 평등원칙을 고려하여 유추적용에 신중을 기해야 한다. 특히 아래 대법원 판결에서 볼 수 있듯이, 공법상 계약으로 보아야 할 계약을 사법상 계약으로 간주하여 전형계약에 관한 사법규정을 그대로 적용하는 것은 허용될 수 없다.

　대법원은 지방자치단체가 체결한 공공조달계약을 지방자치단체

---

110) 대법원 2016. 8. 24. 선고 2014두46966 판결.
111) 김판기, 행정계약의 공법적 체계에 관한 연구, 고려대학교 법학박사논문, 2016, 137-138면.

가 사경제 주체로서 상대방과 대등한 위치에서 체결하는 사법상 계약으로 전제하고, 피고(경상북도 성주군)로부터 공공하수처리시설 운영관리업무를 위탁받은 원고(주식회사)가 실제 근무하지 않은 사람에게 인건비를 지급하고 그 비용을 피고에게 청구하여 지급받은 행위를, 수임인 원고가 위임의 본지에 따라 선량한 관리자의 주의로써 위임사무를 처리할 의무(민법 제681조)를 위반한 것으로 보았다. 따라서 원고에게 피고에 대한 손해배상 책임이 있다고 판단했다.112) 그러나 앞서 살펴본 바와 같이 공공조달계약은 공법상 계약이다. 따라서 이 판결은 결론적으로는 타당할 수 있으나, 민법을 직접 적용한 접근방식에는 아쉬움이 있다. 문제되는 계약이 공법상 계약에 해당하는 경우에는 전형계약에 관한 사법규정을 그대로 적용할 수 없고, 행정법의 일반원칙과 공익성에 위배되지 않는 범위 내에서만 제한적으로 유추적용할 수 있다.

유추적용 여부를 판단할 때는 특히 평등원칙을 고려해야 한다. 평등원칙에 따라, 해당 공법상 계약의 실질이 민법상 전형계약과 유사한지 여부가 유추적용의 가능성과 한계를 결정하는 중요한 기준이 된다. 이러한 점은 대법원 2022. 12. 1. 선고 2022두43283, 2022두43290 판결에서 잘 나타난다. 이 판결의 사실관계에 의하면, 원고(반소피고, 인천공항공사)는 피고(반소원고, 사업시행자)와 'F 제5활주로 예정지역 민간투자개발사업 실시협약' 및 'F 신불지역 민간투자개발사업 실시협약'을 체결하였다. 그런데 피고는 이들 실시협약이 민법상 임대차계약에 해당한다고 주장했다. 따라서 민법 제643조, 제283조에 따라 계약갱신이 이루어지지 않을 경우 지상물매수청구권을 행사할 수 있고, 민법 제652조에 따라 이에 반하는 임차인에게 불리한 약정은 효력이 없다고 보았다. 이에 근거해 피고는 실

---

112) 대법원 2017. 1. 25. 선고 2015다205796 판결.

시협약 제10조 제4항의 지상물매수청구권 포기약정이 강행규정에 위반되어 무효라고 주장하였다.

그러나 대법원은 이들 실시협약이 임대차계약과 성질이 다르다고 보아, 민법상 임대차규정에 따른 지상물매수청구권 및 유익비상환청구권의 유추적용을 인정하지 않았고, 따라서 피고의 주장을 받아들이지 않았다. 특히 이 사건 항소심[113]은 총 11개 항목에 걸쳐 매우 상세하게 그 이유를 설시하였는데, 그 내용을 일부 요약하면, 이들 실시협약은 BOT 방식의 '투자사업계약'으로 사업시행자인 피고가 취득하는 것은 '시설물의 관리운영권'이고 그 과정에서의 토지 사용은 이에 부수적인 것인 점, 사업시행자인 피고는 이들 실시협약에 기하여 시설물을 제3자에게 양도 또는 분양할 수 없고, 시설물 임대 시 원고의 승인을 얻어야 하며, 관리운영계획 수립 시 원고와 협의를 거쳐야 하는 등 시설물의 소유권 행사에 제한이 있으므로 시설물 소유를 목적으로 원고로부터 토지를 임차한 임차인 지위에 있다고 보기 어려운 점, 피고에게 지상물매수청구권과 유익비상환청구권이 인정될 경우, 피고는 이미 투자비용을 모두 회수하고 막대한 수익을 얻고도 별도로 지상물매수청구권과 유익비상환청구권을 통해서 투자수익을 추가로 보장받게 되는 셈이어서 이는 이들 실시협약의 구조나 존립근거에 정면으로 배치되는 것으로 허용할 수 없는 점 등이었다.

이상과 같이, 위 대법원 및 항소심 판결은 민간투자법상 실시협약이 민법상 전형계약인 임대차계약과 실질적으로 다르다고 보았다. 따라서 실시협약에 임대차계약에 관한 민법규정을 적용할 수 없다고 판단하였다. 이는 평등원칙에 근거하여 사안의 유사성을 유추적용의 기준으로 삼아 공법상 계약에서의 사법규정의 유추적용의

---

113) 서울고등법원 2022. 4. 29. 선고 2021누54028, 2021누54035 판결(2022. 12. 1. 상고 기각 확정)

한계를 설정한 것으로, 타당한 결론이라 할 수 있다.

2. 채무불이행의 효과

(1) 채무불이행책임의 내용

채무불이행의 효과를 정한 민법규정(민법 제390조 내지 제399조)은 일반적으로 임의규정으로, 사법상 계약자유원칙의 적용을 받는다. 따라서 계약당사자들은 사적자치에 따라 자유롭게 채무불이행책임의 내용을 정할 수 있다. 그러나 이러한 원칙을 공법상 계약의 경우에도 적용할 수 있을지는 의문이다. 이에 대해 공공기관이 관계법령상 계약상대방에게 입찰참가자격 제한처분을 할 수 있는 권한이 있음에도 계약을 통해 계약상대방의 채무불이행 시 장래의 입찰참가를 제한하거나 감점 등의 추가적인 불이익을 줄 수 있다는 내용의 채무불이행책임을 정한 다음, 일정한 사유가 발생하면 입찰참가자격 제한처분을 하는 대신 계약에 근거한 채무불이행책임을 묻는 경우에 관하여 살펴볼 필요가 있다. 이러한 경우, 사적자치를 인정할 것인지, 혹은 사법질서를 수정하여 공법적 통제를 적용할 필요가 있는지가 쟁점이 된다.[114]

위와 같은 계약상 조치를 계약자유원칙에 따라 허용한다고 판단한 사례가 있다. 대법원은 원고(주식회사)와 피고(한국전력공사) 간에 물품구매계약이 체결되었으나 원고의 직원들이 피고의 직원들에게 금품 등을 제공하였음을 이유로 피고가 원고에게 향후 2년간 입찰참가자격을 제한하는 조치를 취한 사안에서, 위 물품구매계약이 공공계약으로서 사법상 계약이라는 전제에서 위 조치가 계약에 근

---

[114] 이상덕, 지방계약과 판례법 - 사법상 계약, 공법상 계약, 처분의 구별을 중심으로 -, 홍익법학(제19권 제4호), 2018, 18면.

거한 것으로서 사적자치와 계약자유원칙에 따라 원칙적으로 허용된
다고 판단하였다.115)

그러나 이러한 결론은 공법적 규율에 부합하지 않으므로 수용하
기 어렵다. 공공계약이나 공공조달계약은 근본적으로 공법상 계약
이므로 공법적 규율이 필요하다. 행정청은 이미 법률에 근거한 입찰
참가자격 제한처분이라는 제재 수단을 가지고 있으며, 이를 사용하
려면 법적 요건과 절차를 따라야 한다. 그런데 대법원이 이를 간과
하고 행정청에게 계약상 제재조치를 선택할 수 있게 하는 것은 문
제가 있다. 이는 행정청의 공법적 책임 회피를 허용하는 것이므로
받아들일 수 없다. 따라서 이 경우에는 사법이 아닌 공법의 원칙을
적용해야 한다.

이 상황에서 특히 중요한 것은 비례원칙이다(행정기본법 제10조).
채무불이행책임의 내용은 비례원칙의 범위 내에서 합의되어야 한
다. 독일에서도 공법상 계약의 헌법적 한계로 비례원칙을 강조하며,
계약의 내용이 정당한 이유와 적절한 목적에 따라 구성되어야 본
다.116) 이러한 관점에서 볼 때, 별도의 계약상 제재조치는 문제가
있다. 필요성 측면에서, 이미 법률상 제재 수단이 존재함에도 추가
적인 계약상 제재를 허용하는 것은 행정청에게 필요 이상의 제재
수단을 제공하는 것이다. 상당성 측면에서도, 행정청에게 제재 수단
의 선택권을 부여하는 것은 행정청의 재량권을 과도하게 확대하여
계약상대방의 권리와 행정 목적 달성 사이의 균형을 무너뜨릴 위험
이 있다. 더욱이 법률상 제재와 계약상 제재가 중복 적용될 가능성
이 있어, 제재의 정도가 위반행위에 비해 과도해질 수 있다. 따라서
이러한 조치는 비례원칙을 위배한 것으로 볼 수 있으며, 허용되기
어렵다.

---

115) 대법원 2014. 12. 24. 선고 2010다83182 판결.
116) 제2장 제3절 I. 2.

(2) 손해배상액의 예정

손해배상액의 예정에 관한 규정(민법 제398조)이 공법상 계약에 유추적용될 수 있는지에 관하여도 신중한 검토가 필요하다. 대법원은 공공조달계약이 사법상 계약이라는 전제에서 국가계약법의 지체상금 규정(국가계약법 제26조)[117] 및 계약보증금 규정(국가계약법 제12조)[118]을 단순한 내부규정으로 판단하였다. 이에 따라 국가계약법상 지체상금과 계약보증금은 채무불이행에 대한 위약금 약정으로 해석된다. 따라서 민법 제398조가 그대로 적용되어 손해배상액의 예정으로 추정된다. 법원은 이 금액이 부당하게 과다하다고 판단할 경우, 동 규정에 근거하여 이를 적절히 감액할 수 있다고 판단하고 있다. 이러한 판결들은 국가계약법의 지체상금 및 계약보증금 규정을 사실상 강제력 없는 임의규정으로 해석한 것으로 볼 수 있다.[119]

이러한 입장의 타당성에는 의문이 있다. 공공조달계약은 본질적으로 공법상 계약으로, 계약 내용의 공법성과 목적의 공익성이 명확하다.[120] 국가계약법상 규정들은 이러한 공법적 특성을 반영하여 행정청의 자의적 권한 행사를 통제하기 위한 목적을 가진다. 따라서 이들 규정은 강행규정으로 법률적합성원칙에 따라 준수되어야 한다. 이들 규정이 내부적 효력만을 갖는다고 보는 것은 국가계약법의 입법 취지를 무시하는 것이므로 수용하기 어렵다. 이는 앞서 검토한 국가계약법상의 입찰절차 규정, 계약금액 조정 규정의 법적 성격에 대한 논의와도 일맥상통한다.[121]

---

[117] 대법원 1996. 4. 26. 선고 95다11436 판결.
[118] 대법원 2004. 12. 10. 선고 2002다73852 판결.
[119] 김용욱, 위법한 조달계약의 효력과 강행규정, 경희법학(제55권 제4호), 2020, 148면.
[120] 제5장 제2절 III. 2.
[121] 제5장 제3절 II. 5. (2).

더욱이 이들 규정은 단순히 계약당사자들의 사익만을 위한 것이 아니다. 이는 공공조달계약의 공익적 목적 실현을 위해 계약당사자들에게 부여된 공법적 권리와 의무를 규정한 것으로, 기속행위의 형식으로 입법되어 있다. 그러나 이를 단순한 내부규정으로 해석하면 법 문언과 달리 해당 규정을 사실상 재량규정으로 취급하는 문제가 있다. 결과적으로 행정주체가 법률에 명시된 공법적 의무를 회피하거나 자의적으로 해석할 여지를 제공하여, 법률적합성원칙을 훼손하고 공공조달계약의 투명성과 공공성을 저해할 수 있다.

앞서 논의한 사항들을 고려할 때, 국가계약법상 지체상금 및 계약보증금 규정은 강행규정으로 해석해야 하며, 법률적합성원칙에 따라 준수되어야 한다. 따라서 이들 규정이 적용되는 범위에서는 민법 제398조의 손해배상액 예정에 관한 규정을 유추적용할 수 없다. 즉, 법원은 지체상금 및 계약보증금의 액수에 대한 다툼이 있더라도 민법 제398조 제2항에 근거하여 이를 임의로 감액할 수 없다. 대신, 이들 규정의 위임에 따라 구체적인 액수를 정하고 있는 시행규칙 (예: 국가계약법 시행규칙 제75조[122])에 대한 구체적 규범통제 절차를 통해 위헌·위법성을 심사하는 방식으로 분쟁을 해결하거나,[123]

[122) 국가계약법 시행규칙 제75조(지체상금률) 영 제74조제1항에 따른 지체상금률은 다음 각호와 같다

  1. 공사: 1천분의 0.5
  2. 물품의 제조·구매(영 제16조제3항에 따라 소프트웨어사업시 물품과 용역을 일괄하여 입찰에 부치는 경우를 포함한다. 이하 이 호에서 같다): 1천분의 0.75. 다만, 계약 이후 설계와 제조가 일괄하여 이루어지고, 그 설계에 대하여 발주한 중앙관서의 장의 승인이 필요한 물품의 제조·구매의 경우에는 1천분의 0.5로 한다.
  3. 물품의 수리·가공·대여,용역(영 제16조제3항에 따라 소프트웨어사업시 물품과 용역을 일괄하여 입찰에 부치는 경우의 그 용역을 제외한다) 및 기타: 1천분의 1.25
  4. 군용 음·식료품 제조·구매: 1천분의 1.5
  5. 운송·보관 및 양곡가공: 1천분의 2.5

해당 사안에서만 액수가 과도하다고 판단되는 경우에는 신의성실원
칙이나 권한남용금지원칙 등 행정법의 일반원칙을 적용하여 구체적
타당성을 도모하여야 할 것이다.

3. 채무불이행의 유형

채무불이행의 유형에 관한 규율 중 이행불능, 계약체결상의 과실
책임은 독일법과 차이점이 존재한다. 이는 우리 법체계의 독자성을
보여주는 사례이므로 살펴볼 필요가 있다. 또한 이들 규정이 공법상
계약에 유추적용될 수 있는지에 대하여도 검토가 필요하다.

(1) 이행불능

독일 민법은 이행불능을 모든 형태의 불능을 포함하는 개념으로
규정하며(독일 민법 제275조 제1항), 이는 계약상 일차적 의무만을
소멸시키고 계약 자체의 유효성은 유지한다(독일 민법 제311조의a
제1항124)). 그러나 공법상 계약에 대해서는 독일 행정절차법이 별도
로 규율하여, 원시적·객관적 불능의 경우 계약을 무효로 처리한다
(독일 행정절차법 제59조 제2항 제1호125), 제44조 제2항 제4호126)).

---

123) 이상덕, 지방계약과 판례법 - 사법상 계약, 공법상 계약, 처분의 구별을 중
   심으로 -, 홍익법학(제19권 제4호), 2018, 20면.
124) 독일 민법 제311조의a(계약 체결시의 급부장애) ① 채무자가 제275조 제1항
   내지 제3항에 따라 급부할 필요가 없고 그 급부장애가 계약 체결 시 이미
   존재하고 있었다는 사정은 계약의 유효에 영향을 미치지 않는다.
125) 독일 행정절차법 제59조 공법상 계약의 무효(Nichtigkeit des öffentlich-
   rechtlichen Vertrages) ② 또한 제54조 제2문에 의한 공법상 계약은 다음
   각 호의 어느 하나에 해당하는 경우에는 무효이다.
   1. 상응하는 내용의 행정행위가 무효일 경우
126) 독일 행정절차법 제44조 행정행위의 무효(Nichtigkeit des Verwaltungsaktes)

이로 인해 독일에서는 사법상 계약과 공법상 계약의 이행불능 처리에 명확한 차이가 존재한다.[127]

반면 우리나라 민법은 이행불능을 후발적 불능으로 한정하며,[128] 원시적 불능은 계약을 처음부터 무효로 만드는 것으로 해석한다. 이는 독일 민법과 대비되는 특징이다. 또한, 한국에는 공법상 계약의 불능을 민법과 달리 규율하는 별도의 실정법이 없다. 따라서 한국에서는 공법상 계약의 이행불능도 사법상 계약과 동일하게 후발적 불능에 한정하여 처리한다. 결론적으로, 독일은 행정절차법으로 인해 민법상 이행불능 규정을 공법상 계약에 직접 적용할 수 없는 반면, 한국은 이에 관한 특별법이 없어 민법 규정을 공법상 계약에도 유추 적용할 여지가 있다.

(2) 계약체결상의 과실책임

계약체결상의 과실책임(민법 제535조[129])에 관해서도 독일과의 법리적 차이를 검토할 필요가 있다. 독일 민법은 계약 전 채권관계를 유형화하고, 이를 바탕으로 계약체결상의 과실책임을 폭넓게 인정하고 있다(독일 민법 제311조 제2항). 이에 따르면, 계약 전 채권관계는 계약 교섭이 개시되거나(제1호), 계약 체결을 위한 접촉을 하거나(제2호), 이들과 유사한 거래상 섭촉을 하는 경우(제3호)에 성립

---

② 다음 각 호의 어느 하나에 해당하는 행정행위는 제1항의 조건의 존재 여부를 불문하고 무효이다.

  4. 사실적 이유에서 어느 누구라도 수행할 수 없는 행정행위

[127] 제4장 제3절 III. 1. (1).
[128] 송덕수, 신민법강의(제16판), 박영사, 804면.
[129] 민법 제535조(계약 체결상의 과실) ① 목적이 불능한 계약을 체결할 때에 그 불능을 알았거나 알 수 있었을 자는 상대방이 그 계약의 유효를 믿었음으로 인하여 받은 손해를 배상하여야 한다. 그러나 그 배상액은 계약이 유효함으로 인하여 생길 이익액을 넘지 못한다.

한다. 그러나 독일의 통설은 행정청과 사인이 본격적인 계약 교섭 이전의 비공식적 접촉(독일 민법 제311조 제1호, 제2호)은 반드시 공법상 계약의 교섭 및 체결로 이어지지 않는다는 점 등을 근거로 민법 제311조 제1호, 제2호는 공법상 계약에 준용하지 않는다.130)

　반면 우리나라의 계약체결상의 과실책임은 법 문언상 계약의 원시적 불능에 한정된다. 독일과 같은 계약 전 채권관계에서의 의무위반(예: 계약 교섭의 부당파기)은 원칙적으로 불법행위책임으로 다루어진다.131) 즉, 우리나라의 계약체결상의 과실책임은 독일보다 적용 범위가 좁다. 이러한 차이로 인해 앞서 언급한 독일에서의 논의 사항들이 우리나라에서는 쟁점이 되지 않는다. 이는 우리나라에서 계약체결상 과실책임에 관한 민법규정을 공법상 계약에 유추적용할 수 있는 여지를 제공한다. 공법상 계약에서도 계약상대방인 사인을 보호할 필요성이 있기 때문이다. 이러한 관점은 아래의 대법원 판결에서도 확인할 수 있다. 대법원은 피고(광진구)가 원고(주식회사)와 민간투자법상 실시협약을 체결하였으나 지방의회의 의결이 없었음을 이유로 실시협약이 무효가 된 경우 계약체결상의 과실책임에 근거한 손해배상책임을 인정하였다.132) 이는 피고 소속 공무원들이 실시협약 체결 전에 의결 필요성 여부를 신중히 검토하지 않아 과실이 있다는 판단에 기반한 것이다.

130) 제4장 제3절 III. 1. (4).
131) 대법원 2004. 5. 28. 선고 2002다32301 판결.
132) 대법원 2012. 6. 28. 선고 2011다88313 판결.

4. 변경 또는 해지

(1) 사정변경에 의한 변경 또는 해지

1) 법원칙에 의한 규율

계약당사자들이 계약 체결 당시와 달리 상황이 변경되어, 기존 계약을 그대로 유지하는 것이 불합리해지는 경우가 있을 수 있다. 특히 계약이 까다롭고 복잡할수록 미래 상황을 예측하기 어려워진 다. 계약 당시 예측하지 못한 상황이 발생할 가능성과 그에 따라 계약당사자들이 이러한 상황을 미리 예측하여 필요한 조항을 계약에 규정하지 못했을 가능성은 시간의 흐름에 비례하여 상승한다.

이와 같이 법률행위의 기초가 된 사정이 후에 중대하게 변경될 수 있다. 이때 당사자가 이를 예견하지 못했고, 또 예견할 수 없었던 경우라면, 처음의 계약 효과를 그대로 유지하는 것이 부당할 수 있다. 이러한 경우, 사정변경에 의한 계약의 변경 또는 해지가 인정될 필요가 있다.

이러한 사례는 공법상 계약과 관련하여 빈번하게 발생하고 있다. 강원도와 미시령동서관통도로 주식회사(이하 '미시령도로'라고 한다) 간의 실시협약 변경을 둘러싼 분쟁이 대표적이다.133) 강원도와 미시령도로는 최소운영수익 보장 조건으로 실시협약을 체결했다. 그러나 강원도가 실제로 미시령도로에 지급해야 하는 손실보전금이 예상을 훨씬 초과해 150억 원에 달했다. 이에 강원도는 미시령도로에 실시협약의 변경을 요청하였으나 미시령도로는 이를 거부하였고, 관련 행정소송이 진행 중이다.

---

133) 박영서, "손실 보전금 줘" vs "못 줘"…미시령터널 또 법정 다툼, 연합뉴스, (2023. 12. 12. 16:09), https://www.yna.co.kr/view/AKR20231212125700062, (최종확인일 : 2024. 7. 10.).

앞서 언급한 대로, 독일에서는 전쟁으로 인한 사회·경제적 격변을 거치면서 사정변경원칙이 법률로 명문화되었다(독일 행정절차법 제60조, 독일 민법 제313조, 제314조).[134] 우리나라에서도 사정변경원칙을 민법과 행정기본법에 명시하기 위한 논의가 지속되어 왔다. 먼저 2004년 민법개정안에서 구체적인 규정이 제시되었으나[135] 입법으로 이어지지 못하였다. 이후 2012년 민법개정안에 다시 명문화되어 분과위원회와 실무위원회를 거쳐 최종적으로 민법개정시안에 포함되었으나[136] 이 역시 입법화되지 못하였다.[137] 행정기본법에서도 공법상 계약이 체결된 후 중대한 사정이 변경되어 계약 내용을 이행하는 것이 신의성실의 원칙에 반하는 경우에 계약당사자들이 계약 내용의 변경을 요구할 수 있고, 나아가 계약 내용의 변경이 불가능하거나 변경 시 계약당사자 어느 한쪽에게 매우 불공정할 경우에는 계약을 해지할 수 있다는 내용의 입법안이 마련되었으나 실현되지 못하였다[행정기본법 정부안 제30조(공법상 계약의 변경·해지 및 무효)].

민법상 사정변경원칙은 신의성실원칙의 파생적 원칙으로서 적용될 수 있다는 학설의 논의가 전개되어 왔다.[138] 그러나 사정변경원

---

134) 제4장 제3절 IV. 3.
135) 2004년 민법개정안 제544조의4(사정변경과 해제·해지) 당사자가 계약 당시 예견할 수 없었던 현저한 사정변경으로 인하여 계약을 유지하는 것이 명백히 부당한 때에는 그 당사자는 변경된 사정에 따른 계약의 수정을 요구 할 수 있고 상당한 기간 내에 계약의 수정에 관한 합의가 이루어지지 아니한 때에는 계약을 해제 또는 해 지할 수 있다.
136) 2012년 민법개정시안 제538조의2(사정변경) 계약 성립의 기초가 된 사정이 현저히 변경되고 당사자가 계약의 성립 당시 이를 예견할 수 없었으며, 그로 인하여 계약을 그대로 유지하는 것이 당사자의 이해에 중대한 불균형을 초래하거 나 계약을 체결한 목적을 달성할 수 없는 때에는 당사자는 계약의 수정을 청구하거나 계약을 해제 또는 해지할 수 있다.
137) 김나래, 사정변경원칙에 관한 입법 논의에 대한 연구, 저스티스(제199호), 2023, 42-43면.

칙의 실무상 일반적 적용 가능성에 대해서는 의문이 있었다.

과거 대법원은 사법상 계약에 대해 사정변경원칙을 인정하지 않았으며, 이에 근거한 해제권의 발생도 부인하였다.139) 그러나 시간이 지남에 따라 일부 판결에서 사정변경에 의한 계약 변경의 법리를 인정하였고,140) 최근에는 "계약 성립의 기초가 된 사정이 현저히 변경되고 당사자가 계약의 성립 당시 이를 예견할 수 없었으며, 그로 인하여 계약을 그대로 유지하는 것이 당사자의 이해에 중대한 불균형을 초래하거나 계약을 체결한 목적을 달성할 수 없는 경우에는 계약준수 원칙의 예외로서 사정변경을 이유로 계약을 해제하거나 해지할 수 있다."고 하여 사법상 계약에서 사정변경원칙이 적용될 수 있음을 인정하였다.141)

다수의 학설은 공법상 계약에도 사법상 계약과 마찬가지로 사정변경원칙이 적용된다고 보고 있다.142) 일부 견해는 사정변경원칙에

---

138) 송덕수, 신민법강의(제16판), 박영사, 36면.
139) 대법원 1963. 9. 12. 선고 63다452 판결.
140) 대법원 1996. 11. 12. 선고 96다34061 판결 (차임 부증액의 특약이 있더라도 그 특약을 유지시키는 것이 신의성실원칙에 반한다고 인정될 정도의 사정변경이 있다고 보여지는 경우에는 형평의 원칙상 임대인에게 차임증액 청구를 인정하여 주어야 한다고 판단한 사안이다.).
141) 대법원 2017. 6. 8. 선고 2016다249557 판결 (다만 대법원은 "피고가 적자 누적의 원인으로 들고 있는 신규 회원의 감소나 휴회원의 증가, 시설의 유지·관리 비용의 증가와 같은 사정은 이 사건 이용계약의 기초가 된 사정이라고 보기 어렵고, 현저한 경제상황의 변동으로 인한 것이 아닌 한 원칙적으로 피고가 변경에 따른 위험을 떠안기로 한 것으로 보아야 한다. 나아가 피고가 주된 사업인 호텔의 이용객을 위한 부가적인 서비스 차원에서 다소간의 적자를 감수하고 이 사건 클럽을 운영해 왔기 때문에 피고가 이 사건 클럽을 운영하면서 2009년부터 매출이 감소하고 2012년 말부터 적자가 누적되어 왔다는 점이 계약 당시 예견할 수 없었던 현저한 사정변경에 해당한다고 보기도 어렵다."는 이유로 결론적으로는 피고의 사정변경에 의한 해지 주장을 인정하지 않았다).
142) 김중권, 앞의 책, 476면; 김철용, 앞의 책, 356면; 류지태, 박종수, 앞의 책,

헌법원리적 성격을 부여하여, 명문 규정이 없더라도 공법상 계약의 변경 또는 해지가 가능하다고 주장한다.[143] 따라서 사정변경원칙은 법의 일반원칙으로서 공법상 계약에도 적용될 수 있다고 볼 수 있다. 그리고 공법상 계약에서 사정변경원칙의 법적 지위를 명확히 하기 위하여 이를 법에 명문화할 필요가 있다.

2) 계약에 의한 규율

공법상 계약에서는 사정변경원칙을 계약 내용에 명시하기도 한다. 민간투자법상 실시협약이 대표적인 예이다. 민간투자법에는 사정변경에 관한 규정이 없다. 이에 계약당사자들은 민간투자사업기본계획 제60조(실시협약의 변경)에 명시된 기준과 절차에 따라 계약상 합의를 통해 이를 규율하고 있다.

민간투자사업기본계획 제60조에 의하면, 심의위원회의 심의를 거쳐 체결된 실시협약을 재정지원 규모의 증가, 사용료 인상, 총사업비의 증가, 관리운영기간의 연장 등 정부에 불리한 사업시행조건으로 변경하는 경우에는 지체없이 심의위원회 사전심의를 거쳐 실시협약을 변경하여야 한다(동조 제1항 제1문). 제1항에도 불구하고 지방자치단체와의 협의결과 및 인·허가기관의 요구, 민원 등으로 불가피하게 노선변경 및 IC 신규설치, 안전을 위한 시설규모 조정, 도심 통과구간의 지하화 등으로 인한 물량 변동이 발생하여 총사업비가 증가하고, 그에 따라 재정지원 규모의 증가, 사용료 인상, 관리운영기간의 연장 등이 발생하는 경우로서 총사업비 증가 금액이 100분의 10 미만인 경우에는 심의위원회 심의를 면제할 수 있다(동조 제2항 제1문). 심의위원회 심의를 거치지 않고 실시협약이 체결되었다고 하더라도, 총사업비가 2천억원(임대형 민자사업의 경우에는 1

356면; 정하중, 김광수, 앞의 책, 334면 하명호, 앞의 책, 294면
[143] 김대인, 행정계약에 관한 연구, 서울대학교 법학박사논문, 195면.

천억원) 이상으로 변경되거나, 재정지원 규모가 100분의 20 이상 증가 또는 신규로 국고지원이 발생하는 사업은 심의위원회 심의를 거쳐 실시협약을 변경하여야 한다(동조 제3항).

그러나 이러한 계약적 방식은 계약당사자 간 합의를 전제로 하기 때문에 한계가 있다. 개별 사안에 따라 적용이 달라질 수 있어, 적용 여부를 예측하기 어렵다. 이는 규율의 일관성을 유지하는 데 어려움을 초래한다. 더불어, 행정청의 지위 남용 또는 사인과의 협상력 차이로 인하여 균형적인 합의가 이루어질 수 있을지에 대해서도 의문이 생길 수 있다. 이러한 점 들을 고려할 때, 공법상 계약에서 사정변경원칙을 법제화할 필요가 있다.

3) 개별법에 의한 규율

사정변경 관련 규정을 개별법에 두는 경우도 있다. 그 예로 국가계약법 제19조의 계약금액 조정 규정을 들 수 있다. 동 규정은 물가변동, 설계변경 및 그 밖에 계약 내용 변경 시 행정청의 계약금액 조정의무를 명시하고 있다.

다만 국가계약법 제19조가 공법상 계약에 적용될 수 있을지에 관하여는 별도의 검토가 필요하다. 그 이유는 대법원은 동 규정을 공법상 계약인 '한국형헬기개발사업에 관한 협약'에 적용할 수 없다고 판단하였기 때문이다.[144] "국가계약법은 기본적으로 국가가 사경제 주체로서 국민과 대등한 관계에 있음을 전제로 한 사법상 계약에 한하여 적용되는 것이고, 별도의 공법을 근거 법률로 하여 체결된 공법상 계약에 대해서는 특별한 사정이 없는 한 적용이 배제된다."는 이유에서다.

그러나 이러한 대법원의 입장이 타당한지는 의문이다. 위 판결의

---

144) 대법원 2020. 10. 15. 선고 2019두62376 판결.

1심에서 국가계약법의 적용 범위로 예시한 대법원 판결 및 결정들은 모두 공공조달계약에 관한 것이다.145) 그런데 앞서 논의한 바와 같이, 공공조달계약은 공법상 계약으로 보아야 한다.146)

더욱이, 또 다른 대법원 판결은 국가계약법과 거의 동일한 규정을 가진 지방계약법에 대해 다른 입장을 취하고 있다. 이 판결은 계약의 성질이 사법상 계약인지 공법상 계약인지와 관계없이 지방계약법이 적용된다고 보고 있다.147) 즉, "지방계약법은 지방자치단체를 당사자로 하는 계약에 관한 기본적인 사항을 정함으로써 계약업무를 원활하게 수행할 수 있도록 함을 목적으로 하고(동법 제1조), 지방자치단체가 계약상대자와 체결하는 수입 및 지출의 원인이 되는 계약 등에 대하여 적용하며(동법 제2조), 지방자치단체를 당사자로 하는 계약에 관하여는 다른 법률에 특별한 규정이 있는 경우 외에는 이 법에서 정하는 바에 따른다고 규정하고 있다(제4조). 따라서 다른 법률에 특별한 규정이 있는 경우이거나 또는 지방계약법의 개별 규정의 규율내용이 매매, 도급 등과 같은 특정한 유형·내용의 계약을 규율 대상으로 하고 있는 경우가 아닌 한, 지방자치단체를 당사자로 하는 계약에 관하여는 그 계약의 성질이 공법상 계약인지 사법상 계약인지와 상관없이 원칙적으로 지방계약법의 규율이 적용된다고 보아야 한다."는 것이다. 이 판결이 근거로 제시하는 지방계약법상 규정 내용은 국가계약법과 동일하다(국가계약법 제1조 내지 제3조).

이상의 논의를 종합하면, 국가계약법과 지방계약법의 규정들은 공법상 계약의 적용법령이라고 볼 수 있다. 이렇게 볼 경우, 국가계

---

145) 대법원 2012. 9. 20. 선고 2012마1097 결정; 대법원 2017. 12. 21. 선고 2012다74076 전원합의체 판결; 대법원 2017. 12. 28. 선고 2017두39433 판결.
146) 제5장 제2절 Ⅲ. 2.
147) 대법원 2020. 12. 10. 선고 2019다234617 판결.

약법 제19조는 공법상 계약에 직접 적용될 것이다.

설령 '한국형헬기개발사업에 관한 협약'에 관한 대법원 판결처럼 국가계약법이 원칙적으로 사법상 계약에만 적용된다고 전제하더라도, 이를 공법상 계약에 유추적용할 수 있는지 검토해야 한다.[148] 이를 판단하기 위해서는 앞서 논의한 유추적용의 기준을 따라야 한다. 즉, 행정법의 일반원칙과 공익성을 고려하여 사안의 유사성과 유추적용의 정당성을 검토해야 한다.[149]

평등원칙의 측면에서, 사정변경으로 계약금액의 조정이 필요하여 국가계약법 제19조의 적용이 필요한 상황은 계약의 법적 성격과 관계없이 사실관계 측면에서 유사하다. 따라서 사안의 유사성이 인정된다. 또한 행정법의 일반원칙 및 공익성의 측면에서 공법상 계약에의 유추적용이 타당하지 않다고 볼 만한 사정도 존재하지 않는다. 특히 국가계약법 제19조는 사정변경이 있는 경우 계약금액 조정을 통한 계약당사자 간의 형평 유지를 위하여 공법상 계약에 필수적인 규정이다. 이러한 점들을 종합하여 보면, 국가계약법 제19조는 공법상 계약에 적어도 유추적용된다고 해석하는 것이 타당하다.

다만 국가계약법 제19조가 공법상 계약에 적용 또는 유추적용될 수 있다고 하더라도, 동 규정은 사정변경원칙을 충분히 반영하지 못하는 한계가 있다. 동 규정은 계약금액 조정 사유를 물가변동, 설계변경 및 그 밖에 계약 내용의 변경으로 열거하고 있다. 그러나 대법원은 '그 밖에 계약 내용의 변경'이 계약 이행 전 당사자 간 합의를 요건으로 하므로, 이는 사정변경원칙을 구체화한 것이 아니라고 판단하였다.[150] 따라서 실질적으로 사정변경과 관련이 있다고 볼 만한

---

[148] 김대인, 공법관계에 대한 사법규정의 유추적용 – 공법상 계약을 중심으로 –, 법조(제72권 제5호), 2023, 115면.

[149] 제5장 제3절 I. 3.

[150] 대법원 2014. 11. 13. 선고 2009다91811 판결.

사유는 물가변동과 설계변경으로만 한정된다. 더욱이 물가변동과 설계변경에 따른 계약금액 조정도 일정 비율151) 또는 조건152)만 충족하면 계약금액이 조정되도록 규정하고 있어, 계약 당시 예측하기 어려웠던 계약 기초의 현저한 변경이라는 사정변경의 본질적 요건을 충분히 반영하지 못하는 것으로 보인다. 또한 동 규정은 계약 변경의 주체를 행정청으로 한정하고 있어, 계약상대방인 사인에게는 법률상 계약 변경권을 부여하지 않고 있다는 점도 한계로 지적될 수 있다.

이와 같이 개별법에 의한 규율은 특정 유형의 공법상 계약에 적용되는 것을 전제로 하고, 적용 요건도 그 계약에서 발생할 수 있는

---

151) 국가계약법 시행령 제64조(물가변동으로 인한 계약금액의 조정) ①각 중앙관서의 장 또는 계약담당공무원은 법 제19조의 규정에 의하여 국고의 부담이 되는 계약을 체결(장기계속공사 및 장기물품제조등의 경우에는 제1차계약의 체결을 말한다)한 날부터 90일이상 경과하고 동시에 다음 각 호의 어느 하나에 해당되는 때에는 기획재정부령이 정하는 바에 의하여 계약금액(장기계속공사 및 장기물품제조등의 경우에는 제1차계약 체결시 부기한 총공사 및 총제조등의 금액을 말한다. 이하 이 장에서 같다)을 조정한다. 이 경우 조정기준일(조정사유가 발생한 날을 말한다. 이하 이 조에서 같다)부터 90일이내에는 이를 다시 조정하지 못한다.
  1. 입찰일(수의계약의 경우에는 계약 체결일을, 2차 이후의 계약금액 조정에 있어서는 직전 조정기준일을 말한다. 이하 이 항 및 제6항에서 같다)을 기준일로 하여 기획재정부령이 정하는 바에 의하여 산출된 품목조정률이 100분의 3 이상 증감된 때
  2. 입찰일을 기준일로 하여 기획재정부령이 정하는 바에 의하여 산출된 지수조정률이 100분의 3 이상 증감된 때
152) 국가계약법 시행령 제65조(설계변경으로 인한 계약금액의 조정) ①각 중앙관서의 장 또는 계약담당공무원은 공사계약의 경우 설계변경으로 공사량의 증감이 발생한 때에는 법 제19조에 따라 해당 계약금액을 조정한다. 다만, 제14조제7항 단서에 따라 입찰에 참가하려는 자가 물량내역서를 직접 작성하고 단가를 적은 산출내역서를 제출하는 경우로서 그 물량내역서의 누락 사항이나 오류 등으로 설계변경이 있는 경우에는 그 계약금액을 변경할 수 없다.

상황에 한정된 경우가 대부분이어서 공법상 계약에 대한 사정변경의 일반적인 근거 규정이 되기 어렵다. 또한 개별법으로는 사전에 예측하기 어려운 다양한 행정 상황을 모두 규율하기 어렵고, 문제상황에 특화된 개별법을 입법하는 데에는 많은 시간과 비용이 소모되므로 신속한 대응이 불가능하다는 점에서도 한계가 있다.

4) 일반 규정의 입법 필요성과 그 내용

이상의 1) 내지 3)의 점들을 고려하면, 사정변경의 일반 규정을 도입할 필요가 있다. 이러한 일반 규정은 사정변경원칙이 법률적합성원칙이나 비례원칙과 같이 공법상 계약의 기본 원칙으로서 작용함을 선언함과 동시에 사정변경으로 인한 계약 변경 등이 필요한 행정 현장에서 시행령과 시행규칙을 통한 탄력적 운용을 가능케 하여 행정의 유연성을 높이는 데 기여할 것이다.

이 규정의 효율적이고 안정적인 운용을 위해서는 앞서 살펴본 행정기본법 정부안 제30조[153]를 기준으로 그 요건과 효과를 명확히 할 필요가 있다. 위 규정에 따르면 사정변경에 의한 계약 변경의 요건으로는 '계약 체결 후 중대한 사정이 변경되었을 것', '계약 내용을 이행하는 것이 신의성실에 반할 것'이 있다. 사정변경에 의한 계약 해지의 요건으로는 '계약 내용의 변경이 불가능하거나 변경 시

---

[153] 행정기본법 정부안 제30조(공법상 계약의 변경·해지 및 무효) ① 행정청 또는 계약상대방은 공법상 계약이 체결된 후 중대한 사정이 변경되어 계속하여 계약 내용을 이행하는 것이 신의성실의 원칙에 반하는 경우에는 계약 내용의 변경을 요구할 수 있다. 다만 계약 내용의 변경이 불가능하거나 변경 시 계약당사자 어느 한쪽에게 매우 불공정할 경우에는 행정청 또는 계약상대방은 계약을 해지할 수 있다.
② 행정청은 다음 각 호의 어느 하나에 해당하는 경우에는 공법상 계약을 해지할 수 있다.
  1. 제1항에 따른 계약 내용의 변경이 불가능하거나 변경 시 계약당사자 어느 한쪽에게 매우 불공정할 경우

계약당사자 어느 한쪽에게 매우 불공정할 경우'가 있다. 사정변경의 효과로는 계약의 변경 또는 해지가 있다. 다만 이는 다소 추상적일 수 있으므로 오랜 기간에 걸쳐 명문의 규정(독일 행정절차법 제60조 제1항)을 두고 사정변경에 의한 변경 또는 해지 제도를 운용하고 있는 독일의 논의와 비교하여 검토하는 것이 바람직할 것이다.

먼저 요건을 살펴본다. 첫째, '중대한 사정'이란 독일법상 '계약 내용 확정의 기준이 된 법적 또는 사실적 상황'(독일 행정절차법 제60조 제1항 제1문)에 비교될 수 있다. 사실적 상황은 기술, 과학, 비용, 가격 등의 변동을 포함하고, 법적 상황은 법규정의 변경을 의미한다. 행정규칙 변경은 원칙적으로 법적 상황 변경으로 보지 않지만, 사인의 보호가치 있는 신뢰가 있는 경우 예외가 있을 수 있다.[154)

둘째, '변경'이란 독일법상 '본질적 변경'(독일 행정절차법 제60조 제1항 제1문)에 비교될 수 있다. 본질적 변경이란 계약당사자가 변경된 상황을 알았더라면 계약을 체결하지 않았거나 적어도 그와 같은 내용으로 계약을 체결하지 않았을 정도로 계약의 기초가 객관적으로 현저히 변경된 경우를 의미한다.[155)

셋째, '계약 내용을 이행하는 것이 신의성실에 반할 것'은 독일법상 '계약준수의 기대불가능성'(독일 행정절차법 제60조 제1항 제1문)에 비교될 수 있다. 계약준수의 기대불가능성이란 상황 변경으로 인한 결과가 계약당사자가 신의성실원칙에 의하여 감수하여야 하는 위험 범위를 벗어나는 경우를 의미한다. 이를 판단하기 위해서는 계약의 제반 사정들이 종합적으로 고려된다.[156)

넷째, 계약 해지의 요건으로서 '계약 내용의 변경이 불가능하거나 변경 시 계약당사자 어느 한쪽에게 매우 불공정할 경우'란 독일

---

154) 제4장 제3절 Ⅳ. 3. (1) 1).
155) 제4장 제3절 Ⅳ. 3. (1) 2).
156) 제4장 제3절 Ⅳ. 3. (1) 3).

법상 '계약의 변경이 불가능하거나 또는 계약당사자에게 기대될 수
없는 경우'(독일 행정절차법 제60조 제1항 제1문)에 비교될 수 있다.
여기서 '계약 변경의 불가능성'은 계약당사자가 변경된 계약을 준수
하는 것이 객관적으로 가능한지, '계약 변경의 기대불가능성'은 등가
성 상실이 계약 변경으로 시정될 수 있는지를 기준으로 판단한다.[157)

　　다음으로 효과를 살펴본다. 사정변경의 효과로는 계약의 변경 또
는 해지가 고려된다. 다만 이들 권리의 행사 순서에 대해서는 검토
가 필요하다. 계약당사자가 이들 권리를 선택적으로 행사할 수 있는
지, 아니면 먼저 계약 변경권을 행사하고 그것이 불가능한 경우에만
계약 해지권을 행사할 수 있는지는 실무적으로 불분명하다.

　　민법의 경우 2012년 민법개정시안에 의하면 이들 권리는 병렬적
으로 규정되어 있었다.[158) 이는 사적자치원칙에 따른 계약당사자의
선택권을 우선한 것으로 해석된다. 그러나 수정이 불가능한 경우에
만 계약 해지권을 행사하도록 하는 것이 바람직하다는 반대 견해도
있었다.[159)

　　독일에서는 계약 변경권이 일차적 권리이다. 계약 해지권은 계약
변경이 불가능하거나 또는 계약당사자에게 기대불가능할 것이라는
추가 요건이 있는 경우에만 비로소 가능한 보충적 권리이다. 따라서
계약 변경이 계약 해지보다 선행한다.[160)

　　이에 대해서는 독일의 입장을 취하는 것이 타당하다. 공법상 계

---

157) 제4장 제3절 IV. 3. (2) 2).
158) 2012년 민법개정시안 제538조의2(사정변경) 계약성립의 기초가 된 사정이
　　현저히 변경되고 당사자가 계약의 성립 당시 이를 예견할 수 없었으며, 그
　　로 인하여 계약을 그대로 유지하는 것이 당사자의 이해에 중대한 불균형을
　　초래하거나 계약을 체결한 목적을 달성할 수 없는 때에는 당사자는 계약의
　　수정을 청구하거나 계약을 해제 또는 해지할 수 있다
159) 김나래, 사정변경원칙에 관한 입법 논의에 대한 연구, 2023, 48면.
160) 제4장 제3절 IV. 3. (2) 2).

약은 공법적 효과의 발생을 계약 내용으로 하고 공익을 계약 목적으로 하므로 사회 전반에 미치는 영향이 사법상 계약과는 다르다. 이러한 측면을 고려할 때 사정변경이 있더라도 가능한 한 계약을 유지하여 계약의 본래 목적이 훼손되지 않도록 해야 한다. 또한 공법상 계약은 사법상 계약과 달리 행정법의 일반원칙이 사적자치에 우선한다. 따라서 계약당사자는 먼저 계약 변경을 위하여 노력하여야 하고, 그것이 어려울 경우에만 보충적으로 계약의 해지를 주장할 수 있다.

(2) 공익상 변경 또는 해지

1) 입법 필요성

공법상 계약은 공익 실현을 주된 목적으로 한다. 따라서 계약 체결 후에 예상치 못한 사정이 발생하여 계약을 그대로 진행하는 것이 오히려 공익에 반하는 결과를 초래하게 될 경우, 이를 신속하게 수정하거나 중단할 수 있는 법적 장치가 필수적이다. 예를 들어 대규모 민간투자사업의 경우, 사업 추진 도중에 정치·사회·경제적 여건이 급변하여 사업이 더 이상 공익에 부합하지 않는 경우가 자주 발생한다. 이러한 상황에서는 공익을 최우선으로 고려하여 계약을 변경하거나, 불가피한 경우 계약을 해지할 필요가 있다.

이러한 점을 고려할 때, 계약의 이행이 공익상 중대한 불이익을 초래하는 경우를 위한 변경 또는 해지 규정을 마련할 필요가 있다. 만약 공법상 계약에 상응하는 내용이 수익적 행정행위로 발급되었다면, 행정청은 중대한 공익을 위하여 필요한 경우에는 이를 철회할 수 있다(행정기본법 제19조 제1항 제3문). 따라서 이 규정을 도입하는 것은 행정처분과의 균형적 측면에서도 타당하다.

독일에서도 공익상 중대한 불이익을 방지하거나 제거하기 위한 경우, 행정청의 해지권을 인정한다. 특히 상황이 계약 체결 이후 변경되었을 것을 요구하는 사정변경과는 달리, 공익상 불이익이 계약 체결 당시 이미 존재하였던 경우에도 적용된다고 하여 적용 범위를 폭넓게 해석하고 있다.161)

2) 요건 및 효과

앞서 논의한 사정변경과 마찬가지로, 행정기본법 정부안 제30조 제2항 제2호162)를 기준으로 공익상 변경 또는 해지의 요건 및 효과에 대하여도 검토할 필요가 있다. 행정기본법 정부안에 의하면 계약 해지를 위해서는 '공법상 계약을 이행하면 공공복리에 중대한 영향을 미칠 것이 명백한 경우'에 해당해야 한다. 이는 독일 행정절차법 제60조 제1항 제2문이 '공익에 대한 중대한 불이익을 방지하거나 제거하기 위한 것일 것'을 요건으로 명시한 것과 유사하다. 독일법에서는 이 규정에 해당하는 구체적인 사유로 국민의 건강 보호, 공공안전, 자연재해의 방지 등을 예로 들고 있다.163)

우리나라의 민간투자법 제47조 제1항(공익을 위한 처분)도 공익을 요건으로 하고 있어 참고할 만하다. 동 규정에 의하면 주무관청은 사회기반시설의 상황 변경이나 효율적 운영 등 공공의 이익을 위하여 필요한 경우(제1호), 사회기반시설공사를 원활히 추진하기 위하여 필요한 경우(제2호)에는 동법 제46조에 따른 처분164)을 할

---

161) 제4장 제3절 IV. 4 (2).
162) 행정기본법 정부안 제30조(공법상 계약의 변경·해지 및 무효)
　　② 행정청은 다음 각 호의 어느 하나에 해당하는 경우에는 공법상 계약을 해지할 수 있다.
　　2. 공법상 계약을 이행하면 공공복리에 중대한 영향을 미칠 것이 명백한 경우
163) 제4장 제3절 IV. 4. (2).
164) 민간투자법 제46조(법령 위반 등에 대한 처분) 주무관청은 다음 각 호의 어

수 있다.

제1호의 예로는 민간투자사업의 도로건설이 정부의 신도시 개발계획에 따른 도로건설계획과 충돌하는 경우165) 등을 들 수 있다. 제2호의 예로는 사업시행자의 업무해태, 기술부족, 재무구조 등의 문제로 인하여 사회기반시설공사가 원활히 진행되지 않는 경우 등을 들 수 있다.166)

중요한 점은 비례원칙에 따라 앞서 언급한 사정으로 인한 공익상 불이익이 계약 상대방이 계약 유지로 얻는 이익, 즉 사익보다 커야 한다는 것이다. 독일에서도 '공익에 대한 중대한 불이익'을 공중의 특별히 중요하고 우선적인 이익에 대한 위험 또는 장애로 해석한다.167) 공익과 사익을 비교형량할 때는 계약의 규모와 성질 등을 고려해야 한다. 예를 들어, 대규모 민간투자사업처럼 계약금액이 크고 사회적 중요성과 공공성이 높은 경우에는 공익이 우선될 가능성이 크다.

다음으로 효과에서는 공익상 계약 변경을 인정할 수 있을지를 논

느 하나에 해당하는 경우에는 그 위반행위를 한 자에게 이 법에 따른 명령이나 처분의 취소 또는 변경, 사회기반시설공사의 중지·변경, 시설물 또는 물건의 개축·변경·이전·제거 또는 원상회복을 명하거나 그 밖에 필요한 처분을 할 수 있다.
  1. 거짓이나 그 밖의 부정한 방법으로 이 법에 따른 지정·승인·확인 등을 받은 경우
  2. 이 법 또는 이 법에 따른 명령이나 처분을 위반한 경우
  3. 사업시행자가 실시계획에서 정한 사업기간에 정당한 사유 없이 공사를 시작하지 아니하거나 공사 시작 후 사업시행을 지연 또는 기피하여 사업의 계속 시행이 불가능하다고 인정되는 경우
  4. 제14조제3항에 따라 설립된 법인이 제14조제4항을 위반한 경우
165) 인천지방법원 2005. 11. 10. 선고 2004구합2398 판결(05. 12. 17. 확정).
166) 김성수, 민간투자사업관리법제 개선방안에 관한 연구(II) - 공공성과 투명성 제고를 중심으로, 한국법제연구원, 2009, 97-98면.
167) 제4장 제3절 IV. 4. (2).

의할 필요가 있다. 독일의 경우 계약의 해지만을 인정하며, 이는 공익상 해지를 사정변경에 따른 변경 또는 해지권을 행사할 수 없는 경우에만 인정되는 특별한 제도로 해석하기 때문이다.[168) 행정기본법 정부안도 이와 유사하게 계약 해지만을 인정하고 있다.[169)

그러나 이러한 접근 방식을 그대로 수용하는 것에는 신중한 검토가 필요하다. 사정변경과 공익의 관계에 대해서는 재고의 여지가 있기 때문이다. 사정변경은 주로 신의성실원칙에서 파생된 개념으로, 계약당사자 간의 공평과 형평에 중점을 둔다. 반면, 여기서의 공익은 헌법 제23조 제2항이나 제37조 제2항에서 언급하는 공공복리 등과 관련된다.[170) 두 개념은 그 근원과 목적에서 차이를 보이므로, 공익을 단순히 사정변경의 상위개념으로 보거나 두 개념의 적용 영역이 항상 일치한다고 단정 짓기는 어려울 수 있다. 예를 들어, 순수한 계약당사자 간 관계 변화로 인한 사정변경과 새로운 사회적 요구에 따른 공익적 필요는 서로 다른 맥락에서 발생할 수 있다. 다만, 실제 상황에서는 두 개념이 중첩되거나 상호 작용할 수 있으므로, 이들의 관계는 구체적인 상황에 따라 유연하게 해석하고 적용하는 것이 바람직할 것이다

이러한 관점에서, 행정청의 공익상 계약 변경권을 인정하는 방안을 고려해볼 만 하다. 이는 행정의 탄력성을 높이고 변화하는 공익에 더 효과적으로 대응할 수 있게 해줄 수 있다. 다만, 이러한 변경권 인정이 행정의 자의적 판단으로 이어지지 않도록 엄격한 요건과 절차를 마련할 필요가 있다. 또한 사정변경의 경우와 유사하게, 계약 변경을 계약 해지에 우선하는 것으로 보아 행정청의 계약 해지

---

168) 제4장 제3절 Ⅳ. 4. (1).
169) 김대인, 「행정기본법」상 공법상 계약에 대한 고찰, 법조(제71권 제6호), 2022, 201면.
170) 최송화, 공익론 - 공법적 탐구 -, 서울대학교출판부, 2002, 212면.

권 남용을 방지하고 계약당사자들의 계약 존속에 대한 신뢰를 보호하는 방안도 검토할 수 있다. 이는 비례원칙에 부합하며, 공익 달성과 사익 보호의 균형을 도모하는 데 기여할 수 있을 것이다.

3) 손실보상

공익상 계약의 변경 또는 해지 시에는 사인에 대한 손실보상이 필요하다. 계약의 존속에 대한 사인의 신뢰가 공익상 중대한 불이익이라는 계약 외부적 사정으로 일방적으로 깨어졌기 때문이다.

우리나라에도 이와 유사한 법규정이 존재한다. 민간투자법 제47조 제2항에 따르면, 주무관청은 공익처분으로 손실을 입은 사업시행자에게 정당한 보상을 해야 한다. 이에 따라 행정기본법 제정 과정에서도 손실보상 규정 도입이 논의되었다. 그러나 이후 논의 과정에서 손실보상의 법적 성질이 불분명하다는 이유로 해당 규정이 삭제되었다.[171] 따라서 공익을 위한 계약의 변경이나 해지 시 손실보상의 법적 성격을 명확히 정립할 필요가 있다.

먼저 공법상 계약으로 발생하는 법적 지위를 살펴볼 필요가 있다. 이러한 지위를 단순한 신뢰이익으로 보는 견해[172]가 있다. 이는 계약 존속에 대한 신뢰에 기초한 것으로, 사적 유용성과 원칙적 처분권을 포함하는 재산 가치가 있는 구체적 권리인 헌법상 재산권[173]으로 볼 수 없다는 이유 때문이다. 따라서 공익상 변경 또는 해지에 의한 손실보상은 계약상 신뢰이익의 침해에 대한 보상에 해당한다는 것이다.

공법상 계약에 따른 지위를 단순한 신뢰이익으로만 볼 것인지에

---

171) 김대인, 「행정기본법」상 공법상 계약에 대한 고찰, 법조(제71권 제6호), 2022, 200면.
172) 김용민, 공법상 계약의 적법성에 관한 연구, 공법학연구(제21권), 2020, 502면.
173) 헌법재판소 2018. 2. 22. 선고 2015헌마552 결정.

대해서는 사안별로 신중한 검토가 필요하다. 일부 경우에는 이러한 지위가 단순한 계약상 권리를 넘어서는 성격을 가질 수 있기 때문이다. 예를 들어, 민간투자법상 실시협약에 따른 사업시행자의 관리운영권이나 기부채납계약에 따른 사용권 등은 단순한 신뢰이익을 넘어서는 실질적 권리로 볼 수 있는 여지가 있다. 이러한 권리들은 사인에게 상당한 경제적 가치를 제공하며, 일정 기간 동안 시설이나 토지를 점유하고 수익을 얻을 수 있는 권한을 부여한다. 따라서 이러한 경우에는 해당 권리가 헌법 제23조에 의한 재산권으로서의 성격을 가질 수 있다는 해석도 가능하다.

그렇다면, 이러한 계약상 지위 침해가 헌법 제23조 제3항에 따른 정당한 보상을 요하는지에 대해 의문이 제기될 수 있다.[174] 그러나 여기서의 손실보상을 위 조항에 근거한 것으로 해석하기는 어렵다. 실무상 정당한 보상이란 객관적인 재산 가치를 완전하게 보상하는 것을 의미하고,[175] 적절한 보상 규정이 없는 법률은 위헌 여부까지 문제가 될 수 있는데,[176] 이러한 측면에서 계약의 구속력을 공용침해의 대상인 소유권과 완전히 동일하다고 보는 것은 부적절한 측면이 있기 때문이다.[177] 독일에서도 행정청의 공익상 해지에 의한 보상의무는 공용수용(독일 기본법 제14조 제3항)에 의한 것이 아니라, 재산권의 내용과 한계(독일 기본법 제14조 제1항)에 근거한다고 해석한다.[178] 즉, 행정청의 공익상 해지가 재산권을 제한하는 효과가

---

174) 한국개발연구원 공공투자관리센터, 한국민간투자사업의 실시협약 해지 및 해지시지급금에 관한 연구, 2015, 262면.
175) 헌법재판소 2010. 2. 25. 2008헌바6 전원재판부 결정.
176) 박윤흔·정형근, 최신행정법강의(상), 박영사, 제30판, 2009, 651면; 홍정선, 행정법원론(상), 박영사, 제31판, 2023, 928면;
177) 김대인, 민간투자법상 실시협약의 효력 – 변경 및 해지가능성과 보상문제를 중심으로 –, 666면.
178) 제4장 제3절 IV. 4. (3).

있으므로 그에 대한 조정적 보상이 수반되어야 한다는 것이다.

이상의 점들을 종합하면, 공익상 변경 또는 해지에 의한 손실보상은 단순한 신뢰이익 침해에 대한 보상으로 볼 수 없다. 다만 공법상 계약에 의한 법적 지위도 일정한 범위 내에서 헌법 제23조에 의한 재산권으로 인정할 여지가 있는데, 그렇다고 이에 대한 손실보상을 헌법 제23조 제3항에 근거한 정당한 보상에 해당한다고 보기는 어렵다. 이 경우의 손실보상은 재산권의 보장(헌법 제23조 제1항) 및 사회적 기속성(동조 제2항)을 고려하여 재산권을 비례원칙에 부합하게 합헌적으로 제한하기 위한 조정적 보상으로 해석함이 타당하다.[179] 입법자가 이러한 조정적 보상을 규율함에 있어서는 헌법 제23조 제3항의 정당한 보상 요건에 구속되지 않고 부담의 조정이라는 목적을 달성하기 위하여 일정한 형성의 자유가 부여된다.[180]

(3) 채무자회생법상 쌍방미이행 쌍무계약 해지

민간투자사업 등에서 주무관청과 실시협약을 체결한 사업시행자가 파산해 사업이 중도에 좌초되는 경우가 종종 발생한다. 이에 따라 채무자회생법상 쌍방미이행 쌍무계약 해지에 관한 규정의 적용 여부가 실무상 문제가 되고 있어 이에 대한 논의가 필요하다. 쌍무계약에 관하여 채무자 및 그 상대방이 모두 파산선고 당시 아직 이행을 완료하지 아니한 때에는 파산관재인은 계약을 해제 또는 해지하거나 채무자의 채무를 이행하고 상대방의 채무이행을 청구할 수 있다(채무자회생법 제335조 제1항). 동 규정은 파산관재인에게 선택권을 부여하여, 채무자의 회생에 유리한 경우 계약을 유지하고 상대

---

179) 김대인, 민간투자법상 실시협약의 효력 - 변경 및 해지가능성과 보상문제를 중심으로 -, 667면.
180) 헌법재판소 2020. 4. 23. 선고 2018헌가17 전원재판부 결정.

방의 이행을 청구할 수 있게 하며, 불리한 경우 계약을 해지할 수 있게 함으로써 후속 절차의 원활한 진행을 도모한다.[181] 이는 앞서 논의한 사정변경이나 공익상 변경 또는 해지와는 다른 문제상황이다.

이는 대법원 2021. 5. 6. 선고 2017다273441 전원합의체 판결에서 자세히 다루어졌다.[182] 여기서는 이 판결의 여러 쟁점 중, 채무자회생법 제335조 제1항이 민간투자법상 실시협약을 포함한 공법상 계약에 직접 적용되는지 또는 유추적용되는지에 대해서만 간략히 살펴본다.[183]

이에 대해서는 반대의견과 별개의견이 대립하였다. 반대의견은 채무자회생법 제335조 제1항이 공법상 계약에 직접 적용될 수 있다고 판단하였다.[184] 이는 채무자회생법이 공법적 법률관계도 직접 규율하고 있어, 동 규정이 계약의 법적 성격과 관계없이 모든 형태의 쌍방미이행 쌍무계약에 일반적으로 적용될 수 있다는 논리에 따른 것이다.[185]

반면 별개의견은 채무자회생법 제335조 제1항을 사법규정으로

---

181) 전대규, 채무자회생법(제1권), 법문사, 제8판, 2024, 1157-1158면.
182) 이 판결의 사실관계를 간략히 요약하면, 피고(대전광역시)가 A사와 사이에 '지하주차장 건설 및 운영사업에 관한 실시협약'을 체결하였고, A사는 완공 후 피고에게 기부채납에 의한 증여를 원인으로 한 소유권이전등기를 마쳐주었으며 피고로부터 그 대가로 관리운영권을 설정받았는데, 이후 A사가 B사에게 관리운영권을 양도하였고 B사가 파산선고를 받자 B사의 파산관재인 소외인이 채무자회생법 제335조 제1항에 근거하여 실시협약을 해지하였다고 주장한 사안이다(원고는 B사의 관리운영권에 관한 근저당권자인 C보험회사의 파산관재인이다).
183) 따라서 이 책에서는 위 판결에서 문제가 된 실시협약이 구체적인 사실관계의 측면에서 채무자회생법 제335조 제1항에 의한 쌍방미이행 쌍무계약에 해당하는지 여부는 별도로 검토하지 않는다. 참고로 다수의견은 문제가 된 실시협약이 쌍방미이행 쌍무계약에 해당하지 않는다는 이유로 동 규정이 적용 또는 유추적용될 수 없다고 판단하였다.
184) 해당 판결 8. 마.
185) 김재형, 공법과 사법의 대화, 민사법학(제105호), 2023, 20-21면.

보고, 이를 공법상 계약에 유추적용해야 한다고 판단하였다. 그러나 민간투자법상 실시협약에는 이 규정을 유추적용할 수 없다는 결론을 내렸다. 그 이유는 실시협약의 특수성, 민간투자법의 관련 규정, 그리고 공·사익의 비교형량 등을 고려할 때, 동 규정에 의한 해지가 행정 목적 달성을 어렵게 하여 공익에 대한 중대한 침해를 초래할 수 있기 때문이라는 것이었다.186)

채무자회생법 제335조 제1항의 법적 성격에 대해서는 위와 같이 견해의 대립이 있다. 그러나 동 규정은 재정적 어려움으로 파산 상태에 있는 사인(채무자 및 이해관계인) 간의 법률관계를 조정하는 것을 목적으로 하므로(동법 제1조), 별개의견과 같이 원칙적으로 사법규정으로 해석하는 것이 타당하다.187)

반대의견은 독일에서도 미이행 쌍무계약에 관한 독일 도산법 제103조가 공법상 계약에 적용된다고 서술하고 있다188) 그러나 독일 행정절차법에 따르면, 공법상 계약을 규율하는 데 적절한 규정이 없을 경우 독일 민법이 보충적으로 준용되며(동법 제62조 제2문), 그 외의 법규정들은 유추적용될 수 있을 뿐이다.189) 더욱이 독일 도산법 제103조는 파산관재인에게 이행거절권만 부여할 뿐 해지권은 허용하지 않아, 채무자회생법 제335조 제1항과 차이가 있다. 따라서 이는 참고하기에 적절한 예라고 보기 어렵다.190) 이러한 점들을 고

---

186) 해당 판결 7. 가.
187) 채무자회생법은 기본적으로 사법관계에 관한 규정으로 해석되지만, 단체법적 성격으로 인해 다양한 공법적 규율이 이루어지고 있어 순수한 사법으로 보기는 어렵다는 견해도 있다. 이에 관하여는 김대인, 채무자회생법의 공법상 계약에의 적용에 대한 고찰 - 대법원 2021. 5. 6. 선고 2017다273441 전원합의체 판결에 대한 평석 -, 법학논집(제26권 제1호), 2021, 243면.
188) 해당 판결. 8. 마. 3) 가).
189) 제4장 제3절 Ⅰ.
190) 김대인, 채무자회생법의 공법상 계약에의 적용에 대한 고찰 - 대법원 2021. 5. 6. 선고 2017다273441 전원합의체 판결에 대한 평석 -, 법학논집(제26권

려할 때, 채무자회생법 제335조 제1항은 사법규정으로서 공법상 계약에 유추적용되는 것으로 보는 것이 타당하다.

그러나 채무자회생법 제335조 제1항이 민간투자법상 실시협약에 유추적용될 수 없다는 별개의견의 결론에는 동의하기 어렵다. 먼저 별개의견은 귀책사유가 있는 사업시행자 측 파산관재인에게 해지권을 부여하는 것이 주무관청의 사업시행자지정처분 취소를 강제하는 것이라고 주장한다. 이는 민간투자법상 민간투자사업의 종료방식이 아닐 뿐만 아니라 주무관청의 처분권한을 무의미하게 만든다는 것이다.[191] 하지만 사업시행자가 더 이상 민간투자사업을 진행할 수 없는 상태에서도 오직 주무관청의 처분으로만 사업이 종료될 수 있다고 보는 것은 합리적이지 않다. 이는 실시협약의 당사자들뿐만 아니라 제3자인 사업시행자의 채권자들도 이 사업에 상당한 이해관계를 가지고 있기 때문이다. 사업시행자가 이미 파산했음에도 주무관청에게만 사업의 향방을 좌우할 권한을 인정하는 것은 결과적으로 해당 채권자들의 법적 지위를 매우 불안정하게 만든다. 이를 민간투자법의 입법취지에 부합한다고 볼 수 있을지는 의문이다.[192]

또한 별개의견은 채무자회생법 제335조 제1항이 사업시행자의 손실누적 회피를 위한 파산 선택과 해지시지급금 회수를 허용함으로써 실시협약을 무력화할 수 있다고 본다.[193] 그러나 민간투자사업의 수익성 악화로 사업시행자가 파산하여 채무자회생법 제335조 제1항에 따라 실시협약을 해지하고 주무관청에 해지시지급금을 청구하는 상황은 실시협약 체결 과정에 이미 내재된 위험으로 보아야

제1호), 2021, 246면; 오수근, 도산법의 개선방향, BFL(제34호), 2009, 19-20면.
[191] 해당 판결 7. 다. 1) 나).
[192] 김대인, 채무자회생법의 공법상 계약에의 적용에 대한 고찰 - 대법원 2021. 5. 6. 선고 2017다273441 전원합의체 판결에 대한 평석 -, 법학논집(제26권 제1호), 2021, 245면.
[193] 해당 판결 7. 다. 2).

한다.194) 따라서 사업시행자가 고의적으로 파산을 꾀한 것이 아니라면, 단순히 파산에 이르렀다는 이유로 그를 비난할 수는 없다.

더욱이 사업시행자에 대해 파산절차가 개시되었음에도 채무자회생법 제335조 제1항에 따라 실시협약을 해지하고 미리 정해진 해지시지급금을 청구할 수 없다면, 이를 신뢰하여 사업시행자에게 금융을 제공한 채권자들에게 불리하다.195) 이는 향후 실시협약을 통한 사회기반시설의 확충에도 좋지 않은 영향을 끼쳐 공익에 반하는 결과를 가져올 것이다. 이상과 같은 사정들을 종합하여 볼 때, 채무자회생법 제335조 제1항은 민간투자법상 실시협약에 유추적용될 수 있다고 보아야 한다.

---

194) 임선지, 공법상 계약과 쌍방미이행 쌍무계약의 해지권 – 대법원 2021. 5. 6. 선고 2017다273441 전원합의체 판결을 중심으로 –, 법제(제700호), 2023, 129면.
195) 김대인, 채무자회생법의 공법상 계약에의 적용에 대한 고찰 – 대법원 2021. 5. 6. 선고 2017다273441 전원합의체 판결에 대한 평석 –, 법학논집(제26권 제1호), 2021, 245면.

제4절 소결

이 장에서는 앞서 살펴본 독일의 논의를 참고하여 우리나라의 공법상 계약의 개념과 인정 사례, 적용법리 등을 체계적으로 검토하였다. 먼저 우리나라의 공법상 계약은 주체(행정청이 일방당사자), 내용(공법적 효과의 발생), 목적(공익의 실현)을 중심으로 정의되어야 한다. 판례는 당사자 간의 대등성을 개념 요소로 들고 있으나, 이는 행정청이 사인에 비하여 우월한 지위를 가지고 있는 행정 현실을 고려하지 않은 것으로 타당하지 않다.

공법상 계약과 사법상 계약을 구별함에 있어서는 계약 내용의 공법성과 계약 목적의 공익성을 종합적으로 고려하여야 한다. 독일에서는 계약 내용이 공법적으로 규율되는지를 주된 기준으로 삼고 계약 목적은 보충적으로만 고려한다. 그러나 이는 우리나라의 법체계와 이론과 실무의 경향을 고려하면 받아들이기 어렵다.

이러한 기준을 바탕으로, 개별 분야에서 공법상 계약으로 인정해야 하는 사례를 살펴보았다. 건설 분야의 토지보상법 협의취득계약과 기부채납계약, 경제 분야의 민간투자법상 실시협약과 공공조달계약은 계약 내용과 목적에 공법적 성격이 명확하므로 공법상 계약으로 파악해야 한다.

이렇게 파악된 공법상 계약에 대해서는 공법적 규율이 필요하다. 공법상 계약에는 개별법과 행정기본법이 적용된다. 행정기본법상 공법상 계약 체결 규정과 행정법의 일반원칙 규정의 역할이 중요하다. 부득이 법의 공백이 발생하였을 시에는 먼저 공법규정을 유추적용하고, 적절한 규정이 없는 경우에만 사법규정의 유추적용을 고려해야 한다. 사법규정을 유추적용할 때에도 그대로 유추적용해서는 안 되고, 행정법의 일반원칙과 공익성을 바탕으로 유추적용의 가능성과 한계를 명확히 설정해야 한다.

공법상 계약의 성립 단계에서는 법률적합성원칙의 준수, 행정청이 일방당사자인 공법영역의 계약일 것, 계약서의 작성, 제3자 및 행정청의 동의, 계약의 무효의 법리가 적용된다. 이행 단계에서는 공법상 계약의 일반적인 이행과 채무불이행, 변경 또는 해지의 법리가 적용된다. 특히 변경 또는 해지에 대해서는 사정변경과 공익을 근거로 한 일반 규정의 입법을 고려할 필요성이 있다. 또한 채무자회생법상 쌍방미이행 쌍무계약 해지 규정은 공법상 계약에 유추적용될 필요성이 있다.

제6장

결 론

제1절 요약

I. 독일 공법상 계약의 개관

독일의 공법상 계약은 행정절차법 제54조 제1문에 따라 공법영역의 법률관계가 발생, 변경, 소멸되는 계약을 의미한다. 공법상 계약은 계약이라는 점에서 다른 공법상 행위형식과 구별되며, 계약 내용이 공법에 관한 것이라는 점에서 사법상 계약과도 구별된다.

공법상 계약과 사법상 계약의 구별은 계약 내용을 결정적 기준으로 한다. 계약당사자들의 권리나 의무가 공법영역에 속해야 한다는 점이 핵심이다. 즉, 계약의 내용이 공법에 의해 규율되는 사안에 관한 것이어야 한다. 이에 따르면 해당 계약이 행정청에 공법적 권리나 의무를 부여하거나, 공법 규정을 집행하는 규범집행계약인 경우에는 공법상 계약으로 볼 수 있다.

계약 내용을 직접 규율하는 법규정이 없는 경우가 있을 수 있다. 이 경우, 계약 내용이 행정청의 공법적 권리나 의무와 밀접하게 관련되어 있다고 판단되면 공법상 계약으로 볼 수 있다. 계약의 목적과 전체적 성격도 보충적으로 고려된다. 계약의 목적이 공적 임무의 수행과 밀접하고 불가분적으로 관련된 경우에는 공법상 계약으로 인정된다.

독일에서는 오랫동안 공법상 계약에 관한 논의가 이루어져 왔다. 초기에는 공법상 계약의 가능성에 대해 부정적인 시각이 있었다. 공법은 법적 주체 간 비대등성을 특징으로 하므로, 대등한 당사자를 전제로 하는 계약은 배제된다는 논리였다. 그러나 법제도와 실무가 변화하면서 공법상 계약이 활용되기 시작하였고, 행정절차법은 공

법상 계약에 관한 규정을 마련하여 공법상 계약을 일반적으로 허용
하였다. 다만 행정청과 사인 간의 계약 체결 과정에서 행정청의 우월
적 지위로 인하여 사인의 권리가 침해될 가능성을 방지하고 공법적
통제를 가하기 위하여 공법상 종속계약에 관한 규정을 도입하였다.

공법상 계약은 행정의 다른 행위형식에 비해 다양한 유용성을 가
지지만, 행정과 사인 간 대등하지 않은 관계 특성상 위험성도 지닌
다. 유용성으로는 정형적이지 않은 사안을 유연하게 해결한다는 점,
사인이 행정의 수동적 객체가 아니라 능동적 주체가 되므로 계약에
대한 사인의 수용성이 높다는 점, 서면방식을 요건으로 하므로 높은
법적 안정성을 갖는다는 점을 들 수 있다. 반면, 행정작용에 대한 법
치주의적 통제를 약화할 수 있고, 국민의 기본권을 위협할 소지가
있으며, 행정이 공법상 계약을 통해 공익적 목적을 망각하고 국가행
정을 상업화할 우려가 있다는 점은 위험성에 해당한다.

공법상 종속계약은 행정청과 사인 간 종속관계를 전제로 한다.
여기서 종속관계란 행정청이 일반적으로 행정행위를 할 수 있는 권
한이 있는 영역에서 행정청과 사인 간에 계약이 체결된 경우를 의
미한다. 공법상 종속계약은 계약의 효과에 따라 의무부담계약과 처
분계약으로 구별된다. 의무부담계약은 계약의 후속 이행이 전제된
계약을, 처분계약은 계약이 법률관계의 발생, 변경, 소멸에 직접 영
향을 미치는 계약을 의미한다. 또한 공법상 종속계약은 그 하위 유
형으로 화해계약과 교환계약을 규정하고 있다.

공법상 계약의 공법적 통제를 위한 규율 체계를 살펴볼 필요가
있다. 먼저, 공법상 계약에는 특정 계약을 규율하는 개별법이 우선
적용된다. 대표적인 예로는 연방도시계획법전 제11조에 의한 도시
계획계약에 관한 규율이 있다. 개별법이 없는 경우에는 행정절차법
이 적용된다. 행정절차법은 공법상 계약 일반에 적용되는 규정과 종
속계약의 통제를 위한 규정을 마련하고 있다. 전자에는 법률적합성

원칙 준수, 행정청이 일방당사자인 공법영역의 계약일 것, 서면방식, 제3자 및 행정청의 동의, 그리고 변경 또는 해지에 관한 규정이 있다. 후자에는 종속계약의 개념, 하위 유형 및 무효사유에 관한 규정이 있다. 다음으로 행정법의 일반원칙이 적용되는데, 구체적으로는 법률적합성원칙, 비례원칙, 부당결부금지원칙, 평등원칙이 공법상 계약과 밀접한 관련이 있다. 마지막으로 공법상 계약의 규율에 관하여 개별법과 행정절차법, 행정법의 일반원칙이 정하고 있지 않아 법의 공백이 있는 경우에 한하여 민법이 보충적으로 준용된다.

II. 독일 공법상 계약의 분야별 검토

개별 분야를 중심으로 독일 공법상 계약에 관한 논의와 인정 사례를 살펴본다. 건설행정이 대표적이며, 다양한 유형의 도시계획계약이 공법상 계약으로 인정된다. 도시계획계약은 지방자치단체가 계획구역 내 이해관계인들과 협력하여 다양한 도시계획조치를 추진하는 내용을 담고 있다. 여기에는 사인이 기반시설을 설치한 후 이를 지방자치단체에게 양도하는 기반시설계약, 지방자치단체가 기반시설을 설치하는데 소요된 비용을 사인이 부담하는 후속조치비용계약, 토지소유자가 기반시설 설치부담금을 선납하는 변제계약, 도시의 주거환경을 정비하고 도시개발을 통한 지역발전을 도모하는 정비사업시행자계약 및 개발사업시행자계약이 있다. 이러한 유형의 도시계획계약 외에도 사업시행자와 토지소유자가 계약을 통하여 수용대상토지의 소유권을 이전하는 수용계약, 행정청이 사인의 주차장설치의무를 면제하여 건축허가를 발급하고 사인은 그 대가로 행정청에게 대체주차장 설치를 위한 비용을 납부하는 주차장면제계약, 행정청이 건축법을 위반한 사인의 건축물을 일정 기간 수인하는 수인계약이 공법상 계약으로 인정된다.

경제행정에서의 계약이 공법상 계약인지 사법상 계약인지에 대해서도 논의가 계속되고 있다. 민관협력계약은 통설에 따르면 계약 내용, 관계 법령 및 목적에 따라 공법상 또는 사법상 계약으로 분류된다. 그러나 행정 임무의 이전을 내용으로 하는 공법상 법률관계에 해당하고, 적용법령도 그와 같은 내용을 담고 있어 공법에 해당하므로 일관되게 공법상 계약으로 간주해야 한다는 반대 견해도 있다. 공공조달계약은 통설에 따르면 사법상 계약으로 간주된다. 그러나 계약 목적이 단순한 행정 수요 충족을 넘어 다양한 경제·사회·정치적 목표를 추구하고, 적용법령이 조달방식, 조달심사, 계약 변경 등 다양한 공법적 규율을 포함한다는 점에서 공법상 계약이라는 반대 견해도 있다. 보조금 지원계약의 법적 성격은 보조금의 유형에 따라 구별된다. 소비적 보조금은 통상 계약이 아닌 행정행위로 이루어진다. 반면 대출 또는 보증은 보조금 승인에 관한 1단계 결정(행정행위)과 보조금 지원 내용에 대한 2단계 사법상 계약으로 이루어진다는 것이 판례이다. 그러나 학설은 대출 또는 보증에 관하여 판례가 채택한 두 단계 기준에 부정적이다. 양자를 구별하는 기준이 현실과 유리되어 있고, 관계가 모호하며, 분쟁 해결의 어려움을 초래한다는 이유에서다. 따라서 대출 또는 보증은 공법상 계약에 의하여 한 단계로 규율되어야 한다는 견해가 유력하다.

Ⅲ. 독일 공법상 계약의 적용법리

먼저 공법상 계약의 성립 단계에서의 법리를 살펴본다. 공법상 계약은 행정절차법 제54조에 따라 법률적합성원칙을 준수하여야 한다. 따라서 공법상 계약은 법규정을 위배하여서는 안 된다. 특히 계약 형식 및 내용을 금지하는 법규정을 위배하여서는 안 된다.

공법상 계약은 행정청이 일방당사자인 공법영역의 계약이어야 한다. 행정절차법상 공법상 계약은 행정청이 일방당사자인 계약을 의미한다. 공법상 계약은 공법영역에서 체결된 계약이어야 하므로 행정청이 사법영역에서 체결한 계약은 공법상 계약에 해당하지 않는다. 계약에 관한 규율로서 의사표시 및 법률관계에 관한 규율이 적용된다.

공법상 계약은 서면방식을 갖추어야 한다. 여기서 서면이란 계약서를 의미한다. 계약서 내에는 계약당사자들의 서명, 계약당사자들의 모든 계약상 의사표시가 포함되어야 한다. 서면방식을 갖추지 못한 계약은 효력이 없다.

공법상 계약이 제3자의 권리를 침해하거나 다른 행정청의 권한에 영향을 미치는 경우, 그들의 동의나 협력이 필요하다. 해당 계약이 위 요건을 갖추지 못한 경우에는 유동적 무효의 상태에 빠진다.

공법상 계약에 무효사유가 있으면 해당 계약은 무효가 된다. 다만 중대한 하자만이 공법상 계약을 무효로 만들고, 경미한 하자는 계약의 효력에 영향을 미치지 않는다. 계약의 중대한 하자, 즉 계약의 무효사유는 두 가지 유형으로 구분된다.

민법의 준용에 의한 무효사유로는 법률상 금지를 위반한 경우, 계약당사자의 행위능력이 결여된 경우 등이 있다. 행정절차법의 무효사유로는, 상응하는 내용의 행정행위에 중대·명백한 하자가 있어 무효일 경우, 상응하는 내용의 행정행위에 실체적 하자가 있고 이를 계약당사자가 알았을 경우 등이 있다. 후자의 무효사유는 공법상 종속계약에만 적용된다.

공법상 계약이 무효가 되면 계약에 따라 이행된 급부는 반환되어야 한다. 반환 범위는 행정주체와 사인 간에 차이가 있다. 행정주체는 법률적합성원칙에 따라 항상 적법한 재산 상태를 유지해야 하므로 선의 수익자임을 주장할 수 없다. 반면 사인은 선의이며 경과실인 경우 신뢰보호이익이 인정되어, 선의 수익자임을 주장하고 현존이익이 없음을 항변할 수 있다. 또한 공법상 계약에는 민법의 비채변제, 불법원인급여에 관한 규정이 준용되지 않는다.

다음으로 공법상 계약의 이행 단계에서의 법리를 살펴본다. 유효한 공법상 계약은 이행 절차에 들어간다. 계약당사자들은 계약관계에 근거하여 상호 이행을 청구할 수 있다. 그러나 이행불능, 불완전이행, 이행지체, 계약체결상의 과실책임, 부수의무 위반 등의 채무불이행이 발생할 수 있다. 이에 관한 민법규정은 공법상 계약에도 일반적으로 준용된다. 다만 이행불능 중 원시적·객관적 불능은 행정절차법상 무효로 규율되므로, 이에 대해서는 계약의 유효를 전제로 하는 민법규정이 준용되지 않는다. 계약체결상의 과실책임에 관한 규정의 경우에도 계약 교섭이 개시되었음을 전제로 하는 부분만이 준용된다. 채무불이행의 효과로는 손해배상, 비용상환, 해제가 주로 논의된다.

공법상 계약은 상황에 따라 변경 또는 해지될 수 있다. 그 원인으로는 사정변경과 공익이 있다. 사정변경의 경우, 계약의 기초가 된 사정이 계약 체결 이후 본질적으로 변경되어 계약당사자들의 계약 준수를 기대할 수 없는 상황의 발생을 요건으로 한다. 이 경우, 계약당사자는 우선 계약상대방에게 계약 내용의 변경을 요청할 수 있다. 계약 변경이 불가능하거나 계약당사자에게 기대할 수 없는 경우에만 계약을 해지할 수 있다. 공익의 경우, 행정청은 계약을 해지할 수 있다. 단, 이는 공익에 대한 중대한 불이익을 방지하거나 제거하기 위한 목적을 갖추어야 한다. 또한 행정청의 공익상 해지는 계약상대방의 재산권 및 계약자유에 중대한 영향을 미치므로 계약상대방에 대한 보상의무를 발생시킨다.

IV. 우리나라에의 시사점

1. 공법상 계약의 개념과 의의

우리나라에서 공법상 계약은 공법적 권리나 의무의 발생, 변경, 소멸을 목적으로 하는 계약을 의미한다. 따라서 사법상 계약과의 구별 기준의 주된 초점은 계약 내용에 있다고 가정해 볼 수 있다. 이는 계약 내용이 공법적으로 규율되는지를 구별 기준으로 삼는 독일의 논의와 일치한다.

그러나 독일의 견해를 우리나라에 그대로 적용할 수 있을지는 의문이다. 공법상 계약 체결 과정에서 행정목적의 달성과 공공성을 고려하도록 명시한 행정기본법 제27조의 내용, 계약 내용과 목적을 균형적으로 고려한 최근 대법원 판결, 공익관련성을 중심으로 계약의 법적 성격을 판단하는 학설의 입장을 종합적으로 고려하면, 계약 내용의 공법성과 계약 목적의 공익성을 동등한 지위에 놓고 종합적으로 판단하여 계약의 법적 성격을 결정하는 것이 타당하다. 계약 내용과 목적은 서로 밀접한 관련성을 가지고 유기적으로 계약의 법적 성격을 형성한다. 따라서 이들을 종합적으로 고려해야 비로소 그 계약의 본질적 특성을 분명히 확인할 수 있다.

공법상 계약의 개념을 파악한 후에는 공법상 계약의 규율 필요성과 행정기본법의 제정에 대해 살펴볼 필요가 있다. 행정법은 주로 행정처분을 중심으로 발전해 왔으나, 최근에는 공법상 계약이 다양하게 활용되고 있다. 그러나 공법상 계약은 행정청의 우월한 지위와 그로 인한 권한 남용으로 문제가 발생할 수 있으므로, 사법상 계약과 달리 공법적 규율이 필요하다. 이에 따라 행정기본법은 공법상 계약 규정을 제정하였다. 공법상 계약의 체결에 관한 단 하나의 규정만이 입법된 것은 아쉽지만, 공법상 계약의 가능성, 서면방식, 공공성 등의 요건이 구체화되어 공법상 계약의 정체성을 명확히 했다는 점에서 의의가 있다.

2. 공법상 계약의 분야별 검토

앞서 살펴본 공법상 계약과 사법상 계약의 구별 기준을 바탕으로, 건설·행정 분야를 중심으로 우리나라의 공법상 계약을 검토한다. 먼저 건설행정에서 문제되는 계약 유형으로는 토지보상법상 협의취득계약과 기부채납계약이 있다.

토지보상법상의 협의취득계약에서, 사업시행자는 토지·물건조서를 작성하고 공고해야 하며, 토지소유자와의 협의 절차를 반드시 거쳐야 한다. 협의 절차가 성립되어 협의취득계약이 체결되면, 사업시행자는 관할 토지수용위원회에 협의 성립의 확인을 신청할 수 있는 권리를 갖는다. 토지소유자는 잔여지에 대한 매수 및 수용청구권과 대상토지의 환매권을 갖는다. 또한 협의취득계약은 공용수용과 더불어 토지 등의 특정한 재산권을 공익사업 기타 복리목적에 제공함으로써 공익사업의 효율적인 수행을 통하여 공공복리의 증진과 재산권의 적정한 보호를 도모하는 것을 목적으로 한다. 이러한 점들을 종합적으로 고려하면, 공법상 계약으로 볼 수 있다.

기부채납계약은 사인이 행정청의 수익적 처분 발급을 목적으로 기부채납을 약정한다는 점, 이에 따라 행정청의 처분의무와 사인의 기부채납의무가 계약의 주된 내용으로서 밀접하게 관련되어 있다는 점, 기부채납계약이 도로, 공원 등 기반시설 확충을 통해 주민 편의와 복리 증진이라는 공익 실현을 목적으로 한다는 점 등을 종합적으로 고려하면, 공법상 계약으로 볼 수 있다.

다음으로 경제행정에서 문제되는 계약 유형으로 민간투자법상 실시협약과 공공조달계약이 있다. 민간투자법상 실시협약에서 주무관청은 협약상대방을 사업시행자로 지정하고, 법령 위반이나 공익에 근거하여 협약상대방에게 명령을 내리거나 처분을 취소할 수 있는 권한을 갖는다는 점, 사업시행자 역시 민간투자사업 시행을 위해 타인의 토지에 출입하거나 국유·공유 재산을 무상으로 사용할 수 있는 권한을 갖는다는 점, 실시협약의 목적이 민간투자를 통한 사회기반시설 확충이라는 공익에 근거한다는 점 등을 고려하면, 이를 공법상 계약으로 볼 수 있다.

공공조달계약의 경우, 일반경쟁입찰 원칙과 예외적 수의계약의 체결, 발주기관의 예정가격 작성, 입찰참가자격사전심사제도, 낙찰자 결정 시 발주기관의 의무, 계약서 작성, 계약심의위원회, 부정당업자에 대한 입찰참가자격 제한, 그리고 공공조달계약의 공익적 목적과 투명성, 공정성, 청렴성, 평등대우 및 부당특약금지와 같은 공적 가치들을 종합적으로 고려하면, 공법상 계약에 해당한다.

3. 공법상 계약의 적용법리

공법상 계약의 개념과 인정 사례를 바탕으로 공법상 계약의 적용법리를 체계적으로 정리할 필요가 있다. 먼저 규율 체계를 살펴본다. 공법상 계약을 규율하는 법규범으로 가장 중요한 것은 행정기본법이다. 행정기본법에 명시되어 있는 공법상 계약의 체결에 관한 규정, 그리고 행정법의 일반원칙에 관한 규정의 역할이 중요하다.

공법상 계약에 관한 분쟁 상황에서는 앞서 언급한 규정들이 우선 적용된다. 그러나 공법상 계약에 관한 통일된 법전이 없어 법의 공백이 발생하는 경우도 있다. 이 경우에는 공법규정과 사법규정의 유추적용이 고려된다. 사안의 관련성상 공법규정이 우선 고려된다. 그러나 공법규정은 주로 행정처분 등 일방적인 권력 작용을 규율하는 조문으로 구성되어 있다. 또한 공법상 계약의 법리를 규율하는 법체계가 아직 완성되지 않아, 사법규정의 유추적용이 필요한 경우가 발생한다.

사법규정의 유추적용 시 유념해야 할 점은 공법과 사법이 서로 다른 원칙을 적용하고 추구하는 가치가 현저히 다르다는 것이다. 따라서 공법상 계약에 사법규정을 그대로 유추적용해서는 안 된다. 이에 따라 행정법의 일반원칙과 공익성이 사법규정의 유추적용 여부와 그 한계를 판단하는 핵심 기준으로 작용한다.

이러한 기준을 바탕으로 공법상 계약의 진행 순서에 따라 구체적인 적용법리를 살펴본다. 계약의 성립 단계에서 가장 먼저 고려해야 할 것은 법률적합성원칙의 준수이다. 계약당사자들은 공법상 계약을 체결할 때 법률적합성원칙에 구속되므로, 법규정을 위반하는 내용의 공법상 계약을 체결할 수 없다. 따라서 공법상 계약에서는 법률적합성원칙이 사적자치보다 우선하며, 이는 공법상 계약을 규율하는 주된 원리로 작용한다.

공법상 계약은 공법영역을 대상으로 하며, 공법규정에 의해 규율된다는 점도 중요하다. 또한 계약 목적의 공익성도 공법영역의 중요한 판단 기준이 된다. 여기서 공익이란 국가나 공공단체 등 사회 공동체와 관련된 이익을 의미하나, 이러한 정의는 다소 추상적이다. 따라서 공익이라는 개념을 단순히 정의하기보다는 계약 유형별로 공익의 내용을 정립하는 작업이 필요하다.

공법상 계약은 계약에 관한 규정을 준수하여야 한다. 계약당사자들의 의사표시는 원칙적으로 자유롭게 이루어져야 하나, 공법상 계약의 특성상 공익성을 고려하여 계약 체결이 강제되는 체약강제가 있을 수 있다. 의사표시를 해석할 때는 행정법의 일반원칙과 공익성

이라는 공법적 규율과 목적을 고려하여, 이에 반하지 않도록 해야
한다.

공법상 계약은 계약의 목적 및 내용을 적은 계약서로 하여야 한
다. 이 규정은 강행규정이므로, 이를 위반한 공법상 계약은 무효가
된다. 이에 따라 계약이 청약에 대한 승낙으로 성립한다고 하는 민
법규정들은 적용될 수 없다. 서면에는 계약당사자들의 권리나 의무
와 같은 계약의 본질적 요소가 포함되어야 한다. 다만 독일의 경우
처럼, 계약당사자들의 서명이 반드시 동일한 계약서 내에 있을 필요
는 없다고 보는 것이 타당하다. 이는 계약 명확화, 증거 보존, 분쟁
방지 등과 같은 계약서의 기능이 서명 위치와 관계없이 발휘될 수
있기 때문이다.

행정청은 공공성과 제3자의 이해관계 고려의무가 있다. 이는 독
일처럼 제3자의 명시적 동의를 얻어야 할 의무로 볼 수는 없지만,
행정청은 재량 행사 시 이를 신중히 고려하여 계약의 적법성과 정
당성을 확보할 필요가 있다.

공법상 계약에 무효사유가 있으면 해당 계약은 무효가 된다. 이
러한 경우의 대표적 예로 법령 등 위반이 있다. 이는 강행규정 위반
을 의미한다. 강행규정과 임의규정의 구별에 대해서는 공공조달계
약에 적용되는 국가계약법이 주로 문제가 된다. 공공조달계약을 공
법상 계약으로 전제할 때, 국가계약법상 입찰절차 규정, 계약금액
조정 규정은 강행규정으로 해석해야 한다. 따라서 계약당사자들이
공공조달계약에서 이들 규정을 위반하면 해당 계약은 무효가 된다
고 해석하여야 한다.

행위능력의 결여로 인한 무효의 경우에는, 특히 미성년자가 권리
만을 얻거나 의무만을 면하는 행위에 대하여 행위능력을 인정하는
민법규정이 유추적용될 수 있는지를 살펴보아야 한다. 이 규정은 결
론적으로 유추적용될 수 없다고 보는 것이 타당하다. 공법상 계약에

는 사법상 계약과 다른 원칙과 가치가 적용되므로, 미성년자 보호와 계약의 안전과 같은 공익성을 고려해야 하기 때문이다.

의사표시의 하자에서는 진의 아닌 의사표시로 인한 무효와 강박으로 인한 취소 규정의 유추적용이 문제된다. 전자는 법적 안정성과 같은 공익적 가치를 고려할 때 사인의 공법행위에 적용될 수 없다. 반면 후자는 사인의 권익을 보호하고 행정의 권한 남용을 통제한다는 측면에서 유추적용될 수 있다.

제3자의 사기 또는 강박으로 인한 취소 규정의 유추적용 여부에 대해서는 비례원칙이 중요한 역할을 한다. 동 규정은 공익의 중요성에 비추어 그대로 적용될 수 없고 수정이 필요하다. 이를 위해서는 비례원칙에 따라 공익과 사익을 비교형량해야 한다. 이에 따라 동 규정은 원칙적으로 유추적용될 수 있지만 중대한 공익을 보호할 필요성이 있는 경우에는 유추적용될 수 없다.

사기 또는 강박의 취소 기간 규정의 유추적용 여부에 대해서는 신뢰보호원칙이 고려되어야 한다. 이 원칙에 의하면 법적 안정성과 기타 공익적 사정에 따라 법률관계를 조속히 안정시킬 필요가 있는 경우 단기의 취소 기간이 요청될 수 있다. 다만 동 규정을 수정하여 적용하기 위한 실정법상 규정이 불충분하므로 현재로서는 민법규정을 유추적용할 수밖에 없다. 그러나 향후에는 신뢰보호원칙을 고려하여 개별 사안에 따른 단기의 취소 기간을 입법으로 고려할 필요가 있다.

무권대리의 유추적용에서는 행정청이 무권대리인의 상대방인 경우 표현대리의 적용 여부가 문제된다. 우리나라의 행정청에 대해서는 실정법상 직권조사의 권리나 의무에 관한 규정이 존재하지 않으므로, 공법상 계약의 안정성 보호 측면에서 행정청에 대한 표현대리를 인정할 수 있다. 그러나 행정기본법이 행정의 성실의무를 규정하고 있으므로 표현대리의 성립에 관해서는 신중을 기해야 한다.

공서양속에 관한 규정들은 강행규정으로, 공법상 계약의 무효사유가 될 수 있다. 다만 공법상 계약에서는 행정법의 일반원칙이 우선 적용되고 그 경우에는 공서양속 위반에 관한 사법규정이 유추적용되지 않는다는 점이 중요하다. 따라서 행정법의 일반원칙은 공서양속 위반 규정의 유추적용의 한계로서 기능한다. 또한 공법상 계약은 공익의 실현을 목적으로 하므로 사적자치의 실현을 목적으로 하는 사법상 계약과 본질적인 차이가 있다는 점도 중요하다. 따라서 공서양속이 공법상 계약에서는 다소 다르게 규율될 수 있다는 점을 인식해야 한다.

부당이득반환에 관한 민법규정은 행정법의 일반원칙을 고려할 때 적용할 수 없거나 수정이 필요한 부분들이 있다. 먼저, 비채변제와 불법원인급여에 관한 규정은 법적 원인 없이 발생한 재산 이전 상태를 고착시키므로 법률적합성원칙에 위배되어 적용할 수 없다. 수익자의 반환범위에 관한 규정은 행정주체와 사인으로 나누어 살펴보아야 한다. 행정주체는 법률적합성원칙에 구속되므로 선의 수익자라는 항변을 할 수 없다. 반면 사인은 이러한 원칙에 구속되지 않는다. 따라서 사인은 신뢰보호원칙에 따라 보호가치 있는 신뢰를 가졌던 경우, 즉 계약의 무효 원인을 알지 못했고 이에 중대한 과실이 없었던 경우에는 선의 수익자라는 항변을 할 수 있다.

공법상 계약의 이행 단계에서는 우선 채권의 준점유자 변제에 관한 규정의 유추적용 여부가 문제가 된다. 판례는 손실보상에 관하여 동 규정의 적용 여부를 제한적으로 해석하고 있다. 이는 행정청이 행정의 성실의무에 따라 의무를 성실히 수행해야 한다는 점과 공법상 계약의 공익적 목적을 고려할 때, 행정청의 주의의무 수준을 상대적으로 높게 설정할 필요가 있다는 측면에서 의미가 있다. 따라서 행정청이 준점유자의 수령 권한을 신뢰한 것에 과실이 있는지 여부는 엄격히 판단해야 한다.

민법상 전형계약 규정의 유추적용 여부도 살펴볼 필요가 있다. 이 규정은 매매, 임대차 등 사법의 특질을 반영하고 있으므로 유추적용에 신중을 기해야 한다. 특히 평등원칙에 따라 해당 공법상 계약의 실질이 민법상 전형계약과 유사한지 여부에 따라 유추적용의 가능성과 한계를 가늠하여야 한다.

채무불이행의 효과로는 먼저 계약당사자들이 사적자치에 따라 자유롭게 채무불이행책임의 내용을 정할 수 있는지가 문제된다. 여기서는 행정청이 사인에 대하여 법률상 제재 권한을 보유하고 있음에도 추가적인 계약상 제재조치를 합의하는 것이 적절한지가 문제된다. 그러나 이는 비례원칙의 필요성과 상당성 요건을 위반한 것이므로 허용될 수 없다.

민법상 손해배상액 예정 규정이 유추적용될 수 있는지도 문제된다. 판례는 공공조달계약이 사법상 계약이라는 전제에서 국가계약법상 지체상금 및 계약보증금 규정을 단순한 내부규정으로 판단하였다. 이에 따라 민법상 손해배상액 예정 규정을 적용하여 해당 금액을 감액하였다. 그러나 공공조달계약은 공법상 계약에 해당한다. 위 규정들도 강행규정으로서 행정청은 이를 준수할 의무가 있다. 따라서 이 경우에는 민법상 손해배상액 예정 규정이 유추적용될 수 없다.

채무불이행의 유형에 대해서는 우리나라와 독일의 법리상 차이점을 살펴볼 필요가 있다. 먼저 이행불능의 경우, 우리나라와 독일은 민법상 이행불능의 범위와 이를 달리 규율하는 실정법의 존재 여부에 차이가 있다. 또한 계약체결상의 과실책임에 대해서도 양국의 법리가 다르다.

공법상 계약의 변경 또는 해지에 대해서는 사정변경, 공익, 채무자회생법상 쌍방미이행 쌍무계약이 문제가 될 수 있다. 먼저 사정변경의 경우, 사정변경원칙이 법의 일반원칙으로서 공법상 계약에도 적용될 수 있다. 그러나 사정변경원칙의 법적 지위를 명확히 하기 위해 이를 법에 명문화할 필요가 있다. 사정변경원칙을 계약으로 합의하거나 개별법에 규정하는 경우도 있지만, 이는 여러 측면에서 부족하므로 일반 규정의 입법이 필요하다.

공익의 경우, 공법상 계약의 공익적 목적을 고려할 때 공익상 중대한 불이익이 있다면 계약의 변경이나 해지를 인정할 필요성이 크다. 독일은 공익에 대한 중대한 불이익이 있을 때 계약 변경의 기대가능성이 없다는 이유로 계약 해지만을 허용한다. 그러나 양국의 개념 차이로 적용 범위가 일치하지 않으므로, 이 경우에도 사정변경과 마찬가지로 계약 변경권을 먼저 행사하도록 하는 것이 타당하다. 또한 행정청은 공익상 계약의 변경 또는 해지 시 계약상대방에게 손실보상을 하여야 한다. 이때의 보상은 계약상 신뢰이익 침해에 대한 것이 아니라, 재산권 보장과 사회적 기속성을 고려해 재산권을 비례원칙에 맞게 합헌적으로 제한하기 위한 조정적 보상으로 해석해야 한다.

채무자회생법상 쌍방미이행 쌍무계약에 따른 해지권은 채무자의 회생과 파산절차 진행을 고려해 파산관재인에게 인정되는 권리다. 민간투자사업 등과 관련하여 사업시행자가 파산하여 사업이 중도에 좌초되는 경우가 종종 발생하고 있어 동 규정의 적용 가능성이 문제되고 있다. 동 규정은 사법규정으로서 공법상 계약에는 유추적용되는 것으로 보아야 한다. 또한 동 규정은 사업시행자의 채권자들도 민간투자사업에 상당한 이해관계를 가지고 있는 점 등을 고려할 때 민간투자법상 실시협약에 유추적용될 수 있다고 보는 것이 타당하다.

제2절 결어

이 책은 공법적 규율이 필요함에도 실무상 사법상 계약으로 평가되는 행정청이 체결하는 계약에 대한 문제의식에서 출발하였다. 이러한 문제의식은 사법상 계약과 구별되는 공법상 계약의 개념과 적용법리라는 이 책의 핵심 주제로 발전하였다.

연구 과정에서 독일의 법제도를 참고하여 우리나라에 적용할 수 있는 시사점을 얻고자 하였다. 이는 독일이 오랜 기간 공법상 계약에 관한 논의를 통해 그 규율 체계를 마련하였기 때문이다. 독일은 공법상 계약의 요건, 무효사유와 효과, 변경과 해지에 이르는 포괄적인 법체계를 구축하였으므로 여기에서 참고할 만한 점이 적지 않을 것이라고 판단하였다.

이 책에서는 먼저 공법상 계약과 사법상 계약을 구별하는 기준을 살펴보았다. 독일에서는 공법상 계약 여부를 판단할 때 우선 계약 내용이 공법에 의하여 규율되는지를 살펴본다. 이러한 규율 관계가 성립하지 않을 경우에만 계약 목적이 공적 임무 수행과 밀접하고 불가분한 관계에 있는지를 보충적으로 고려한다. 그러나 독일의 기준을 그대로 적용하기는 어렵다. 우리나라의 경우, 행정기본법 제27조의 내용, 판례 및 학설의 동향을 고려할 때, 공법상 계약의 판단 기준으로 '계약 내용의 공법성'과 '계약 목적의 공익성'을 동등하게 두고 종합적으로 고려하여야 한다. 두 요소는 밀접하게 연관되고 유기적으로 작용하여 계약의 법적 성격을 형성하기 때문이다. 이러한 기준에 따르면, 토지보상법상 협의취득계약, 기부채납계약, 민간투자법상 실시협약 및 공공조달계약은 공법상 계약에 속하는 것으로 보아야 한다.

다음으로 공법상 계약의 적용법리를 어떤 방식으로 구축해야 하는지를 살펴보았다. 우리나라의 공법상 계약 규율 체계가 아직 완전히 확립되지 않았다는 점에서, 독일의 명문화된 법규정들은 참고할 만하다. 예를 들어, 독일 행정절차법 제60조의 사정변경과 공익상 변경 또는 해지는 우리나라의 행정 실무상 도입이 필요한 규정이다. 물론 이를 그대로 수용해서는 안 되고, 우리나라의 실정에 맞는 독자적인 법체계를 구축하기 위해 적절히 참고해야 할 것이다.

문제는 법의 공백이 있는 부분이다. 이 경우 공법규정의 유추적용을 우선적으로 고려하되, 유사한 규정이 없는 경우에는 현실적으로 사법규정의 유추적용을 고려할 수밖에 없다. 그러나 이 경우에도 공법상 계약에 사법규정을 그대로 유추적용해서는 안 된다. 공법상 계약은 행정법의 일반원칙에 따라 규율되며 공익을 추구한다. 따라서 이러한 법원칙과 가치에 기반하여 유추적용의 한계를 명확히 설정해야 한다.

참고문헌

1. 국내문헌

[단행본]

김남철, 행정법강론, 박영사, 제9판, 2023.

김대인, 행정계약법의 이해, 경인문화사, 2007.

김동희·최계영, 행정법 I, 박영사, 제27판, 2023.

김동희·최계영, 행정법 II, 박영사, 제26판, 2021.

김상용, 민법총칙, 화산미디어, 제3판, 2014.

김성수, 일반행정법, 홍문사, 제9판, 2021.

김시영, 토지보상법 신론, 진원사, 2022.

김유환, 현대 행정법, 박영사, 제8판, 2023.

김중권, 김중권의 행정법, 법문사, 제5판, 2023.

김종보, 건설법의 이해, 북포레, 제6판, 2018.

김철용, 행정법, 고시계사, 제12판, 2023.

류지태·박종수, 행정법신론, 제18판, 박영사, 2021.

류해웅·허강무, 신수용보상법론, 부연사, 제7판, 2016.

미하엘 슈톨라이스(이종수 역), 독일 공법의 역사, 푸른역사, 2022.

박균성, 행정법론(상), 박영사, 제22판, 2023.

박균성, 행정법론(하), 박영사, 제21판, 2023.

박균성·도승하, 토지보상행정법, 북큐브, 제4판, 2023.

박윤흔·정형근, 최신행정법강의(상), 박영사, 제30판, 2009.

_____, 최신행정법강의(하), 박영사, 제28판, 2009.

박정훈, 행정법의 체계와 방법론, 박영사, 2005.

_____, 행정소송의 구조와 기능, 박영사, 2006.

박평준·박창석, 토지취득보상법, 리북스, 2009.

법원행정처, 법원실무제요 행정, 2024.

법제처, 행정기본법 해설서, 2021.

서울행정법원 실무연구회, 행정소송의 이론과 실무, 사법발전재단, 2013.
서울회생법원 재판실무연구회, 도산절차와 소송 및 집행절차, 박영사, 2022.
송덕수, 민법총칙, 박영사, 제4판, 2018.
_____, 신민법강의, 박영사, 제16판, 2023.
양창수, 민법전: 총칙·채권·물권, 박영사, 2021.
윤성철, 민간투제법제 연구, 한국학술정보, 2006.
이상덕, 영조물의 개념과 이론, 경인문화사, 2010.
이선영, 신토지수용과 보상법론, 리북스, 제3판, 2017.
이원우, 경제규제법론, 홍문사, 2010.
장훈기, 최신공공계약제도 해설, 삼일, 2015.
전대규, 채무자회생법(제1권), 법문사, 제8판, 2024.
정원, 공공조달계약법 Ⅰ, 법률문화원, 2016.
정하중·김광수, 행정법개론, 법문사, 제17판, 2023.
정태학 외 3인, 국가계약법, 박영사, 2020.
최송화, 공익론 - 공법적 탐구 -, 서울대학교출판부, 2002.
최흥석·양창호, 공공계약제도 해설, 삼일, 2023.
하명호, 행정법, 박영사, 제5판, 2023.
홍성필·윤성철, 민간투자사업분쟁관계법, 법과교육, 2014.
홍정선, 행정법특강, 박영사, 제22판, 2023.
_____, 행정법원론(상), 박영사, 제31판, 2023.
_____, 행정법원론(하), 박영사, 제31판, 2023.

[논문]

강운산, 공공계약에 대한 사법심사 - 독일의 개정 「위탁발주법」을 중심으로 -,
    토지공법연구(제33집), 2006, 237-259면.
강지웅, 독일 공공조달법의 역사와 체계, 행정법연구(제52호), 2018, 105-
    129면.
강지은, 공법과 사법의 교착(交錯)에 관한 시론적 고찰, 행정법연구(제67호),
    2022, 41-68면.
강현호, 독일 연방건설법상의 토지수용제도에 관하여, 토지공법연구(제5집),
    1998, 139-157면.

계승균, 행정조달계약법상 공정의무 – 미국 판례를 중심으로 –, 저스티스(제
　　　82호), 2004, 154-175면.
계인국, 행정조달계약법상 수의계약제도, 법제연구(제28호), 2005, 233-255면.
_____, 최신(2013) 독일 행정판례의 동향 및 분석 연구, 행정판례연구(제19
　　　집 제2호), 2014, 343-371면.
김경준, 공법상 계약에 관한 당사자소송 연구, 부산대학교 법학박사논문,
　　　2023.
김나래, 사정변경원칙에 관한 입법 논의에 대한 연구, 저스티스(제199호),
　　　2023, 29-56면.
김대인, 정부조달계약에 있어서 투명성의 법적 의미, 행정법연구(제13호), 2005,
　　　195-222면.
_____, 행정기능의 민영화와 관련된 행정계약 – 민관협력계약과 민간위탁계
　　　약을 중심으로 –, 행정법연구(제14호), 2005, 347-376면.
_____, 행정계약에 관한 연구, 서울대학교 법학박사논문, 2006.
_____, 공공조달계약 관련법제의 개혁에 대한 고찰 – 국가계약법을 중심으
　　　로 –, 강원법학(제28권), 2009, 25-59면.
_____, 계약의 형식으로 된 부관의 법률관계 – 대법원 2009. 2. 12 선고
　　　2005다65500판결에 대한 판례평석 —, 행정법연구(제26호), 2010,
　　　417-436면.
_____, 입법학의 관점에서 본 공공조달법제, 입법평가연구(제4호), 2011,
　　　7-33면.
_____, 지방계약과 공법소송, 공법연구(제41집 제1호), 2012, 1-26면.
_____, 민간투자법상 실시협약의 효력 – 변경 및 해지가능성과 보상문제를
　　　중심으로 –, 유럽헌법연구(제17호), 2015, 639-678면.
_____, 공공조달계약과 공익 – 계약 변경의 한계에 관한 우리나라와 독일법
　　　제의 비교를 중심으로 –, 행정판례연구(제22집 제2권), 2017,
　　　155-194면.
_____, 공법상 계약의 법리에 대한 고찰 – 행정행위와의 구별을 중심으로 –,
　　　유럽헌법연구(제23호), 2017, 209-245면.
_____, 국가연구개발협약과 공·사법구별, 서울법학(제26권 제2호), 2018,
　　　221-258면.
_____, 행정계약이론의 초기형성사에 대한 연구 – 19세기부터 20세기 전반

까지 프랑스와 독일을 중심으로 -, 공법연구(제48집 제4호), 2020, 293-322면.

_____, 채무자회생법의 공법상 계약에의 적용에 대한 고찰 - 대법원 2021. 5. 6. 선고 2017다273441 전원합의체 판결에 대한 평석 -, 법학논집(제26권 제1호), 2021, 227-257면.

_____, 「행정기본법」상 공법상 계약에 대한 고찰, 법조(제71권 제6호), 2022, 190-222면.

_____, 공법상 계약과 국가계약법의 관계 및 부당특약에 대한 고찰 - 서울행정법원 2018. 8. 17. 선고 2017구합86125 판결에 대한 평석 -, 사법(제64호), 2023, 716-752면.

_____, 공법관계에 대한 사법규정의 유추적용 - 공법상 계약을 중심으로 -, 법조(제72권 제5호), 2023, 89-130면.

_____, 비교행정법의 연구동향 및 과제 - 박정훈 교수의 연구를 기초로 하여, 서울대학교 법학(제64권 제3호), 2023, 67-110면.

김명용, 계약 방식에 의한 환경보호, 공법학연구(제17권 제4호), 2016, 375-407면.

김병기, 독일 행정법상 위법한 행정계약과 그 법적 효력, 행정법연구(제3호), 1998, 137-157면.

김성수, 도시개발을 위한 민관협력 - 독일건축법전상의 개발계약 등을 중심으로 -, 헌법판례연구(제4권), 2002, 185-227면.

_____, 민간투자사업의 성격과 사업자 선정의 법적 과제, 공법연구(제36집 제4호), 2008, 461-487면.

김용민, 공법상 계약의 적법성에 관한 연구, 공법학연구(제21권), 2020, 471-512면.

김용욱, 공법과 사법 구분의 기원·변천 및 당위체계에 관한 연구, 저스티스(제150호), 2015, 166-216면.

_____, 국가연구개발사업상 연구협약과 공법상 계약 - 공법상 계약의 실무상 쟁점을 중심으로 -, 과학기술과 법(제11권 제2호), 2020, 29-60면.

_____, 위법한 조달계약의 효력과 강행규정, 경희법학(제55권 제4호), 2020, 121-155면.

김재형, 공법과 사법의 대화, 민사법학(제105호), 2023, 3-36면.

김종보, 행정절차로서의 계획절차와 도시계획수립절차, 행정법연구(제1호),

1997, 169-185면.

_____, 건축법과 도시계획법의 관계, 공법연구(제26집 제2호), 1998, 333-357면.

_____, 계획확정행위와 행정행위의 구별, 행정법연구(제7호), 2001, 277-297면.

_____, 건축법과 민사법의 접점, 중앙법학(제4집 제2호), 2002, 63-98면.

_____, 택지개발사업과 환매권의 헌법문제, 행정법연구(제17호), 2007, 285-311면.

_____, 행정법학의 개념과 그 외연(外延) - 제도중심의 공법학방법론을 위한 시론(試論) -, 행정법연구(제21호), 2008, 1-21면.

_____, 도시계획시설의 공공성과 수용권, 행정법연구(제30호), 2011, 277-307면.

_____, 공원특례사업에서 시행자지정처분의 법적 효과, 서울대학교 법학(제63권 제2호), 2022, 115-144면.

김중권, 공법계약의 해지의 처분성 여부에 관한 소고, 행정판례연구(제21집 제1권), 2016, 57-78면.

김창조, 환경보전수단으로서 건축협정, 환경법연구(제29권 제3호), 163-188면.

김판기, 행정계약의 공법적 체계에 관한 연구, 고려대학교 법학박사논문, 2016.

김해룡, 행정계약의 법리와 그 활용을 위한 법제개선 연구, 토지공법연구(제48집), 2010, 429-456면.

김현준, 계약을 통한 도시계획의 법리 - 독일 건설법전의 도시계획계약을 중심으로 -, 토지공법연구(제34집), 2006, 1-22면.

_____, 행정법과 사법(私法), 저스티스(제181호), 2020, 80-108면.

김호정, 공법상 계약의 특수한 법적 규율, 외법논집(제34권 제4호), 2010, 293-309면.

김효연, 오토·마이어의 공법상계약 이론에 관한 연구, 서울대학교 법학석사논문, 2012.

권주연, 민간투자법상 공법상 계약과 행정처분의 관계에 관한 연구, 서울대학교 법학석사논문, 2018.

문상덕, 참여와 교섭에 의한 행정과정과 행정분쟁의 해결, 행정법연구(제18호), 2007, 337-364면.

미하엘 쾨스터(김재형 역), 독일의 채권법개정, 서울대학교 법학(제42권 제1
　　　호), 2001, 288-302면.
박기병, 공법상의 계약에 관한 이론의 역사적 발달과정, 공법연구(제24집 제
　　　4호), 1996, 317-345면.
박정훈, 행정법의 구조변화로서의 참여 와 협력 - 독일에서의 이론적 논의를
　　　중심으로 -, 공법연구(제30집 제5호), 2002, 1-25면.
＿＿＿, 부정당업자의 입찰참가자격 제한의 법적 제문제, 서울대학교 법학
　　　(제46권 제1호), 2005, 282-311면.
＿＿＿, 공·사법 구별의 방법론적 의의와 한계 - 프랑스와 독일에서의 발전
　　　과정을 참고하여 -, 공법연구(제37집 제3호), 2009, 83-110면.
＿＿＿, 행정법과 법해석 - 법률유보 내지 의회유보와 법형석의 한계, 행정법
　　　연구(제43호), 2015, 13-46면.
＿＿＿, 요청조달계약과 입찰참가자격 제한처분권한, 행정판례연구(제24집
　　　제2호), 2019
＿＿＿, 행정법과 헌법, 행정법학(제19호), 2020, 1-8면.
발터 루돌프(이원우 역), 독일의 국가행정과 자치행정, 행정법연구(제7호),
　　　2001, 33-50면.
박재윤, 행정행위의 부관에 관한 분쟁유형별 고찰, 행정법연구(제38호), 2014,
　　　25-47면.
＿＿＿, 공법상 당사자소송 활용론에 대한 비판적 고찰, 법학연구(제27권 제
　　　2호), 2016, 91-120면.
＿＿＿, 행정기본법과 부관의 남용, 행정법연구(제63호), 2020, 119-140면.
백승주, 행정법상 계약의 하자 및 그 유지에 관한 연구 - 독일에서의 논의를
　　　중심으로 -, 토지공법연구(제33집), 2006, 207-235면.
서보국, 독일 공법상 계약의 주요 쟁점, 행정법학(제16호), 2019, 89-110면.
선재성, 공공계약에서 낙찰자결정과 계약이 무효가 되는 사유, 대법원판례해
　　　실(제38호), 2002, 46-68면.
선정원, 기부채납의 부담에 대한 독일과 미국의 사법적 통제의 비교와 그의
　　　시사점, 행정법연구(제50호), 2017, 1-27면.
선지원, 공공조달영역에서의 민관협력 사업에 대한 유럽 보조금법과 조달법
　　　상의 통제, 공법연구(제47집 제4호), 2019, 239-268면.
송동수, 독일 행정절차법상의 공법상 계약, 법학논총(제20집 제1호), 1994,

229-261면.

송시강, 공법의 발견과 사법의 준용, 법학연구(통권 제51집), 2017, 35-78면.

_____, 지방계약과 지방자치 - 지방계약의 자치보장적 함의에 관하여 - 홍익법학(제19권 제4호), 2018, 47-93면.

송영천, 기부채납과 토지형질변경행위허가, 인권과 정의(제259호), 1998, 67-90면.

안신재, 기부채납에 관한 민사법적 고찰, 법학논총(제26집), 2011, 51-70면.

안철상, 계약직공무원에 대한 보수삭감조치의 법적 성질, 행정판례연구(제14권 제2호), 2009, 235-267면.

오수근, 도산법의 개선방향, BFL(제34호), 2009, 6-30면.

오영신, 법률의 유추적용에 대한 위헌심사, 성균관법학(제26권 제1호), 2014, 1-30면.

유지태, 기부채납에 대한 현행 판례검토, 토지공법연구(제11집), 2001, 53-70면.

육근영, 공공조달계약의 법적 쟁점과 개선방안에 관한 연구, 광운대학교 법학박사논문, 2020.

윤민, 행정주체의 공법상 부당이득에 관한 연구, 서울대학교 법학석사논문, 2012.

윤종민, 국가연구개발 협약의 체결 및 이행에 관한 법적 고찰, 과학기술법연구(제27권 제3호), 2021, 41-72면.

이광원, 공법상 계약의 하자에 관한 연구, 전남대학교 법학박사논문, 2008.

이광윤·김철우, 행정조달계약의 성질에 대한 연구 -「국가를 당사자로 하는 계약에 관한 법률」을 중심으로, 성균관법학(제28권 제2호), 2016, 79-107면.

이명구, 공법상 계약의 법적 문제, 법학논총(제4집), 1987, 59-72면.

이문성·이광윤, 「사회기반시설에 대한 민간투자사업법」에 따른 행정계약의 법적 성격에 관한 연구, 유럽헌법연구 제17호, 2015, 679-712면.

이상덕, 합의 불이행을 이유로 합의에 근거하여 한 직권감차명령의 처분성, 대법원판례해설(제110호), 2016, 3-26면.

_____, 지방계약과 판례법 - 사법상 계약, 공법상 계약, 처분의 구별을 중심으로 -, 홍익법학(제19권 제4호), 2018, 1-45면.

이상훈, 민간투자사업 실시협약 해지와 공익처분의 관계 - 별개설 vs. 일체설 -, 성균관법학(제30권 제4호), 2018, 129-156면.

_____, 민간투자사업 실시협약의 미이행 쌍무계약 해당 여부에 관한 대법원 2021. 5. 6. 선고 2017다273441 판결의 쟁점과 함의 -, 사법(제57호), 2021, 345-385면.

이서홍, 공공조달계약의 공법적 특성과 소송형식에 관한 연구, 숙명여자대학교 법학석사논문, 2021

이승민, 지방자치단체와 프로스포츠단 간 협약의 공법적 검토 - 경기장 등 시설의 사용·수익 및 관리·운영권과 명칭사용권을 중심으로 -, 공법학연구(제21권 제3호), 2020, 33-64면.

이영동, 공공계약을 둘러싼 몇 가지 문제, 사법논집(제44집), 2007, 87-207면.

이영선, 국가계약법령상 물가변동에 따른 계약금액 조정 규정의 적용을 배제하는 합의의 효력, 사법(제43호), 2018, 587-625면.

이원우, 민영화에 대한 법적 논의의 기초, 한림법학(제7권), 1998, 207-231면.

_____, 정부기능의 민영화를 위한 법적 수단에 대한 연구, 행정법연구(제3호), 1998, 108-136면.

_____, 공공주체의 영리적 경제활동에 대한 법적 고찰, 공법연구(제29집 제4호), 2001, 367-394면.

_____, 공기업 민영화와 공공성확보를 위한 제도개혁의 과제(제31집 제1호), 2002, 21-59면.

_____, 경제규제와 공익, 서울대학교 법학(제47권 제3호), 2006, 89-120면.

_____, 공기업 민영화 정책의 전략과 과제, 재정법연구(제1호), 2008, 119-164면.

_____, 규제국가의 전개와 공법학의 과제 - 과학기술혁신에 따른 공법적 대응을 중심으로, 경제규제와 법(제16권 제2호), 2023, 7-29면.

이은상, 최신(2011) 독일 행정판례의 동향 및 분석 연구, 행정판례연구(제17집 제2호), 2012, 589-637면.

_____, 공법상 당사자소송에 관한 소송실무상 난점과 해결방안, 행정판례연구(제23집 제1호), 2018, 219-259면.

_____, 행정소송상 조정권고에 대한 인식 개선과 발전 방향, 행정법연구(제71호), 2023, 183-211면.

이희준, 사업시행자의 파산으로 인한 민간투자사업 실시협약의 해지, 행정판례연구(제27집 제2호), 2022, 51-102면.

임선지, 공법상 계약과 쌍방미이행 쌍무계약의 해지권 - 대법원 2021. 5. 6.

선고 2017다273441 전원합의체 판결을 중심으로 -, 법제(제700호), 2023, 95-136면.

임성훈, 공공계약에서 계약금액조정을 배제하는 특약의 효력, 행정판례연구(제23집 제2권), 2018, 311-350면.

임 현, 독일연방행정절차법상 공법상 계약, 지방계약연구(제5권 제2호), 2014, 127-136면.

장경원, 최신(2006/2007) 독일 행정판례의 동향 및 분석 연구, 행정판례연구(제14집), 2009, 455-501면.

_____, 공무원법상 품위유지의무, 행정법연구(제70호), 2023, 203-230면.

장태주, 공법상 계약의 적용범위 - 독일 행정절차법상의 공법상 계약을 중심으로 -, 공법연구(제29집 제2호), 2001, 301-326면.

전현철, 행정조달계약에 있어서 공익(公益)을 위한 계약의 변경 및 해지에 관한 연구, 법학논문집(제41집 제1호), 229-267면.

전 훈, 공법상 계약화현상과 한국에서의 행정계약, 공법학연구(제7권 제5호), 2006, 249-275면.

정남철, 입주(변경)계약 취소의 처분성 인정에 관한 비판적 고찰 - 대법원 2017. 6. 15. 선고 2014두46843 판결, 법조, 2018, 711-738면.

정영철, 행정계약으로서의 국가연구개발사업협약의 법리, 강원법학(제46권), 2015, 659-694면.

정준현, 소위 "공익사업법"상 협의취득의 법적 성질 - 내싱판데 . 대법원 2006. 10. 13. 2006두7096 건물철거대집행계고처분취소, 안암법학(제26호), 2008, 319-345면.

정하중, 법치행정의 원리와 공법상 계약, 서강법학(제11권 제1호), 2009, 173-216면.

_____, 공법상 부당이득반환청구권의 독자성, 행정판례연구(제15집 제1권), 2010, 3-31면.

정해영, 기부채납 부담계약에 대한 쟁송방법, 아주법학(제6권 제1호), 2012, 447-478면.

정호경, 공사법 구별의 역사와 의미에 관한 일고찰(1), 법학논총(제23집 제1호), 2006, 1-32면.

정호경·선지원, 공공조달계약의 법적 성격과 통제에 관한 연구 - 공법상 계약 이론을 중심으로 -, 법제연구(제46호), 2014, 181-208면.

정홍식·김규진, 국내 민간투자사업 표준실시협약상 불가항력 조항의 개선점, 법학논문집(제46집 제1호), 2022, 5-51면.

조정찬, 준용에 관한 몇 가지 문제, 법제(제514호), 2000, 27-35면.

조철호, 사회기반시설에 대한 민간투자법상 실시협약의 법적성질과 소송방법, 인권과 정의(제385호), 2008, 6-18면.

채향석·하명호, 행정기본법 제정과정과 주요내용, 법제연구(제60호), 2021, 36면.

최계영, 행정소송에서의 조정 - 비교법적 고찰을 중심으로 -, 행정법연구(제27호), 2010, 197-225면.

_____, 독일, 오스트리아의 공법상 쟁송에서의 위헌,위법 통제, 영남법학(제32권), 2011, 173-211면.

_____, 행정주체 사이의 사무관리와 비용상환청구 - 독일의 공법상 사무관리 이론을 중심으로 -, 행정법연구(제45호), 2016, 25-49면.

_____, 행정법에서의 법정채권 - 공법상 사무관리와 부당이득을 중심으로 -, 행정법학(제20호), 2021, 147-176면.

최대진, 공공 계약상 청렴성 확보를 위한 비교법적 고찰, 입법학연구(제19집 제1호), 2022, 195-216면.

최승필, 민간투자사업에 대한 법·제도적 검토, 외법논집(제34권 제1호), 2010, 1-18면.

_____, 공법상계약의 활용을 위한 법적 기반의 검토 - 독일 연방행정절차법상 공법상계약과 그 활용을 중심으로, 외법논집(제47권 제호), 2023, 97-124면.

최춘식, 건축협정제도의 효율적 운영을 위한 입법적 개선방안, 저스티스(제153호), 145-165면.

카나리스(최봉경 역), 독일 개정 채권법상의 신급부장애론, 법학연구(제12권 제3호), 2002, 298-313면.

하명호, 공법상 부당이득의 정리, 인권과정의(제490호), 2020, 179-197면.

한명진, 독일연방행정절차법의 공법상 계약 법리 적용에 관한 검토, 지방자치법연구(제16권 제1호), 2016, 271-302면.

허이훈, 행정계약 관련 분쟁의 소송형식 -공법상 당사자소송과 민사소송의 구별을 중심으로- [대상판결 : 대법원 2019. 8. 30. 선고 2018다242451 판결], 강원법학(제59권), 2020, 359-400면.

홍기태, 국가 또는 지방자치단체가 실시하는 경쟁입찰의 적격심사에 잘못이
　　　있는 경우의 사법심사, 민사재판의 제문제(제12권), 2003, 30-54면.
황선훈, 행정의 사법적 활동과 공법적 규율, 중앙법학(제18집 제2호), 2016,
　　　205-248면.
황준화·정영철, 부정당업자제재와 계약금액조정제도에 근거한 공공조달계약
　　　의 공법적 특수성, 법학논의(제43권 제1호), 2019, 111-144면.
황창용, 민간투자사업 실시협약의 공법적 특수성, 법학연구(25권 제3호), 2015,
　　　67-93면.
Würtenberger(박정훈 역), 행정소송법과 행정절차법의 관계, 서울대학교 법
　　　학(제45권 제1호), 2004.

[자료]

국회사무처, 제384회 법제사법소위 제2차(2021년 2월 24일) 회의록, 41-42면
권영준, [2021년 분야별 중요판례분석] (4) 민법(下), 법률신문, 2022. 2. 3.
김대인, 민간투자사업관리법제 개선방안에 관한 연구 [Ⅰ] - 정부계약법과의
　　　관계정립을 중심으로 -, 한국법제연구원, 2009.
김성수, 민간투자사업관리법제 개선방안에 관한 연구(Ⅱ) - 공공성과 투명성
　　　제고를 중심으로, 한국법제연구원, 2009.
김중권, 유럽화된 행정절차법에 관한연구, 한국법제연구원, 2008.
박영서, "손실 보전금 줘" vs "못 줘"…미시령터널 또 법정 다툼, 연합뉴스, (2023.
　　　12. 12. 16:09), https://www.yna.co.kr/view/AKR20231212125700062,
　　　(최종확인일 : 2024. 7. 10.).
법무부 민법개정자료발간팀, 2013년 법무부 민법개정시안 채권편 上, 법무
　　　부, 2013.
법제처, 행정기본법 정부안, 2020. 7. 7.
이규방 외 5인, 인프라 민간투자사업의 표준실시협약 지침수립 연구, 국토연
　　　구원, 2000.
정기상, 도시계획시설사업에 따른 협의취득계약의 당연무효와 환매권의 행사
　　　가능 여부, 법률신문, (2022. 5. 2. 10:38), https://www.lawtimes.
　　　co.kr/news/178300, (최종확인일 : 2024. 7. 10).
한국개발연구원 공공투자관리센터, 수익형 민자사업(BTO) 표준실시협약(안)-

도로사업, 2010.
_____, 우리나라 수용법제에 대한 법경제학적 검토, 2013.
_____, 한국민간투자사업의 실시협약 해지 및 해지시지급금에 관한 연구, 2015.
_____, 수익형 민간투자사업(BTO) 표준실시협약, 2020.
한국공법학회, 행정권한의 위임 및 위탁의 법리에 관한 연구, 2004
황창용, 기반시설에대한민간투자법과 관련법률의 체계에 관한 연구 : (민간투자법의 주요 쟁점 및 인허가 사항을 중심으로), 국토연구원, 2004.

2. 외국문헌

[단행본]

Apelt, Der verwaltungsrechtliche Vertrag, 1920.
Athanasiadou, Der Verwaltungsvertrag im EU-Recht, 2017.
Bader/Ronellenfitsch (Hrsg.), BeckOK Verwaltungsverfahrensgesetz Kommentar, 62, Aufl., 2024.
Battis/Krautzberger/Löhr (Hrsg.), Baugesetzbuch Kommentar, 15, Aufl., 2022.
Behrends/Starck, Gesetz und Vertrag I, 2004.
Bullinger, Vertrag und Verwaltungsakt, 1962
Burgi/Dreher/Opitz (Hrsg.), Vergaberechtskommentar, 4, Aufl., 2022.
Butterwegge, Verwaltungsvertrag und Verwaltungsakt, 2001.
Christmann, Der öffentlich-rechtliche Vertrag mit privaten Dritten im Lichte der Schuldrechtsreform, 2010.
Detterbeck, Allgemeines Verwaltungsrecht, 21, Aufl., 2023.
Ehlers/Pünder (Hrsg.), Allgemeines Verwaltungsrecht, 16, Aufl., 2022.
Fehling/Kastner/Störmer (Hrsg.), Verwaltungsverfahrensgesetz Kommentar, 5, Aufl., 2021.

Gurlit, Verwaltungsvertrag und Gesetz, 2000.

Gündling, Modernisiertes Privatrecht und öffentliches Recht, 2006.

Hau/Poseck (Hrsg.), BeckOK Bürgerliches Gesetzbuch kommentar, 69, Aufl., 2024

Huck/Müller (Hrsg.), Verwaltungsverfahrensgesetz Kommentar, 3, Aufl., 2020.

Hufen, Verwaltungsprozessrecht, 13, Aufl., 2024.

Ibagón-Ibagón, Rechtsstaatliche Anforderungen an den Verwaltungsvertrag am Beispiel der Schriftlichkeit des Vertrages, 2011.

Imboden, Der veraltungsrechtliche Vertrag, 1958.

Immenga/Mestmäcker (Hrsg.), Wettbewerbsrecht Kommentar, 6, Aufl., 2021.

Kaminski, Die Kündigung von Verwaltungsverträgen, 2005.

Kormann, System der rechtsgeschäftlichen Staatsakte, 1910.

Knack/Henneke (Hrsg.), Verwaltungsverfahrensgesetz Kommentar, 11, Aufl., 2019.

Koch, Umweltrecht, 4. Aufagel. 2013.

Kopp/Ramsauer (Hrsg.), Verwaltungsverfahrensgesetz Kommentar, 24, Aufl., 2023.

Kopp/Schenke (Hrsg.), Verwaltungsgerichtsordnung Kommentar, 25, Aufl., 2019.

Kottke, System des subordinationsrechtlichen Verwaltungsvetrages, 1966.

Kropshofer, Verwaltungsverfahren und Vertretung, 1982.

Landmann/Rohmer (Hrsg.), Umweltrecht Kommentar, 102, Aufl., 2023

Looschelders, Schuldrecht Allgemeiner Teil, 18, Aufl., 2020.

Ludorf, Die Schuldrechtsreform und die verwaltungsrechtlichen Verträge, 2005.

Maßstäbe und Handlungsformen im deutschen Verwaltungsrecht, 2023.

Mann/Sennekamp/Uechtritz (Hrsg.), Verwaltungsverfahrensgesetz Kommentar, 2, Aufl., 2019.

Maurer/Waldhoff, Allgemeines Verwaltungsrecht, 20, Aufl., 2020.

Müller/Schulz (Hrsg.), Bundesfernstraßengesetz Kommentar, 2, Aufl., 2013.

Obermayer/Funke-Kaiser (Hrsg.), Verwaltungsverfahrensgesetz Kommentar, 6, Aufl., 2021.

Pautsch/Hoffmann (Hrsg.), Verwaltungsverfahrensgesetz Kommentar, 2, Aufl., 2021.

Rintelen, Der verwaltungsrechtliche Vergleichsvertrag, 2003

Säcker/Rixecker/Oetker/Limperg (Hrsg.), Münchener Kommentar zum BGB, 9, Aufl., 2024.

Salzwedel, Die Grenzen der Zulässigkeit des öffentlich-rechtlichen Vertrags, 1958.

Schimpf, Der verwaltungsrechtliche Vertrag unter besonderer Berücksichtigung seiner Rechtswidrichkeit, 1982.

Schlette, Die Verwaltung als Vertragspartner, 2000.

Schnell, Der Antrag im Verwaltungsverfahren, 1986.

Schoch/Schneider (Hrsg.), Verwaltungsgerichtsordnung Kommentar, 44, Aufl., 2023.

_____, Verwaltungsverfahrensgesetz Kommentar, 4, Aufl., 2024.

Spannowsky, Grenzen des Verwaltungshandelns, 1994.

Spannowsky/Uechtritz (Hrsg.), BeckOK Baugesetzbuch Kommentar, 61, Aufl., 2024.

Stelkens, Verwaltungsprivatrecht, 2005.

Stelkens/Bonk/Sachs (Hrsg.), Verwaltungsverfahrensgesetz Kommentar, 10, Aufl., 2023.

Tanneberg, Die Zweistufentheorie, 2011.

Voßkuhle/Eifert/Möllers (Hrsg.), Grundlagen des Verwaltungsrechts, 3. Aufl., 2022

Wall, Die Anwendbarkeit privatrechtlicher Vorschriften im Verwaltungsrecht, 1999.

Weber, Rechtswörterbuch, 24, Aufl., 2023.

Weiß, Pacta sunt servanda im Verwaltungsvertrag, 1999

Werner, Allgemeine Fehlerfolgenlehre für den Verwaltungsvertrag, 2008.

Wolff/Bachof/Stober/Kluth (Hrsg.), Verwaltungsrecht Ⅰ, 13, Aufl., 2017.

Ziekow, Öffentliches Wirtschaftsrecht, 2013.

_____, Verwaltungsverfahrensgesetz Kommentar, 4, Aufl., 2019.

[논문]

Arnold, Die Arbeit mit öffentlich‑rechtlichen Verträgen im Umweltschutz beim Regierungspräsidium Stuttgart, VerwArch 1989, 125.

Barczak, Verwaltungsschuldrecht, VerwArch, 2018, 363.

Bauer, Privatisierungsimpulse und Privatisierungspraxis in der Abwasserentsorgung, Verwarch 1999, 561.

Beck/Mampel, Die Verjährung von Forderungen der öffentlichen Hand aus Stellplatzablöseverträgen, LKV 2007, 391.

Becker, Zur (Zwangs‑)Vollstreckungsunterwerfung von Gemeinden bzw. Städten wegen des Anspruchs auf Kaufpreiszahlung, BWNotZ 2014, 177.

Bleckmann, Verfassungsrechtliche Probleme des Verwaltungsvertrages, NVwZ 1990, 601.

Bohne, Informales Verwaltungs‑ und Regierungshandeln als Instrument des Umweltschutzes, VerwArch 1984, 343.

Brenner, Der Verwaltungsakt mit Nebenbestimmungen, JuS 1996, 281.

Breuer, Das rechtsstaatliche Koppelungsverbot, NVwZ 2017, 112.

Brohm, Städtebauliche Verträge zwischen Privat‑ und Öffentlichem Recht, JZ 2000, 321.

Bunzel, Wege zur Beurteilung der Angemessenheit bei städtebaulichen Verträgen, ZfBR 2021, 222.

Burgi, Von der Zweistufenlehre zur Dreiteilung des Rechtsschutzes im Vergaberecht, NVwZ 2007, 737.

Butzer, Brauchen wir das Koppelungsverbot nach § 56 VwVfG?, DÖV 2002, 881.

Degenhart, Der öffentlichrechtliche Abfindungsvergleich ‑ Zur Beurteilung von Abfindungsklauseln bei vergleichsweiser Regelung von Entschädigungsansprüchen aus enteignendem Eingriff, NVwZ 1982, 71.

Dombert, Der öffentlich-rechtliche Vertrag und die Bestimmung der Kreisumlage, KommJur 2020, 361.

Dreher, Perspektiven eines europa- und verfassungsrechtskonformen Vergaberechtsschutzes - Konsequenzen des EuGH-Urteils vom 11. 8. 1995 für das deutsche vergaberechtliche Nachprüfungsverfahren, NVwZ 1996, 345.

Egidy, Strukturelle Defizite des Verwaltungsvertragsrechts aus verhaltenswissenschaftlicher Perspektive, DVBl. 2022, 83.

Erichen, Die Nichtigkeit und Unwirksamkeit verwaltungsrechtlicher Verträge, JURA 1994, 47.

Erfmeyer, Die Beseitigung einer Ungewißheit über den Sachverhalt durch Abschluss eines Vergleichsvertrags, DVBl 1998, 753.

Fabio, Ausstiegsordnung durch Vertrag, NVwZ 2020, 1324.

Fehling, Forschungs- und Innovationsförderung durch wettbewerbliche Verfahren, NZBau 2012, 673.

Fontana, Umweltschutz durch öffentlich-rechtlichen Vertrag EurUP 2017, 310.

Fortentwicklung der Vorschriften über den öffentlich-rechtlichen Vertrag (§§ 54-62 VwVfG), NVwZ 2002, 834.

Frenz, Vertragsnaturschutz in neuem Gewand, NuR 2011, 257.

Frenz/Heßler, Altlastensanierung und öffentlich-rechtlicher Sanierungsvertrag, NVwZ 2001, 13.

Fuks/Alpha, Steuerliche Massenverwaltung durch Vertrag, DÖV 2020, 226.

Geis, Die Schuldrechtsreform und das Verwaltungsrecht, NVwZ 2002, 385.

Grziwotz, Städtebauliche Verträge zu Lasten Dritter? Probleme und Risiken kooperativer Entwicklung von Baugebieten, NJW 1995, 1927.

Hartwig/Himstedt/Eisentraut, Leistungsklagen der öffentlichen Hand, DÖV 2018, 901.

Hellriegel, Wirksamkeit drittbelastender öffentlich-rechtlicher Verträge ohne Zustimmung des Dritten (§ 58 Abs. 1 VwVfG), DVBl 2007, 1211.

Hill, Zur Rechtsdogmatik von Zielvereinbarungen in Verwaltungen, NVwZ 2002, 1059.

Höfling/Krings, Der verwaltungsrechtliche Vertrag: Begriff, Typologie, Fehlerlehre, JuS 2000, 625.

Kasten/Rapsch, Der öffentlichrechtliche Vertrag zwischen Privaten – Phänomen oder Phantom?, NVwZ 1986, 708.

Kellner, Fallgruppen der culpa in contrahendo im Verwaltungsrecht, DÖV 2011, 26.

Kersten, Das Verwaltungsverfahrensgesetz im Spiegel der Rechtsprechung der Jahre 2004-2012, DV 2013, 87.

Kirchhof, Untergesetzliche Regelungen im Gesundheitswesen, DVBl. 2021, 689.

Kluth, Rechtsfragen der verwaltungsrechtlichen Willenserklärung Auslegung, Bindung, Widerruf, Anfechtung, NVwZ 1990, 608.

_____, Das Vertragsdurchführungsermessen, NJW 2021, 3167.

Kowalski, Zur Unterwerfung des Bürgers unter die sofortige Vollstreckung eines öffentlichrechtlichen Vertrages, § 61 I VwVfG, NVwZ 1992, 351.

Kramer/Bayer/Fiebig/Freudenreich, Die Zweistufentheorie im Verwaltungsrecht oder: Die immer noch bedeutsame Frage nach dem Ob und Wie, JA 2011, 810.

Lange, Die Abgrenzung des öffentlichrechtlichen Vertrages vom privatrechtlichen Vertrag, NVwZ 1983, 313.

Lenski, Vergangenheitsbewältigung durch Vertrag, JZ 2014, 888.

Lorenz, Der Wegfall der Geschäftsgrundlage beim verwaltungsrechtlichen Vertrag, DVBl 1997, 865.

Marnitz, Die Gestaltung des öffentlich-rechtlichen Vertrags, NVwZ 2018,

1513.

Maurer, Der Verwaltungsvertrag – Probleme und Möglichkeiten, DVBl 1989, 798.

Moench/Rutloff, Die Auswirkungen der Verfassungswidrigkeit von Gesetzen auf öffentlich-rechtliche Verträge, DVBl 2014, 1223.

Möllers, Vereinbarkeit des Geschäftsmodells Außenwerbung mit dem verwaltungsrechtlichen Koppelungsverbot, LKV 2017, 289.

Neumeier, Der Finanzierungsbeitrag mit Lenkungszweck, EuR 2022, 190.

Ossenbühl, Der öffentlichrechtliche Erstattungsanspruch, NVwZ 1991, 513.

Pautsch, Die Errichtung vollstreckbarer Urkunden über öffentlich-rechtliche Ansprüche, NVwZ 2019, 605.

Payandeh, Verwaltungsvertrag und Verwaltungsaktsbefugnis, DÖV 2012, 590.

Pietzcker, Die deutsche Umsetzung der Vergabe- und Nachprüfungsrichtlinien im Lichte der neuen Rechtsprechung, NVwZ 1996, 313.

Prell, Das E-Government-Gesetz des Bundes, NVwZ 2013, 1514.

Proelß/Blanke-Kießling, Der Verwaltungsvertrag als Handlungsform der Naturschutzverwaltung, NVwZ, 2010, 985.

Raeschke-Kessler/Eilers, Die grundrechtliche Dimension des Beteiligungsgebots in § 13 Abs. 2 VwVfG, NVwZ 1988, 37.

Reidt, Rechtsfolgen bei nichtigen städtebaulichen Verträgen, NVwZ 1999, 149.

Rutloff, Der verwaltungsrechtliche Vertrag und das Recht der Allgemeinen Geschäftsbedingungen, DVBl. 2013, 1415.

Sanden, Die Anpassung und Kündigung öffentlich-rechtlicher Verträge am Beispiel des Altlastensanierungsvertrags, NVwZ 2009, 491.

Sandner/Wittmann, Unstreitige Beendigung des verwaltungsgerichtlichen Verfahrens, JuS 2020, 225.

Schilling, Der unfreiwillige Vertrag mit der öffentlichen Hand, VerwArch 1996, 191.

Schlemminger/Böhn, Betragsmäßige Höchstbegrenzung der Sanierungsverpflichtung in Sanierungsverträgen, NVwZ 2010, 354.

Schmidt, Zielvereinbarungen als Herausforderung des Allgemeinen Verwaltungsrechts, DÖV 2008, 760.

Schmitz, Moderner Staat ‑ Modernes Verwaltungsverfahrensrecht ‑, NVwZ 2000, 1238.

_____, Die Verträge sollen sicherer werden ‑ Zur Novellierung der Vorschriften über den öffentlich‑rechtlichen Vertrag, DVBl 2005, 17.

Schneider, Vertragliche Subventionsverhältnisse im Spannungsfeld zwischen europäischem Beihilferecht und nationalem Verwaltungsrecht, NJW 1992, 1197.

Schoch, Privatisierung von Verwaltungsaufgaben, DVBl 1994, 962.

Schenke, Der rechtswidrige Verwaltungsvertrag nach dem VwVfG, JuS 1977, 281.

Scheske, Der öffentlich‑rechtliche Vertrag ‑ Eine Herausforderung für den Rechtsanwender in der Verwaltungspraxis, DVP 2015, 448.

Schlemminger: Schriftformrisiken beim Abschluss öffentlich‑rechtlicher Verträge , NVwZ 2009, 223.

Schulze‑Fielitz, Kooperatives Recht im Spannungsfeld von Rechtsstaatsprinzip und Verfahrensökonomie, DVBl 1994, 657.

Siegel, Elektronisches Verwaltungshandeln ‑ Zu den Auswirkungen der Digitalisierung auf das Verwaltungsrecht, JURA 2020, 920.

_____, Der öffentlich‑rechtliche Vertrag im Regulierungsrecht, JZ 2022, 899.

Siegel/Eisentraut, Der Vertrag im Öffentlichen Wirtschaftsrecht, VerwArch 2018, 454.

StellhornWeßling, Schulsponsoringverträge im Lichte des Schul‑ und Verwaltungsvertragsrechts, NVwZ 2014, 1488.

Stelkens, Hinkende Verwaltungsverträge: Wirkungen und Rechtsnatur,

DÖV 2009, 850.

_____, „Pacta sunt servanda" im deutschen und französischen Verwaltungsvertragsrecht, DVBl 2012, 609.

Uechtritz/Ottin, Das „ÖPP-Beschleunigungsgesetz": Neuer Name, neuer Schwung für „öffentlich-private Partnerschaften"?, NVwZ 2005, 1105.

Voßkuhle/Kaiser, Grundwissen – Öffentliches Recht: Der öffentlich-rechtliche Vertrag, JuS 2013, 687.

Wall, Die Anwendbarkeit privatrechtlicher Vorschriften im Verwaltungsrecht, 1999.

Wolff, Der Vergleichsvertrag wegen Rechtszweifeln, VerwArch 2017, 197.

Zepf, Vertragsdenkmalschutz, DÖV 2015, 518.

____, Mediation im Schatten des Leviathan oder das Verhältnis zwischen hoheitlichem Handeln und Mediation, DÖV 2012, 631.

Zezschwitz, Rechtsstaatliche und prozessuale Probleme des Verwaltungsprivatrechts, NJW 1983, 1873.

Ziekow/Siegel, Entwicklung und Perspektiven des Rechts des öffentlich-rechtlichen Vertrages – Teil 1 –, VerwArch 2003, 593.

_____, Entwicklung und Perspektiven des Rechts des öffentlich-rechtlichen Vertrages – Teil 2 –, VerwArch 2004, 133.

_____, Entwicklung und Perspektiven des Rechts des öffentlich-rechtlichen Vertrages – Teil 3 –, VerwArch 2004, 281.

_____, Entwicklung und Perspektiven des Rechts des öffentlich-rechtlichen Vertrages – Teil 4 –, VerwArch 2004, 573.

찾아보기

독일 공법상 계약에 관한 연구

2025년 01월 24일 초판 인쇄
2025년 01월 31일 초판 발행

지 은 이   정의석

발 행 인   한정희
발 행 처   경인문화사
편 집 부   김지선 한주연 김한별 양은경
마 케 팅   하재일 유인순
출 판 신 고   제406-1973-000003호
주   소   파주시 회동길 445-1 경인빌딩 B동 4층
대 표 전 화   031-955-9300   팩 스   031-955-9310
홈 페 이 지   http://www.kyunginp.co.kr
이 메 일   kyungin@kyunginp.co.kr

ISBN 978-89-499-6839-1 93360
값 33,000원

서울대학교 법학연구소 법학 연구총서

● 학술원 우수학술 도서
▲ 문화체육관광부 우수학술 도